DIE DEUTSCHEN SPRACHINSELN IN OBERITALIEN

BERNHARD WURZER

Die deutschen Sprachinseln in Oberitalien

Mit 16 Kunstdruckbildern,
18 Kartenskizzen im Text
und einer Übersichtskarte

Fünfte, ergänzte Auflage

VERLAGSANSTALT ATHESIA - BOZEN

Umschlagbild: Palai im Fersental

1983

Alle Rechte vorbehalten
© by Verlagsanstalt Athesia, Ges.m.b.H., Bozen (1969)
Gesamtherstellung: ATHESIADRUCK, Ges.m.b.H., Bozen
ISBN 88-7014-269-8

ZUM GELEIT

Von Jahr zu Jahr schwillt der Strom der Reisenden an, der sich über die Länder Europas ergießt; neben Erholung und Entspannung will der gehetzte Europäer sich an der großen Mannigfaltigkeit ergötzen, die Natur und Menschenhand in den einzelnen Landschaften geschaffen und gebildet haben, und die Besonderheiten der jeweiligen Völker kennen und schätzen lernen. Das Sonnenland Italien übt dabei auch heute noch einen unwiderstehlichen Reiz auf den Nordländer aus, und so erleben wir vom Frühjahr bis zum Herbst alljährlich eine neue Völkerwanderung nach dem Süden.

Aber nur ein kleiner Teil der sonnenhungrigen Deutschen weiß, daß südlich der Alpen auch außerhalb von Südtirol noch Menschen leben, die ihr deutsches Volkstum fast über ein Jahrtausend bis zum heutigen Tag bewahrt haben, obwohl sie zum Teil schon seit über einem Jahrhundert vom restlichen deutschen Sprachraum abgeschnitten sind.

All die deutschen Sprachinselgemeinden in Oberitalien sind heute mehr oder weniger vom Untergang, von einer, wie ein italienischer Schriftsteller sich ausdrückte, „unabwendbaren Katastrophe" bedroht. Deshalb mehren sich gerade in letzter Zeit die Stimmen, die auf diese Gefahr hinweisen und die zu retten suchen, was noch zu retten ist. Schweizer Volkskundler und Historiker setzen sich vor allem für ihre bedrängten Volksgenossen im Monte-Rosa-Gebiet ein. Im Osten werden über die Staatsgrenzen hinweg die verwandtschaftlichen Beziehungen dies- und jenseits der Alpenpässe zu pflegen und beleben versucht. Selbst in Italien schenken immer weitere Kreise dem Schicksal der sprachlichen Minderheiten größeres Interesse und setzen sich in Wort und Tat für deren Erhaltung und Förderung ein. Besondere Verdienste erwarben sich diesbezüglich Dr. Gustavo Buratti aus Sondrio, Sekretär der italienischen Sektion der Internationalen Vereinigung zum Schutze der bedrohten Sprachen und Kulturen, und der leider allzufrüh durch ein Unglück ums Leben gekommene Parlamentsabgeordnete aus dem Aostatal, Corrado Gex († 1965). Anerkennung gebührt auch der bischöflichen Kurie von Verona und dem Institut für germanische Sprachen der Mailänder Universität, denen vor allem die Rettung des Zimbrischen in den Sieben und Dreizehn Gemeinden ein Herzensanliegen ist.

Bedauerlicherweise haben bis jetzt ausgerechnet die Regierung in Rom und die Trienter Vertreter der Region Trentino-Südtirol am wenigsten Verständnis für die deutschen Volksreste außerhalb Südtirols — wie für sprachliche Minderheiten überhaupt — gezeigt, und alle diesbezüglichen Vorstöße, die von den verschiedensten Seiten her unternommen wurden, wurden ignoriert. Die Bestimmungen der italienischen Verfassung, die den Schutz und die Förderung sprachlicher Minderheiten garantieren, sind bis jetzt toter Buchstabe geblieben.

Um so notwendiger ist es, das Interesse weiter Kreise des In- und Auslandes zu wecken und die Aufmerksamkeit auf diese verlassenen Gemeinden zu lenken, damit sie durch immer zahlreicheren Besuch von auswärtigen Freunden das Gefühl des Vergessen- und Verlassenseins verlieren und in ihrem Selbstbewußtsein und Beharrungsvermögen gestärkt werden.

Dazu soll dieses Buch einen bescheidenen Beitrag liefern. Es gibt zwar eine überaus reichhaltige Literatur über die einzelnen deutschen Sprachinseln. Sowohl italienische als auch deutsche Historiker, Sprachwissenschaftler, Volkskundler, Geographen und Anthropologen haben diese alten Überbleibsel deutschen Volkstums erforscht. Ein Großteil dieser Werke stammt aber aus früheren Jahrhunderten und ist der Mehrzahl interessierter Leser schwer zugänglich. Die Werke aber, die in den Jahrzehnten vor dem ersten Weltkrieg von Italienern und Deutschen darüber geschrieben wurden, sind mehr oder weniger von dem damaligen Zeitgeist des Nationalismus angehaucht und leiden daher an Einseitigkeit.

In den letzten Jahrzehnten entstanden sehr wertvolle und sachliche Untersuchungen; der einzige Nachteil dieser jüngsten Publikationen besteht aber darin, daß sie sich entweder auf ein volkskundliches, sprachwissenschaftliches oder historisches Spezialgebiet beschränken oder dabei jeweils nur die eine oder andere Sprachinselfamilie berücksichtigen. Eine zusammenfassende Darstellung der gesamten deutschen Sprachinseln in Oberitalien wurde in letzter Zeit erstmals 1958 im Beitrag „Die deutschen Sprachinseln im Trentino und in Oberitalien" — erschienen in der Südtirol-Ausgabe des „Reimmichlkalenders" — geboten. Auf vielseitiges Verlangen wurde dieser Beitrag von der Verlagsanstalt Athesia, Bozen, als Sonderdruck herausgegeben. Aber auch dieser ist seit Jahren vergriffen. Seither wurde immer wieder der Wunsch nach einer neuen, ausführlicheren Schrift über die Sprachinseln laut. Diesen Wünschen soll nun mit diesem Buche entsprochen werden. Darin sind nicht nur die gegenwärtigen Verhältnisse in den einzelnen Sprachinseln geschildert, sondern auch die wichtigsten historischen, volkskundlichen und sprachwissenschaftlichen Ergebnisse alter und neuer Forschung zusammengefaßt. Die Darstellung der ältesten Vergangenheit stützt sich vor allem auf Urkunden und Nachrichten damaliger Zeitgenossen, ergänzt durch Beschreibungen italienischer Gelehrter und Schriftsteller des 18. und 19. Jahrhunderts, deren Zeugnisse über jeden Zweifel einer tendenziösen Berichterstattung erhaben sind. Ihnen werden die Zeugnisse deutscher Autoren gegenübergestellt, die sich als erste an Ort und Stelle genauestens über die jeweiligen Verhältnisse in den Sprachinseln informierten und darüber berichteten. Über den gegenwärtigen Stand konnte sich der Verfasser durch einen persönlichen Besuch dieser Gebiete ein übersichtliches Bild machen; gleichzeitig konnte er aber auch auf die wertvollen Einzelergebnisse zahlreicher Volkstumsforscher zurückgreifen, die in den letzten Jahren viel Neues und Wissenswertes darüber gesammelt und festgehalten haben. Besonderer Dank sei hier Herrn Ing. Bruno Frick, Bozen, ausgesprochen, dem bei der Suche und Besorgung vor allem des älteren Schrifttums über die deutschen Sprachinseln das Hauptverdienst am Zustandekommen dieses Buches zukommt. Ein weiterer Dank gilt den Südtiroler Heimatforschern Dr. Egon Kühebacher und Hans Fink, den Professoren Franz Hieronymus Riedl, Hans Sterchele und Paul Waldburger, die mit ihren Arbeiten ebenfalls viel zur Bereicherung dieses Buches beigetragen haben. Gedankt sei auch der Frau Baronin Tita von Oetinger in Saas Fee (Kanton Wallis), der langjährigen Präsidentin der internationalen Walservereinigung, für ihre wertvollen Auskünfte über die Walsersiedlungen im Monte-Rosa-Gebiet; außer reichhaltigem Quellenmaterial stellte sie herrliche Aufnahmen über diese Siedlungen zur Verfügung. Dank gebührt nicht zuletzt der Verlagsanstalt Athesia, die außer ..n „Reimmichlkalender" auch in der Tageszeitung „Dolomiten" und in der Monatszeitschrift „Der Schlern" zahlreiche wertvolle Beiträge über die einzelnen Sprachinseln veröffentlichte und dadurch das Interesse vieler in- und ausländischer Leser dafür geweckt hat.

Das Schicksal dieser Gebiete verdient die besondere Aufmerksamkeit der Südtiroler. Die dargestellten Verhältnisse lassen nämlich erkennen, wie langsam und wie rasch Art und Wesen eines Volkes versinken, wenn eine auf sich selbst gestellte Gemeinschaft in allen Lebensäußerungen von anderer Art umgeben und bedrängt ist. Hier offenbart sich Volkstumswandel und Sprachwandel, aber auch Beharrungswille und Entnationalisierungsmethode in den verschiedensten Stadien, wie Volkstum ohne jede Anerkennung der völkischen Rechte und ohne Autonomie lebt und welchen Einwirkungen es unter solchen Gegebenheiten ausgesetzt ist.

Möge diese Schrift den deutschen Sprachinseln viele neue Freunde gewinnen und manchen zu einer Fahrt dorthin anregen. Mögen diese alten, ehrwürdigen Reste deutschen Volkstums erhalten bleiben und mögen auch sie im zukünftigen vereinigten Europa aus ihrem Dornröschenschlaf zu einem neuen, schöneren Leben erwachen, wo sie vom Staate nicht nur geduldet, sondern als wertvolle Bestandteile geschützt und gefördert werden!

Der Verfasser

Bozen, im Frühjahr 1969

VORWORT ZUR DRITTEN AUFLAGE

Die zweite überarbeitete Auflage der „Deutschen Sprachinseln in Oberitalien" hat beim Leserpublikum eine überraschend freundliche Aufnahme gefunden. Die Familie der Sprachinselfreunde hat sich um ein Vielfaches vergrößert und sie ist noch ständig im Zunehmen begriffen. Manches hat sich unterdessen — wenigstens in einigen deutschen Sprachinseln Italiens — zum Besseren gewendet. Zahlreiche italienische Kreise haben den einmaligen kulturellen Wert dieser ehrwürdigen alten deutschen Sprachinseln erkannt und sind heute um deren Erhaltung bemüht. Dies genügt aber nicht, solange die römische Zentralregierung diese kleinen sprachlichen Minderheiten ignoriert, ja deren Existenz überhaupt zu leugnen versucht, wie es beispielsweise bei der letzten Volkszählung im Jahre 1972 der Fall war. Dadurch bleiben die von der Verfassung vorgesehenen Maßnahmen zum Schutze der Sprache und Kultur der betreffenden Minderheiten toter Buchstabe.

„Sprachen sterben niemals eines natürlichen Todes, sie können nur gewaltsam zu Tode gebracht werden", erklärte der große Vorkämpfer des französischen Nationalgedankens, Maurice Barrès. Um aber die bedrohten Sprachen völkischer Minderheiten, von denen auch die kleinste nach den Worten des großen Charles de Gaulle „eine Blume im Kranze Europas ist", vom Untergange zu bewahren, ist es notwendig, ihnen all das zu gewähren und zu geben, was zur Erhaltung dieses Bestandes erforderlich ist; das ist vor allem die Schule, in der auch die Sprache der Minderheit entsprechend gepflegt und gefördert wird. Denn, wie der große Freund und unermüdliche Anwalt der völkischen Minderheiten, der vor kurzem verstorbene Universitätsprofessor von Mainz, Anton Hilckmann, betonte, ist die schlimmste Gefährdung einer Minderheit dann gegeben, wenn die Schule die Sprache der Minderheit ignoriert, ja vielleicht sogar sie zu verachten lehrt.

Zahlreiche Leser haben im Laufe der letzten zwei Jahre zu einzelnen Problemen schriftlich und mündlich Stellung genommen und verschiedene Vorschläge für eine Neuauflage unterbreitet. Die wichtigsten davon sind berücksichtigt worden. Ebenso wurde ein Großteil der neuen Literatur über die deutschen Sprachinseln, sowohl der deutschen als auch der italienischen, verwertet und im Schriftenverzeichnis angeführt. Verschiedene Abschnitte wurden überarbeitet und zum Teil fast vollständig umgeschrieben. U. a. wurden die „Dialekte und Sprachproben des Zimbrischen" einer besseren Übersicht wegen zu einem einheitlichen Kapitel zusammengefaßt.

So sei nun diese Neuauflage, in welcher versucht wurde, das Gesamtbild über die deutschen Sprachinseln abzurunden und zu ergänzen, wieder der Leserschaft im ganzen deutschen Sprachraume unterbreitet, mit dem Wunsche, daß damit neue Freunde für die deutschen Sprachinseln in Oberitalien gewonnen werden können, die bei einer ihrer nächsten Urlaubsfahrten dort Einkehr halten.

Bozen, im Herbst 1972

Der Verfasser

VORWORT ZUR VIERTEN AUFLAGE

Innerhalb einer verhältnismäßig kurzen Zeit ist wieder eine Neuauflage der „Deutschen Sprachinseln in Oberitalien" erforderlich geworden. Ein Beweis, daß das Werk mit seinem gesteckten Ziel, über Vergangenheit und Gegenwart aller deutschen Sprachinseln in Oberitalien zu berichten, immer noch dem Wunsche eines breiten Leserkreises entgegenkommt. In der vorliegenden Neuauflage konnte die Anregung zahlreicher Leser berücksichtigt werden, die sich für die einzelnen Sprachinseln übersichtlicheres und reichlicheres Kartenmaterial wünschten. Der namhafte Fachmann Otto Klemm aus Kolbermoor hat zur besseren Übersicht für die Neuauflage 13 Kartenskizzen angefertigt.

Der Großteil des Inhalts blieb unverändert. Neu bearbeitet sind nur jene Abschnitte, die sich mit der jüngsten Vergangenheit der einzelnen Sprachinseln befassen. Dabei sind leider wieder neue krasse Fälle nationalistischer Unduldsamkeit zu verzeichnen, die sich erst in jüngster Zeit im Trentino, in Belluno und in Udine zugetragen haben: Diskriminierung der Deutschen im Fersental und in Lusern im Trentino, Verbot des Deutschunterrichts in Uggowitz im Kanaltal, Verbot zweisprachiger Ortstafeln in Bladen-Sappada.

Nicht nur von unerfreulichen Dingen kann in dieser Auflage berichtet werden. Umwälzendes ist im Entstehen begriffen. Zahlreiche Vereinigungen sind in Italien entstanden, die sich den Schutz der sprachlichen Minderheiten zur Aufgabe gesetzt haben und in vorbildlicher Zusammenarbeit mit gleichgesinnten Vereinigungen des Auslands zum Wohle der jeweiligen Sprachinseln zusammenarbeiten. Frucht dieser Zusammenarbeit ist ein wachsendes Selbstbewußtsein bei den Minderheiten selbst, verbunden mit einem neuen Eifer, die Muttersprache zu erhalten und wieder zu pflegen. Hand in Hand damit geht die Tendenz, sich immer enger zusammenzuschließen, um gemeinsame Interessen leichter durchsetzen zu können.

Sehr viel trägt zu dem Umdenkungsprozeß, der in der italienischen Öffentlichkeit im Gange ist, der unermüdliche Einsatz des Sekretärs der italienischen Sektion der „Internationalen Vereinigung zum Schutze der bedrohten Sprachen und Kulturen", Prof. Gustavo Buratti, aus Biella bei sowie das 1975 erschienene Buch des Florentiners Sergio Salvi, „Le lingue tagliate" (Die abgeschnittenen Zungen), in welchem mit harter, schonungsloser Offenheit der von den italienischen Regierungen seit über hundert Jahren mehr oder weniger offen betriebene kulturelle, „unblutige Völkermord" angeprangert wird. Streng geht Salvi nicht nur mit dem „kulturellen Analphabetentum" vieler Politiker ins Gericht, sondern vor allem mit der Gleichgültigkeit der Intellektuellen, der Kulturschaffenden, der Journalisten, die, mit wenigen Ausnahmen, für die schwierige Existenz der vom Aussterben bedrohten Minderheiten kein Interesse zeigen.

Mit dem Wunsche, daß auch diese Auflage den Weg zu vielen Lesern im gesamten deutschen Sprachraum finden und viele neue Freunde für die deutschen Sprachinseln gewinnen möge, sei auch diese Neuauflage der Öffentlichkeit übergeben.

Bozen, im Herbst 1977   Der Verfasser

VORWORT ZUR FÜNFTEN AUFLAGE

Seit über einem halben Jahr war die vierte Auflage der „Deutschen Sprachinseln in Oberitalien" vergriffen, und infolge Erkrankung des Verfassers hat sich das Erscheinen der überarbeiteten Neuauflage, die vom Verlag bereits für den Herbst 1982 angekündigt war, immer wieder verzögert. In unveränderter Form aber hätte eine Neuauflage nicht mehr erscheinen können; zu viel Neues hat sich in der Zwischenzeit zugetragen, das nicht mit Stillschweigen übergangen werden konnte.

Vor allem überrascht die Vielzahl deutscher und italienischer Untersuchungen, die in den letzten Jahren über diese Sprachinseln erschienen sind — ein Zeichen, daß diesem Problem kaum jemals zuvor ein so breites und großes Interesse entgegengebracht wurde wie heute. An erster Stelle verdienen hier die verschiedenen Kulturvereine, deutsche und italienische, genannt zu werden, die sich den Schutz, die Pflege und das Studium der Geschichte der jeweiligen Sprachinseln zur Aufgabe gesetzt haben.

Großes wurde seit der Gründung dieser Vereine bereits geleistet; in einem Großteil der Sprachinseln wurde durch Eigeninitiative ein Privatunterricht in der Muttersprache eingeführt; in den deutschen Gemeinden des Trentino, im Fersental und in Lusern, wurde der Empfang des österreichischen Fernsehens ermöglicht, und in den Sprachinseln in Friaul und im Lande der Zimbern, in den VII und XIII Gemeinden, wurden Privatsender ins Leben gerufen, die täglich Programme in der deutschen Muttersprache senden. Wahre Fundgruben für die Geschichtsforschung sind die von den zimbrischen Kulturinstituten herausgegebenen Zeitschriften „Terra Cimbra" und „Quaderni di Cultura Cimbra" (in Roana in den VII Gemeinden) und „Taucias Gareida" (in Ljetzan in den XIII Gemeinden), die außer aktuellen Themen (u. a. auch solche über die anderen deutschen Sprachinseln in Oberitalien) auch Ausschnitte aus Werken älterer Autoren publizieren, die schon längst vergriffen und meist nur noch in Fachbibliotheken auffindbar sind. Ebenso haben sie bereits einige der bedeutendsten Werke, die im Laufe des vergangenen Jahrhunderts über die Geschichte der Zimbern geschrieben worden sind, durch Nachdrucke wieder weiten Kreisen zugänglich gemacht.

Über die Frage nach der Herkunft der Zimbern gehen die Meinungen der Zimbernforscher heute noch genauso auseinander wie bereits vor hundert Jahren. Bei diesen Streitfragen behält der Verfasser auch in der vorliegenden Auflage die bisherige Arbeitsweise bei und geht auf alle bedeutenderen, heute noch vertretenen Ansichten ein. So kann sich jeder Leser selbst ein Bild über den gegenwärtigen Stand der Forschung machen.

In erster Linie soll auch mit dieser Auflage das Interesse weiter Kreise für die Bewohner der deutschen Sprachinseln geweckt werden, denen schon seit über hundert Jahren immer wieder der Untergang vorausgesagt worden ist, die sich aber gerade in jüngster Zeit wieder des einmaligen Wertes ihrer Sprache und ihrer Sitten bewußt geworden sind, und die ihre Eigenart um jeden Preis bewahren und weiterpflegen wollen.

Bozen, im Sommer 1983   Der Verfasser

EINFÜHRUNG

Majestätisch streben die Alpen als höchstes Gebirge in Europa empor. Sie bieten nicht nur einen erhebenden Anblick landschaftlicher Schönheit, sondern sie trennen die Mitte vom Süden, die Länder mit den dunklen Fichtenwäldern von den Gebieten des Ölbaums.

Der Hauptkamm der Alpen ist in seiner überwiegenden Ausdehnung *nicht Grenze von Staaten.* Im Süden reicht Italien in den Seealpen darüber hinweg bis in die oberen Täler von Tinée und Vésubie. Dann allerdings stoßen auf dem Firste der Cottischen und Grajischen Alpen Italien und Frankreich, und auf dem der Penninischen Alpen Italien und die Schweiz aneinander; aber im Bereiche des Simplons greift letztere über die Wasserscheide hinweg, und im Tessingebiete stülpt sie sich fast an die Po-Ebene vor. Nur streckenweise ist der Kamm der Rätischen Alpen Grenze zwischen Italien und der Schweiz.

Diese reicht im Bergell und Puschlav tief hinab ins Addagebiet, während Italien das obere Stück eines Seitentales des Hinterrheins, das Valle di Lei, sowie das oberste Stück eines Seitentales des Inns, das durch den Spölfluß zum Oberengadin entwässerte Tal von Livigno, sein Eigen nennt. Daneben greift die Schweiz im Münstertal fast bis zum Etschtal herab. Weiterhin ist der Hauptkamm der Ostalpen, die sich in den Tauern fortsetzen, nie eine Staatsgrenze gewesen. Die Grenze Italiens reicht östlich vom Etschgebiete im allgemeinen nur bis auf die Wasserscheide zwischen den Flüssen Venediens und den Zuflüssen der Donau.

Wie Alpenkamm und Wasserscheide nur stellenweise Staatsgrenze sind, *um so weniger bilden sie eine Sprach- und Völkerscheide.*

Dort, wo der Alpenkamm im Westen Frankreich von Italien scheidet, trennt er nicht Franzosen von Italienern; jene bewohnen die Täler der beiden Dora und reichen hier bis in die Po-Ebene. Der Kamm der Penninischen Alpen, der so entschieden die Schweiz von Italien trennt, hat zu beiden Seiten im Westen Franzosen und im Osten beiderseits seiner höchsten Erhebung am Monte Rosa (Gorner Horn) Deutsche. Vom Wallis greifen ferner Deutsche nicht bloß auf die Ostseite des Simplons, sondern auch in das Quellgebiet der Tosa über.

Es gibt im Grunde nur einen Alpenübergang, der nicht nur großartige Bilder von der Majestät der Alpen bietet, sondern auch sozusagen mit einem Schritte klimatisch und sprachlich zugleich in den Süden führt: die *Gotthardroute.*

Dieser westlichste aller Übergänge aus dem Becken des Rheins und der Donau in das Flußgebiet des Mittelmeeres versetzt uns auch mit einem Schritte aus dem urdeutschen Kanton Uri in den vollständig italienischen Kanton Tessin. Betrachten wir aber die anderen Pässe, so zeigt sich uns ein wesentlich anderes Bild.

Schon der nächste, es ist der *Lukmanier,* der Paß des Großen Waldes (in luco magno), führt aus dem Tal von Dissentis, dem hintersten, ganz romanischen Teil des Vorderrheintales, dem klassischen Lande des Graubündner Romansch, ins italienisch redende Val Blegno; die nächsten Übergänge gegen Osten sind der alte *Vogelsberg, jetzt Bernardin* genannt, und der *Splügen.*

Diese beiden führen aus dem deutschen Rheinwald, i. e. Val da Rhein, in die italienisch redenden Täler Misocco (Schweiz) und S. Giacomo (Italien). Aber der Hinterrhein kann nicht zum geschlossenen deutschen Sprachraum gerechnet werden, denn der Weg dorthin geht von allen Seiten durch romanisch redende Gebiete; der von Norden Kommende verläßt das geschlossene deutsche Sprachgebiet schon hinter Chur, bei Ems. Der letzte Paß aus dem Stromgebiete des Rheins in das Gebiet des Mittelmeeres ist der *Septimer,* er führt aus dem romanischen Oberhalbstein (Sur Seissa) ins welsche, aber graubündnerische Bergell.

Dort, wo die Schweiz bis südlich vom Luganer See vorstößt, und die oberen Zipfel des Bergells und den Puschlav umfaßt, reicht italienisches Sprachgebiet bis zum Kamm der Lepontinischen und Rätischen Alpen.

Die folgenden Alpenübergänge führen aus dem Donaubecken, Flußgebiet des Inns, in jenes des Po. Maloja und Bernina verbinden das romanische Engadin mit den welschen, aber schweizerischen Tälern Bergell und Puschlav.

Weiter nach Osten treffen wir auf die Straßen, die aus dem Inntal in die Täler der Etsch und ihrer Nebenflüsse führen. Es ist da die Straße über den *Ofenpaß.* Zu beiden Seiten derselben liegt romanisches Sprachgebiet; das gleiche gilt von den Pässen *Costainas* und *Chruschetta.* Weiterhin kommen die Straßen über *Reschenscheideck* (Finstermünz) und den Brenner; sie führen gleich dem *Stilfser Joch* ins geschlossene deutsche Sprachgebiet Südtirol.

Die wenig begangenen Jöcher *Hörndljoch, Hundskehljoch, Hl.-Geist-Jöchl,* verbinden das Zillertal mit dem ebenso kerndeutschen westlichen Pustertal, dem Talboden der Rienz.

Manche andere Jöcher wurden nicht erwähnt, und keines von allen trennt unmittelbar deutsche und italienische Täler.

Weiter im Osten ist die Hauptwasserscheide der Alpen weniger Sprachgrenze als politische Grenze; denn man hört südlich von ihr in Tischlwang, in Bladen und in der Zahre auf italienischem Boden Deutsch und noch weiter gegen Osten Slowenisch; auch wird südlich von ihr in der großen Masse der Bevölkerung nicht Italienisch, sondern Furlanisch (Rätoromanisch) gesprochen.

Mit Recht kann Gustav Buratti daher behaupten: „Diese gesegneten Alpen, die vom fernen Rom als eine natürliche Grenze betrachtet werden, ja nahezu als eine von der Vorsehung aufgestellte chinesische Mauer, trennen in Wirklichkeit in all ihrer Ausdehnung — von jenen des Mittelmeeres bis zu den Julischen Alpen — nichts und niemanden. Auf der einen wie auf der anderen Seite des Alpenabhanges spricht man dieselben Sprachen: Provenzalisch, Französisch-Provenzalisch, Schweizerdeutsch, Ladinisch, die deutsch-tirolische und slowenische Sprache."

Bei den deutschen Sprachgebieten, die man südlich der Alpen, in Oberitalien, antrifft, kann man außer von jenen im Trentino und den Sieben und Dreizehn Gemeinden bei Vicenza und Verona, nicht von eigentlichen Sprachinseln, sondern von *deutschen Sprachkeilen* sprechen, die in italienisches Staatsgebiet hineinragen und die früher eine viel größere Ausdehnung hatten.

Faßt man die heutigen deutschen Sprachinseln und Sprachkeile am Südabhang der Alpen kurz zusammen, ergibt sich folgendes Bild: Im *Gebiet des Monte Rosa* (walserisch „Gorner Horn") finden wir folgende dem Wallis benachbarte, vorgeschobene Posten der deutschen Sprache, aufgezählt von West nach Ost: der oberste Teil des Lystals bis unter Issime herab (Val de Gressoney), das zur autonomen Region des Aostatales gehört; der oberste Teil der Val Sesia (Alagna) in der Provinz Vercelli; der oberste Teil der Val Sermenta (Rima); der hinterste Teil der Val Mascalone (Rimella); dies alles im Piemont.

Ferner der obere Teil des Vedrotales (Simpeln) in der Schweiz; dann wieder in Italien (Prov. Novara) das Anzascatal (Macugnaga-Makannah) und das Val Formazza, der obere Teil des Tocetals (Pomatt) und endlich, wieder in der Schweiz, aber im Kanton Tessin, in einem Seitentale des Rovanatales, an einem Bache, der der Maggia zufließt, Bosco (Gurin).

Die wichtigste, größte und am weitesten vorgeschobene von den drei Gruppen deutscher Siedlungen, die sogenannte „Zimbrische", befand sich an den Nebenflüssen der Etsch, des Bachels (Bacchiglione) und der Brenta.

Weiter östlich findet man erste Spuren deutschen Wesens im obersten Teile des Piavetales, in Val Comelico, in der Talschaft von Bladen (Sappada), einem Gebiet, aus dem Übergänge ins Gailtal und ins Sextental führen; nicht weit davon und südlich liegt, an einem Nebenfluß des Tagliamento, im Val Lumiei, die Zahre (Sauris).

Gehen wir weiter östlich, so treffen wir am Fuße des Plöckenpasses, am Talende von Val But, das deutsche Tischlwang (Timau) und damit das letzte deutsche Einschiebsel in Italien.

Im Flußgebiet des Tagliamento gelegen ist das Kanaltal (Fellatal) mit seiner teils deutschen, teils wendischen Bevölkerung; nach 1918 wurde die deutsche Bevölkerung hier zum Großteil von italienischen Zuwanderern verdrängt. Zarz, eine andere Zahre, gehört ins Gebiet der Save.

I. Einstige Ausdehnung des Deutschtums im Trentino

Heute ist Salurn der südlichste Punkt des geschlossenen deutschen Sprachgebietes südlich der Alpen und wird im Vergleich zu seiner südlichen Lage nur von dem am Monte Rosa (Gorner Horn) vorspringenden Sprachkeil der Schweizer Walser übertroffen. Früher, im 14. und 15. Jahrhundert, konnten sich die Walser mit ihren Volksgenossen im Etschtal nicht messen, da, wie Adolf Schindele ohne Übertreibung betont, „das Gebiet zwischen Etsch und Plaf (Piave) mit den Eckpunkten Salurn und Felters (Feltre) im Norden, Villafranca bei Berne (Verona) und Esten (Padua) im Süden einst zum Großteil deutsch gewesen ist."

Noch am Anfang des 18. Jahrhunderts waren die heutigen italienischen Orte Eichholz (Roverè della Luna) und St. Michel (S. Michele) sowie Deutschmetz (Mezzo tedesco) deutsch und im 16. und 17. Jahrhundert lief die Sprachgrenze durch Lavis.

Mezzo tedesco (Deutschmetz) ist im Gegensatz zu dem am andern Noceufer gelegenen Mezzolombardo benannt. Da den irredentistischen Trienter Kreisen die im Namen Deutschmetz erhaltene Erinnerung an dessen deutsche Vergangenheit ein Dorn im Auge war, brachten sie schon einige Jahrzehnte vor dem ersten Weltkrieg die Bezeichnung *Mezzocorona* auf, die von den altösterreichischen Stellen bedenkenlos übernommen wurde.

Das *Nocetal* freilich war mit Ausnahme des oberen Nonsberges und des Rabbitales, in dem wir auf Menschen nordischen Schlages treffen, immer rätoromanisch und ist heute zum Unterschied vom ladinischen Osten nahezu restlos italianisiert. Deutschredend waren im heutigen Trentino die Bewohner folgender Gebiete, aufgezählt von Norden nach Süden, östlich der Etsch: das Tal von *Pinè* (Pineid) oder wenigstens einige Gemeinden desselben, Miola und Faida, auch Teile von Montagnaga und Rizzolago; das *Fersental,* nördlich von *Pergine* (Persen), und zwar im unteren Teil linksseitig die Gemeinden Vignola, Gereut und Eichleit, im oberen die Gemeinden Florutz und Palai; südlich des Suganer Tales die Hochebene von *Lavarone* (Lafraun) und *Lusern* (Luserna) mit dem Abfall ins *Val d'Astico* (Astachtal), die westwärts davon unmittelbar anstoßende Hochfläche von Folgaria (Vielgereut oder Filgreit); *Besenello,* nordöstlich von Rovereto; das *Vallarsa* (Brandtal) und *Terragnolo* (Laimtal), Bergtäler südöstlich und östlich von Rovereto; *Val Ronchi* (Rauttal), östlich von Ala; endlich *Roncegno il Monte* (Rundscheiner Berg) in der Valsugana; dieses Gebiet hängt direkt mit dem deutschen Fersental räumlich zusammen.

Das deutsche Sprachgebiet reichte in den vergangenen Jahrhunderten weit über Salurn hinab nach Süden.

Diese im politischen Bereich vom ehemaligen Welschtirol gelegenen deutschen Sprachgebiete stoßen südostwärts an ein Gebiet ähnlicher Siedlungs- und Volksart, an das sogenannte „zimbrische" Sprachgebiet, das sind die *Sieben und Dreizehn Gemeinden* (Sette e Tredici Comuni) im Berglande von Vicenza und Verona. Diese beiden Gruppen bewahrten die deutsche Sprache bis ins 19. Jahrhundert. Doch ist das zwischen den Sieben und Dreizehn Gemeinden gelegene Gebiet von Arsiero—Posina—Recoaro, das westwärts an Folgaria—Terragnolo—Vallarsa angrenzt, in früherer Zeit auch stark von deutschen Siedlern durchsetzt gewesen. Seit dem 17. Jahrhundert verloren diese aber die Muttersprache und wurden italianisiert.

Deutsche saßen also in allen Tälern, deren Flußläufe den Bacchiglione bilden, der, im Altertum Medoacus Minor genannt, schon durch seinen modernen Namen „Bachel" auf einstige zahlreiche deutsche Einwohner hindeutet. In erheblicher Zahl waren aber Deutsche auch im Umkreis des alten Medoacus major, Brenta, deren Name auch von italienischen Forschern mit dem deutschen „Brunnen", Born, in Zusammenhang gebracht wird.

AUS DER BESIEDLUNGSGESCHICHTE DES ALPENRAUMES

Über die Besiedlung des Alpenraumes gibt es eine umfangreiche Literatur, und hier sei vor allem auf die neueren einschlägigen Werke von Richard Heuberger, Otto Stolz, Franz Huter, Hermann Wopfner u. a. verwiesen, in denen auch das Gebiet der deutschen Sprachinseln in Welschtirol und in Friaul zum Teil berücksichtigt worden ist.

Manche neue Gesichtspunkte haben die Forschungen des Konstanzer Arbeitskreises für mittelalterliche Geschichte unter Leitung von Theodor Mayer zutage gefördert, man vergleiche vor allem den Band X der Vorträge und Forschungen dieses Arbeitskreises „Die Alpen in der europäischen Geschichte des Mittelalters" (Konstanz, 1965). Darin wird die doppelte Funktion der Alpenvorlande als Scheidelinie zwischen den Großräumen und als Verbindungszone auf Grund der seit Urzeiten bestehenden Besiedlung hervorgehoben. Die einzelnen Siedlergruppen waren voneinander unabhängig und auch nicht stammesmäßig verwandt, ihre Wohngebiete schlossen sich an die verschiedenen Alpenübergänge an, dort kam es zur Ausbildung kleinerer volklicher Gruppen. Es wurde festgestellt, daß die inneralpine Bevölkerung aus vorrömischer Zeit stammte, auch in der Römerzeit keine einschneidenden Änderungen erfuhr und nach dem Abzug der Römer unter einer neuen Herrschaft ebenfalls unverändert blieb; nur die Träger der Herrschaft wechselten, die breite Unterschicht der Bevölkerung blieb durch Jahrtausende. Auch die großen Verkehrswege über die Alpen wurden von dem Wechsel kaum berührt.

Die staatsrechtliche Stellung der römischen Provinzen Rätien und Norikum, die Teile der jetzigen Schweiz, Österreichs und Bayerns umfaßten, unterschied sich nicht von jener der späteren französischen, spanischen oder rumänischen Provinzen, und demgemäß hat es zur

Beurteilung der heutigen Lage auch nicht die geringste Bedeutung, daß sie, wie jene, im Laufe des nächsten halben Jahrtausends die vulgärlateinische Sprache annahmen und ihre illyrische oder keltische Sprache vergaßen.

Im Gegensatz aber zum Italienischen hat sich in einem Großteile des Alpenraumes aus dem Vulgärlatein eine selbständige Sprache, das *Rätoromanische,* entwickelt. Das Italienische entstand aus anderen Voraussetzungen, es gehört zu den ostromanischen Sprachen. Das Rätoromanische, welches sich einst längs der beiden Seiten des Gotthards bis zum Predil und hinab bis zur italienischen Tiefebene ausdehnte, ist in Wortschatz und Lautbildung dem Französischen und Spanischen verwandt, es gehört zur westromanischen Sprachengruppe; besonders ähnelt es dem Altfranzösischen, wie es zwischen dem 10. und 14. Jahrhundert gesprochen wurde. Das Rätoromanische bzw. das Ladinische, ist also eine selbständige Sprache und kein italienischer Dialekt, als welchen ihn einige italienische Historiker und Philosophen für ihre nationalistischen Zwecke hinzustellen versuchten. Aber diese Sprache wurde isoliert, und weil sie sich nicht zum Verständigungsmittel eines geschlossenen Kulturkreises entwickeln konnte, blieb sie eine einfache Sprache mit schwankenden Formen. Neue Worte drangen ein, Entlehnungen aus dem Deutschen hier, aus dem Italienischen dort. Aber auch alter Bestand erhielt sich.

DIE GERMANISCHEN EINWANDERUNGSWELLEN

Im zweiten Drittel des 6. Jahrhunderts lösten im Etschgebiet die Germanen die Römer ab. Im Süden die Langobarden, im Norden die Alemannen und die Bajuwaren.

Die ersten Einwanderungen germanischer Stämme in das südliche Tirol fanden, wenn man vom Zuge der Cimbern nach Italien zu Marius' Zeiten absieht, und die im römischen Heere dienenden deutschen Soldaten unter der Herrschaft der heidnischen römischen Kaiser, von denen viele auch in Tirol gedient haben mochten, nicht zählt, zur Zeit der großen Völkerwanderung statt. Es kamen Heruler, Rugier usw., aber alle diese Völker sind über die Schaubühne der Weltgeschichte spurlos vorübergegangen. Erst mit der Eroberung Oberitaliens durch den Ostgotenkönig Theodorich den Großen faßten germanische Stämme auch am Rande der Alpen festen Fuß. Ob bereits Odoaker am Fuße der Alpen Deutsche angesiedelt hat, kann nicht nachgewiesen werden, läßt sich aber nicht von der Hand weisen. Sicher aber ist, daß es Dietrich von Bern getan hat. Aus manchen Briefen dieses ersten großen germanischen Herrschers geht auch hervor, daß er im Norden seines Reiches auch alemannische Flüchtlinge aufgenommen habe (Cassiodori. Var. I. II. 41).

Nach Desiderio Reichs Abhandlung „Notizie e documenti su Lavarone e dintorni" habe gerade die langobardische Einwanderung die Reihe der großen oder primären germanischen Einwanderungen abgeschlossen. Die Herrschaft dieses Stammes dauerte von 568 bis 774.

Die den Langobarden folgenden Franken fanden somit bei der Übernahme der Herrschaft in Oberitalien und im südlichen Tirol bis etwa in die Nähe Bozens — der andere Teil Tirols stand unter bayrischem Einflusse — bereits Deutsche vor und mehrten deren Element, indem sie mit den bereits vorhandenen Burgen und deren Gütern beinahe durchwegs Angehörige ihres Stammes belehnten und weitere Stützpunkte ihrer Herrschaft anlegten.

Die erste urkundliche Nachricht über die fränkische Politik stammt aus dem Jahre 845. In der Herzogsburg Trient wurde nämlich in diesem Jahre im Auftrage des Herzogs Liutfried von Garibald, Pfalzrichter, durch die königlichen Sendboten — es mußten nämlich nach einer Einrichtung Kaiser Karls des Großen ein geistlicher und ein weltlicher königlicher Gesandter die Verhandlungen leiten — eine Versammlung aller Vasallen des fränkischen Herrschers Ludwig aus dem Gebiete abhalten. Hier erschienen als fränkische Lehensmannen sehr viele Deutsche, darunter auch solche aus der Gegend von Civezzano und Pergine.

LANDNAHME DURCH LANGOBARDEN UND BAJUWAREN

Über die Besetzung des Landes durch Langobarden und Bajuwaren, die in römische Provinzen einwanderten, schreibt *Albert Jäger*, daß diese verschieden vor sich ging: „Der Unterschied entsprang nämlich teils aus der Art der Einwanderung, teils aus dem Charakter der beiden Völker. Die Langobarden machten sich mit dem Schwert in der Hand zu Herren des eroberten Landes. Sie erfreuten sich nicht des Rufes eines milden Verfahrens gegen die von ihnen besiegten Feinde oder Völker." Als sie 568 in Italien einbrachen, um dauernd Besitz vom Lande zu nehmen, wählte sich jeder Herzog eine Stadt für seinen Sitz. Bei der Besetzung des tridentinischen Gebietes sind sie sicher nicht anders vorgegangen als im übrigen Italien. Um 575 taucht bereits der Langobardenherzog Evin in Trient auf.

Andererseits aber weist schon Tacitus (Germania, XL) auf die Tatsache hin, daß die Langobarden eine schwache demographische Konsistenz hatten. Andererseits bezeugen die sicher langobardischen Ortsnamen in den 13 Gemeinden (vor allem im Illasi-Tal) ziemlich klar, daß sich die Langobarden fast ausschließlich darauf beschränkten, Militärstützpunkte zu errichten, ohne Dauersiedlungen ihrer Stammesgenossen ins Leben zu rufen. Marco Scovazzi, der sich eingehend mit dieser Frage auseinandersetzte, führt dafür folgende Ortsbezeichnungen an: *Guala* (bei Cellore), *Saline* (bei Tregnago und in S. Mauro), *Gazzolo* oder *Gazza* (bei Cogollo), *Gardun* (in Sant'Andrea), *Purghestal* (bei Roveré Veronese), *Garzon* (zwischen Sant'Andrea und Selva di Progno), *Fraselle* (nordöstlich von Ljetzan) und *Pertica Pass* (zwischen Ljetzan und Ala). Oft bestanden diese langobardischen Stützpunkte zwischen Verona und Vicenza aus Söldnertruppen, die verschiedenen Stämmen angehörten, germanischen und nichtgermanischen: man vergleiche die Ortsnamen *Zevio* (an die Gepiden erinnernd), *Soave* (das sich auf die Sueven bezieht) und *Sarmazza* (das sogar an die Sarmater erinnert).

Die Niederlassung der Bajuwaren im Tiroler Gebirgslande ging in ganz anderer Weise vor sich. Keine Spur deutet dort darauf hin, daß sie von jenen Mitteln Gebrauch machten wie die Langobarden, um sich im eroberten Lande festzusetzen. Jäger erklärt diese Tatsache vor allem damit, daß die Bajuwaren im Gegensatz zu den Langobarden bereits christianisiert waren, als sie sich im Alpenraum niederließen.

Erst als die *Bajuwaren* Südtirol militärisch besetzt und sich in wechselvollen Kämpfen gegen die aus dem Pustertal andrängenden Slawen behauptet hatten, begann in Südtirol die Rodung und Siedlungsarbeit in größerem Umfange. Der militärische Schutz des Landes gegen Slawen- und Mongoleneinfälle war also dafür die Voraussetzung. Wenn die bajuwarische Besetzung von den Einheimischen zunächst auch kaum angenehm empfunden worden sein dürfte, so hat doch diese gemeinsame Bedrohung viel zu einer ersten Überbrückung der Gegensätze beigetragen.

Am entscheidensten aber war es, daß die Bajuwaren *nicht nur Krieger, sondern auch Bauern waren.* Bauern aber waren die Räter auch. Die Römer der Kaiserzeit hingegen waren schon verstädtert gewesen und hatten daher wohl ihre Sprache verbreiten, nicht aber Siedlungsarbeit leisten können.

Schon damals aber hat man angesichts der Bedrohung aus dem Osten die Bajuwaren, wie erwähnt, wohl mehr als Beschützer denn als Eindringlinge empfunden, zumal die bajuwarisch-slawischen Kämpfe mit wechselndem Glück geführt wurden und damit das Gefühl dieser Bedrohung wachblieb.

Bekannt ist, daß in *Kärnten,* einer Landschaft, die in der spätrömischen Zeit in wirtschaftlicher und kultureller Hinsicht wegen des reichen Bergbaues besonders hoch entwickelt war, durch den Einfall der Awaren um 600 soweit zerstört wurde, daß die romanische Bevölkerung vertrieben und das Land menschenleer wurde. Eine Neubesiedlung erfolgte im 7. Jahrhundert durch eine slawische Einwanderung, der aber eine bajuwarische Einwanderung gegenüberstand. Der bajuwarische Herzog Tassilo III. gründete das Kloster Innichen im Pustertal (769) und bajuwarische Adelige errichteten große Grundherrschaften im leeren Kolonisationsgebiet, nachdem die Slawen um 700 von den Bajuwaren geschlagen worden waren. Die Besiedlung wurde, wie allgemein üblich, von adeligen Grundherren durchgeführt, die aus Bayern kamen; mit der Zeit entstand ein machtvoller Adel.

Gemeinsame Arbeit und gemeinsame Erfolge ließen so Achtung und Vertrauen zu den Grundpfeilern des Verhältnisses zwischen Deutschen und Ladinern werden. In dem großen Rahmen des übernationalen Heiligen Römischen Reiches Deutscher Nation und später der übernationalen Donaumonarchie hat sich so eine auf tausendjährige Schicksalsgemeinschaft beruhende gemeinsame Gesellschaftsordnung herausgebildet, der die Ladiner auch dann noch die Treue hielten, als dieser Rahmen längst zerbrochen war.

DER LANGOBARDISCH-BAYRISCHE KULTURKREIS
ALS WIEGE DES DEUTSCHTUMS

952 wurden Südtirol, Welschtirol mit der Mark Bern (Verona) von Otto dem Großen zu Bayern geschlagen. Ausschlaggebend für die politische Einigung dieser Gebiete war, daß hier bereits im 8. und 9. Jahrhundert, also schon vor Karl dem Großen, ein reges Geistesleben herrschte, von welchem unermeßliche Wirkungen für den gesamten deutschen Sprachraum ausgingen. Die Bedeutung dieses *langobardisch-bayrischen Kulturkreises* ist erst in den letzten Jahrzehnten richtig erkannt worden.

Es ist vor allem der Forschertätigkeit des königsbergisch-hallischen Literaturhistorikers Georg Baesecke und des Innsbrucker Universitätsprofessors Karl Kurt Klein zu danken, daß für die bis dahin bestehenden irrigen Anschauungen über die Anfänge des deutschen Schrifttums eine Richtigstellung erfolgte. Seit Wilhelm Scherer, dem Bahnbrecher der deutschen Literaturgeschichte, hatte sich seit rund 100 Jahren nahezu in der gesamten Gelehrtenwelt die Anschauung verfestigt, das ältere Schrifttum der Deutschen beginne ausschließlich mit und durch Karl dem Großen: „Aus der Persönlichkeit Karls des Großen entsprang die deutsche Literatur. An Karls Namen knüpfte sich die entscheidende Wendung im geistigen Leben des deutschen Volkes, durch die es aus dem Zustand der Schriftlosigkeit in jenen neuen geistigen Raum übertrat, darin es an die Kette der Weltliteratur als ein neues Glied sich fügte." (Wilhelm Scherer in „Vorträge und Aufsätze zur Geschichte des geistigen Lebens in Deutschland und Österreich", Berlin 1874).

Karl Kurt Klein, ein hervorragender Kenner alt- und mittelhochdeutschen Schrifttums und der deutschen Sprachgeschichte, hat die Forschungsergebnisse Georg Baeseckes aufgegriffen und weiter vorangetrieben und sie 1954 in einer wissenschaftlichen Zusammenschau unter dem Titel *„Die Anfänge des deutschen Schrifttums — Vorkarlisches Schrifttum im deutschen Südostraum"* herausgegeben. Darin wird die Bedeutung des Südostraums für die Anfänge der deutschen Literaturgeschichte in vorkarlischer Zeit in ein neues, bedeutsames Licht gerückt.

Räumlich kann der südostdeutsche, vorkarlische langobardisch-bayrische Kulturkreis mit den drei Bildungszentren *Freising, Salzburg, Pavia* abgesteckt werden. Das deutsche Bildungsschrifttum setzt hier in lateinischer Sprache mit drei gewichtigen Persönlichkeiten ein: *Arbeo von Meran* (724—784), Bischof von Freising, *Bischof Virgil von Salzburg* (710—784) aus Irland, und *Paulus Diaconus* (etwa 725 bis 799), Sohn des langobardischen Adeligen Warnefried, gebürtig aus Cividale (?) im Friaulischen.

Gegenüber den namenlosen Verfassern des deutschsprachigen frühen Schrifttums der karlischen Zeit, das durchwegs Übersetzungsliteratur ist, sind diese Männer sowohl in ihrem schriftstellerischen und dichterischen Wirken, wie auch in ihren Lebensumständen, Taten und

Wirkungen bis in Einzelheiten faßbar und umreißbar. Es sind literarische Persönlichkeiten von Rang.

Arbeo, dessen Geburtsort Mais bei Meran war, wurde als Bayer geboren, geriet aber bald darauf mit seiner politisch umstrittenen Heimat unter langobardische Staatshoheit, studierte an der langobardischen Hofschule des Königs Ratchis in Pavia oder im Kloster Bobbio, wo sich u. a. die Masse der vor den Ostgoten geretteten arianischen Schriften befand. Von dort übertrug Arbeo die besondere Bildungsatmosphäre der langobardisch-italienischen Kultur nach Norden, als er im Jahre 763 die Leitung von Kirche und Kloster in Scharnitz übernahm, kurz darauf (764) das Freisinger Bistum. Als Bischof stellte Arbeo den Kanzlei- und Bildungsbetrieb in Freising im Sinne seiner langobardischen Schulung, gleichzeitig aber literarischen Beratung durch seinen Diözesannachbarn, den Bischof Virgil von Salzburg, um. In Pavia (oder Bobbio) könnte Arbeo mit dem großen langobardischen Gelehrten und Dichter Paulus Diaconus zusammengetroffen sein. Karl Kurt Klein brachte diese Tatsache in die knappe Formel: „Nicht im Zeichen eines west-östlichen Kulturgefälles beginnt die deutsche Literatur, sondern in dem eines süd-nördlichen."

In diesem Geisteskreis verfaßte Bischof Arbeo *das erste deutsche Buch,* den „Deutschen Abrogans", früher unter dem Namen „Keronischer Glossar" bekannt. Der kühne Gedanke, germanische, deutsche Wörter zum ersten Male zusammenhängend zu schreiben, ist nach Baesecke in Arbeo durch seine Verwurzelung in langobardischer Bildung angeregt worden.

Aber noch ein anderer Zweig der Literatur stand im langobardischbayrischen Kulturkreis schon lange vor Karl dem Großen in vollster Blüte, der über Jahrhunderte hinaus die Literatur des gesamtdeutschen Sprachraums befruchtete: *die Heldendichtung.* Hier war es vor allem Paulus Diaconus, der den Sagenschatz seines Volkes erhalten und der Nachwelt überliefert hat. In seiner „Historia Langobardorum" griff er in den Schatz der langobardischen Sagen und volkstümlichen Überlieferungen, löste die dichterisch geprägte Form, in der wir uns den Großteil weitergegeben zu denken haben, auf, setzte das langobardische Deutsch in klassisches Latein um. So zerstörte er Form und Sprache, rettete aber Inhalt und Stoff. „Was Paulus von Alboin rühmt, daß sein Edelmut und Ruhm, sein Glück und seine Tapferkeit im Kriege ‚bis heute' weithin bei Bayern und Sachsen ‚und anderen Völkern dieser Sprache' in Lieder gesungen werde, das gilt im weitesten Sinn von der Strahlkraft langobardischer Heldendichtung überhaupt. Sie ergänzt in ihrem Vordringen von Süd nach Nord die buchliterarischen Einflüsse, die aus Pavia über die Alpen und über Freising-Salzburg in den binnendeutschen Raum gelangten" (Klein, Die Anfänge des deutschen Schrifttums). Hier ist — wie Baesecke und Klein nachgewiesen haben — das älteste auf uns gekommene deutsche Heldenlied, das *Hildebrandslied,* entstanden, ebenso das *Waltharius-lied* und die *Dietrichdichtung,* die im *Nibelungenlied* ihren höchsten künstlerischen Niederschlag gefunden hat.

Ohne Übertreibung kann daher gesagt werden, daß im langobardisch-bayrischen Kulturkreis die Wiege des Deutschtums steht. Von Arbeos erstem deutschen Buche und von der Heldendichtung in diesem Raume, wo gotisches, langobardisches, fränkisches, bayrisches und alpen-romanisches Volkstum sich begegnete, ging Jahrhunderte hindurch ein unschätzbarer Einfluß auf das gesamtdeutsche Schrifttum aus.

EINSTIGE BEVÖLKERUNGSVERHÄLTNISSE IM SÜDLICHEN ETSCHGEBIET

Welschtirol war ursprünglich nur von Rätoromanen und Germanen besiedelt. Dies ist durch zahlreiche Tatsachen erwiesen. Dafür sei zunächst ein italienischer Gelehrter, Carlo Battisti, als Zeuge angeführt, der in seinen jungen Jahren, als er noch an der Universität Wien dozierte, bei seinen sprachlichen Forschungen zu ganz anderen Ergebnissen gekommen war, als später, nachdem er sich von Ettore Tolomei als Werkzeug für dessen nationalistische Zielsetzungen einsetzen ließ, um eine nie vorhanden gewesene „Italianität" Südtirols nachzuweisen.

In seiner 1908 in deutscher Sprache herausgegebenen Untersuchung „Die Nonsberger Mundart" stellte Carlo Battisti fest, daß erst im 14. Jahrhundert in Trienter Urkunden italienische Dialektformen zu finden sind. Und wenn im 13. Jahrhundert da und dort das Italienische auftaucht, so erklärt sich dies durch die Zuwanderung italienischer Elemente aus der Lombardei. Vor allem im 13. Jahrhundert kamen zahlreiche Lombarden als Notare und Iudices nach Trient. Die ersten Italiener sind also im Laufe des 13. und 14. Jahrhunderts nach Welschtirol eingewandert.

Daß Welschtirol im 13. Jahrhundert noch nicht von italienisch Sprechenden besiedelt war, wird bereits von dem großen italienischen Dichter *Dante Alighieri* (1265—1321) bezeugt, der sich als einer der ersten mit der italienischen Sprache wissenschaftlich befaßte. Als „Jäger" durchstreifte der Dichter Italien „nach dem edlen Wilde des reinen Italienisch". Und was schreibt er in seiner Abhandlung „De vulgari eloquio" über die in Trient gesprochene Sprache?

Zunächst stellte er fest, Trient, Turin und Alexandria könnten, weil an der Grenze Italiens gelegen, schon an und für sich nicht für das edle Italienisch in Betracht gezogen werden, und zwar wegen der Sprachmischung, die sich da findet, aber auch dann, wenn sie einen sehr schönen Dialekt sprechen würden, wäre dies nicht möglich. So aber sprechen sie den schlechtesten (turpissimum habent vulgare). „Wenn wir also das edle Italienisch erjagen wollen, ist dort nichts zu suchen", sagt der Dichter, d. h. der Jargon, der dort gesprochen wird, gilt Dante gar nicht als Italienisch. Da aber eine Mischung mit italienischen Ausdrücken in den Urkunden nicht angetroffen wird, bleibt nichts übrig, als mit dem bayerischen Sprachforscher Christian Schneller an einen ladinischen Dialekt zu denken.

Besondere Berücksichtigung verdient in diesem Zusammenhang das vom Historiker E. Hlawitschka *veröffentlichte Werk „Franken, Alemannen, Bayern und Burgunder in Oberitalien" (in der Zeit von 774 bis 962), Freiburg i. Br. 1960. Hier wird anhand eines fast unübersehbaren neuen Quellenmaterials nachgewiesen, daß seit der Eroberung des Langobardenreiches im Jahre 774 durch die Franken eine bis jetzt von der Forschung kaum beachtete große Zuwanderung von fränkischem Adel und Siedlern nach Oberitalien stattfand. Fränkische Krieger lösten an allen strategischen Punkten die langobardischen Arimannen ab. Dieser Zustrom von Franken hielt bis um die Jahrtausendwende an, als mit Otto dem Großen ein neuer Abschnitt in der Italienpolitik der deutschen Kaiser begann. Und erst von diesem Zeitraum an fand eine Aufwertung der Bajuwaren statt, die sich unter anderem dadurch auswirkte, daß diese von Südtirol aus ihr Siedlungswerk in Richtung des heutigen Trentino fortsetzten. Kurz erwähnt sei in diesem Zusammenhang, daß seit der Frankenzeit Kirche und Klöster in der Politik der römisch-deutschen Kaiser und Könige eine maßgebliche Rolle gespielt haben.*

So ist es also nicht verwunderlich, daß *Bern* (Verona) schon im frühen Mittelalter eine beträchtliche deutsche Bevölkerung aufwies und daß im Jahre 774 der erste deutsche Bischof, mit Namen Sigbert, auftritt. Von 800 bis 1200 waren es fast nur Bischöfe mit deutschen Namen, von 1070 bis 1118 sieben nacheinander, die als *todeschi* bezeichnet werden (vgl. Gerhard Schwartz, Die Besetzung der Bistümer Reichsitaliens unter den sächsischen und salischen Kaisern). Ebenso gab es neben anderen Bistümern namentlich in Padua, zu dem, nicht nur Vicenza, die Sieben Gemeinden kirchlich gehörten, vom Jahre 647 bis 1055 gleich 22 von 32 Bischöfen, die ausdrücklich „Ultramontani" (d. h. von jenseits, nördlich der Alpen) genannt werden. Arturo Galanti, der die Bedeutung dieser Tatsache zu leugnen versuchte, gab selbst zu, daß das Italienertum der Stadt Berne (Verona) erst von 1300 an feststehe, nachdem sich seit dem 10. Jahrhundert die Vorherrschaft des italienischen Wesens über das deutsche gebildet habe.

Im Abschnitt „Im Land der Cimbern" wird noch ausführlicher die Rede sein über die zahlreichen deutschen Ortsnamen, die man im Raum von Vicenza, Verona und sogar südlich davon antrifft und die die geschichtlichen Tatsachen von der einstigen Bedeutung des Deutschtums in diesem Raume bestätigen und untermauern.

BEDEUTUNG DER STADT TRIENT IM FRÜHEN MITTELALTER

Die einmalige Lage der Stadt Trient wurde schon im Altertum von den Kelten und Römern erkannt und entsprechend ausgewertet. Trient liegt in der Etschtalfurche gerade dort, wo sich in der Schwelle von Terlago nach Westen zur Sarca und in der Talwasserscheide von Pergine nach Osten zur Brenta gute Verkehrsmöglichkeiten eröffnen, die — neben der Etschtalfurche selbst — aus dem Gebirge hinausführen. Außerdem werden vom Norden her die großen Täler des Noce und des Avisio durch ihre Mündungen südwärts an Trient gewiesen. Schließlich treten hier die Flanken des Etschtals wieder näher an den Fluß heran, und im Felsklotz des Doss Trento, der aus dem Tale aufragt, wird die Sperrfunktion des Ortes sichtbar betont.

Seit dem späten 4. Jahrhundert war Trient Sitz eines Bischofs. Im salischen Reichskirchensystem war den Bischöfen von Trient und Brixen die Hut des Brennerweges zugedacht. Daher übertrug ihnen Kaiser Konrad II. die Grafschaften an Inn und Etsch (1027). Der Trienter Bischof sollte über Trient, Bozen und den Vinschgau (bis ins Engadin hinein) gebieten. Er hätte, über den Bistumsbereich weit hinaus, ein in den Bergen verankertes weltliches Territorium bilden können. Aber nicht der häufig wechselnde und durch das Hirtenamt gehinderte geistliche Fürst, sondern der weltliche Vogt der bischöflichen Kirchen von Trient und Brixen, der Graf von Tirol, kam schließlich zum Zug. Er baute, vom Gedanken der Mehrung des Familienerbes beflügelt, auf Kosten jener, die er schirmen sollte, das Land, dem er seinen Namen gab. Nicht ohne Kampf. Die Bischöfe leisteten Widerstand. Vor allem der große Friedrich aus dem Hause der von den Tirolern bedrängten Edelfreien von Wangen (1207—1218). Er sammelte im Liber sancti Vigilii (Codex Wangianus) die Rechte des Bistums.

Zu harten Auseinandersetzungen kam es außerdem zwischen den Trienter Bischöfen mit den in Welschtirol ansässigen großen Adelsgeschlechtern, vor allem mit den Herren von Arco, Castelbarco und Lodron, die sich ebenfalls unabhängig zu machen und ihren Einflußbereich zu erweitern versuchten.

Der dritte Gegner der Trienter Bischöfe war schließlich der Kaiser selbst. Friedrich II. nahm dem Bischof Aldriget die weltliche Herrschaft (1236) und übergab sie an Ezzelino da Romano, seinen Generallegaten in Italien, um sich den Schlüssel zur Pforte zwischen beiden Teilen des Reiches zu sichern (1239). Mit dem Zusammenbruch der Staufer lebte die bischöfliche Macht wieder auf (1255). Aber gerade die folgende königlose Zeit nutzte Meinhard II. von Görz-Tirol, um seine Macht auf Kosten der Bischöfe zu mehren und die Tiroler Landesherrschaft auszubauen. Die Nachfolger der Görzer aus dem Hause Luxemburg setzten das Werk fort und wußten Vertrauensleute aus ihren Heimatländern auf die Bischofsstühle von Brixen und Trient zu bringen.

Die Habsburger vermochten durch die sogenannten Kompaktaten von 1363 (abgeschlossen mit Bischof Albert von Trient) eine Art Bundesverhältnis zwischen Trient und dem Reich zu begründen und damit dauernd die Hand auf das geistliche Fürstentum zu legen.

Die beiden Hochstifte Brixen und Trient waren schon von den deutschen Königen Heinrich II. (1002), Konrad II. (1024—1039) und Heinrich III. (1039—1056) mit grundherrlichen Rechten über ausgedehnte Land- und Waldgebiete ausgestattet worden. Der Bergbau scheint um diese Zeit in vielen Orten erst richtig in Angriff genom-

men worden zu sein. Die Burgherren der einzelnen Gebiete, besonders jene von Pergine (Persen) und Caldonazzo (Galnetsch), beriefen deutsche Dienst- und Arbeitskräfte ins Land.
So kam es vor allem im 12. und 13. Jahrhundert zu einer umfangreichen deutschen Siedlerwelle ins Trentino, denn die weitblickenden Bischöfe von Trient hatten erkannt, daß bayerische — vor allem aber deutschsüdtirolische Bergkinder — zur Urbarmachung und Nutzung der erträgnislosen Hochflächen und zur Bergbauarbeit die rechten Leute waren. Wie sich aus der Geschichte einwandfrei ersehen läßt, handelte es sich bei obgenannten Kolonisatoren niemals um eine Verdrängung oder Benachteiligung des älteren, in den fruchtbaren Niederungen seßhaften Rätoromanentums, sondern ausnahmslos um legale Neurodungen unbebauter Gebiete. Daß diese deutschblütigen Kolonisatoren ihre neue Heimat und ihr mühsam errungenes Werk auch zu verteidigen gewillt waren, ist selbstverständlich.

DIE DEUTSCHE VERGANGENHEIT DER STADT TRIENT

Die Deutschen haben seit dem frühen Mittelalter in der Stadt Trient eine große Rolle gespielt.

So berichtet bereits der Biograph des heiligen Vigil, Bartholomäus von Trient (gestorben 1245), von der Anwesenheit vieler Deutscher in Trient. Über den ehemaligen deutschen Charakter der Stadt seien Einzelheiten aus dem Werke *M. Marianis* „Trento con il sacro Concilio" angeführt. Mit Absicht sei diese italienische Quelle an erster Stelle zitiert, da man dieser am wenigsten Parteilichkeit vorwerfen kann.

Mariani, dessen Buch aus dem Jahre 1673 stammt, berichtet darin:

In Trient werde viel Deutsch gesprochen, weil nicht nur zahlreiche Deutsche daselbst sich aufhalten, sondern auch die Einheimischen ihre Kinder zum Erlernen dieser Sprache nach Deutschland zu senden pflegen (S. 45). Die Mehrzahl der anwesenden 500 Studenten rechnet er zur „alemannischen Nation" (S. 15). Er beschreibt die Tracht der hier lebenden deutschen Frauen (Tirolesi, che vi si trovano, S. 49), bezeichnet die hier herrschende Umgangston als ein Gemisch von italienischer Artigkeit und deutscher Gemütlichkeit (S. 45) und nimmt die deutschen Einwohner der Stadt vor der schimpflichen Nachrede, Trient sei die Ablagerungsstätte deutschen Unrats (la sentina dei Tedeschi), in Schutz. Zwar fänden hier Deutsche so gut als Italiener, wenn ihnen anderswo Widerwärtigkeiten zustoßen, bereitwillige Aufnahme; doch prüfe man das Vorleben solcher Ankömmlinge genau, ehe man ihnen längeren Aufenthalt daselbst gestatte (S. 43).

Sorgsam verzeichnet Mariani alle Spuren deutscher Einwirkung, denen er begegnete; so z. B. daß die Uhren nicht nur nach der italienischen, sondern auch nach der deutschen Zeiteinteilung die Stunden weisen, daß deutsche und italienische Münzen nebeneinander kursieren (S. 46), daß Todesurteile nach altdeutschem Brauche vollzogen werden (S. 45), daß die Sitte des Zutrinkens, auch der Gebrauch der Öfen allgemein verbreitet sei (S. 45, 46). Er unterläßt es ferner nicht, auf das in Trient übliche „Sternsingen" (S. 252), auf die Weihnachtsfeier mit Anwenden der Krippen (S. 252), auf die Nikolausbescherung (S. 255), auf das Gänsestechen der Müllerburschen (S. 436) und auf das Scheibenschießen (S. 429) als auf Spuren fremdartiger Kultureinflüsse hinzuweisen. Dabei vergißt er die „Zieler" (Cilleri), welche die Festumzüge der Scheibenschützen begleiten, und (S. 161) der Turmwächter (Wachteri) nicht.

Er gedenkt der deutschen Nationalkirche zu St. Peter, welche der Bischof Johann Hinderbach erbaut habe (S. 114) und wo verschiedene Grabsteine, darunter der des Trienter Bürgermeisters Thomas Perensteter, die Erinnerung an hervorragende Männer deutscher Abkunft wacherhielten (S. 119). Einst seien an dieser Kirche zwei Seelsorger bestellt gewesen: der eine für die Italiener und der andere für die Deutschen; nun (1673) bestehe allerdings nur mehr ein Vikar, doch müsse dieser beider Sprachen mächtig sein, und wenn schon der Gottesdienst jetzt nach dem italienischen Ritus gehalten wird, so werde doch an jedem Sonn- und Feiertage in deutscher Sprache gepredigt und erschallen sodann auch derlei Gesänge in dieser Kirche (S. 120).

Das angeblich vom Deutschen Orden für Kreuzfahrer gegründete Hospiz namens Fralemano kennt er aber nur als verödet (S. 180). Mit um so lebhafteren Farben schildert er das Treiben in der Contrada Tedesca, die ihren Namen von den vielen hier wohnenden Deutschen habe und deren Häuser schon durch ihre Erker verraten, wessen Eigentum und Aufenthalt sie seien (S. 176). Von der „Confreria Alemanna" (de' Zappatori?) meldet er, daß sie jährlich am Tage des heiligen Georg prozessionsweise zu der diesem Heiligen geweihten Kirche „alla Scala" bei Trient zu ziehen pflege, wo dann von einem vor der Kirche liegenden Steine aus eine deutsche Predigt gesprochen wird und ein großer Zusammenfluß von Menschen stattfindet (S. 465). Endlich verdanken wir ihm die Notiz, daß zu seiner Zeit in der Accademia degli Accesi zu Trient auch Vorträge in deutscher Sprache gehalten werden durften (S. 348).

Der Augsburger Dominikaner *Felix Faber* konnte im Jahre 1483 berichten, daß die Deutschen in Trient Bürger und Lenker der Stadt seien.

Auch die Tatsache, daß das älteste Stadt- und Landrecht des Bistums Trient im Jahre 1463 aus dem vorher üblichen Lateinischen nicht ins Italienische, sondern ins Deutsche übersetzt werden mußte (eine italienische Übersetzung erschien erst im 16. Jahrhundert), ist ein deutliches Zeichen, welch maßgebliche Stellung damals die deutsche Sprache in Trient noch einnahm. Diese geschichtliche Tatsache wird von Frapporti noch zugegeben, wurde aber von manchen italienischen Historikern zu leugnen versucht. So behauptete u. a. Tommaso Gar 1858 in seinen „Statuti della città di Trento", von dem alten Rechtsbuch, das jedenfalls lateinisch gewesen, sei nichts übrig als eine „armselige deutsche Übersetzung" (una povera traduzione in lingua tedesca), die sich ein deutscher Lehensmann zu seinem Privatgebrauch habe machen lassen. In Wirklichkeit hat J. A. Tomaschek das Dokument im Staatsarchiv zu Wien wieder aufgefunden und, mit Einleitung und Glossar versehen, im „Archiv für Kunde österreichischer Geschichtsquellen", Bd. 26, Seite 67 ff.) herausgegeben. Als dessen Grundlage läßt sich, wie der Herausgeber sagt, überall mit Sicherheit das langobardische Volksrecht bezeichnen, wenn sich auch der Einfluß des römischen schon frühzeitig geltend gemacht hat.

TRIENT ALS KONZILSSTADT

Zum Konzilsort ist Trient 1545 deshalb gewählt worden, weil die Stadt politisch zu Deutschland gehörte und zur Hälfte noch mit Deutschen bewohnt war, und die römische Kurie damit den Wünschen der Deutschen entgegenzukommen glaubte, die ein Konzil in Deutschland verlangten.

Ein Konzilsbeobachter schrieb von dieser Stadt damals folgendes:

Die Stadt Trient hat 1050 Häuser. Sie ist von Italienern und Deutschen derart bewohnt, daß der eine Teil der Stadt den Deutschen, der andere den Italienern zum Wohnen bestimmt ist. Die Deutschen, sowohl Männer wie Frauen, kleiden sich nach deutscher Art; die Italiener nach italienischer. Sie haben ihre eigenen Gewohnheiten, gebrauchen ihre Sprache und bewahren ihre Sitten, besuchen ihre eigenen Kirchen und jeder Teil hört die Predigten in seiner Sprache. Weil diese Stadt an der Grenze Deutschlands liegt, hat sie teils italienische, teils deutsche Gebräuche; unter anderem wurde dieser Tage in der Kirche St. Vigil italienisch und in der des hl. Petrus, welche die der Deutschen heißt, deutsch gepredigt. Die Predigt in deutscher Sprache haben wir gehört; dabei pflegen alle, sowohl Männer wie Frauen, mit lauter Stimme in deutscher Sprache zu singen: ‚Christus ist erstanden, Allelujah!'"

Über die deutschen Einflüsse auf die Stadt Trient schreibt u. a. sehr eingehend Hermann Bidermann in seinem Werk „Die Italiäner im tirolischen Provinzial-Verbande" (1874). Er schreibt dort:

Hätten die Deutschen um die Stadt Trient kein anderes Verdienst sich erworben, als daß sie ihr wider die Bischöfe zu Hilfe kamen, deren Tyrannei dieselbe oft empfand, so wäre das allein schon einer dankbaren Erinnerung wert. Noch 20 Jahre vor dem tatsächlichen Zusammenbruche der weltlichen Regierungsgewalt, die den Trienter Bischöfen zustand, erbat sich die Stadt den Schutz des deutschen Kaisers, und sah sie es gerne, daß dieser als Landesfürst von Tirol daselbst einen Stadthauptmann unterhielt, dem deutsche Exekutivorgane untergeordnet waren. Die Bürgerschaft war damals noch zu einem Gutteil deutsch. Unter den dortigen Handelshäusern befanden sich die Firmen: Auckenthaler, Oefele, Rohr, Eberle, Marter, Toller, Wenser, Stoll, Permann, Zwifelbaur, Eller usw.

Am 6. Februar 1777 bestätigte der Fürstbischof Peter Vigil Graf von Thun der Zunft der deutschen Tischler zu Trient ihre Privilegien, wonach dort kein fremder Tischlergeselle sich niederlassen durfte, der nicht zuvor drei Jahre lang bei einem dortigen deutschen Meister des „Tischlerhandwerks" gearbeitet hatte, außer derselbe heiratete eine Tochter oder die Witwe eines solchen. Am 26. Februar des nächsten Jahres erlangte die Zunft der dortigen deutschen Schneider die Bestätigung ihrer Privilegien, worunter auch eine die Steuerpflicht betreffende Vergünstigung (das sogenannte Schätzungs-Mandat vom 26. Mai 1690) war, deren nebst den einheimischen deutschen Meistern und den Kindern derselben auch alle in Deutschland Geborenen teilhaft wurden, welche sich in Trient verehelichten. Am 6. März 1777 anerkannte der Fürstbischof die Statuten der dortigen deutschen Sattler als zu Recht bestehend. Jede dieser Bestätigungs-Urkunden ist in deutscher Sprache ausgestellt. Hierin war auch sonst am Trienter Hof amtiert. Ein eigener „Segretario Alemano" fertigte die meisten derartigen Aktenstücke. Derselbe escheint noch in den letzten Jahrgängen des Trienter Almanachs (Giornale Trentino), dessen Veröffentlichung erst kurz vor der Mediatisierung des Fürstentums eingestellt wurde.

Eine vierte deutsche Bruderschaft, welche im 13. Jahrhundert zu Trient gegründet, bis ins 18. Jahrhundert sich unvermischt erhielt, war die der deutschen Bauleute (Zappatori Tedeschi), woraus gefolgert werden muß, daß auch der Landbau in Trients unmittelbarer Umgebung einst von deutschen Händen betrieben wurde. Um das Jahr 1770, wo diese Bruderschaft allerdings den rein deutschen Charakter bereits eingebüßt hatte, vereinigten sich damit die Reste der dortigen deutschen Bäckerzunft.

Unter den damaligen Patriziern der Stadt begegnen wir den Namen Pauernfeind, Schreck und Schrattenberg. Beinahe der ganze dort wohnhafte Adel führte deutsche Prädikate; so (selbstverständlich nach eigener Wahl) die Gentilotti das Beiwort „von Engelsbrunn", die Bortolazzi „von Vattardorf und Prunnenberg", die Consolati „von Heiligenbrunn", die Festi „von Ebenberg und Braunfeldt", die Crivelli „von Creutzberg", die Triangi „von Latsch und Madernburg", die Manci „von Tyrberg" usw.

Die meisten dieser Prädikate entstanden durch Verdeutschung italienischer Ortsnamen, welche ebensogut in ihrer naturwüchsigen Gestalt hierzu verwendbar gewesen wären.

Die Leibgarde des Fürstbischofs (Compagnia de' Bersaglieri) hatte ihre „Sitzmeister" (Schützenmeister), das städtische Spital seinen Capplano tedesco, die deutsche Bevölkerung der Stadt ihre besondere Kirche (zu St. Peter) mit deutschem Gottesdienste und in Verbindung damit wohl auch eine deutsche Schule. Daß im Kloster der Ursulinen zu Trient damals in der deutschen Sprache und Literatur Unterricht erteilt wurde, steht außer Zweifel. Die berühmte Mutter des Dichters Clemens Vannetti, Bianca Laura Saibante, holte sich dort ihre bezüglichen Kenntnisse.

In judizieller Beziehung erstreckte sich hierher (eigentlich bis an den Gardasee) die Kompetenz des Reichskammergerichts zu Wetzlar. Was aber die oberste Regierungsgewalt anbelangt, als deren Träger auch das Domkapitel in Betracht kommt, so war dieselbe vermöge der Zusammensetzung des letzteren zum Teile gleichfalls deutsch. Denn Papst Sixtus IV. (1471—1484) hatte auf Ansuchen des Kaisers Friedrich IV. und des Erzherzogs Sigmund von Tirol angeordnet, daß von den 18 Trienter Domherren stets zwei Drittel entweder Deutsche (ex Imperatorum Romanorum Dominiis in Alemannia existentibus) oder Untertanen des Hauses Österreich, mindestens dessen oder des jeweiligen Fürstbischofs Vasallen sein sollten. Papst Clemens VII. (1523—1534) erläuterte dies dahin, daß der Domdechant stets ein Deutscher von unvermischter Abstammung und der deutschen Sprache hinlänglich mächtig zu sein habe, so wie auch jene zwei Dritteile der Domherren dieser Anforderung zu entsprechen hätten. Späterhin erfuhren diese Bestimmungen mannigfache Modifikationen; doch zehn Domherrenstellen blieben auch nach dem Indulte, welches Papst Benedikt XIV. im April 1745 erließ, österreichischen Untertanen vorbehalten, welche rein deutscher Abkunft und in der deutschen Sprache gut bewandert sein mußten.

DER RAUM SÜDLICH VON TRIENT

Auch südlich von Trient begegnen uns zahlreiche Orts- und Flurnamen, die an die einst deutschen Bewohner erinnern, obwohl die deutsche Sprache dort unterdessen verklungen ist. So erkennen wir in Nogaredo (d. i. Nußbaumgehölz) das „nuzdorf" wieder, das der Patriarch Wolfger von Aquileja auf seiner Reise von Ala nach Trient im Jahre 1204 berührte; und in der am rechten Etschufer gelegenen Gemeinde *Aldeno* (derselbe Name wie Aldein in Südtirol) zeugen zahlreiche deutsche Haus- und Familiennamen von dem einstigen mit dem Boden verwachsenen deutschen Volkstum dieser Gegend, das in der zweiten Hälfte des 18. Jahrhunderts noch so kräftig blühte, daß Goethe auf seiner ersten italienischen Reise am 11. September 1786 schreiben konnte: „Hier bin ich in Rovereto, wo die Sprache sich abscheidet. Oben herein schwankt es noch immer vom Deutschen zum Italienischen."

Das wird begreiflich, wenn man hört, daß das Val Lagarina (Lagertal) von Rovereto nach Süden im 15. Jahrhundert deutsche Priester besaß und in den Urkunden des 12. und 13. Jahrhunderts mit zahlreichen deutschen Personennamen vertreten ist. Noch im *Ledrotal* westlich von Riva treffen wir deutsche Ortsnamen wie Locca (Lacke), Enguise (Engwiese) und Lenzumo (Personennamen Lenz mit ital. Endung). Wenn wir den Namen Monte Baldo am Gardasee mit dem des Monte Santo südwestlich von Rovereto, der im Deutschen „zampperkch" (d. i. Sandberg) heißt, zusammenhalten, dann enthüllt sich uns der erstere als „Waldberg"; an seinem Fuße ist die Familie Baisi (mhd. wise = Anführer) bezeugt.

Vom 12. bis zum 16. Jahrhundert stoßen wir hier auf zahlreiche deutsche Burghüter und begegnen vielen Deutschen als Seelsorgern.

Deutsche Kolonisten siedelten unangefochten an der Seite der Rätoromanen und wohnten mit ihnen vermengt und bildeten wohl gar gemischte Gemeinden, ohne daß das rätoromanische Nationalgefühl sich dagegen aufgelehnt hätte.

Diese Tatsachen sind durch zahlreiche Urkunden bezeugt.

So erscheinen urkundlich im Jahre 1124 zu *Arco* Teutonici et Latini (Hormayr, Kritisch-dipl. Beiträge zur Geschichte Tirols im Mittelalter, I. Bd., 2. Abt., „Codex probationum diplomaticus", S. 67).

1136 legte der deutsche Kaiser Lothar II. auf seinem Römerzuge in die Stammburg der Castelbarco, *Chizzola* an der Etsch, nachdem er sie erstürmt hatte, eine deutsche Besatzung, und der neue Gebieter über dieses Schloß, Engilbero de Chostelwarth (wie er im Jahre 1142 im „Diplomatarium Sacrum Styriae" benannt ist), präsentiert sich in durchaus deutscher Umgebung (Cl. Baroni-Cavalcabò, Idea della storia etc. della Valle Lagarina, Roveredo 1776, S. 167, 168). Gleichzeitig siedelte ein Herr des Schlosses Beseno Deutsche in Folgaria (Perini, Statistica, II., 204), ein Herr des Schlosses Caldonazzo solche zu Lavarone, Pedemonte und Palai an.

Damals war im südlichen Etschgebiet die antiromanische Kulturströmung so mächtig, daß im Jahre 1167 schon das Verbot des deutschen Kaisers, einen Lombarden oder Veroneser mit der Hut des Schlosses Riva zu betreuen, die Zustimmung des Bischofs von Trient erhielt (Kink, Codex Wangianus). Der nämliche Bischof, Adalbert aus Flandern, ließ der Sage nach durch zwei niederdeutsche Ritter seines Gefolges, Roland und Rudolf von Eicken, den Grund zu Rovereto legen (Mariani, Trento con il sacro concilio, 1673, S. 277, 278).

Wenige Jahrzehnte später ergriffen deutsche Kolonisten nicht nur von den Höhen um Centa neuen Besitz (1220), sondern hatten diese sich auch in der Niederung der Valle Lagarina (Lagertales) dergestalt vermehrt, daß sie 1225 in der großen Pfarrgemeinde *Lizzana* als ebenbürtige Genossen der Rätoromanen aufscheinen.

In der lateinischen Urkunde von *Lizzana (ausgestellt am 9. Mai 1225* — bei Rafaele Zotti, Storia della Valle Lagarina, 1862) war es Pflicht des Prätors, in deutscher und ladinischer Sprache Recht zu sprechen. Laut Belehnungsurkunde mußte der Belehnte beschwören, für seinen Herrn Jakob von Lizzana „in deutscher und ladinischer Sprache Recht zu sprechen in Berg und Ebene, nach bestem Wissen, ohne Nachteil für Freund und Feind". Bedeutsam ist diese Urkunde durch die Feststellung, daß damals in der großen Pfarrgemeinde Lizzana Deutsche und Ladiner auch in sprachlicher Hinsicht als gleichberechtigt erscheinen.

Im 12. Jahrhundert erschien ein Statut für das Trientner Gebiet, welches Töchter von Lehensträgern, die sich mit Männern unterhalb der Berner Klause verheirateten, von der Nachfolge in den Lehen ausschloß.

Das erwähnte Verbot, Lombarden oder Veroneser als Burghüter aufzunehmen, gibt aber auch gleich dem bald darauf erschienenen

Statute, wonach Töchter von Lehensträgern im Trientner Gebiete, welche Männer aus der Gegend unterhalb der Veroneser Klause heirateten, deshalb von der Nachfolge in den Lehen ausgeschlossen sein sollten, deutlich zu erkennen, daß *damals schon romanischer Zuzug vom Süden her bestand,* dem nur durch künstlich geschaffene Hindernisse Einhalt geboten werden konnte.

Deutsche haben nicht nur in der Stadt Trient, sondern auch in den südlicher gelegenen Städten, Ala, Rovereto, Arco und Riva im Mittelalter entscheidend die Schicksale ihrer Gemeinwesen mitbestimmt. Ebenso wie in Trient bildeten diese Städte Knotenpunkte, die zu den teilweise nur von Deutschen besiedelten Sprachgebieten führten. So z. B. das Val Ronchi (Rauttal) östlich von Ala, Besenello, Vallarsa (Brandtal) und Terragnolo (Laimtal) bei Rovereto usw.

Um den später erfolgten Rückgang der deutschen Sprache in diesem Raume zu verstehen, sei die wechselvolle Geschichte dieser Städte im Mittelalter kurz gestreift. Nachstehende Daten lehnen sich zum Großteil dem Buche des Innsbrucker Univ.-Prof. Franz Huter, „Historische Städtebilder aus Alt-Tirol", an.

ALA — BOLLWERK ZUM SCHUTZ DER BERNER KLAUSE

Die tridentinischen Städte südlich von Trient hatten dank ihrer besonderen örtlichen Lage die Aufgabe, eine Art Vorwerk zur Verteidigung Trients zu sein. Ala sperrte den Nordrand der Berner Klause und war im Mittelalter Sitz eines Gastalden (Amtmanns) des Trienter Bischofs (1171). Zu Füßen der Burg entwickelte sich die Verkehrssiedlung und wurde zum gewerblichen Mittelpunkt des südlichen Lagertales, um es zu bleiben bis zum heutigen Tage.

Ihre Herren sind seit spätestens 1200 die von Castelbarco, sie haben im Namen des Trienter Bischofs das ganze Lagertal inne. Dann bricht 1411 die Republik Venedig in die Berge ein; ihr Ziel ist Trient, ja sogar Bozen. Ala wird von der Adriarepublik gleichsam als eine der Schlüsselstellen auf dem Vormarsch in die Alpen betrachtet. Statt wie bisher als Tor zum Süden zu dienen, soll sie nunmehr Basis für den Sprung des „Löwen von San Marco" in die Alpen hinein sein. Von 1411 bis 1509 blieb Ala unter der Herrschaft Venedigs. Bischof Bernhard von Cles gewinnt es 1532 von den Habsburgern zurück, allerdings mit der Auflage, daß kein Italiener, sondern nur Untertanen des Hauses Österreich oder des Hochstiftes Trient oder ein Edelmann deutscher Herkunft als Verwalter eingesetzt werden sollte. Das ist ein deutlicher Hinweis auf den militärischen Wert der Berner Klause für das Reich, für Österreich, für Tirol.

ROVERETO

Rovereto liegt ebenfalls in einer günstigen Lage, denn hier kreuzen sich mit der Etschtalfurche Verkehrslinien nach Westen und Osten. Nach Westen führt die Senke von Mori—Loppio zum Nordende des

Gardasees, nach Osten gelangt man durch das Val di Terragnolo und das Vallarsa auf niedrigen Pässen (Borcola-Paß, 1206 m, Piano delle Fugazze, 1159 m) in die vicentinische Ebene. Rovereto liegt nicht an der Etsch, sondern am Leno, der, aus den Bächen der genannten Täler zusammengeflossen, hier ins Etschtal mündet.

Wie der Name Rovereto (Aichach) sagt, liegt hier keine alte Siedlerschicht zugrunde, sondern eine spätmittelalterliche Ausbausiedlung vor. Wilhelm von Castelbarco, Lehensmann der Trienter Bischöfe und Inhaber der Herrschaft Lizzana (Lagertal), gilt als Erbauer der Burg (um 1300), die sich oberhalb der Stadt erhebt. Er ummauerte auch die Verkehrssiedlung, die sich zu Füßen der Burg entwickelt hatte und fügte beide zu einer einzigen Festung. Bereits 1339 hatte Rovereto rund 1000 Einwohner. Die Stadt mag u. a. die deutschen Kolonisten die auf der Hochfläche von Folgaria und in den genannten Tälern, les Leno im 13. Jahrhundert von den Bischöfen von Trient und von den Herren von Castelbarco-Lizzana angesiedelt worden sind, gewerblich versorgt haben. 1425 vertritt ein Fritius de Alemannia hospes ad Aquilam (Adlerwirt) das deutsche Element der Stadt. 1416 fiel — nach Ala — Rovereto in die Hand der Republik Venedig. Der Platz wurde für sie ein wichtiger Stützpunkt auf dem Wege ihrer nordwärts gerichteten Eroberungspolitik. 1509 kam die Stadt wieder unter das habsburgische Banner und 1564 wurde sie, wenn schon als Trienter Lehen der Habsburger, der Grafschaft Tirol einverleibt. Um 1582 verlegte der Erzpriester von Lizzana seinen Sitz nach Rovereto. Die jüngere Stadt hatte das ältere Dorf überrundet.

In Rovereto entwickelte sich mit der Zeit eine blühende Seidenindustrie. Unter den Handelsleuten und Handwerkern Roveretos gab es im 17. und 18. Jahrhundert eine ladinische Kolonie und eine deutsche, die im 18. Jahrhundert eine Bruderschaft mit Kaplanei zum Mittelpunkt hatte. Der Goldschmied Dominikus Halbher wird 1745 als deren großer Wohltäter genannt. Das Seidengeschäft knüpfte Verbindungen mit süddeutschen Handelsherren, aus Nürnberg und Augsburg vor allem, die hier Häuser erwarben und sich niederließen. Auch der Etschhafen Sacco brachte Leben in die Stadt. Die Frachtenführer der Etsch-Schiffahrtsgesellschaft, die Freiherren, später Grafen Bossi-Fedrigotti, bauten wie manche Seidenherren ihren Palast in der Stadt.

Über die Roveretaner schrieb *Beda Weber* in seinem 1838 erschienenen Werk „Das Land Tirol":

„Sie lieben die deutsche Sprache und Literatur mit offener Vorliebe und beweisen in Aneignung derselben eine Fertigkeit, die man bei ihren romanischen Nachbarn vergeblich sucht. Ihr Betragen ist treuherzig, zuvorkommend, uneigennützig, und die vierschrötige Grandezza, die auf Reichtum, italienische Abkunft und vornehmes Nichtstun pocht, hat sie auch nicht einmal leise berührt. Ihr reich ausgestatteter Geist, deutsche Gründlichkeit mit toskanischer Anmut und Lieblichkeit verbindend, ist äußerst rege, jedem menschlichen Wissen, jeder edleren Kunst geneigt und zugewendet, selbst die Frauen gründlicher Bildung teilhaft machend. Sie bilden mit ihrer Stadt eine Oase der Gelehrsamkeit in der Wüste alltäglicher Bestrebungen. Aus derselben sind die berühmten Männer Tartarotti, Clemens und Valerian Vannetti, Grasser, Gregor und Felix Fontana, Karl und Anton v. Rosmini, Serbati, Clemens Baroni, Malfatti, Chiusole, Stoffella, della Croce, Beltrami, Telani u. v. a. hervorgegangen, die zum Teil europäischen Ruhm erwarben. Sie setzten eine Ehre in die ursprüngliche Reinheit und Bündigkeit ihrer Muttersprache, und in der Tat blühte die toskanische Mundart mit ihren zahllosen Feinheiten und Eigentümlichkeiten nirgends so frisch, als in ihren Schriften, in ihrer gesellschaftlichen Unterhaltung."

Einerseits dies bestätigend, andererseits einen bedauerlichen Umschwung konstatierend, bemerkte Christian Schneller in Amthor's „Tirolerführer" (Gera 1870/1, S. 464):

„Roveredo hatte besonders im vorigen Jahrhundert durch Bildung, feine Lebensart seiner Bewohner und eine unverkennbare Originalität der Geister das Primat in Welschtirol ... Noch bis zum Jahre 1848 war man hier den Deutschen sehr freundlich gesinnt, und es wurde in den besseren Familien die deutsche Sprache sogar bevorzugt; seit jenem Jahre aber ist alles anders geworden..."

Tatsächlich tauchen erste Anzeichen des Beginnes einer irredentistischen Strömung um die Mitte des 18. Jahrhunderts in Roveredo auf. Im Jahre 1751 sagten sich mehrere Studenten aus Trient und Rovereto, die in Bologna die Hochschule besuchten, von der deutschen Nation los, zu der sie im Verbande der Universität als Tiroler ihrer Herkunft nach zählten. Bald danach erstand in Karl Anton P i l a t i (1733—1802) aus Tassullo im Nonsberg, der ein angesehener Philosoph und Rechtsgelehrter war, ein einflußreicher Vorläufer des französischen revolutionären Geistes im Lande selbst.

Von besonderer Bedeutung wurde die Gründung der A c c a d e m i a d e g l i A g i a t i in R o v e r e t o (1750). Der führende Geist war der Roveretaner Hieronymus T a r t a r o t t i. Clemens B a r o n i aus diesem Kreise versuchte zuerst in einem anonymen Briefe im Dezember 1779 im „Giornale enciclopedico di Vicenza" den Nachweis, daß Trient mit allem, was dazu gehört, von altersher zu Italien gezählt werden müsse. Im Jahre 1792 bemühte sich der Geistliche C a r l o R o s m i n i in einer Abhandlung zu beweisen, daß die tridentinischen Täler mit Tirol nichts gemein haben.

Der glühendste italienische Verfechter und Vorläufer des nationalen Gedankens und der nationalen Auferstehung Italiens war Clemens V a n n e t t i aus Roveret0. In Prosa und in Versen, in Zeitungen und Briefen, in den Versammlungen der Akademiker und bei anderen Zusammenkünften bekämpfte er unermüdlich mit beißendem Hohn und Spott die Deutschen und die Tiroler. Er ist auch im Vereine mit dem Geistlichen Josef P e d e r z a n i der Verfasser des haßerfüllten Sonettes, das er im Jahre 1790 an den Florentiner Dichter Antonio Morochesi richtete, um diesen über Vannettis Vaterland besser zu informieren: Nur durch Zufall seien diese Täler Tirol untertan; im übrigen sind w i r I t a l i e n e r u n d n i c h t T i r o l e r ! (Italiani noi siam, non tirolesi). Dieser Spruch wurde zum geflügelten Wort und zum Wahlspruch aller Irredentisten. Vor dem ersten Weltkrieg wurde er auch auf Ansichtskarten eifrig verbreitet, Vannetti, der von den Irredentisten so gefeierte Dichter, ließ sich in seinem Deutschenhasse so weit verblenden, daß er den Ursprung der Deutschen von der Paarung einer Frau mit einem Esel herleitet, denen Jupiter sagte: Eure Kinder sollen menschliche Gestalt, jedoch den Schädel und die Natur des Esels haben! Im Jahre 1908 wurde diesem Manne, vornehmlich als Wiedererwecker des nationalen Bewußtseins, in Rovereto ein Denkmal errichtet.

Auch die beiden glühendsten Verfechter des Irredentismus der Vorkriegszeit stammen aus Rovereto. Nämlich Ettore T o l o m e i, der als „Totengräber Südtirols" in die Annalen der Geschichte eingegangen ist, und Augusto S a r t o r e l l i. Der Vater Tolomeis, Tolomeo Tolomei, entstammte einer um 1706 nach Rovereto zugewanderten aus Siena stammenden Familie. Eltern und Geschwister Ettore Tolomeis (1865—1952) waren glühende Irredentisten, und es umgab ihn so schon im Elternhause eine Atmosphäre des Hasses gegen Österreich. Sein Freund Augusto Sartorelli (1858—1936), Rechtsanwalt in Rovereto, war der Vorkämpfer des Trentiner Irredentismus und Gründer und Sekretär der nationalistischen Vereinigung „Pro Patria" (1885—1890) und Sekretär der „Lega Nazionale" (1890—1896). Mehrere Jahre hindurch war er als Nationalliberaler Bürgermeister von Rovereto. Er ist ein Vorläufer Tolomeis in der konkreten Aktion zur italienischen Durchdringung Südtirols.

ARCO UND RIVA

Arco und Riva sind im Mündungsgebiet der sich in den Gardasee ergießenden Sarca entstanden. Die eine ist im Winkel zwischen dem in die Ebene austretenden Fluß und dem Burghügel, der vom Monte Calodri heruntergleitet. Die andere am Südrand derselben Ebene, im innersten Winkel und am obersten Zipfel des Lago di Garda, zwischen den steilen Abhängen der Rocchetta auf der einen und des Monte Brione auf der anderen Seite. Beide liegen an wichtigen Stellen, die die wichtigen Wege in die Alpen und aus den Alpen beherrschen.

So sind beide Städte nach Westen vorgeschobene Wachtposten des Trienter Fürstentums. Ihre Schicksale gehen im Mittelalter, so nahe sie sich räumlich liegen, weit auseinander.

Arco stand seit dem 12. Jahrhundert völlig im Banne der gleichnamigen Herren; sie waren vom Trienter Bischof mit dem der Gemeinde gehörenden Schloß belehnt und wußten sich ein kleines Herrschaftsgebiet mit Sonderstellung im abgelegenen Südwesten des Hochstiftes zu schaffen. Die kaiserliche Podestarie (Mitte des 13. Jahrhunderts) und die vorübergehende Belehnung der Scaliger von Verona (Mitte 14. Jahrhundert) mit Arco unterbrachen diese Entwicklung. Aber dann setzten sich die Herren von Arco immer wieder gegen die Bischöfe und die Tiroler Vögte durch. Erst zu Beginn des 15. Jahrhunderts winkte ihnen die Freiheit von der Fessel der Trienter Lehenshoheit: Kaiser Sigmund erhob 1433 das Gebiet der Arco zur Reichsgrafschaft, nachdem die Herren bereits 1413 Reichsgrafen geworden waren.

Riva liegt am großen See, der einen bequemen Zugang aus der oberitalienischen Ebene in die Alpen eröffnet. Karl der Große soll die Gegend, die damals zum Municipium Brixia (Brescia) gehörte, dem Bischof von Trient geschenkt haben. Aber 893 anvertraute Kaiser Otto II. dem Bischof von Verona die Hut des Platzes zuoberst am See. Seit dem frühen 12. Jahrhundert steht Riva sicher unter der Herrschaft des Bischofs von Trient: Bischof Altmann erlaubt der werdenden Stadt 1124 den Bau einer Burg und behält die Verwaltung in eigener Hand, zuerst unter Vikaren, dann unter Podestàs, die von den Bürgern mit Zustimmung des Bischofs gewählt werden.

Die Überwältigung des Trienter Hochstifts durch die Tiroler Vögte rief in der Folge in Riva die Scaliger von Verona auf den Plan (zuerst 1303); seit Mitte des 14. Jahrhunderts zählte die Stadt für längere Dauer zu den Vorwerken Veronas. Dann kam sie 1387—1404 mit Verona unter die Herrschaft der Visconti von Mailand. Hierauf vorübergehend wieder von Trient oder von Tirol besetzt, wurde Riva 1439 von den Venezianern erobert, die die Stadt von Provveditoren verwalten ließen. 1509 nahm Bischof Georg von Neideck als Feldherr Kaiser Maximilians I. die Stadt, 1521 gab sie Kaiser Karl V. an den Trienter Bischof zurück. Bernhard von Cles empfing in feierlicher

Zeremonie auf dem See den Treueschwur der Rivaner. Von nun an blieb die Stadt bei Trient, bis die weltliche Herrschaft der Bischöfe erlosch (1803).

Vallarsa und Terragnolo

Über die deutsche Vergangenheit des Vallarsatales (Brandtal) hat erst kürzlich der gewesene, langjährige Bürgermeister von Vallarsa, Prof. R. Bussolon, im Pfarrblatt „La voce della Vallarsa" 1968 in einer Artikelserie die *„Storia della Vallarsa"* geschrieben.

Daraus seien nachstehend die wichtigsten Ereignisse entnommen.

Vallarsa war wie viele andere Seitentäler des heutigen Trentino bis um die erste Jahrtausendwende unbewohnt, und erst der Fürstbischof von Trient, Gerhard, ernannte Jacopino von Lizzana zum Hauptmann der Valle Lagarina, damit dieser für die Besiedlung des Tales Sorge trage. Dies erfolgte im Jahre 1225, und das entsprechende Dokument ist noch erhalten. Bei den ersten Ansiedlern handelte es sich um Deutsche, die zunächst zwölf Bauernhöfe errichteten. Mehr als für die Landwirtschaft waren jene Deutschen für den Bergbau geeignet, der vor allem vom Trienter Bischof Friedrich von Wangen gefördert wurde.

Der Bergbau blühte damals außer im Fersental auch in Vallarsa und Terragnolo. Viele andere deutsche Familien kamen aus der Hochebene von Lavarone (Lafraun) und den Sieben Gemeinden.

Später hoben die Feudalherren von Lizzana und anschließend jene von Castelbarco eine Steuer für die Wälder und Almweiden ein. Für den Holztransport auf dem Lenofluß mußte eine eigene, nicht unbedeutende Steuer entrichtet werden. Die Straße von Rovereto nach Schio wurde erst 1823 erbaut. Durch Rodungsarbeiten entstanden zunächst die Orte Prechele, Rautele, Roite usw.

Viele Bewohner von Vallarsa waren als Kohlenbrenner beschäftigt, und andere arbeiteten in den Bergwerken, die im Besitze der Trienter Bischöfe waren. Die Höfe waren Eigentum der Herren von Lizzana und wurden an die deutschen Siedler verpachtet.

Um 1200 zählte Vallarsa rund 200 Einwohner, um 1300 1400, und zwischen 1890 und 1914 rund 3400. In den letzten Jahrzehnten hat die Einwohnerzahl des Tales stark abgenommen, heute zählt man nur mehr rund 1800 Seelen.

Um 1500 wurde der aus Folgaria (Vielgereut) stammende Peremprunner Bürgermeister von Vallarsa.

Vallarsa wurde mehrmals von Katastrophen heimgesucht. Schon um 1300 fiel ein Großteil der Bevölkerung einer Pestseuche zum Opfer. 1528 und 1570 wurde das Tal von ausländischen Truppen arg verwüstet und von einer neuerlichen Pestseuche heimgesucht.

Zwischen 1510 und 1575 fielen mehrmals Söldnertruppen in das Gebiet um Rovereto ein und rächten sich an der Bevölkerung, die eine große Anhänglichkeit an die Republik Venedig gezeigt hatte. In einem folgenden Kapitel wird noch ausführlicher die Rede darüber sein, wie die Republik Venedig es verstanden hat, auch die deutschen Bewohner dieses Gebietes sowie jene der Sieben und Dreizehn Gemeinden durch Achtung ihrer Sprache und Traditionen für sich zu gewinnen.

Von 1575 an ist die Geschichte von Vallarsa mit der von Rovereto unlöslich verbunden, und von dieser Zeit an bis zum Ende des ersten Weltkrieges gehörte es ununterbrochen zu Tirol bzw. zu Österreich.

Prof. Bussolon zählt folgende aus dem Deutschen stammende Ortsbezeichnungen in Vallarsa auf: Steineri (Steiner), Robolli (Rubo), Obra (Oberau), Roipi (Rupert), Speccheri (Speccher — einer, der die Metalle kontrolliert), Streva (vom zimbrischen Wort Ströwe — gesammeltes Laub), Raossi (Rouz), Foxi (Fuchs), Anghebeni (Lange Ebene), Cuneghi (Personenname Cumer), Cumerlotti (aus Cumer), Vesceghe (waschen), Leibe (vom zimbrischen „leib" = Ort, wo ein kalter Wind weht), Ghertele (Gärtlein), Bisele (Wieselein), Obante (obenstehender Stein), Perchele (Birke), Baffelan (aus Buff = Wind), Val del Trenche (Tränke).

ROMANISCHE ADELSGESCHLECHTER IN WELSCHTIROL

Albert Jäger hat in seiner „Geschichte der landständischen Verfassung Tirols" auf die „eigentümliche Erscheinung" in Tirol wie auch im Salzburgischen hingewiesen, daß dort neben dem bajuwarischen Adel auch romanische adelige Familien existieren. Diese Tatsache ist ebenso ein Beweis dafür, daß die Ansiedlung der Bajuwaren auf friedlichem Wege erfolgte und die Rätoromanen sich freiwillig den neuen Ankömmlingen anschlossen. Daraus erklärt sich, wie adelige Breonen (eines der in dem Triumphbogen des Kaiser Augustus aufgezählten rätischen Völker, die in den Wohnsitzen am Brenner und im Inntale saßen) im Besitz ihres Adels und ihrer Güter bleiben konnten.

Daß in Welschtirol neben den bajuwarischen Adelsgeschlechtern eine im Vergleich zu Südtirol viel größere Anzahl von romanischen Adelsfamilien eine große Rolle spielten, ist ebenfalls historisch und urkundlich bewiesen. Unter den zahlreichen Adelsfamilien, welche im 12. und 13. Jahrhundert in Welschtirol aufscheinen, gelangten in erster Linie die *Grafen von Flavon* und die *Herren von Arco, Castelbarco und Lodron* zu größerer Bedeutung. Die ersten wegen ihres Ursprunges und ihrer anfänglichen Unabhängigkeit, die letzteren drei Geschlechter wegen ihrer großen Macht und wegen des bestimmenden Einflusses, welchen sie auf die Entwicklung der Geschichte und Schicksale dieses Landesteiles ausübten.

Die *Grafen von Flavon oder Pflaum* hatten ihre Stammburg in dem kleinen Seitentale der Trasegna, im Bezirke das mit der Burg gleichnamigen Pfarrdorfes Flavon im Nonstale. Agostino Perini und Justinian Ladurner haben anhand von Urkunden nachgewiesen, daß die Grafen von Flavon ein deutsches Geschlecht sind, und zwar ein Zweig der Grafen von Lurn und Pustertal, der Ahnherren der späteren Grafen von Görz. Um die Mitte des 14. Jahrhunderts verschwindet die Familie der Flavon in ihren letzten Gliedern spurlos.

Unter den adeligen, aber nicht gräflichen Familien Welschtirols zeichnete sich vor allen übrigen die Familie der *Herren von Castelbarco* aus. Über ihren Ursprung stimmen selbst italienische Historiker der Annahme bei, daß nicht bloß sie, sondern auch die Herren von Lodron und Arco, aus *deutschem* Geblüte stammen. Jäger gibt darüber folgende Erklärung: Die Hindernisse, welche den deutschen Königen und Kaisern auf ihren Zügen nach und aus Italien in den tirolischen Alpenpässen wiederholt in den Weg gelegt wurden, mußten es ihrer Politik nahelegen, die festesten Punkte den Händen treuer deutscher Vasallen zu übergeben. Und da diese Hindernisse gewöhnlich mit der Erstürmung der Pässe und Burgen und mit der Vertreibung ihrer Herren überwunden wurden, so war nichts natürlicher, als daß die deutschen Könige und Kaiser die Hut der eroberten Burgen Männern ihres Vertrauens übergaben, die selbstverständlich *deutsch* sein mußten. Ein solcher Vorgang, der 1136 unter Kaiser Lothar auf dessen zweitem Zuge nach Italien stattfand, gab, wie es kaum einem Zweifel unterliegen kann, den Castelbarcern ihren Ursprung.

Damals fand Kaiser Lothar im Etschtale, zwischen Trient und Verona, große Hindernisse für sein weiteres Vorrücken. Brücken waren abgebrochen, die Engpässe versperrt worden. Lothar mußte sich mit Gewalt den Durchgang erkämpfen; er erstürmte die Burgen und Talsperren, tötete die Besatzungen und führte ihren Häuptling gefangen mit sich fort. An die Stelle des gefangenen Häuptlings setzte er einen seiner Getreuen, und da taucht ein *deutscher Edelmann* als Herr von Castelbarc auf. Der Familienname Castelbarco scheint vom Schlosse Barco (Castelbarco) übernommen worden zu sein, das sich auf einem Hügel am rechten Etschufer in der Nähe des Dorfes Chiusole (Clausa) im Lagertale erhob und heute nur mehr eine Ruine ist. Die Castelbarcer erscheinen aber nicht als reichsunmittelbare Herren, sondern als Vasallen der Bischöfe von Trient. Sie erhielten, solange sie als treue Vasallen fest zu den Bischöfen standen, viele und einträgliche Lehen von der Kirche zu Trient, welche den Grund zu ihrem raschen und mächtigen Emporsteigen legten. Allein, bald genügte ihnen der Weg des friedlichen Erwerbes nicht mehr; sie benützten die Gewalttaten und Bedrängnisse, welche unter den Bischöfen Aldrich, Egno, Heinrich und Philipp von 1233 bis 1295 über die Kirche von Trient hereinbrachen; sie traten auf die Seite aller Bedränger des Hochstiftes und eigneten sich alles Eigentum des Fürstentums Trient im Lagertale an, so daß dieses herrliche Tal mit seinen Burgen und Villen von dem Murazzo bei Calliano bis zur Veroneser Grenze ihnen zur Beute fiel. Mochte auch Bannfluch ihr Treiben treffen, sie achteten dessen nicht; in ihrer Ohnmacht mußten sich die Bischöfe am Ende damit begnügen, daß nach Ablauf dieser bedrängnisvollen Zeit die Castelbarcer sich herbeiließen, alles gewalttätig Weggenommene von ihnen als Lehen zu nehmen.

Die Castelbarcer hatten bereits seit der Mitte des 14. Jahrhunderts eine Politik betrieben, die Albert Jäger mit den Worten umreißt: „Sie segelten mit jedem Winde."

Die gründlichste Darstellung der romanischen Adelsgeschlechter in Welschtirol im Mittelalter bietet *Berthold Waldstein-Wartenberg* in seiner *„Geschichte der Grafen von Arco im Mittelalter"* (1971). Anhand eines umfangreichen Urkundenmaterials und italienischer und deutscher Quellen wartet der Verfasser mit einer Fülle neuer Erkenntnisse auf. Er weist u. a. nach, daß die Herren von Arco einem aus der Zeit der Langobarden oder Karolinger hier angesiedelten und mit der Führung der übrigen Königsfreien betrauten Geschlecht entstammten und dem es gelungen war, seine wirtschaftliche und rechtliche Basis nicht nur zu erhalten, sondern wohl auch beträchtlich zu vermehren. Sie gehörten der Schicht der Edelfreien an, die einst als germanische Eroberer oder Gefolgschaftsführer ins Land kamen und im Auftrage des Königs das ihnen zugewiesene unterworfene Gebiet zu schützen und verwalten hatten.

II. Streifzug durch die heutigen deutschen Restgebiete im Trentino

Nach diesem Rückblick in die wechselvolle Vergangenheit des südlichen Etschtalgebietes, dem einstigen Welschtirol und heutigen Trentino, soll ein Streifzug durch jene Gebiete unternommen werden, wo sich das Deutschtum bis zum heutigen Tage mehr oder weniger erhalten hat und wo es erst in letzter Zeit untergegangen ist. Dabei seien kurz auch die deutschen Gemeinden am Nonsberg und im Fleimstal erwähnt, die erst nach dem zweiten Weltkrieg von der Provinz Trient getrennt und an Südtirol angeschlossen wurden.

DIE DEUTSCHEN RANDGEMEINDEN ALTREI UND TRUDEN

Am Rande des geschlossenen deutschen Sprachgebietes, auf einer herrlichen Hochgebirgsgegend im Fleimstale, liegen die beiden deutschen Gemeinden Altrei und Truden. Auch sie wurden zu Anfang des gegenwärtigen Jahrtausends von Deutschen besiedelt und haben sich seither die deutsche Sprache bewahrt und sie gegenüber allen Bedrohungen und Anfeindungen verteidigt. Sie waren verwaltungsmäßig lange, schon in österreichischer Zeit, vom deutschen Sprachraum durch Zuteilung zu dem im übrigen italienischen Bezirk Cavalese im Fleimstal, abgetrennt. Bisweilen wurden sie geradezu als Sprachinseln angesprochen, was nicht zutrifft. Altrei grenzt nämlich in breiter Front, wennschon auf der Höhe eines Bergrückens, an Truden, und Truden steht durchaus im Anschluß an das Bozner Unterland.

Erst im Zuge der Durchführung des Degasperi-Gruber-Abkommens vom 5. September 1946, das für die Provinz Bozen und die „gemischtsprachigen Gemeinden der Provinz Trient", das heißt das Unterland und die deutschen Randgemeinden am Nonsberg und im Fleimstale, eine einheitliche autonome Verwaltung bestimmte, fand endlich — im Laufe des Jahres 1949 — die immer wieder laut gewordene Forderung jener Gebiete ihre Erfüllung durch die Rückgliederung an die Provinz Bozen. Damit ist auch an Truden und Altrei ein altes, schon österreichisches Unrecht, wieder gutgemacht worden.

Altrei oder Antereu wird als Siedlung erstmals im Jahre 1321 urkundlich erwähnt. Damals verlieh der Landesfürst von Tirol, Herzog Heinrich, dem Gottschalk von Bozen, seinem Pfleger der Gerichtsherrschaft Enn, das Recht, in der Grafschaft Fleims in der Gegend Antereu zehn Höfe zu roden und über deren Bauleute weiterhin die Gerichtsbarkeit auszuüben. Gottschalk hat die Bauleute für die neuen Höfe wohl aus einer anderen Gegend Südtirols herbeigezogen.

Die deutschen Randgemeinden Altrei und Truden

Urkunden ganz in deutscher Sprache sind für die Leute aus Altrei in den Verfachbüchern des Gerichts Enn ober Neumarkt seit 1524 fortlaufend enthalten, und zwar in eigenen Abschnitten zusammen mit den Urkunden für die Gemeinde Aldein.

Die älteste Urkunde, in der *Truden* erwähnt wird, ist eine Bestätigung der Rechte der Einwohner des Vallis Flemaren durch den Bischof Gebhard von Trient vom Jahre 1112, sie bezeichnet die „clusa Trodena" als eine Grenze jener Talgemeinde, und andererseits wird diese „clusa de Trodena" in einer Beschreibung der Grenzen des Gerichtes und der Pfarre Enn gegen Fleims um 1234 erwähnt. Marx von Wolkenstein erklärt in seiner Landesbeschreibung von 1600, daß in Truden „teitsch (d. h. deutsch) Volk" sei, während die Einwohner des Fleimstales „welsche Sprache und Sitten" haben. Truden hat aber stets zu dem dortigen Gerichte Cavalese und damit politisch zum Fürstentum Trient gehört.

In den Landesbeschreibungen und Statistiken des 19. und 20. Jahrhunderts wird stets bemerkt, daß Altrei und Truden deutschsprachige Gemeinden seien, so hatte im Jahre 1910 Truden 606 Einwohner mit deutscher und 12 mit italienischer Umgangssprache und Altrei 405 bzw. 22.

In Kirche und Schule war in beiden Orten immer die deutsche Sprache als Predigt- und Unterrichtssprache üblich gewesen, ebenso in der Gemeinde als Amtssprache. Im Jahre 1858 richteten die Gemeinden Altrei und Truden an den Erzherzog Karl Ludwig, der damals Statthalter von Tirol war, die Bitte, das staatliche Bezirksamt in Cavalese zu verhalten, an sie die Erlässe und sonstigen Amtsakten nur in deutscher Sprache hinauszugeben. Die Statthalterei willfuhr diesem Wunsche, aber die meist von Italienern geführten Ämter in Cavalese und Trient versuchten immer wieder, diese den deutschen Charakter von Altrei und Truden schützende und betonende Bestimmung zu umgehen.

Bei der staatlichen Volkszählung von 1951 hatte Altrei 435 und Truden 907 Einwohner.

Spuren, die auf eine größere Verbreitung des Deutschtums hinweisen, findet man auch im Fleimstale. Albert Jäger verweist auf die nach dem Bischof Gebhard von Trient benannten „patti Gebardini", d. h. auf die zwei mit der Talgemeinde von Fleims 1111 und 1112 geschlossenen Verträge, in denen zur Bezeichnung mancher Verhältnisse Wörter gebraucht werden, welche der deutschen Sprache entstammen.

Deutschen Charakter tragen auch manche Züge der Gemeindeverfassung. Neben der Macinata und den Famulis gab es in der Gemeinde Fleims Freie = liberi; sie hielt zwei festgesetzte jährliche Rechtstage, im Monat Mai und am St.-Martins-Tag, bei welchen der bischöfliche Amtmann, Gastaldio, erscheinen mußte. In der Gemeinde bestand ein Ausschuß von Geschworenen, an deren Rat und Zustimmung der Bischof und sein Gastaldio gebunden waren.

DIE „DEUTSCHGEGEND" AM NONSBERG

Bis zum heutigen Tage hat sich das Deutschtum in den vier obersten Gemeinden des Nonsberges, wie die Deutschen das Nonstal (Val di Non) nennen, erhalten. Über den gegen Tisens-Prissian abfallenden Gampenpaß stehen diese Gemeinden in ununterbrochenem gebietlichem Zusammenhang mit dem deutschen Etschtal.

Von dem Gampenpaß her, in das Nonstal absteigend, fällt der Blick auf die erste dieser vier Gemeinden: den bereits zu Beginn unseres Jahrtausends beurkundeten Wallfahrtsort *Unser Frau im Wald* (1242 m Seehöhe), am Fuße des bis zur Höhe von 2800 m aufsteigenden Laugenberges. Auf dem nach Fondo führenden Weg weiterwandernd, erreicht man nach einer guten halben Stunde die zweite Ortschaft, *St. Felix.*

Während das nächstfolgende, nur eine Viertelstunde entfernte Dorf Tret heute schon vollständig italienischsprachig ist, wird in St. Felix noch ausschließlich deutsch gesprochen. Die anderen zwei deutschen Ortschaften des Nonsberges sind durch einen südlich von Unser Frau im Wald und St. Felix verlaufenden Bergrücken von diesen beiden Gemeinden getrennt, in einem Abstand von ungefähr drei Stunden:

Laurein und Proveis, das eine vom anderen eine und eine halbe Gehstunde entfernt.

Hubert Ungerer, ein Schuhmachermeister, hat neben seiner Berufsarbeit in langjährigem, uneigennützigem Fleiße ein Dorfbuch über seine Heimatgemeinde *„Laurein am Nonsberg"* verfaßt. Das Werk, das von dem harten Lebenskampf jener Menschen erzählt, die das „auf den sanften, sonnigen Hängen des südwestlichen Ausläufers des Laugenberges liegende Dorf Laurein" bewohnen, ist 1968 erschienen.

Im Jahre 1971 ist eine Studie von *Siegfried Erlebach* über die wirtschaftlichen Verhältnisse der beiden deutschen Randgemeinden am Nonsberg, Unsere Liebe Frau im Wald und St. Felix, erschienen, in welcher anhand eines umfangreichen Quellenmaterials und von Statistiken eine Antwort auf die Schicksalsfrage zu geben versucht wird: „Hat der Bergbauer heute auch in Abseitslagen noch Lebenschancen?"

Von Proveis aus ist auf einem am Fuße des Laugen vorbeiführenden Fußsteig über den 1783 Meter hohen Übergang, die Hofmahd (nur für Fußgänger begehbar), das Ultental (ein Nebental der Etsch) zu erreichen. Der Weg, der eine beträchtliche Zeit im Jahr des hohen Schnees wegen nicht passierbar ist, wird verhältnismäßig wenig begangen.

Obwohl die Entfernung der vier deutschen Gemeinden von den deutschen Nachbarorten in Etschland und die schwierigen Verbindungen zu diesen; die Bewohner zu häufigem und unmittelbarem Verkehr mit den italienischen Nachbardörfern zwingen, haben diese dennoch durch all die Jahrhunderte hindurch die deutsche Sprache zu bewahren vermocht.

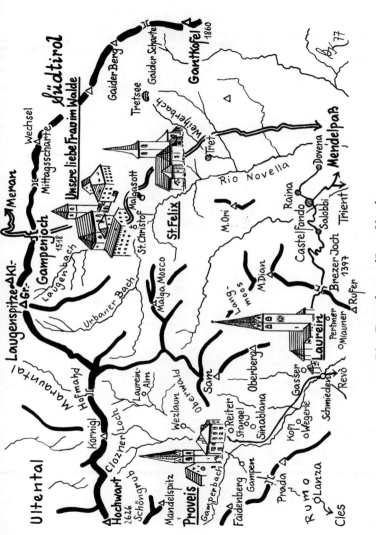

Die „Deutschgegend" am Nonsberg

Und doch blieb ihr Volkstum im Laufe der vergangenen Jahrhunderte keineswegs ungefährdet. Von der italienischen bzw. ladinischen Bevölkerung des übrigen Nonsberges, die in ihrem Kinderreichtum wie ein Meer bis an den Rand der Deutschgegend heranflutet, war allerdings nichts zu fürchten, da die ladinischen oder italienischen Nonsberger ihren Bevölkerungsüberschuß an das Etschtal abgaben. Nur in den seltensten Fällen zeigten sie die Neigung, bergauf zu wandern, um in der hochgelegenen, für sie „wilden" Deutschgegend Arbeit oder einen Ehepartner zu suchen. Die völkische Gefahr drohte der Deutschgegend von ganz anderer Seite her, von der *österreichischen Verwaltung*.

Die Deutschgegend war, obwohl geschlossen deutschsprachig, den im übrigen durchaus italienischen Verwaltungsbezirken Fondo und Cles zugeteilt (Bezirksgericht und Bezirkshauptmannschaft), die ausschließlich italienisch amtierten. Jahrhunderte hindurch wurden die deutschen Leute von Laurein und Proveis von italienischen Seelsorgern betreut. Auch die Schule war dort, sobald es eine solche gab, vielfach italienisch, bis der Seelsorger *Franz Xaver Mitterer* (1824—1899) sein für die volkliche Schutzarbeit so entscheidendes Wirken als Kurat von Proveis begann.

Franz Xaver Mitterer — der Vater der deutschen Schutzarbeit

Die Erinnerung an F. X. Mitterer soll in dieser Schrift nicht fehlen, dessen Sorge um die Erhaltung des eigenen Volkstums, die im letzten Grunde der Sorge um die ihm anvertrauten Seelen entsprang, über die Grenzen seines Kirchspiels und auch der Deutschgegend hinausging. Was er sann und tat, um seiner Pfarrgemeinde und der Deutschgegend das ererbte Volkstum zu erhalten, erkannten dann andere als allgemein gültig und nahmen es für jegliche volkliche Schutzarbeit in Mitteleuropa zur Norm. Mitterers Schilderungen über die nationale Bedrängnis der Leute um den Laugenstock herum und dessen, was er zur Sicherung ihrer ureigenen Art und Sprache unternommen, gaben den Impuls für die Schaffung der nationalen Schutzvereinigungen, des Deutschen Schulvereines in Wien und des noch größeren und allgemeineren von Berlin, aus dem der „Verein für das Deutschtum im Ausland" erwachsen ist. Die Anregung zum Werden und Wachsen dieses Weltbundes hat Mitterers Beispiel gegeben. Die Größe und der Segen des mit dem Namen Mitterer für immer verbundenen Werkes kann nicht dadurch geleugnet werden, daß sich der Nationalsozialismus sich schließlich auch dieses Kulturwerkes bemächtigt hat, um es zu verderben und schließlich zu vernichten.

F. X. Mitterer (1824—1899) stammt aus einer Bauernfamilie in Laurein. 1850 zum Priester geweiht, wirkte er von dort an ununterbrochen bis zu seinem Tode in Proveis als Seelsorger.

Die allgemeinen Zustände bei Mitterers Eintritt in die Seelsorge zu Proveis waren wenig erfreulich. Über 100 Jahre hatten italienische Priester in der vollkommen deutschen Gemeinde gewirkt, von welchen manche der deutschen Sprache nur unvollkommen oder gar nicht mächtig waren. Das deutsche Vorbeten besorgte ein Bauer in seinem Kirchenstuhl. Wollten einige Leute der Osterpflicht genügen, so mußten sie im ganz italienischen Nachbarorte Rumo einen jungen Hilfspriester aufsuchen, der ein wenig Deutsch verstand. Die sittlichen Zustände der Gemeinde waren nicht die besten.

Als endlich der einheimische Priester Gregor Pichler, der erste deutsche Seelsorger in Proveis, seines Amtes zu walten begann, ging er mit wahrem Feuereifer an die Ausrottung der trostlosen religiös-sittlichen Zustände. Aber er zog sich 1844 entmutigt auf Schloß Englar in Eppan zurück. Pichlers Nachfolger,

Anton Mitterer von Kaltern, unter welchem Franz Mitterer 1850 bis 1856 Kooperator war, stand in hohem Ansehen. 1856 übernahm er die Expositur Eyrs im Vinschgau, und unter nicht verlockenden Vorzeichen wurde Franz X. Mitterer am 6. Februar 1856 zuerst provisorischer und am 30. Oktober 1865 definitiver Kurat von Proveis.

Mitterer fand bei seinem Amtsantritt in Proveis eine viel zu kleine, feuchte, vielfach schadhafte Kirche vor. Er beschloß, eine neue Kirche zu bauen. Das Volk der Gemeinde konnte höchstens Holz und Fuhrwerk beistellen. Das viele Geld zum Bau mußte gesammelt werden. Mitterer durchzog ganz Österreich und den Großteil von Deutschland und sammelte 60.000 Gulden. Im Herbst 1876 war es dann soweit, und der Weihbischof Johannes Haller von Trient, später Erzbischof von Salzburg und Kardinal, weihte den neuen gotischen Prachtbau; niemand sucht auf einem hochgelegenen Bergdorf wie Proveis ein solches Schmuckkästchen eines Gotteshauses.

Jetzt fehlte dem Dorfe nur mehr ein Schulhaus. Bis 1881 waren die zwei Klassen Volksschule im Pfarrhaus notdürftig untergebracht. Das Jahr darauf wurde die alte Kirche mit Zuziehung des Friedhofes zu einem neuen Schulhaus mit zwei Schulzimmern samt Lehrer- und Lehrerinnenwohnung, Schülerbibliothek und Gemeindekanzlei umgebaut. Das Geld zu diesem Umbau oder Neubau schöpfte der unermüdliche Schulfreund Mitterer durch Bettel in allen deutschen Landen. Als größter Wohltäter muß der Deutsche Schulverein, zu dessen Gründung Mitterer den Anlaß gegeben, hervorgehoben werden. Vertreter desselben nahmen dann auch im Herbst 1882 an der Einweihung des neuen Schulgebäudes teil.

Nun handelte es sich um gute deutsche Lehrkräfte. Denn auch die Schule war früher italienisch gewesen. Unter Mitwirkung aller Seelsorger und Lehrer der vier Gemeinden wurde ein Unterstützungsfonds für die deutschen Lehrer dieser Gegend gesammelt. Auch nach landesgesetzlicher Regelung der Lehrergehälter (1894) wurde der Ertrag dieses Fonds den Lehrpersonen als Lokalzulage ausbezahlt.

Die Schule von Proveis, Laurein, Wald und St. Felix war die erste und wichtigste Schutzmauer gegen die Verwelschung. Aber es mußte noch mehr geschehen. Die vier Orte gehörten zur Bezirkshauptmannschaft Cles in politischer Beziehung und je zwei (St. Felix und Wald) zum Gerichte Fondo, bzw. (Proveis und Laurein) zum Gerichte Cles. Die Behörden amtierten durchaus italienisch und gaben ausschließlich italienische Schriftstücke ab, obwohl die Beamten vielfach Deutsche oder mindestens an deutschen Hochschulen ausgebildete Trentiner waren. Mitterers und seiner Mitarbeiter andauernden und angestrengten Bemühungen ist es zuletzt gelungen, die Staatsbehörden zu überzeugen, daß staatstreuen deutschen Bürgern auch im abgelegensten Winkel des weiten Reiches in der Muttersprache Recht gesprochen werden muß. Allmählich amtierten die Ämter in Cles und Fondo für die Deutschen auch deutsch.

Mit der deutschen Schule und der deutschen Amtssprache kam auch ins Volk dieser Gegend immer stärkeres deutsches Bewußtsein. Mitterer bemühte sich, die Lostrennung der vier deutschen Gemeinden vom politischen Bezirk Cles und Zuweisung zum Bezirk Meran durchzusetzen. Der Versuch mißlang. Einsichtige haben dieses Mißlingen immer bedauert.

Genau 50 Jahre nach Mitterers Tod, 1949, ging dessen Herzenswunsch nach verwaltungsmäßigem Anschluß der vier deutschen Nonsberger Gemeinden an das übrige Deutsch-Südtirol endlich in Erfüllung. Das zwischen Italien und Österreich am 5. September 1946 in Paris abgeschlossene Übereinkommen über Südtirol — Degasperi-Gruber-Vertrag — hatte eine autonome Verwaltung für die Provinz Bozen und die benachbarten zweisprachigen Gemeinden der Provinz Trient vorgesehen. Zu diesen „zweisprachigen" — in Wirklichkeit einsprachigen deutschen Grenzgemeinden der Provinz Trient, zählten auch die vier deutschen Nonsberger Gemeinden. Darum wurden sie in Durchführung des Pariser Vertrages ebenso wie die zwei deutschen Gemeinden des Fleimstales, Truden und Altrei, im Jahre 1949 an die Provinz Bozen angeschlossen.

DAS OBERE VALSUGANA (SUGANER TAL)

Als Valsugana (Suganer Tal) wird die östlich von Trient gelegene Landschaft um den See von Caldonazzo (Christophersee) und der Oberlauf der Brenta (Brint) bis zur großartigen Felsschlucht bezeichnet, welche durch diese in das italienische Tiefland hinausgelangt. An deren Eingang links oben steht die „Arx Germanorum", d. i. die alte Feste Kofel (Covolo), und ihr gegenüber liegt *Enego,* die östlichste der sogenannten Sieben vicentinischen Gemeinden.

Den weitaus schönsten Teil des Tales bildet das obere Suganer Tal. Es ist kein Tal im landläufigen Sinne, sondern bildet in seinem Hauptteil eine Mulde, deren Boden zum Teil der ansehnliche (4 km lange) Caldonazzosee ausfüllt. Früher hieß er Christophersee, benannt nach dem uralten, einst dem hl. Christophorus geweihten Kirchlein am Nordufer des Sees. Die italienische Bezeichnung Lago di Caldonazzo rührt von dem nahe am Südufer gelegenen Dorfe Caldonazzo (Galnetsch) her. Die ausgedehnten ehemaligen Sumpfgebiete zwischen dem Nordufer des Sees und dem Marktflecken Pergine (Persen) wurden am Ausgang des 18. Jahrhunderts nach den Vorschlägen eines deutschen Bürgers (Thomas Mair) durch Tieferlegung des Flußbettes der Brenta und die dadurch herbeigeführte Senkung des Seespiegels in fruchtbare Wiesen, Felder und Weingärten verwandelt.

Im frühen Mittelalter gehörte die Landschaft bald zur Kärntner Mark, bald zum Herzogtum Bayern. Aus Gründen der Reichssicherheit trennte Kaiser Konrad II. (1027) „das Land im Gebirge" vom bayrischen Herzogtum, erhob die beiden Bistümer Brixen und Trient zu Fürstentümern, indem er jedem derselben mehrere der seit der Karolingerzeit, d. i. seit Auflösung des langobardischen (774) und des bayrischen Staatswesens (788), eingerichteten Grafschaften zuwies und deren Inhaber zu Fürsten des Deutschen Reiches machte. Die Erwerbungen des österreichischen Herrscherhauses in Valsugana reichen bis zum Jahre 1373 zurück, wo der Dynast Franz von Carrara seinen gesamten dortigen Besitz den Herzogen Albrecht und Leopold überließ. In kirchlicher Hinsicht blieb die Talschaft bis 1785 beim Bistum Feltre.

DER MARKTFLECKEN PERGINE (PERSEN)

Hauptort des oberen Suganer Tales ist der herrlich gelegene, saubere Marktflecken Pergine (Persen), von stadtähnlichem Aussehen. Er ist der natürliche Mittelpunkt auch für die starkbevölkerten Hänge und Seitentäler und für die benachbarte Hochebene von Lavarone-Folgaria (Lafraun-Vielgereut) und des Fersentales. Der Markt Pergine schmiegt sich unmittelbar an den Fuß des Burgberges und des Tagatschhügels (d. i. Galgenberges — ital. Tagazzo) an. Seine Entstehung und Geschichte ist stets abhängig gewesen von der älteren Siedlung, von der er den Namen hat, nämlich von der Burg Persen-Pergine, und zwar immer eng verbunden mit der Geschichte des Deutschtums in diesem Teile des einstigen Welschtirols.

Ebenso weist ein Verzeichnis der Pfleger (Gastaldi) der Gemeinde Pergine von 1306 bis 1731 ausschließlich deutsche Namen auf. Seit 1850 nannte sich das stets auf drei Jahre gewählte Gemeindeoberhaupt Podestà, Träger deutscher Namen waren indes wiederholt an dieser Stelle.

Die herrliche dreischiffige, gotische Pfarrkirche von Pergine wurde unter dem deutschen Pfarrer Christoph Klamer, Doktor des kanonischen Rechts und Ehrenkaplan des Kaisers, im Jahre 1500 begonnen und 1545 vollendet. Im Reisebuch „Das Land Tirol" (1838) schreibt Beda Weber, daß im Gottesacker die alte Kirche San Carlo steht, „die deshalb merkwürdig ist, weil in derselben bis auf unsere Zeiten zur Fastenzeit deutsche Predigten gehalten werden für die zahlreichen deutschen Bewohner im Gebirge hinter Pergine" (Fersental).

Die Burg Persen ist eine der ältesten Burgen des einstigen Tirols, unter den noch bewohnten wahrscheinlich die älteste und jedenfalls die einzige, über deren Bestehen schon im frühesten deutschen Mittelalter eine bestimmte Jahreszahl Aufschluß gibt. Die Burg ist eine germanische Schöpfung und ihr Anfang reicht in die früheste Langobardenzeit zurück.

Die erste Beschreibung seiner Baulichkeiten datiert von 1270, als der richterliche Vikar sie dem Hitpold von Montalban übergab. Mitte des 15. Jahrhunderts war sie bereits stark vernachlässigt, aber nach vorliegenden Baurechnungen wurde sie zwischen 1506 und 1531 auf Geheiß des Erzherzogs Ferdinand I., wie auch die Burgen im unteren Etschtal, durch den berühmten Regierungs- und Festungsbaumeister Jörg Kölderer (aus dem Stubaital) den Anforderungen des neuen Festungskrieges entsprechend zu einem der festen Plätze in Welschtirol um- und ausgebaut. Zum Decken der Dächer lieferten seit 1516 „Hans Streitwieser aus dem Walt" und „Leonhard und Stefan Pollayer aus Palai" an 80.000 „lärchin Scharschinteln". Mit Paolo Girardi erscheint 1609 der erste italienische „Capitano" der Burg. Ihm folgten lauter Träger nichtdeutscher Namen bis zum Jahre 1805, wo durch den Preßburger Frieden die Burg mit ganz Tirol an Bayern fiel. 1814 wurde das Gebiet wieder österreichisch.

Die Fürstbischöfe von Trient und die Grafen von Tirol wechselten in der Oberhoheit über die Burg, und nach der Säkularisierung war die Burg ein Mensalgut des Bistums. Aber sie verfiel zunehmend, bis sie 1905 durch eine Münchner Gesellschaft mit beschränkter Haftung erworben wurde. Mit erheblichem Aufwand wurde die Burg Persen restauriert, die Mitglieder der Gesellschaft wohnten hier und waren in romantischer Weise um eine Wiedererweckung versunkener deutscher Vergangenheit bemüht, auch um die Erhaltung der ärmlichen noch deutschsprachigen Fersentaler Berggemeinden. So steht heute in vielen Führern verzeichnet, es sei hier am Beginn des 20. Jahrhunderts ein Sitz pangermanistischer Bestrebungen gewesen. Diese Münchner gingen 1918 der Burg verlustig, und nach wechselvollem, nicht stets förderlichem Schicksal erstand sie 1957, nachdem sie von Schweizern gekauft worden war, als Hotel wieder.

DIE DEUTSCHEN GEMEINDEN IM FERSENTAL

Unter den deutschen Sprachinseln, die sich südlich des geschlossenen deutschsprachigen Gebietes von Südtirol erhielten, nimmt das Fersental heute eine Vorrangstellung ein und lenkt die Aufmerksamkeit von zahlreichen Touristen und Heimatfreunden auf sich.

Das Fersental zieht sich hinter Pergine (Persen) vier Stunden lang in nordöstlicher Richtung bis zur Kreuzspitze (2500 m) und zum Übergang ins Fleimstal hin. Am Eingang des Marktfleckens Pergine biegt die Straße nach links gegen Norden ab, um an der vom letzten deutschen Pfarrer in Pergine erbauten stattlichen Pfarrkirche vorbei über das einst auch von Deutschen besiedelte Civignano (Sivernach) am Fuße des „Roschknotts" hin zu einer torartigen Öffnung, dem „Bil (d. h. wilden) Egg" zu kommen, nach dessen Durchquerung sich plötzlich dem Blick das ganze nach drei Seiten von einem mächtigen Gebirgsrahmen umspannte Fersental erschließt: ein überraschender und großartiger Anblick. Der Roschknott schließt das Fersental in **seiner ganzen Breite gegen Süden hin** ab.

Das Fersental hat seinen Namen von dem Fersenbach (Fersina), der für gewöhnlich ein unscheinbarer Fluß ist, der aber nach heftigen Gewittern zu einem tobenden Wildbach werden kann. Eigentlich versteht man unter Fersental nur das Gebiet des ungefähr 20 km langen Oberlaufes. Auf dem langen Weg durchs Tal nimmt der Fersenbach mehrere Nebenbäche auf: rechts bei Palai (Palù) den Lenzerbach; an der linken Seite, wo die Deutschen wohnen, mündet der Hopfenbach zwischen Inner- und Außerflorutz, der Mühlbach und der Rigolerbach, der in einer tief eingerissenen, dunkel bewaldeten Schlucht zwischen Eichleit (Roveda) und Falesina (Fallisen) herabbraust, um sich bei Canezza (Kanetsch, d. h. gegen die Etsch) am rechten Ufer mit dem Hauptfluß zu vereinigen. Vor der großen Überschwemmung im Herbste des Jahres 1882 fand man längs des Fersenbaches noch üppige Wiesengründe und schattige Laubbäume. Viel hat dieser gierige Wildbach weggeschwemmt und viele Talbewohner, besonders auf der linken Talseite, ins Unglück gestürzt, ja selbst die Stadt Trient bedroht. Es gibt Häuser, die einst auf einem Hügel standen und jetzt am Rand eines Abgrundes stehen.

Bei den deutschen Siedlungen handelt es sich um folgende Dörfer und Weiler: *Gereut (Frassilongo)* bildet mit *Eichleit (Roveda)* eine einzige Gemeinde (zusammen 620 Einwohner). *Florutz (Fierozzo)* bildet eine Gemeinde mit Außerflorutz oder St. Franz und Innerflorutz oder St. Felix (heute 620 Einwohner). *Palai (Palù)* bildet die hinterste Talgemeinde und befindet sich am rechten Ufer des Fersenbaches, während die übrigen deutschen Gemeinden am linken Ufer desselben liegen (Palai zählt heute 353 Einwohner).

In den heute ganz italienischen Gemeinden rechts des Fersenbaches *Vierago-Vierach* (heute 580 Einwohner), *Canezza-Kanetsch* (500 Einwohner) und *Sant'Orsola*-Eichberg (995 Einwohner) siedelten einst neben den Rätoromanen ebenfalls zahlreiche deutsche Familien.

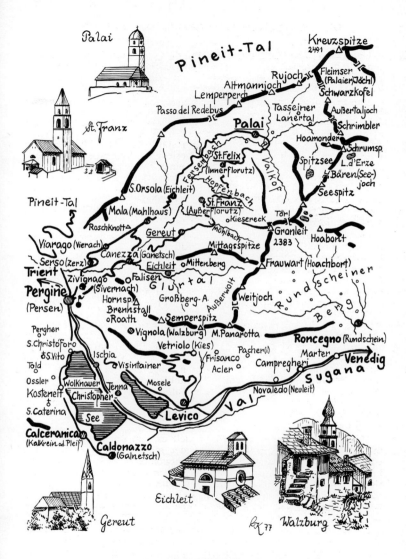

Die deutschen Gemeinden im Fersental

„MOCHENI" UND „CANOPPI"

Die Italiener nennen die Deutschen im Fersental „Mocheni", angeblich, weil sie das Zeitwort „mochen" = machen, häufig gebrauchen. Übrigens soll man im Fassatal die benachbarten Deutschtiroler des Eggentals auch „Mocheni" nennen.

Einen ansehnlichen Teil der Bevölkerung bildeten die Bergknappen. Die Italiener haben deshalb für die Deutschfersentaler neben der Bezeichnung „Mocheni" den Namen „Canoppi", d. i. Knappen, geprägt. Der durch den Trienter Fürstbischof Friedrich von Wangen (1208 bis 1218) gegründete Bergwerksbetrieb gelangte in der Folge besonders durch Schwazer Gewerke und Knappen in Blüte. Im 14. und 15. Jahrhundert und auch noch im 16. Jahrhundert wurde der Bergbau schwunghaft betrieben, er brachte Wohlstand, ja Reichtum in das Tal. Das oberste Fersental zwischen Palai und Spitzsee und der Valkuf (ein bewaldetes Seitental) weisen eine große Anzahl von Erzgängen auf, die einst trotz der großen Entfernung und der Beförderungsschwierigkeiten mit Erfolg ausgebeutet wurden. Man gewann Bleiglanz, Kupferkies und Zinkblende, die auf Blei, Kupfer und Messing verarbeitet wurden. Im 17. Jahrhundert erlosch der Betrieb. Aber unzählige Örtlichkeitsnamen und sonstige Erinnerungen weisen auf jene Glanzzeit des Fersentaler Bergbaues hin. Gegenwärtig wird der Bergbau wieder in kleinem Ausmaße betrieben.

AUS GRAUER VORZEIT

Mit der Frage nach den ersten Niederlassungen der Menschen im Fersental haben sich im Laufe der letzten Jahrhunderte immer wieder italienische und deutsche Forscher befaßt. Heute ist sich die Forschung darin einig, daß die ersten menschlichen Dauersiedlungen in der vorgeschichtlichen Zeit am Taleingang entstanden zu sein scheinen, abgesehen von einigen Niederlassungen im mittleren Tale, auf der rechten Talseite der Fersina. Feststeht, daß am Taleingang bereits in der Bronzezeit ein ansehnlicher Ring von Wallburgen bestand, die bedeutendste davon ist die große Befestigungsanlage von Montesei di Serso, wo bei den jüngsten Ausgrabungen eine intensive metallurgische Industrie festgestellt werden konnte; dies läßt darauf schließen, daß das Fersental damals eine nur schwach besiedelte, aber an Naturschätzen reiche Wildnis war. Der bedeutendste Siedlungsort könnte Viarago gewesen sein, wenigstens was die archäologischen Funde aus den verschiedenen Perioden des Eisenzeitalters betrifft. Damit ist aber nicht gesagt, daß das Tal damals als unzugängliches Gebiet betrachtet wurde; wahrscheinlich hat man dort schon früh Mineralschätze vermutet oder gar schon gekannt. Als Beweis dafür könnten die Schmelzöfen von Montesei dienen und jene, die bei Broz entdeckt wurden; ebenso der Handelsverkehr, den man im Raume von Fersina, Avisio, Etsch und Brenta feststellte (A. Gorfer, Das Tal der Mocheni, S. 16).

Durch Pergine verlief die römische Militärstraße, die Feltre mit Trient verband. Unter Augustus wurde Valsugana und das Gebiet von Pergine politisch und verwaltungsmäßig in das „Municipium" von Feltre eingeordnet, und die kirchliche Einteilung folgte der römischen Verwaltungsordnung, weshalb die Diözese von Feltre den ganzen Raum des „Municipium" umfaßte. So blieb es bis zum Jahre 1785.

LEBENSWEISE

Die Bevölkerung der fünf „deutschen Dörfer" ist arm. Sie sind meist Kleinhäusler. Dieses Kleinhäuslerwesen bildete sich im einstigen Welschtirol unter einem ganz eigenartigen Gewohnheitsrechte aus. Infolge dieses alten, auf langobardisches Recht fußenden Herkommens, wonach unter den Kindern eines Bauern Haus und Felder zu gleichen Teilen geteilt werden, verliert der Besitz von Generation zu Generation immer mehr an seinem Wert, so daß auf demselben mit der Zeit keine Familie mehr bestehen kann. Deshalb sind die meisten Fersentaler gezwungen, zeitweilig die heimische Scholle zu verlassen, um als Wanderhändler oder bei Wildbachverbauungen, in Bergwerken usw., das Fehlende für den Unterhalt zu verdienen.

Einen nicht unbedeutenden Einfluß üben dabei die Höhenlagen der einzelnen Siedlungen aus. Die linke Talseite, wo sich die deutschen Dörfer befinden, ist zum Großteil so steil und vielfach zerklüftet und gefaltet, daß sich — nach Rohmeder — im ganzen Deutschfersental keine Kegelbahn befindet; und die einzelnen Höfe sind so verstreut, daß sich die Kinder ein und derselben Gemeinde oft erst beim Besuch der Schule kennenlernen. Beträchtlich sind die Höhenunterschiede dieser Siedlungszonen. Gereut liegt bloß auf 850 m. Das nächste Dorf Eichleit in einer muschelförmig ausgebreiteten Talsenke zwischen 1100 und 1150 Meter. Außer- und Innerflorutz etwa auf 1120 m und Palai im innersten Talboden auf 1400 m Höhe. Während hier nur mehr etwas Gerste, Kohl und Kartoffeln gedeihen, reifen in Gereut noch die Kastanien.

Entsprechend dieser wechselnden Lage ist auch die Beschäftigung der Menschen. Die Bewohner der tieferliegenden Striche, vor allem von Gereut, Außerberg und Mitterberg sind in erster Linie Bauern. Je höher die Lage, um so wichtiger wird ein zusätzlicher Erwerbszweig. Sei es eine Heimarbeit (Weberei, Besenbinden, Holzschuhmachen) namentlich in den Wintermonaten oder die zeitweilige Arbeitssuche einzelner Familienmitglieder außerhalb des Tales. Aus den beiden Florutz ist es z. B. ein Teil der Jungmannschaft, aus Eichleit und Palai aber auch ein ziemlicher Teil der verheirateten Männer, die sich bei Wildbachverbauungen, Bergwerken, Eisenbahnbauten usw. verdingte. Seit den 1860er Jahren gab es auch eine Auswanderung nach Amerika, doch kehrten die Auswanderer in der Regel mit ihren Ersparnissen wieder ins Bergdorf zurück.

Auf die besondere Wirtschaftsweise in Palai weist Richard Wolfram hin. Infolge des geringen Ackerbaues sind die Palaier stark auf Viehzucht angewiesen. Auf den Kuhweiden des höher gelegenen Grasgeländes liegen die sogenannten „Almhöfe" oder „Berghöfe", wobei „Hof" lediglich „Haus" bedeutet. Dorthin ziehen die Fersentaler von Mitte Juni bis Anfang September mit ihrem Vieh und manchmal auch einem Teil der Familie. In Palai liegen außerdem auf den Wiesenhängen oberhalb des Ortes zahlreiche Städel und Ställe. Die Kühe werden in ihnen für die Zeit eingestellt, für die das dort gesammelte Heu reicht. Dann ziehen sie weiter. Eine Familie hat gewöhnlich mehrere solcher Ställe, und es gibt Leute, für die der Aufenthaltsort des Viehes in dieser Weise viermal während des Winters wechselt. Der „Moar" hat sogar außer dem Stall bei seinem Hof noch weitere fünf, so daß sein Vieh im ganzen sechsmal übersiedelt. Es gibt auch Städel, die mehreren Familien gemeinsam gehören. Schließlich ist die Erbteilung ja ziemlich bedeutend. Den Hof bekommen zwar nur die Buben, die Mädeln werden ausgezahlt. Unter den Buben aber teilen sie das Anwesen „auf Stückeln".

Trotz dieser ärmlichen Verhältnisse lieben die Fersentaler ihre Heimat. Sie sind mit den kargen Erträgnissen ihres Höfleins zufrieden, oder wenn sie in der Fremde einen Nebenerwerb suchen müssen, kehren sie zu ihrem Heimatort, in ihre schlichten Hütten zurück, um hier wenigstens für kurze Zeit leben zu können. Die zähe Liebe zur eigenen Heimat hat also diese deutschen Dörfer in italienischer Umgebung erhalten. Ihre Genügsamkeit und die Ausdauer, mit denen sie ausgestattet sind, machen diese Deutschen für ihre gebirgige Heimat wie geschaffen.

AUS DER BESIEDLUNGSGESCHICHTE DES FERSENTALES

Den gegenwärtigen Stand der Froschung über die Siedlungsgeschichte des Fersentales hat in jüngster Zeit der Dozent für Kirchengeschichte in Trient, Iginio Rogger, auf der „Internationalen Tagung über das Fersental" (1. bis 3. Sept. 1978 in St. Orsola) in seinem Referat „Historische Daten über die Mocheni und ihre Niederlassungen" kurz und anschaulich zusammengefaßt.

Einleitend stellt Rogger, der bereits eine Reihe von Untersuchungen über das Fersental veröffentlicht hat, fest, daß trotz der zahlreichen bis heute erschienenen Werke italienischer und deutscher Autoren über das Fersental auch heute noch die Ausführungen von Otto Stolz „Die Ausbreitung des Deutschtums in Südtirol im Lichte der Urkunden" (in Band I, S. 87 ff. und vor allem in Bd. II, S. 299—308) und von Carl Ausserer „Persen-Pergine. Schloß und Gericht", als die einschlägigsten Werke betrachtet werden müssen. Durch die bisherigen Untersuchungen I. Roggers konnten aber die bereits vorliegenden Forschungsergebnisse vielfach ergänzt werden.

Zunächst verweist I. Rogger auf die Urkunde vom Jahre 1166, „die von einem Schutz- und Trutzbündnis handelt, geschlossen zwischen der Gemeinde Pergine mit der Gemeinde und Stadt Vicenza gegen die Herren vom Schlosse Pergine und andere mit ihnen Verbündete"; diese Urkunde war von älteren Autoren als ältestes Zeugnis und als Hauptbeweis einer starken Ansiedlung von Langobarden in Persen-Pergine und Umgebung angeführt worden, da darin von den Bewohnern von Persen und Umgebung die Rede ist, „die nach ihren Gebräuchen, Gesetzen und alten Gewohnheiten leben, wie sie schon immer seit Menschengedenken vor 100, 200 und 300 Jahren gelebt haben und weiter leben wollen, sowohl nach salischem als nach langobardischem Rechte" (C. Ausserer, a.a.O., S. 123). Zwar hat Carl Ausserer bereits in seinem 1915/16 erschienenen Werke über Schloß und Gericht Persen an der Echtheit dieser Urkunde gezweifelt und sie als eine Fälschung des 18. Jahrhunderts bezeichnet. Hier muß aber gleichzeitig vermerkt werden, daß Professor Alfonso

Bellotto, heute einer der angesehensten und besten italienischen Fachleute der zimbrischen Mundarten und der zimbrischen Geschichte, es stark bezweifelt, daß es sich bei dieser Urkunde tatsächlich um eine Fälschung handelt (II Cimbro e la tradizione longobarda, S. 11/12).

In diesem Zusammenhange sei aber noch auf eine andere Urkunde aus dem Jahre 845 hingewiesen, in welcher Pergine zum ersten Male genannt wird, und zwar im Zusammenhang eines „Placitums", d. h. einer Gerichtssitzung an einem der Herzogshöfe, in unserem Falle in Trient. Dieser Urkunde mißt C. Ausserer in seinem Werke (S. 104) besondere Bedeutung bei, da sie „für die Beurteilung der Verhältnisse in Persen und Umgebung von größter Wichtigkeit ist und die auf einmal blitzartig das Dunkel erhellt, welches infolge des Mangels aller urkundlichen Nachrichten die Geschichte der ganzen Gegend erfüllt hatte". Bei der Gerichtssitzung waren die Schöffen, die Schultheißen und viele Vasallen und sowohl Deutsche als auch Langobarden (tam Teutisci quam et Langobardi) anwesend. In der Urkunde werden erstmals auch die im Raum von Pergine gelegenen Orte Civezzano (8 km von Trient) und Fornace (12 km von Trient) genannt, zwei nicht unbedeutende Orte während der Langobardenzeit (von 573 bis 774); in Civezzano wurde 1885 ein langobardisches Fürstengrab entdeckt (heute im Ferdinandeum zu Innsbruck ausgestellt), ebenso hat man in der Nähe des Schlosses Telvana weitere langobardische Gräber mit reichen Beigaben ausgegraben. Ein wichtiger Ort scheint seit jeher Fornace gewesen zu sein, in dessen Umgebung bereits in vorgeschichtlicher Zeit am Calisberg und am Silberberg nach Erz gegraben wurde, und wohl unter den Römern mögen da die Schmelzöfen (Fornaces heißt Schmelzöfen) erbaut worden sein, und es scheint, daß auch in der Langobardenzeit der Betrieb aufrechterhalten blieb.

Es sei bezeichnend, stellt C. Ausserer in seinem Werk fest, daß die Romanisierung der Langobarden so rasch vor sich ging, daß bereits 70 Jahre nach ihrem Einzug in Italien, im Jahre 643, König Rothari die langobardischen Gesetze in lateinischer Sprache (Edictum Rothari) niederschreiben ließ; und nach nicht langer Zeit „war die *langobardische Sprache gleichbedeutend mit romanisch*...
Daß aber tatsächlich aus vorlangobardischer Zeit auch Germanen in unseren Bergen gesessen waren, davon geben uns germanische Sagen und Märchen, alte germanische Sitten und Gebräuche und ebensolche, nur germanischen Stämmen eigene, aber vom Volke hartnäckig festgehaltene Rechtsanschauungen, besonders in bezug auf Erbteilung, Ausstattung der ausgeheirateten Töchter usw. noch vielfach Kunde" (S. 100).

Große Veränderungen in der politischen Einteilung traten auch in unserem Raum zur Zeit des langobardischen Königs Luitprand (712—744) ein, der die übermächtig gewordenen Herzöge völlig unterwarf und ihnen ihre bisherigen Machtbefugnisse beschnitt, indem er ihnen zum großen Teil nicht nur die Zivil- und Finanzverwaltung sowie den Gerichtsbann, sondern auch den Heerbann wegnahm und auf die Gastalden übertrug, welche unmittelbar dem König unterstanden und im Gegensatz zu den früheren Herzögen nach Belieben auch abgesetzt werden konnten. Viele bisher von Herzogen besetzte Stellen wurden eingezogen und durch Grafen besetzt.

Im Gebiet von Pergine wurde der Ausdruck der Gastaldien vom Mittelalter bis in die Neuzeit beibehalten, und die Gemeinde hieß meist Gastaldie und die Gemeinde- und Ortsvorsteher Gastalden.

Die Gemeinden waren folgendermaßen auf Gastaldien verteilt: Pergine (mit Zivignago und Umgebung), Ischia (mit Tenna, Vignola und Falesina), Susà (mit Roncogno), Madrano (mit Nogarè und Canzolino), Viarago (mit Serso und Canezza) und Gereut (mit Eichleit). Die Gastaldien waren richtige, voneinander unabhängige Verwaltungen, die für die Behandlung gemeinsamer Probleme unter dem Vorsitz des Oberbürgermeisters von Pergine zusammenkamen.

Die eigentlichen, für das Fersental zuständigen Gastaldien waren somit Viarago mit Canezza und Portolo, aber auch mit Mala und S. Orsola; die Grenze auf dieser Talseite verläuft zwischen S. Orsola und Palai; die linke Talseite jedoch gehört zur Gastaldie Gereut und Eichleit, davon ausgenommen ist jedoch Florutz.

In *kirchlicher* Hinsicht gehörte das Fersental seit jeher zur Pfarre Persen-Pergine. Dies gilt auch für die hintere Ortschaft Palai, die aber bis zur Zeit Napoleons verwaltungsmäßig dem Gericht Caldonazzo zugeteilt war, im Gegensatz zu den übrigen Talgemeinden, die seit jeher zum Gericht Pergine gehörten. Bis zum Jahre 1786 gehörte die Pfarre Pergine zur *Diözese Feltre* und bildete gleichzeitig die Grenze zur Diözese Trient. Aber der Pfarrer von Pergine war gleichzeitig in einem gewissen Sinne auch vom Bischof von Trient abhängig, der seit dem 16. Jahrhundert das Ernennungsrecht des Pfarrers von Pergine hatte.

Schilderung aus dem Jahre 1687

Eine erste Beschreibung der Fersentaler ist uns vom *Pater Perthanis*, einem aus Meran gebürtigen Missionär der oberdeutschen Jesuitenprovinz, datiert von 13. Dezember 1687, überliefert.

Perthanis berichtet dort: „Die Pfarre Pergine hat rund 9000 Seelen in der Stadt und den umliegenden Bergen und Tälern. Die Bergbewohner sind fast alle Deutsche und sprechen deutsch, aber ein so verdorbenes Deutsch, daß man sie nur nach längerem Umgang verstehen kann. Sie selbst aber verstehen alles, sowohl in der Predigt wie im Privatgespräch. Man meint, sie seien ein Überbleibsel der alten Goten ... Die Leute sind überaus einfach und treuherzig. Ihre Wohnungen auf den hohen Bergen sind viel mehr Hütten und Höhlen als Häuser. Ihre Nahrung besteht fast ausschließlich aus Gemüsen und Kräutern, so daß ein Großteil nicht einmal Brot hat. Einige sind so arm, daß sie nicht einmal ein Körnchen Salz, geschweige denn etwas Butter haben.

Die Zahl der Deutschen beträgt über tausend. Für ihren Unterricht ist der Pfarrer von Pergine verpflichtet, einen Kaplan zu halten, der der deutschen Sprache mächtig ist, die Fastenpredigten hält und Beichte hört. Aber durch lange Vernachlässigung hat eine große Unwissenheit eingeschlichen, bis endlich durch die Barmherzigkeit Gottes vor 16 Jahren die Jesuiten die Sorge für das arme Völkchen übernahmen. Seit dieser Zeit hat ständig ein Pater diese Deutschen besucht, den Kindern Unterricht erteilt, gepredigt und die Sakramente gespendet."

Pater Perthanis berichtet dann besonders von der Tätigkeit in der Fasten- und Osterzeit. „Ungeachtet des tiefen Schnees kommen die Deutschen den mehrstündigen Weg nach Pergine, harren dort tagsüber aus und gehen abends wieder heim. Dabei sind sie so aufmerksam in der Kirche, daß man trotz der großen Zahl dieser Bauern nicht das geringste Geräusch, keinen Husten, keinen Atemzug hört." Der Pater besucht aber auch die einzelnen Dörfer und Höfe auf den Bergen und erlebt viel Freude an den armen Menschen. „Der liebe Gott hat uns eine so innige Liebe zueinander gegeben, daß ich sie wie meine lieben Kinder in Christus über alles liebe, diese aber mich wie einen Vater aufnehmen." Die Italiener sind beeindruckt von der Frömmigkeit dieses Bergvolkes, und der Bischof von Feltre stieg mit dem Priester auf den Berg zu den Deutschen, befahl dem Pater, deutsch zu predigen, las selbst die Messe und teilte die Kommunion aus.

„Wie ein verwitterter deutscher Stein..."

Der Beschreibung von Pater Perthanis sei jene gegenübergestellt, die der Klagenfurter Schriftsteller Robert Musil (1880—1942) rund 250 Jahre später in seiner Novelle „Grigia" vom Fersental gab. Der Dichter hielt sich während des ersten Weltkrieges längere Zeit im Fersental auf. In seiner „Grigia" beschreibt Musil das Fersental wie folgt:

„Als sie in das Gebirgstal hineinritten, schlugen bei einer kleinen, eine buschige Bergrinne überschneidenden Steinbrücke wenn nicht hundert, so doch sicher zwei Dutzend Nachtigallen... Als sie drinnen waren, befanden sie sich an einem seltsamen Ort. Er hing in der Lehne eines Hügels. Der Saumweg, der sie hinaufgeführt hatte, sprang zuletzt förmlich von einem Plattenstein zum nächsten, und von ihm flossen, den Hang hinaus und gebunden wie Gewichte, ein paar kurze, steile Gassen in die Wiesen. Stand man am Wege, so hatte man nur vernachlässigte und dürftige Bauernhäuser vor sich, blickte man aber von den Wiesen herauf, so meinte man, sich in ein vorweltliches Pfahlbaudorf versetzt, denn die Häuser standen mit der Talseite alle auf hohen Balken, und ihre Abtritte schwebten etwas abseits auf vier schlanken, baumlangen Stangen über dem Abhang.

Es gab ringsum unter dem Schnee der Kare mit Knieholz und einigen versprengten Rehen, auf der Waldkuppe in der Mitte balzte schon der Spielhahn, und auf den Wiesen der Sonnseite blühten die Blumen mit gelben, blauen und weißen Sternen, die so groß waren, als hätte man einen Sack mit Talern ausgeschüttet. Stieg man aber hinter dem Dorf höher, so kam man auf einen ebenen Absatz von nicht allzu großer Breite, den Äcker, Wiesen, Heustadel und verstreute Häuser bedeckten, während von einer gegen das Tal vorspringenden Bastion die kleine Kirche in die Welt hinausblickte, welche an schönen Tagen fern von dem Tal wie das Meer vor einer Flußmündung lag. Man konnte kaum noch unterscheiden, was noch goldgelbe Ferne war und wo schon die unsicheren Wolkenböden des Himmelsbodens begannen.

Es lebten merkwürdige Leute in diesem Talende. Ihre Voreltern waren zur Zeit der tridentinischen Bischofsmacht aus Deutschland gekommen, und sie saßen heute noch e i n g e k e i l t wie e i n v e r w i t t e r t e r d e u t s c h e r S t e i n z w i s c h e n d e n I t a l i e n e r n. Die Art ihres alten Lebens hatten sie halb vergessen und halb bewahrt, verstanden sie wohl selbst nicht mehr."

Die Palaier gebrauchen weniger italienische Lehnworte als beispielsweise die unteren Höfe von Gereut, Eichleit und Außerflorutz, wo öfter Frauen von der rechten Talseite einheirateten. Auch konnten leichter italienische Wörter in die religiöse Sprache eindringen, weil Predigt und Religionsunterricht lange Jahre in italienischer Sprache gehalten wurden.

Im folgenden seien die gegenwärtigen Verhältnisse und die Lage der einzelnen deutschen Siedlungen im Fersentale eingehender geschildert. Die Ausführungen lehnen sich zum Großteil einer Beschreibung an, die der aus dem Fersental stammende, heute in einer deutschen Mittelschule in Bozen unterrichtende Prof. Dr. Hans Sterchele im Jahre 1959 in einer Artikelserie in der Tageszeitung „Dolomiten" veröffentlichte.

EICHLEIT — ROVEDA

Das abgelegene Fersental bietet dem Besucher eine Fülle von Abwechslung und Naturschönheiten. Am Ausgange desselben, auf dem schmalen Talboden vor Canezza (Kanetsch), wo in alten Zeiten, als der Bergbau blühte, die Schmelzöfen standen, und das schon oft vom Feuer und vom Wasser zerstört wurde, auf den Hängen und auf der Höhe der Vieracher Talstufe, auf der rechten (westlichen) Talseite gedeihen noch Mais und Wein, Edelobst und Walnüsse, Maulbeer und Edelkastanien. Taleinwärts begegnen wir verschiedenen Kulturstufen, die an ihren Erzeugnissen erkennbar sind. An die Zone von Wein und Mais reiht sich das Gebiet von Korn und Weizen, von Kirschen und Pflaumen; weiter hinauf gegen Palai (1400 m) treffen wir nur mehr Kartoffeln, Hafer und Weißkraut, Eichen, Birken, Erlen und Weiden; dann folgt die Region der Fichten und Lärchen bis zu den Bergwiesen und ihrer Alpenflora. Einen großartigen Anblick bieten die großen, brennroten Strecken mit Tausenden und Abertausenden von „Dunderblumen" (Alpenrosen).

Eichleit ist die erste deutsche Ortschaft, auf die wir nach kurzer Fahrt von Pergine aus stoßen. Bis vor einigen Jahren war es wohl das vergessenste Dorf, dem nur die wenigsten Wanderer im Fersental einen Besuch abstatteten. Nunmehr ist es aber durch eine asphaltierte Straße mit der Außenwelt verbunden, die von der Straße Canezza—Gereut—Florutz abzweigt. Eichleit liegt im Glurtal und gehört zur Gemeinde Gereut, zwei Wegstunden weit davon entfernt; es bildet keine geschlossene Siedlung, sondern besteht aus mehreren weitverstreuten ärmlichen Weilern bzw. Einzelhöfen.

Vor dem Bau der neuen Straßen bildete ein steiler Saumweg für Eichleit die einzige Verbindung zur Außenwelt. Etwas ober dem Buechhof, dem ersten Hof des Weilers, öffnet sich der Blick ins *Glurtal*. Eine Nahaufnahme von Eichleit ist unmöglich. Es liegt alles zu weit verstreut, alles klebt so kühn am steilen Hang oder ist vom Laub versteckt. Am *Schraffer-* und am *Grellerhof* vorbei erreicht man den Weiler *Taufner*, das Herz Eichleits, mit der Schule, dem Gasthaus und dem kleinen Kirchlein. Das Schulhaus wurde mit Hilfe des Wiener deutschen Schulvereins im Jahre 1884 gebaut, nachdem der erste Seelsorger für Eichleit, Sebastian Jakomet aus Terlan (1868—1869), die deutsche Schule eingeführt hatte.

Die Kirche besitzt ein beachtenswertes Altarbild und eine recht hübsch gearbeitete Tür. Es handelt sich um eine Grödner Arbeit, die auf Bestellung des damaligen Kuraten Jakob Hoffer, der später lange in St. Franz/Außerflorutz segensreich wirkte und sich heute in einem Altersheime in Trient befindet, ausgeführt wurde. Unter den Bildern des heiligen Romedius und des hl. Vigilius liest man links: „Ondenken wan Krumer" und rechts: „Wa Oachleit." Ein Fenster trägt die Inschrift: „Gestiftet von Bürgermeister Leo Eichleitner, Göggingen, Bayern." Dieser Bürgermeister hieß eigentlich Haas, kam als kleines Kind nach Bayern; da aber niemand seinen richtigen Namen wußte, nannte man ihn nach seinem Herkunftsdorfe Eichleitner. Dieser Name blieb dann der Familie.

In Eichleit wurde der berühmte Kanzelredner, der Kapuzinerpater Johann Chrysostomus *Froner* geboren, der später Missionsbischof wurde.

Von dem Kirchlein führt ein steiler Weg hinauf zum nächsten Weiler: *Mitterberger*. Armut, Elend spricht aus Mauern und Gebälk, wie bei fast allen Höfen da herinnen. Zingerle schrieb darüber: „Kein anziehender Punkt für die heißblütige romanische Rasse, die sich ganz besonders wenig mit dem deutschen Stamme vermischt zu haben scheint. Die blauen Augen und blonden Haare der Kinder fallen den deutschen Beobachtern wohltuend auf."

Vom Mitterberger führt ein Weg zu den *Samerhöfen* hinaus und dann steil hinunter zu einem halb niedergebrannten Hofe. Auch hier ist der Unterschied zwischen dem bewohnten und dem verlassenen Teile des Hofes nicht groß.

Die Bewohner sprechen eine ziemlich reine deutsche Mundart, natürlich mit einzelnen Wörtern vom Trentiner Dialekt durchsetzt. Die Erwachsenen können alle die Tiroler Mundart. Auch hier, wie in ganz Fersental, ist es eine Tragödie mit den Kindern, wenn sie zum erstenmal in die Schule kommen. Italienisch ist ihnen fremd; sie verstehen anfänglich nichts. Es vergehen ein bis zwei Jahre, bevor sie von diesem Unterricht Nutzen haben. Hochdeutsch würden sie schnell erlernen. Das ist aber verboten.

Ein Abkürzungsweg führt wieder zum Schrafferhof hinunter, dann hinaus auf den schönen Pfad zum *Buechhof*. Gleich unter dem Haus rechts biegt man in einen Wiesensteig ein, der den Wanderer dann durch einen bunten Mischwald gegen Gereut (Frassilongo) führt, fast eben im ersten Teil, dann nach Einmündung in einen etwas breiteren Waldweg hinunter am *Oberstallhof* vorbei. Bald kommt man wieder auf die breite, schöne Fahrstraße, die von Canezza nach Gereut führt.

An Schreibnamen findet man in Eichleit u. a. folgende: Broll, Eccel, Etzel, Froner, Fuchs, Haas, Hos, Oß, Hofer, Laner, Pauli usw.

GEREUT — FRASSILONGO

Gereut liegt auf einer Höhe von ungefähr 800 m und bildet mit Eichleit eine einzige Gemeinde. Bei der Bevölkerung des Dorfes handelt es sich wahrscheinlich um eine der ältesten Siedlungen des Tales.

Häusergruppen und Höfe tragen alle deutsche Namen und sind zum großen Teil von der Hauptstraße nicht weit entfernt. Oberhalb derselben, in einem dichten Kastanien- und Obsthain, sind die Lanerhöfe. Weiter taleinwärts neben der Straße kommt man zum Gasser-, Brunner-, Lenzerhof; etwas höher oben liegen die Eggerhöfe. Das Kirchlein mit dem Friedhof liegt direkt an der Straße. Andere interessante Hofnamen sind: Stocker, Maurer, Pauli und Grofen. Manche Hofnamen aber geraten in Vergessenheit, so daß nicht alle Dorfbewohner darüber Bescheid wissen. Die verbreitetsten Familiennamen heißen: Rodler, Oberrosler, Etzel, Laner, Plankel, Prunner (Brunner) und Egger.

Mit der deutschen Sprache steht es hier allerdings schlecht. Die älteren Leute können zum größten Teil Deutsch. Einige Familien pflegen es weiter, so daß es mancher Junge als Muttersprache weiter gebraucht. Meistens aber verstehen die Jungen sehr wenig oder nichts und schauen unbeteiligt zu, wenn man mit ihren Vätern Deutsch spricht. Natürlich lernen wieder einige von ihnen die Tiroler Mundart, indem sie in Südtirol hausieren gehen. Vieles versteht man nur, wenn man an die Vergessenheit denkt, in die diese Gebiete geraten waren, und wie sie jahrhundertelang von der deutschen Welt einfach ignoriert wurden. Manch Interessantes über die dortigen Verhältnisse kann man am besten dort selbst erfahren.

Die Lage des Dorfes ist wunderbar. Unter Gereut bis zum Fersenbach hinunter gedeiht auf ziemlich steilem Hange in wildem Durcheinander ein wenig von allem: Obst, Korn, zwischen Kastanien- und Erlenhainen, Kartoffeln und Maulbeerbäumen. Der Obstbau, modern betrieben, könnte hier sehr gute Erträge bringen. Oberhalb des Dorfes zieht Fichten- und Lärchenwald, von Weideflächen unterbrochen, bis weit hinauf.

Tannen, Fichten und Lärchen begleiten uns überall bis zur Höhe; Zwergföhren, Kranewitt, Alpenrosen und Heidekraut reichen weit hinauf. Überall herrscht tiefes Schweigen und herrliche Einsamkeit. Frische Bächlein eilen überall bergab, gesundheitspendende Quellen sprudeln allenthalben hervor. Erwähnt seien u. a. die Quellen von Geigereck, die von Spitzeckel, die Ober- und Unter-Goldbrunnen unter der Silberspitze, wo auch Bergwerke mit interessanten Tropfsteingrotten sind, bei deren Besichtigung aber große Vorsicht ratsam ist. Selbstverständlich sind im ganzen Tale noch die eingestürzten Stolleneingänge der alten Bergwerke zu sehen.

In Gereut steht in der Nähe der Kirche ein altes Kirchlein, das dem heiligen Ulrich, Bischof von Augsburg (gestorben 973), und dem heiligen Antonius von Padua, der im Tale als Hirtenpatron verehrt wird, geweiht war. Auf dem Platze, wo jetzt die alte Kirche steht, war schon früher eine Kapelle erbaut worden, die 1517 nach vorne verlängert wurde. Bei der Vergrößerung halfen die Bergknappen mit, denn damals befanden sich im Tale und auch in Gereut sehr viele Bergarbeiter. Damals wurden zwei neue Glocken angeschafft, „Maria" und „Barbara", die Knappenpatronin. An der Westseite des Kirchleins ist ein schönes Christophorusbild mit der Aufschrift: „1521 die 14. Marzo." Schon längst ist das St.-Ulrichs-Kirchlein entweiht und wird heute als Vereinshaus verwendet.

Im 19. Jahrhundert, besonders seit dem Überschwemmungsjahre 1882, war die alte Kirche sehr gefährdet, zudem war sie baufällig und zu klein. Die Behörden drohten mehrmals mit der Schließung. Da entschloß sich der tatkräftige Kurat Albin Laner (geb. am 15. Dez. 1865 in Gereut) Wandel zu schaffen. Mit geradezu unbeugsamer Energie schritt er unter den schwierigsten Verhältnissen zu einem Neubau, den er der Hauptsache nach auch zur Vollendung brachte. Sein Nachfolger Alexander Gius beendete das Werk des Vorgängers. Die Kirche ist in streng gotischem Stile gehalten und beherrscht von ihrem erhöhten Platze aus das ganze Fersental.

Der *Wiener Maler Sebastian Fasal* schmückte die Kirche im Jahre 1939 mit Fresken aus. Für die Bilder des Presbyteriums, des Chores und der Kreuzwegstationen verwendete er als Symbole zeitgenössische Persönlichkeiten, wie *Mussolini als Pontius Pilatus* oder den Hirten von Eichleit als Simon von Cyrene.

Der Kurat Albin, seit 1895 Kurat in seiner Heimatgemeinde, betätigte sich nicht nur als Kirchenbauer; nachdem mit Josef Tomaseth aus Pufels 1868 eine ständige deutsche Seelsorge in Gereut eingeführt worden war, nahm unter Herrn Laner das religiöse Leben einen großen Aufschwung. Er gründete einen katholischen Volks- und Arbeiterverein, der Weihnachtsspiele und das Trauerspiel „Peter Mayr, Wirt an der Mahr" aufführte; eine Raiffeisenkasse förderte die seit 1883 deutschunterrichtende Volksschule (bis 1918). Tief betrauert von seiner Gemeinde starb er erst 43jährig 1908, der Grabstein mit deutscher Inschrift — der einzige! — steht auf dem Friedhof. Die Seelsorge ist heute in ganz Fersental italienisch.

URKUNDLICHES VON GEREUT UND EICHLEIT

Während wir über die Besiedlungsgeschichte des Florutzer Berges ziemlich gut unterrichtet sind, fließen die urkundlichen Quellen über jene der übrigen deutschen Orte des Fersentales weitaus spärlicher. Festzustehen scheint nur, daß Frassilongo (Gereut — C. Ausserer glaubt, daß nur ein Teil von Frassilongum, vielleicht ein Neuraut, den Namen „Gereut" getragen hat, da Frassilongum — von Fratte, Neubruch? — besonders genannt wird) bereits ständig von einer zu einer Gemeinschaft zusammengeschlossenen Bevölkerung besiedelt war, als der Florutzer Berg nur zur Almbewirtschaftung und zur Heu- und Holzgewinnung diente; ihre Namen sind fast ausschließlich deutsch.

Bereits in der ersten Hälfte des 13. Jh.s wanderten Deutsche von Gereut in andere Gebiete aus, so Bertoldus Todescus de Fraselongo und Odoricus de Fraselongo, die sich 1250 in Grafiano di Povo niederließen, wie aus einer Aufzeichnung des Domkapitels hervorgeht.

Die erste Hälfte des 13. Jh.s muß daher als frühester Zeitpunkt der deutschen Besiedlung von Gereut angenommen werden. Nach Ansicht I. Roggers besteht kein Grund, eine frühere Zeit der Besiedlung von Gereut und von Florutz anzunehmen, da im Valsuganatal viel günstigere und geeignetere Gründe damals noch zu haben waren, wie Roncogno, Rongegno (Rundschein) und Ronchi.

Bei den alten Ministerialen oder Lehensleuten von Persen handelt es sich durchwegs um treue Vasallen der Fürstbischöfe von Trient seit der Zeit des Bischofs Altmann (1124—1149) bis zu jener Friedrichs von Wangen (1207 bis 1217). In den folgenden Jahren hängt Gereut mit Eichleit ununterbrochen von der Burg Persen ab, zahlt dorthin seinen Zins und bildet eine der sieben Gastaldien der großen Pfarrei.

Im Burg-Urbar von Persen von 1382 werden in Gereut 26 Steuerzahler und im Jahre 1406 in ebendemselben Orte 32 mit zusätzlich 12 in Eichleit aufgezählt. Um 1500 zählte die Gastaldie Gereut insgesamt 27 Feuerstellen, was (multipliziert mit fünf) ca. 135 Einwohnern entsprechen dürfte (I. Rogger, a.a.O., S. 165).

Die deutsche Besiedlung im Fersental war somit im 14. Jh. nachweisbar in vollem Ausbau begriffen. Eine Gesamtübersicht darüber bietet die Beschreibung der grundherrlichen Einkünfte des Amtes Persen, die im *Tiroler Haupturbar von 1406* (Staatsarchiv Innsbruck) enthalten ist. Die Höfe, die die Herren von Schenna im Fersental erstmals verliehen haben, sind nach deren Abtritt von der Hauptmannschaft Persen bei dem letzteren Amte verblieben, offenbar weil die Herren von Schenna die Grundherrschaft über das Fersental nicht als Privatbesitz, sondern als Inhaber des landesfürstlichen Amtes Persen ausgeübt haben.

In dem Urbar von 1406 finden wir in „Florutz", „Gereut" und „Achleit" eine sehr große Anzahl von Höfen verzeichnet, die alle ausgesprochen deutsche Namen haben und ebenso der Großteil ihrer Besitzer.

Die Namen der Bauleute und Höfe im Urbar von 1406

In Florutz: Jos von Placzhof und Rodlerhof, Peter Diener ebenso, Grüssel von Schönplatzhof, Told Mueltrer, Merkel von der Fewchten ebenso, Hans und Merkel Probst von Antonienhof, Merchlein von Rostater von Symeonshof, Thomas im Eck vom Wainderhof, Ulrich Prentler vom Prentlerhof, Haincz Mültrer vom Mültrerhof, Told Mültrer vom Lügnerhof, Peter vom Chobel, Pernhart vom Drexelhof, Erhart Drexel vom Hof Nofalonga, Heinrich und Petter Scheffter vom Pruchhof und vom Scheffterhof, Nikel vom Hof in der Grueben, Chunz Rosatter vom Leffelhof, Michel Pasowers vom Gradenhof, Herman Geczen vom Gocoldeshof und Heablicherhof, Nikel vom Cherspawmhof, Thoma vom Haslerhof, Minig Chofler vom undern Choflerhof, Bartholomee Weber vom Geigerwaldhof, Haincz om der Wisen vom Fruettenhof, Merklein und Hochlainer vom Chaiserhof, Haincz Probst vom Stainhof.

In Gereut: Peter Grueber vom Lenhof und Gassenhof, Nikel vom Holczhof, Jong vom Venczenhof, Benedig vom Moserhof, Nikel vom Chestenholczerhof und von ainer Stamph an der Persen, Lienhart vom Toldenhof, Tomas vom Hof an der Gassen, die Choler vom Cholerhof, Ul vom Hof an der Perzen, Hans vom Wisenhof, Freidrich vom Maierhof, Ebrian von Falbenhof, Peter Hellmer vom Cholerhof, Thomas Lencz vom Freidangshof, Hans von Uillgreinshof, Mendl vom Prunnhof, Chuncz Chelner vom Meczhof und Schelczenhof, Peter vom Leithof, Hans Groß vom Großenhof, ein yeder probst im Gereut vom Floroczer perg.

In Achleit: Steffan und Fricz vom Lainhof, Mendel Moser vom Ortelocherhof, Nikel Spett von Solerhof, Lienhart vom Cappenhof und der Chayserwisen, Jeculin Widiger von Hindischerhof, Haincz Pfeiffer vom Spitalhof (O. Stolz, a.a.O., S. 305/6)

FLORUTZ — FIEROZZO

Von Gereut aus, am Umerhof vorbei, erreicht man bald den Mühlbach, der die Grenze zwischen Gereut und Florutz bildet. Gleich hinter der Brücke steigt ein schmaler Weg empor und führt unter mächtigen Kastanienbäumen zu den Geiger- und Kornhöfen hinauf. Das sind die ersten Höfe von *Außerflorutz* (auch St. Franz genannt), welches mit dem weiter taleinwärts und höher liegenden *Innerflorutz* (St. Felix) die Gemeinde Florutz (Fierozzo) bildet. Die Gemeinde zerfällt in drei Teile, Außer-, Mitter- und Innerberg, und schließt zwei Kuratien in sich: St. Franz und St. Felix. St. Franz umfaßt das ganze Gebiet von Außerberg oder Außerflorutz zwischen dem Mühlbach und dem Hopfenbach. Hier sind die Höfe: Türer, Korn, Prighel, Rodler, Streuwieser, Geiger usw. Diese Gehöfte liegen auf der gegen Südwest geneigten Seite des „Rieserecks". In den tieferen Lagen dieses Teiles findet man noch die gleiche Fruchtbarkeit wie in Gereut. Von der Kirche St. Franz führt ein Weg steil aufwärts zum reißenden Hopfenbach. Zwischen diesem und der Fersena liegt Innerflorutz, St. Felix, bzw. Mitter- und Innerberg.

St. Franz liegt auf einer Höhe von rund 1000 Metern und zählt mit St. Felix rund 620 Einwohner. Die Einwohner von St. Franz sind seit dem ersten Weltkrieg von 319 auf 199 Seelen zusammengeschrumpft. Über den Föuggenhof kommt man zur Häusergruppe Plotzer, wo die neue Kirche steht, welche Maria, „Hilfe der Christen", geweiht ist, die nach einem Entwurf des Architekten Ezio Morelli gebaut worden ist. Es ist ein schöner Bau, eine glückliche, moderne — doch nicht hypermoderne Lösung. Sehr schön ist auch die Kirchentür aus Holz mit einem Gebet im „Mocheni-Dialekt", eingeschnitzt über die ganze Fläche, das aber nicht leicht lesbar ist. Auf den neuen, erst 1960 gegossenen Glocken sind folgende Inschriften in der Fersentaler Mundart eingraviert.

Auf der Petrusglocke:
„Lo beldrn, sceldrn, taldrn
der Gotterhear richtet òlls uh.
Gaschenk wan Stefen Rodler."

Auf der Marienglocke:
„Haile Maria Kiegen pitt wer ins
orma Sinter in Lem ònt et Tòët."

Auf der Michaelsglocke:
„Engeler òlla wa Gott helwt ins
wiért ins òlla anau en Himbl.
(als Stifter) Pfoff Jackl Heuwer Zöhrn."

Die größte Glocke hat eine lateinische Inschrift und ist gestiftet von der Familie Jobstreibitzer.

Nur vier Familien in St. Franz sprechen italienisch, dennoch *muß* der Pfarrer in der Sprache der verschwindend kleinen Minderheit predigen. Nur zu den höchsten Feiertagen, sagen die Bauern, wagte der Pfaff von Zöhrn das Evangelium auf fernsentalerisch zu verkünden.

Der Bau der neuen Kirche ist auf die Rührigkeit und den Fleiß des dortigen Kuraten, Jakob Hoffer-Zöhrn, zurückzuführen, der sich mit allen Kräften für das geistige und irdische Wohl seiner Landsleute einsetzte. Das alte Kirchlein, tief unter der Hauptstraße, war für die Leute aus den entlegenen oberen Höfen viel zu weit, und der Weg dorthin vor allem für ältere Leute viel zu beschwerlich. Kurat Hoffer bewahrte noch einen schönen gotischen Flügelaltar auf, der 1521 in der alten, nun verfallenen St.-Laurenzi-Kirche von den Bergknappen aufgestellt worden war. Im Schrein stehen neben der Gottesmutter St. Barbara, St. Lorenz und St. Rochus. Die schließenden Schreinflügel sind mit der Verkündigung bemalt. Vor einigen Jahren wurde der Flügelaltar aus Sicherheitsgründen in das Diözesanmuseum von Trient gebracht.

Kurat Jakob Hoffer, der unter unsäglichen eigenen Opfern und mit der rührenden Opferbereitschaft der Talbewohner die neue Kirche gebaut hat, büßte bei diesem unermüdlichen Wirken seine Gesundheit ein und muß jetzt seinen Lebensabend fern von seinen Seelsorgskindern und fern von seinem geliebten Heimattale in einem Altersheim von Trient verbringen.

Neben der neuen Kirche wurde auch eine neue, kleine Gaststätte gebaut.

Zwischen dem Hopfenbach und der Fersen liegt Innerflorutz, St. Felix, bzw. Mitter- und Innerberg; in der Mitte liegt hoch oben

(1122 m) die stattliche Kirche. Sauber ist das 1895 erbaute Gotteshaus, um das sich der damalige Kurat Alois Gadler sehr verdient gemacht hat. Aus der alten Kirche findet sich ein St.-Felix-Bild und aus der abgebrochenen Laurentiuskirche ein Laurentiusbild von 1663. Der Seitenaltar auf der Evangelienseite trägt ein Herz-Jesu-Bild und auf dem gestickten Antependium steht „Herz Jesu, erbarm dich unser". Ein bescheidenes Gasthaus steht neben der Kirche, dem Widum und dem ziemlich verwahrlosten Schulhaus, das ebenfalls einst vom Deutschen Schulverein erbaut wurde. Liebevoll ist der Friedhof gehalten, die Grabinschriften ausnahmslos in italienischer Sprache. Wir lesen hier und in Palai Familiennamen wie Anderle, Toller, Hofer, Lenzi, Oberosler, Niederstätter, Maier, Moar, Morghen, Pompermayer, Gosser, Jobstreiwieser, Laner, Molterer, Taseiner usw.

Eine gute halbe Stunde oberhalb von St. Felix liegt in einem kleinen Wäldchen, von Kirschblüten eingehüllt, der Hauptmannhof. Bei diesem Hofe stand früher ein großes hölzernes Kreuz auf einem steinernen Sockel mit der Jahreszahl 1809. Als sich nämlich in jenem denkwürdigen Jahre die Deutschfersentaler gegen die Franzosen recht wacker zur Wehr setzten, hatten die Bauern von Florutz eine Bauernherrschaft eingerichtet. Die Franzosen waren nämlich nicht imstande, in diesem Gebiet Fuß zu fassen und vom übrigen Tirol war man gänzlich getrennt. Von dieser Zeit erzählt man sich heute noch im Fersental, daß damals ein französischer Hauptmann zu den Bauern übergetreten sei. Die Franzosen bekamen die Kampfgeschicklichkeit der Fersentaler Bauern bald zur Genüge zu spüren und sandten deshalb Häscher aus, um den gefährlichen Hauptmann tot oder lebendig zurückzubringen. Als der französische Hauptmann einmal gerade am Herde beim Nachtmahl saß, drangen plötzlich drei Soldaten ein und suchten ihn zu ergreifen. Er wehrte sich tapfer und erschlug zwei davon, aber dabei wurde er selbst tödlich verwundet. Aus diesem Grunde hat man diesem Hof den Namen „Hauptmann" gegeben.

In St. Felix ist der Sitz des Gemeindeamtes. In beiden Fraktionen bestand von 1868 bis 1918 eine deutsche Schule.

URKUNDLICHES VON FLORUTZ

Florutz war keiner Gastaldie zugeteilt, sondern war mindestens seit dem Ende des 12. Jahrhunderts Grundeigentum des Domkapitels von Trient, und 1242 scheint es im Verzeichnis der Güter auf, die der Verwaltung der „Colonelli" von Pergine zugeteilt waren, welchen die hohe und niedere Gerichtsbarkeit des Domkapitels anvertraut war. Aus urkundlichen Nachrichten des Domkapitelarchivs vom 13. Jahrhundert geht hervor, daß zu jener Zeit der „*Florutzer Berg*" noch nicht ständig besiedelt war und daß die Gegend nur von den Bewohnern der Gemeinde P o v o (4,9 km östlich von Trient) für die Almwirtschaft und Heu- und Holzgewinnung und Kohlenbrennerei verwendet wurde; freilich fallen in diese Zeit auch die ersten Rodungen. An dieser Benutzung beteiligten sich mehr oder weniger auch die Bewohner von Canezza, Portolo und Viarago sowie die Gastaldie von Gereut, obwohl sie dazu kein ausdrückliches Recht hatten. Zur Verteidigung seiner Rechte hatte das Domkapitel bereits in der ersten Hälfte des 13. Jahrhunderts Streitigkeiten.

Während der Kriegshandlungen des Ezzelino (1255/56) verschlechterte sich die Lage zusehends, und u. a. wurde den Pächtern von Povo sogar der Zugang zum Florutzer Berg verwehrt.

Im Jahre 1270 ging das Gericht Persen, das bisher dem Hochstift Trient unterstanden hatte, in den Besitz der Grafen von Tirol über, welche den Zugang und die Niederlassung der benachbarten deutschen Bewohner auf dem Florutzer Berg förderten und die Neusiedler verteidigten. Vor allem waren es die deutschen Bewohner der Gastaldie Gereut, die dort eine neue Heimstätte suchten. Im Jahre 1293 besaß die Familie Hermann Puecher von Gereut sogar eine Mühle auf dem Grundbesitz des Domkapitels.

Als die Bewohner von Povo im Jahre 1292 endgültig auf ihren Florutzer Hausberg verzichteten, belehnte das Domkapitel von da an Bewohner der Valsugana mit dortigen Gründen. Aber die Kanoniker hatten größte Schwierigkeiten, ihre Rechte auf den Florutzer Berg den Bewohnern von Gereut gegenüber zu behaupten, so daß sie sich 1297 gezwungen sahen, auch letzteren Gründe unter denselben Bedingungen zu verleihen.

Die Besiedlung des Florutzer Berges aber trieben am intensivsten die *Herren von Schenna* voran, die in der Zeit *von 1308 bis 1347* von den Grafen von Tirol eingesetzt waren, als Hauptleute Schloß und Gericht Persen zu verwalten. Im Stammschloß Schenna bei Meran hat sich von diesem Adelsgeschlecht sein Archiv seit dem Ende des 13. Jahrhunderts in seltener Reichhaltigkeit erhalten; darin befinden sich für die Zeit von 1300 bis 1348, also gerade für die Zeit der Amtswirksamkeit des Hauptmanns Eltle (1308 bis 1324) und seines Sohnes Reimprecht von Schenna als Hauptleute von Persen, *ungefähr 300 Urkunden*, die die Gegend von Persen betreffen, größtenteils Verleihungen von Höfen und Grundstücken im oberen Fersental und im Tal von Pinè durch die Herren von Schenna. Diese Urkunden, die sich heute im Tiroler Landesarchiv in Innsbruck befinden, benützte bereits Otto Stolz in seinem vierbändigen Werk „Die Ausbreitung des Deutschtums in Südtirol im Lichte der Urkunden" (II. Bd., S. 299 ff.), denen nachstehende Beispiele entnommen sind.

Alle diese Urkunden sind in lateinischer Sprache von Notaren offenbar romanischer Muttersprache geschrieben, meist aus einer Familie "de Yvano" (wohl Ivano im östlichen Valsugana), und zeigen einen weitgehenden Hang zur Latinisierung aller Orts- und Personennamen. Während die Orts- und Personennamen (viele der letzteren bestehen nur aus einem Taufnamen) zwar vielfach der deutschen Sprache entnommen sind, kann man daraus allein für die damalige Zeit noch nicht auf die deutsche Mutter- und Umgangssprache ihrer Träger schließen. Aber nicht selten wird doch die *Herkunft* dieser Leute näher bezeichnet, und da kann man mit Überraschung feststellen, daß nicht wenige der Leute, die in der ersten Hälfte des 14. Jh.s auf dem „mons Floroci" (Florutzer Berg) und „mons Frasilongi" hausen, oder deren Väter, aus anderen deutschen Gegenden dort eingewandert sind.

So werden hier Leute erwähnt aus *Ulten, Meran, Vinschgau, Deutschnofen, Brixen, Villanders, Ritten, Imst und dem sonstigen Inntal,* also lauter Gebiete im geschlossenen Deutschtirol, dann Leute aus *Lafraun* (Lavarone) und *Vielgereut* (Folgaria), zwei mindestens schon seit dem 12. Jh. bestehenden deutschen Sprachinseln im Trienter Gebirge.

An deutschen Familiennamen kommen in Florutz in dieser Zeit vor: Piez, Geiger, Reycher, Tornerius (Turner), Brenteler, Smidele, Axler od. Asler, Vrot, Liener u. Lianerius, Freidanch, Pirecher, Grensele, Grudenerius (a.a.O., S. 301).

In Frassilongum *(Gereut)* kommen an deutschen Eigennamen vor: Ebele, Cobele, Maier, Kurz, Torner, Platzer.

Dazu stellt O. Stolz fest, daß gerade die verhältnismäßig große Zahl von Leuten, die oder deren unmittelbare Väter aus verschiedenen deutschen Gegenden von Tirol stammten und sich in Florutz niedergelassen haben, uns beweist, daß die erste Besiedlung von Florutz durch Deutsche damals — also in der ersten Hälfte des 14. Jh.s — in vollem Gange war und durch einzelne Zuzügler aus ziemlich weitem Umkreise bewerkstelligt worden ist.

Im neuen Siedlungsgebiet galt aber dann für alle ein einheitliches Höferecht gegenüber der Grundherrschaft, den Herren von Schenna, der „usus locacionum de Florozo"; der Grundherr stellte dem neu eintretenden Hofbesitzer sogar das Vieh bei, das dieser weiterzuhalten sich verpflichten mußte. So verleiht Eltel von Schenna im Jahre 1329 dem Jäger Conradus von Florutz, Sohn des Schmiedes Giroldus aus Vinschgau, einen Hof in Argnane von der Fersina bis zu den Spitzen des Berges; er gibt dem Belehnten hierzu sechs fruchtbare Kühe, die er stets halten und ersetzen muß, wenn sie eingehen; der Zins beträgt 300 Käse und 30 Eier (a.a.O., S. 302).

Unter allen Urkunden, die das Archiv Schenna über die Gegend von Fersen aus dem 14. Jh. enthält, ist *eine einzige*, ein Heiratsvertrag des Eltel von Schenna mit seiner „Snur Kathreinen" vom Jahre 1337, *in deutscher Sprache* und in Form einer deutschen Siegelurkunde abgefaßt. Das Archiv von Schenna enthält für die Zeit von 1315 bis 1342 rund *60 Stücke, die Verleihungen von Höfen* der Herren von Schenna im *Tal von Pinedum* (Pinè, Pineid) betreffen.

Im Jahre 1315 übergab das Domkapitel den Florutzer Berg zwischen Valcava und dem Mühlbach, der die Grenze gegen Gereut bildet, einem Konsortium von Adeligen in Persen, unter der Leitung des Kanonikus Tebaldus von Ivano. Die Aufteilung in sieben Abschnitte und der ausdrückliche Wille, den Ertrag zu steigern (der Zins wurde auf 40 Veroneser Lire erhöht), beweisen, daß eine intensivere Kolonisierung beabsichtigt war. Es scheint, daß Eltel von Schenna mit seinem Amtsantritt als Hauptmann von Persen im Jahre 1324 das Konsortium der Adeligen von Persen abgelöst hat.

Gleichzeitig begann sich, vielleicht auf Grund der ständigen Einmischung der Gemeinschaft von Gereut, nach und nach eine große Kluft zwischen den beiden Weilern von Florutz zu öffnen: *Außerflorutz* (St. Franz) und *Innerflorutz* (St. Felix), und zwischen beiden *Mitterflorutz*. In den Jahren 1324—1336 wurde die Zahl der landwirtschaftlichen Betriebe auf dem Florutzer Berg verdoppelt, und zwar stieg deren Zahl von 10 auf 19. Im Jahre 1348 wurde diese Besiedlung durch die Pest unterbrochen, aber nach der Seuche wieder fortgesetzt, so daß das Urbar der Burg Persen von 1382 in Florutz 42 Besteuerte aufweist, die im Urbar des Jahres 1406 mit 39 Feuerstätten, auf 32 Höfe verteilt, angegeben werden. Hier muß aber betont werden, daß mehrere dieser Höfe, insgesamt 13, steuerfrei, aber verpflichtet waren, Wachdienste auf Schloß Persen zu leisten. Es handelte sich um folgende Höfe: Platz, Rodler, Schemplatz, Weinler, Prentler, Chobel, Geiger, Lippel, Hassler, Freidank, Stamm, Kaiserhof und Noselang.

PALAI — PALÙ — DIE HINTERSTE TALGEMEINDE

Hoch oben am Talschluß der Fersen, von herrlichen Wäldern und duftenden Wiesen umgeben, von stummen Bergriesen gekrönt, liegt unter tiefblauem Himmel die alte deutsche Siedlung Palai. Die Ortschaft Palai hängt mit ihren verstreuten Gehöften an der Berglehne, an den Hängen, die vom Lemperberg, vom Altmann- und Rohjoch, im Anderletal, im Lanertal zwischen Schrimblerspitz und Schrumspitze herabziehen. Von dem zur gut befahrbaren Straße ausgebauten Saumweg springen steile Gäßchen und Wege in die Wiesen zu den ärmlichen Häusern, deren schindelgedeckte Dächer mit Steinen, wie vielfach in den Alpentälern, belastet sind. Allein die Canonica, das Pfarrwidum, hat ein Blechdach neuen Datums. Vor dem die Häusergruppen in die „Inner- und Außerbichler" teilenden Lenzerbach steht das vom Deutschen Schulverein 1898 erbaute, einst schmucke Schulhaus, das im Jahre 1961 durch ungeklärte Weise ein Raub der Flammen wurde.

Palai ist eine selbständige Gemeinde mit rund 353 Einwohnern. Es liegt zwischen 1400 und 1500 Meter hoch.

Vom hochgelegenen „'s Öck" ('s Eck) sieht man ins Tal hinaus bis Pergine und auf den alten *Knappenweg,* der früher am Bach entlang wohl die einzige Verbindung mit Pergine darstellte. Streckenweise ist jede Spur davon verschwunden. Der Weg oder die Spuren desselben führen immer links vom Bach taleinwärts, donnerndes Getöse infolge der vielen Sperren, die den Lauf der Fersen abbremsen, begleitet den Wanderer von Canezza bis zur „Klamm" unterhalb von S. Orsola. Hinter dem Hof „Zur Klamm", wo der Familienname Turer vorkommt (einmaliger Name im ganzen Tale), verbindet eine gedeckte Holzbrücke über die Fersen St. Orsola mit St. Franz. Mühsam und problematisch ist die Verfolgung des Knappenweges weiter taleinwärts bis zu den Masettihöfen (früher Pompermaier). Von da ab ist der Weg eine Strecke lang gut gangbar; zur Rechten jenseits des Baches bilden die Trümmer der Florutzer Pompermaierhöfe ein tragisches Bild. Arg müssen hier Feuer und Fluten getobt haben! Am Ende, eine Zeitlang durch Gestrüpp und Wiesengrund, erreicht man die „Mühl van Kucku". Scharf links ansteigend, bringt ein schmaler Weg den Wanderer wieder auf den Knappenweg zurück und über die „Holerbruck" geht's empor zur ersten Häusergruppe von Palai.

Als erste Häusergruppe erreicht man, von St. Orsola kommend, die *Zimeter.* Es folgen die *Stefani* mit der hoch oben stehenden Kirche und die Lenzer mit dem Schulgebäude. Über den Lenzerbach führt ein gepflasterter Weg hinauf zur Häusergruppe *Toller,* wo noch die Ruinen der im Jahre 1947 niedergebrannten Häuser zu sehen sind; es folgen die *Battisti,* die *Tasseiner* und am Ende die *Frottn.*

Unten im Tal, am Zusammenfluß des Valcav aus dem gleichnamigen Tal mit der Fersen, liegen die *Knappenhöfe.*

Hier sollen sich die ersten Ansiedler von Palai, die im 13. Jahrhundert von den Erzbischöfen von Trient für Bergwerksarbeiten nach

Hochfersental hineingeschickt worden waren, angesiedelt haben. Hier wurde auch die erste Kapelle erbaut, in welcher die Knappen an Sonn- und Feiertagen der heiligen Messe beiwohnen konnten. Diese kleine Kapelle besteht heute noch und befindet sich in einem Gewölbe bei den Häusern, die heute den Namen Stefanie tragen. Sie dient heute als Keller und Vorratsraum. Ein Priester mußte damals die drei Gemeinden Florutz, Eichberg (St. Orsola) und Palai betreuen.

Im Jahre 1529 wurde in Palai die heute noch bestehende Pfarrkirche erbaut. Genau 100 Jahre später wurde der Friedhof angelegt.

Im Jahre 1870 zählte Palai rund 600 Personen. Zu dieser Zeit begannen die Auswanderungen, da die Scholle allein kaum das Lebensnotwendigste hergab. Andere Palaier verdienten sich ihren Unterhalt als Hausierer mit Stoffen. Durch diese langen Reisen waren diese Leute oft großen Gefahren ausgesetzt. Aus Dankbarkeit für eine glückliche Heimkehr kauften sie große Silbermünzen, die sie an die Muttergottesstatue in der Heimatkirche hingen. Verschiedene dieser Münzen tragen das Datum von 1700. Einige Hausierer wandern heute noch die Täler Südtirols ab, um ihre Stoffwaren anzubieten. Dabei müssen sie oft mit 50 kg Stoff usw. auf dem Rücken bergauf und bergab gehen, bei Wind und Wetter, so daß dabei mancher seine Gesundheit einbüßt.

Als 1915 der Krieg mit Italien ausbrach, da lag Palai ganz nahe an der Front, und die ganze Einwohnerschaft trug mit Tragkörben auf dem Rücken Lebensmittel, Munition und alles, was an der Front benötigt wurde, hinauf auf die Berge, wo die Front verlief. Oftmals im Winter fror den Einwohnern dabei die Marschverpflegung, Brot usw., in der Tasche ein — und trotzdem gingen sie jeden Tag, bei jedem Wetter mit ihren Körben bergauf. Dreizehn Mädchen wurden ob ihrer Hilfe sogar mit dem Eisernen Verdienstkreuz ausgezeichnet. Bei Kriegsausbruch sollte Palai zunächst evakuiert werden. Durch das tapfere Verhalten der Bevölkerung entschied sich die Heeresleitung, diesen Befehl zurückzuziehen.

Die Bevölkerung ist auch heute noch vorwiegend deutsch. Die italienischen Namen, die hier und da vorkommen, stammen von Familien, die vor Jahrhunderten aus der von romanischen Elementen besiedelten Großgemeinde Viarago - S. Orsola einwanderten und sich mit den Deutschen verschmolzen. Die Herren von Caldonazzo hatten auch einige Familien hierher angesiedelt, um ergebene, treue Wächter an den Paßübergängen ins Sugana- und Fleimstal zu haben. Den größten Teil der Bevölkerung aber machten die Knappen aus. Von ihnen weiß man, daß es zur Zeit der Reformation ziemlich lebhaft hergegangen sein soll, weil sich manche wiedertäuferische Elemente niedergelassen hatten, und daß die „Bergwerksleut" im Jahre 1525 gemeinsame Sache mit den Bauern im Sturm auf die Burg Persen machten. Die Sagen sind aber verstummt, und vergebens sucht man in Palai heute nach einem Menschen, der darüber Bescheid wüßte.

Die Namen, die hier am häufigsten vorkommen, sind: Lenzi, Toller, Nich (Nigg?), Tasseiner, Battisti, Anderle, Zoro, Zoret, Hoffer, Petri, Moar, Scalzer, Fleimer und Safter. Deutsch wird hier vom ganzen

Tale am besten gesprochen. Auch jüngere Personen können gut Deutsch und alle treten dem Besucher, besonders dem deutschen, sehr freundlich entgegen. Recht lebhaft, musikalisch und tanzliebend, sind sie von ausgesprochen friedlicher, fröhlicher Natur, zeigen reges Interesse für alles und sind sehr aufgeweckt und fortschrittlich veranlagt.

In Palai findet man im Vergleich zu den übrigen deutschen Sprachinseln noch eine Fülle lebendigen Brauchtums, welches vor allem von Richard Wolfram in seiner Abhandlung „Brauchtum und Volksglaube im obersten Fersentale Palai und Florutz" erschöpfend dargestellt worden ist. Besonders verwiesen sei auf die Faschingsbegehung („Wetschertag", Feuer usw.) und auf die Hochzeitsbräuche. Eigenartig ist auch die große Bedeutung, die man dem Stern der Sternsinger zumißt, samt den damit verbundenen Vorstellungen von den Seelen. Hier schimmert vielleicht das heute meist auf Allerheiligen festgesetzte Totengedenken, das bei den Indogermanen mit der Mittwinterfeier verbunden war, noch durch. Eine Erklärung dafür, daß sich die Palaier in manchen Bräuchen von den übrigen Dörfern des Fersentales unterscheiden, kann vielleicht darin gefunden werden, daß sie mehr in Österreich und darüber hinaus herumwanderten als die übrigen Fersentaler. An den Volkstänzen sieht man auch, daß sie manches Gut mit von draußen brachten, aber in ihrer Weise gestalteten. Allerdings gehören Tänze der Geselligkeit zu den leichtestbeweglichen Dingen.

Die Option der Fersentaler. — Staunenswert sind Fleiß und Zähigkeit dieser Menschen, die sich von harten Schicksalsschlägen zu erholen wußten. Jahrhundertelang von der Welt vergessen, wurden sie auf einmal im Jahre 1939 aus ihrer Abgeschiedenheit gerissen und von der stürmischen Welle der Option erfaßt. Mit allerhand Verlockungen, Versprechungen und Drohungen wurden sie dazu bewogen, ihre Heimat zu verlassen. 98 Prozent der Bevölkerung optierten für Deutschland, insgesamt 576 Einwohner: 333 Personen von Palai, 151 von Florutz-St. Felix, 36 von Florutz-St. Franz, neun von Gereut, zwei von Eichleit und 45 von St. Orsola.

Der in der Bundesrepublik Deutschland lebende *Hans Mirtes*, selbst ein gebürtiger Sudetendeutscher, hat sich in seiner Dissertation mit der „Aussiedlung der Deutsch-Fersentaler nach Böhmen im Jahre 1942 und deren Rückkehr in die Heimat im Jahre 1945" befaßt und die wichtigsten Ergebnisse davon in einem zusammenfassenden, gleichnamigen Aufsatz in „Reimmichls Volkskalender" (Jahrgang 1982) veröffentlicht.

Eine weitere Katastrophe für das Dorf *Palai* war der *große Brand im Herbst 1947,* dem die ganze Häusergruppe Toller zum Opfer fiel. Um zwei Uhr nachts loderten plötzlich Feuerzungen aus einem Haus, um sechs Uhr morgens waren sämtliche Häuser, Städel und Ställe niedergebrannt. Zum Glück konnten sich alle Menschen retten; nur eine Frau erlitt schwere Verletzungen. Heute sind aus den Trümmern einige schmucke Häuschen entstanden, und im Dorfe kann man eine ziemlich rege Bautätigkeit beobachten, eine erfreuliche Voraussetzung für den Fremdenverkehr, für den hier ein wahres Paradies erschlossen werden könnte.

Urkundliches von Palai

Über die Anfänge der Besiedlung von Palai, der hintersten Gemeinde des Fersentales, gibt es nur spärliche, vereinzelte Nachrichten. Urkundlich begegnet uns der Name Palai, der offensichtlich aus dem Lateinischen stammt und Sumpf (paludis) bedeutet, erstmals im Jahre 1293. Wie bereits erwähnt, hatten in Palai nicht die Herren von Schenna bzw. die Hauptleute von Persen die Grundherrschaft, sondern die Herren von Castelnuovo-Caldonazzo; die Gemeinde gehörte also zum Gerichte Caldonazzo, in kirchlicher Hinsicht aber zählte sie wie die übrigen Fersentaler Gemeinden zur Pfarre Persen. Doch sind hierüber nur ganz wenige Aufzeichnungen überliefert, die jedoch andeuten, daß im 14. Jh. auch dort bereits deutsche Siedler gehaust haben.

Rein zufällig werden in diesem Jahrhundert folgende Einzelheiten aus Palai bekannt: Im Jahre 1330 verzichtet Friedrich von Argnana, wohnhaft in Paludis (Palai), vor dem Burgherren Eltel von Schenna auf einen Hof auf dem Berge Argnana (Regnana), an die Fersina grenzend, damit er mit diesem Konrad, den Jäger von Florutz, belehnen kann; 1348 wird ein Concius de Paludo, 1369 ein Fricius, Sohn des Christian „Frauteri de Paludo", genannt.

Wie O. Stolz feststellt, sind dies bruchstückartige Daten, die keine allgemeinen Schlußfolgerungen zulassen. Aber es sei unleugbar, daß die Anwesenheit von deutschen Siedlern (unter diesen auch der Gechele von Terragnolo) seit dem 14. Jh. bezeugt ist. Gleichzeitig scheint festzustehen, daß die Besiedlung von Palai erst nach jener der übrigen deutschen Siedlungen im Fersentale erfolgte. Denn die Siedlungstätigkeit begann am Taleingang und setzte sich in Richtung des Talinnern fort: zuerst Gereut-Eichleit, dann Florutz und zuletzt Palai. Im Jahre 1375 taucht in einer Urkunde die Bezeichnung „Gemeinde der Männer von Palù" auf. Gegen Ende jenes Jahrhunderts zählte man dort rund 30 Einwohner; gegen Ende des 15. Jh.s war die Einwohnerzahl auf 25 Feuerstellen angewachsen, und um die Mitte des nächsten Jahrhunderts zählte man bereits 50 Feuerstellen.

VIGNOLA — WALZBURG UND FALESINA — FALISEN

Zu den deutschen Gemeinden des Fersentales zählte bis zu Beginn des 20. Jahrhunderts nach Herkunft und Geschichte die Bevölkerung der Gemeinden *Vignola (Walzburg)* und *Falesina (Falisen)*.

Vignola, am Hang des Schloßhügels von Pergine, noch im Haupttal gelegen, war am Ausgang des 18. Jahrhunderts noch ganz deutsch und hatte bei der Volkszählung von 1880 noch 133 Deutsche neben 200 Italienern. Es besaß in den achtziger Jahren des vorigen Jahrhunderts noch eine, durch eine Stiftung Kaiser Franz Josefs I. unterstützte deutsche Schule. 1890 jedoch bekannte sich unter dem Einfluß des damaligen italienischen Pfarrers niemand mehr zur deutschen Muttersprache (vgl. W. Rohmeder, „Die deutschen Sprachinseln in Welschtirol", S. 121 ff., in „Südtirol" von Karl v. Grabmayr).

Ebenso gehört die noch höher gelegene Gemeinde *Falesina (Falisen)* gegenüber von Eichleit nach Herkunft und Mundart ihrer Bewohner zu den „Mocheni"-Ortschaften. Hier zählte man 1880 noch 130

Deutschtiroler und keinen mit italienischer Muttersprache. Zehn Jahre später jedoch scheinen 146 Italiener auf und kein einziger Deutscher mehr!

An diesen Beispielen ersieht man, daß die Unzuverlässigkeit der amtlichen Feststellungen nach der Umgangssprache in Tirol nirgends größer war wie in den deutschen Sprachinseln. Die angegebenen Ziffern waren die von den behördlich aufgestellten einheimischen Zählern (Lehrern, Gemeindevorstehern) festgestellten Ergebnisse; diese Zähler wußten natürlich genau, wie in den einzelnen Familien im häuslichen Verkehr gesprochen wurde; ihnen gegenüber konnten unwahre Angaben weder gemacht werden, noch waren Veranlassungen dazu gegeben. Die Führer der „Italianissimi", durch diese Volkszählungsergebnisse (wie später auch durch diejenigen im deutschen Etschtale) überrascht, wußten es durchzusetzen, daß durch Beauftragte der *italienischen Ämter* und unter *Aufsicht eigener Vertrauensmänner* eine nochmalige Zählung stattfand, welche hinsichtlich des Gebrauchs der Umgangssprache die früheren Ergebnisse oft einfach auf den Kopf stellte (Rohmeder).

Trotz dieser Umfälschungen der Volkszählungsergebnisse sind die Hof- und Familiennamen der beiden Orte Vignola und Falesina jedoch eindeutig. In Vignola etwa Hofnamen wie Weber, Kugel, Leitner, Egger, Roath, Wiesentheiner, Brunner oder Familiennamen wie Weber, Pinzinger, Laner, Anderle, Stucker, Wiesenthainer usw. Die Falisener forderten noch nach dem ersten Weltkrieg deutsche Schulen!

DAS SCHULWESEN IM FERSENTAL

Bis über die Mitte des 19. Jahrhunderts war das Schulwesen in den fünf deutschen Ortschaften des Fersentales in einem ähnlichen Zustand, wie es zur Zeit Franz Xaver Mitterers in der Deutschgegend des Nonsberges vor seinem Eingreifen war: es beschränkte sich in der Regel darauf, daß der Ortsgeistliche in einem Nebenraum des Widums während des Winters in einigen Wochenstunden die Gebete und die Grundlehren des Christentums, die Elemente des Rechnens und Lesens, und zwar meist in italienischer Sprache, den sieben- oder acht- bis zwölfjährigen Kindern mechanisch eintrichterte.

Großvater, Sohn und Enkel auf der gleichen Schulbank

Am 21. Dezember 1860 stieg der Schulinspektor Anton Zingerle auf schneebedeckten Wegen hinauf nach Gereut. Über seine dortigen Eindrücke bei der Schulinspektion schrieb er in einem Berichte „Die deutschen Gemeinden im Fersentale" folgendes:

Wir verlassen nun die Behausung des wackeren Kuraten Hofer und erreichen in einer Viertelstunde das Zentrum der Gemeinde, das Kirchlein und das Pfarrhaus. Es ist dies ein gar herrlicher Punkt auf luftiger Höhe, wo sich das lieblichste Landschaftsbild vor unserem Blicke entrollt, ein großer Teil des Mochenitales liegt ausgebreitet vor uns mit vielen netten Dörflein, und draußen in der Ferne öffnet sich die herrliche Ebene von Pergine, wo der hohe Turm der gotischen Pfarrkirche freundlich zu grüßen scheint. Wie wohltuend mag dieser

Anblick erst damals gewesen sein, als Pergine oder sagen wir lieber „Persen", noch gewissermaßen der Vorort dieser Bergbewohner war, wo sie ihre Hauptkirche hatten und wo ihnen im Pfarrhaus und in den Familien noch manches deutsche Herz entgegenschlug. Die Wohnung des Seelsorgers in Gereut ist ein kleines, einfaches Häuschen, das aber durch die überall herrschende deutsche Reinlichkeit und Gemütlichkeit einen recht wohnlichen Eindruck macht. Da der Priester persönlich den Unterricht leitet, so ist in seinem Hause die Schule untergebracht, zu welchem Zwecke ein Zimmer zu ebener Erde hergerichtet ist.

Treten wir nun gleich in die Stube ein, es ist gerade 8 Uhr abends, in der die Abendschule beginnt. Meine Leser glauben wohl, Kinder zu finden und wundern sich, daß auf diesen Bergen mitten im Hochwinter der Abendunterricht für die Kleinen erst so spät erteilt wird. Aber nein, die Kleinen, die sind schon lange von ihrer Nachmittagsschule heimgekehrt und haben sich nach allen Winden zerstreut. Die sogenannte Abendschule gilt nur den Erwachsenen, welche dreimal in der Woche nach vollbrachtem Tagwerke sich hier versammeln, um auch dem Geiste seine Nahrung zu geben und sich in der lieben Muttersprache immer mehr zu vervollkommnen. Da finden wir auf den Schulbänken vierzig lernbegierige Männer jeder Altersstufe, durchschnittlich vom 20. bis zum 50. Lebensjahre. Da kam mir denn ein interessanter Fall vor, der für mich höchst rührend war, und es wohl für jedes andere deutsche Herz in gleichem Maße sein wird. Nachdem ich zuerst einen ganz ziemlich bejahrten Mann aus der ersten Bank gerufen und dann einen anderen in der zweiten Reihe, der noch in der vollen Kraft des Jahre stand, geprüft hatte, bemerkte mir der Herr Kurat, daß ich hier zufällig Vater und Sohn ausgewählt hatte, und daß er morgen bei der Prüfung der Kinderschule Gelegenheit haben würde, mir auch den Enkel vorzustellen. Also, Großvater, Vater und Enkel auf der nämlichen Schulbank, gewiß ein rühmliches Zeugnis für die Lernbegierde unserer deutschen Brüder! Wie würde sich Karl der Große über diesen ehrwürdigen Großvater auf der Schulbank gefreut haben!

Die Leistungen der guten Männer waren ganz entsprechend, das ganze Verhältnis ein außerordentlich trauliches, und ich wußte wahrlich nicht, ob ich mich mehr über die Schüler wundern sollte, die müde von der Tagesarbeit ihre einzigen freien Augenblicke hier zum Lernen verwenden, oder über den Lehrer, der, nachdem er den ganzen Tag über als Seelsorger und in der Kinderschule beschäftigt war, noch die späten Abendstunden dem unentgeltlichen Unterrichte der Erwachsenen widmet.

Als um 9 Uhr abends die Prüfung beendet war, wollten mir die lieben Leute noch eine Freude machen und sangen im Freien vor dem Pfarrhause einige ihrer Lieder. Als ich so mittendastand unter diesen deutschen Brüdern in der schönen Schneelandschaft und ihre Töne so wundersam durch die Nacht gleiten hörte, während am Himmel, unzählig entfacht, melodischer Wandel der Sterne sich drehte, da glaubte ich einen seligen Traum zu träumen, und noch nie hatten mich die Klänge der Muttersprache so erfreut wie hier.

Die erste deutsche Schule wurde 1865 in Palai eröffnet. In den nächsten Jahren folgten die beiden in Florutz; zuletzt (1869) erhielten auch Gereut und Eichleit deutsche Schulen.

An entsprechenden Schulräumen fehlte es im ganzen Tal. Wohl suchte die Innsbrucker „Deutsche Schulgesellschaft" helfend einzugreifen. Aber die naturgemäß doch sehr beschränkten Mittel konnten nicht im entferntesten ausreichen. Schwung kam erst in die Sache, als die deutschen Schutzvereine sich derselben großzügig annahmen.

Bei Beginn des österreichisch-italienischen Krieges 1915 hatte jeder der fünf Orte ein neues, gut eingerichtetes Schulhaus, in welchen in zusammen sieben Klassen gesetzlich vorgebildete Lehrkräfte tätig waren; ferner zwei Kindergärten, der eine im eigenen Heim, der andere in einem dafür geschaffenen Raume im Schulhause. Die kirchlichen Bedürfnisse erfreuten sich gleichfalls besonderer Förderung und Fürsorge, u. a. auch durch Umbau des Widums in Eichleit und Innerflorutz.

Der Ausgang des Weltkrieges machte allen Entwicklungen ein Ende. Auch der deutsche Fremdenverkehr, für welchen in dem mit so vielen landschaftlichen Schönheiten ausgezeichneten Tal einst gesorgt war, hat stark nachgelassen. Das Gasthaus „Zum Tiroler" in Gereut konnte in einem Lande nicht weiterbestehen, in welchem der Gebrauch des Wortes „Südtirol" unter schwerer Strafe gestellt war.

JAKOB TOLLER — LEBENSBILD EINES FERSENTALERS

Im städtischen Krankenhaus von Trient starb im November 1964 nach einer schweren Operation der Bauer Jakob Toller aus Palai. Mit ihm ist einer der führenden, treuen Deutschfersentaler der älteren Generation dahingegangen, und er verdient es, daß ihm an dieser Stelle ein ehrendes Gedenken gewidmet werde, da sich in seinem Leben gleichsam die letzten Schicksale der Fersentaler widerspiegeln.

Jakob Toller (bei uns würde der Familienname in den Kirchenbüchern wohl richtig „Thaler" geschrieben worden sein) wurde am 19. Juni 1899 aus einer Palaier Bergbauernfamilie geboren und hat 1921 in seinem Heimatdorf Maria Lenzi geheiratet. Neben seiner Land- und Viehwirtschaft verhalfen ihm in früheren Jahrzehnten Hausierwanderungen durch Südtirol, wie sie manchen Fersentalern altgewohnt sind, zum notwendigen Brot für den Unterhalt der Familie. Er war deshalb auch in Südtirol, besonders in vielen Höfen des Eisacktales, durchaus kein Unbekannter. Der Bozner Heimatforscher Dr. Norbert Mumelter hat dem Toller-Bauern folgenden Nachruf gewidmet:

Seinen Palaier Mitbürgern wird Jakob Toller vor allem aus der Zeit zwischen 1942 und 1945 im Gedächtnis bleiben, als in bewegten Tagen ihrer aller Schicksal und Sorge in seinen Händen lag: In jener Zeit, die man das „böhmische Abenteuer" der Palaier nennen könnte, das zu schildern in diesem Zusammenhang wohl am Platze ist. Die Deutschlandoption der Südtiroler von 1939 hatte auch über das sogenannte „Vertragsgebiet" hinaus beachtliche Teile der Sprachinsel Fersental miterfaßt und 85 von den 87 Familien in Palai hatten, obwohl jenseits der Südtiroler Sprachgrenze und daher außerhalb des im reichsdeutsch-italienischen Vertragsabmachungen vorgesehenen Optionsbereiches wohnend, die Option für die deutsche Staatsbürgerschaft unterschrieben. Während aber in Südtirol fast alle Bauern die Umsiedlungsjahre 1940/43 unumgesiedelt überdauern und so sich endgültig auf ihrer angestammten Scholle halten konnten, wurde im Fersental von der damaligen faschistischen Staatsbehörde immer wieder auf beschleunigte Aussiedlung gedrängt, um die durch diese vertragswidrige Option angeblich entstandenen Gefahren zu „beheben". Im Herbst 1941 gelang den Fersentalern unter Hinweis auf ihre noch eingebrachte und noch nicht verbrauchte Ernte die Erwirkung eines Aufschubs, im Frühjahr 1942 aber gab es kein Entrinnen mehr, der Großteil mußte die Heimat verlassen. Am 1. April 1942 wurde einigen Vertretern von ihnen, darunter dem Jakob Toller, die ausschließlich von Tschechen bewohnte Gegend der beabsichtigten „Neuansiedlung" im „Protektorat Böhmen und Mähren" südöstlich von B u d w e i s gezeigt, wobei man von Linz in Oberösterreich ausging und bestrebt war, den Anschein zu erwecken, als wäre der Landstrich noch zu Oberösterreich. Vermutlich wollte man den von Tschechen bewohnten Landstreifen zwischen der deutschen Sprachinsel um Budweis und dem geschlossenen deutschen Sprachgebiet von Krumau mit deutschen Bauern durchsetzen.

Schon am 15. April startete der Eisenbahntransport von dem dem Fersental am nächsten liegenden Bahnhof Pergine über Trient, Bozen und den Brenner nach Hallein, wo eine fast halbjährige Lagerzeit die Umsiedler erwartete. An

Habe wurden nur wenige Möbel mitgeführt, die Höfe samt Vieh und Gerät waren in der alten Heimat zurückgeblieben, wo sie von der Deutschen Abwicklungs-Treuhandgesellschaft (DAT) mit Südtiroler Verwaltern und Knechten in Erwartung des beabsichtigten freihändigen Verkaufs notdürftig weiterbewirtschaftet wurden.

Im Oktober 1942 begann die Ansiedlung der Fersentaler Bauern auf einzelnen, bisher tschechischen Höfen in tschechischen Dörfern südöstlich von Budweis. Allein aus Palai waren in diese Ansiedlung 80 Familien einbezogen. Das Verhältnis zu den tschechischen Mitbewohnern dieser Bauerndörfer gestaltete sich verhältnismäßig gut, und das dürfte wohl der tiefere Grund sein, warum dieses nichtgesuchte Abenteuer so glimpflich für die Beteiligten ausgegangen ist, als schon zweieinhalb Jahre nach der Ansiedlung die Fronten von Osten und Westen immer näher kamen und schließlich die Tschechen beim Wiedererrichten ihres Staates ein Meer von Blut und Tränen unter ihren eingesessenen deutschen Mitbürgern schufen.

Vertrauensmann der Palaier war in jener gesamten Zeit Jakob Toller, dessen größte Bewährungsprobe nun begann. Es gelang ihm, seine Leute zwar ohne Habe, aber auch ohne Mißhandlungen, in den meisten Dörfern sogar ohne Festnahme oder Erschießung u. dgl., zusammenzuführen und unter die Obhut der Amerikaner zu stellen. USA-Truppen brachten sie nach Prachatitz im angrenzenden Bayern und später nach München. In Mittenwald in Oberbayern konnten sie im August 1945 dank Jakob Tollers Bemühungen einen Eisenbahntransport für italienische Heimkehrer aus Krieg und Gefangenschaft erreichen, mit dem sie fast alle am 20. August wieder ihre Fersentaler Heimat erreichten; nur eine Familie hat sich im Zillertal angekauft.

Doch in Palai hatte bei Kriegsende das von der DAT bestellte Bewirtschaftungspersonal das Weite gesucht und menschliche Hyänen aus den Nachbarorten hatten die Höfe der Umsiedler so ausgeplündert, daß alles, was sich nicht niet- und nagelfest erwies, verschwunden war. Froh, Leben und Familie gerettet zu haben, begannen Jakob Tollers Heimkehrer nun, unter dürftigsten Verhältnissen und Notständen in der alten Heimat sich neu einzurichten und erreichten nach Jahren des Ringens mit der Staatsbürokratie unter erheblichen Opfern schließlich auch die Wiederüberschreibung ihres Eigentums, das bei Kriegsende als DAT-Eigentum vom Staat beschlagnahmt worden war.

Es ist einleuchtend, daß diese aufregenden Ereignisse, an denen fast die gesamte Dorfgemeinschaft von damals teilhatte, und mit ihnen der Name und die Gestalt Jakob Tollers im Volksbewußtsein weiterleben werden, solange es das Dorf Palai mit seinen angestammten Bewohnern gibt.

Mehr als 19 Jahre hat Jakob Toller sich noch der alten Heimat erfreut und zusammen mit seinem einzigen Sohn Gottlieb, der auch in des Vaters Spuren jährliche Hausierfahrten ins Eisacktal unternahm und sich dabei schließlich aus dem Lajener Ried in Südtirol seine Frau holte, den Hof bewirtschaftet, der mit 10 Stück Vieh einer der „größten" von Palai geblieben ist.

Es mutete ganz seltsam an, wenn man von Jakob Toller, der neben seiner an längst vergangene Jahrhunderte erinnernden Fersentaler Mundart auch unser heutiges Deutsch in Wort und Schrift gut beherrschte, gelegentlich erfuhr, daß er ab und zu noch immer von jenem tschechischen Großbauern, dessen Hof er zweieinhalb Jahre lang bewirtschaftet hat und dessen Sohn damals bei ihm Knecht machen mußte, während der Alte als Lohntraktorvergeber gut verdient hat, freundliche Briefe in deutscher Sprache erhielt.

65jährig ist Jakob Toller am 13. November 1964 viel zu früh seinem Dorf und seiner Familie entrissen worden; unter großer Beteiligung hat man ihn im Beisein von Regionalassessor Dr. Pruner, der selbst ein Fersentaler aus dem Dorf Gereut ist, und einer Vertretung des Südtiroler Kriegsopfer- und Frontkämpferverbandes, dessen rühriger Palaier Ortsobmann er war, am 15. November im heimatlichen Friedhof beerdigt.

Möge ihm sein Jenseits vergolten werden, was er Gutes erwiesen und für andere an Sorgen mitgetragen hat, möge aber auch das Bergdorf Palai weiterhin Männer hervorbringen, die treu und verläßlich die Geschicke der Dorfgemeinschaft mit sicherer Hand zu meistern verstehen!

DIE HOCHEBENE VON LAVARONE - LAFRAUN UND FOLGARIA - VIELGEREUT

Bei unserer Wanderung durch Städte, Dörfer und Fluren des einstigen Welschtirols, die in vergangenen Zeiten auch deutsche Menschen beherbergten und nährten, stehen wir nun vor den Toren der *Sieben Gemeinden.*

Bevor wir sie jedoch betreten, wollen wir noch jene Täler und Höhen aufsuchen, die ihnen gegen das Etschtal zu vorgelagert sind. Hier liegen die Gemeinden Centa (Tschint), Lavarone (Lafraun), St. Sebastian und Folgaria (Vielgereut), Val Terragnolo (Leimtal), Vallarsa (Brandtal), Val Ronchi (Rauttal), die noch im 18. Jahrhundert zum Großteil deutsch waren. Und endlich Roncegno il Monte (Rundscheiner Berg) in der Valsugana; das Gebiet dieser Siedlung hängt hinten mit dem deutschen Fersental zusammen.

Der Priester *Tommaso Bottea* sagt in einer 1860 auf Kosten der Talgemeinde Folgaria gedruckten Chronik dieser Gemeinde:

„Der hiesige Dialekt weist lauter reindeutsche Wörter auf, welche bloß durch die Aussprache entstellt werden... daraus erhellt bis zur Evidenz, daß die hiesige Bevölkerung deutschen Ursprunges ist." Er erzählt dann an Hand von Urkunden, die in den Gemeindearchiv antraf, wie schon im Jahre 1285 die Zahl derjenigen, welche hier deutsche Namen tragen, ansehnlich war, wie immer neue deutsche Zuwanderer aus den Sieben vicentinischen Gemeinden hierher kamen, so daß die Talbevölkerung, welche zu Anfang des 14. Jahrhunderts erst 100 Familien umfaßte, nach drei Jahrhunderten 1785, nach weiteren 130 Jahren 2020, zu Ende des 18. Jahrhunderts 2300, im Jahre 1818 2850 Seelen zählte.

In der ersten Hälfte des 15. Jahrhunderts seien zuerst hier Urkunden in italienischer oder vielmehr ladinischer Sprache (scritti in rozzo italiano) verfaßt worden. Von der Kanzel aus erklang diese Sprache nicht vor dem Jahre 1560 und ebensowenig bediente man sich ihrer früher bei den hiesigen gerichtlichen Verhandlungen. Von 1464—1476 war Johann Gehorsam aus Wien daselbst Pfarrer; ihm folgte (1476—1490) Michael Heuss aus Trient, nach dessen Tode allerdings ein Italiener, Giovanni Stressi aus Drivasto im Venezianischen, die Seelsorge des Tales übernahm, der aber wieder (1502) einen Deutschen, Johann Reitter aus Landau, zum Nachfolger hatte. Daran reihen sich: ein Kanonikus von Durazzo in Dalmatien (1505), ein Vicentiner (1506—1511), Joh. Scensbergher aus Augsburg (1547), Jacob del Canale aus Tonezza (Tolmezzo?), Clemens Frizzi aus Rovereto, Wilhelm Jusmer aus Rovereto, Jakob Benetti von Asiago (dem Hauptort der Sieben Gemeinden im vicentinischen Gebirge), Clemens Agricola, früher Vikar an der deutschen Kirche zu Trient, Jakob Denck aus der Würzburger Diözese (1596).

Von da an werden die deutschen Priester im Pfarramte von Folgaria immer seltener. Die meisten Pfarrer der späteren Zeit stammten aus dem Nons- und Sulzberge, woraus freilich auch gefolgert werden könnte, daß diese beiden Täler damals reichlicher als später Gelegenheit boten, in der Seelsorge das Deutsche, ohne dessen Kenntnis ein Pfarrer von Folgaria doch kaum seinem Amte gewachsen war, sich anzueignen.

Im Verzeichnis der Richter des Tales begegnet man fast am häufigsten dem Namen Scensbergher. Zwischen 1704 und 1776 bekleideten diese Würde nicht weniger als vier Männer dieses Namens. Von deutschen Familiennamen, welche dort vorkamen, nennt Bottea: Bramer, Gaigher, Pfettner, Rech, Larcher, Graser, Filz. Über die Verhältnisse zu seiner Zeit schreibt Bottea: „Derzeit sind nur mehr bejahrte Leute des alten Dialekts mächtig; doch auch sie bedienen sich seiner selten und, dank dem Einfluß des öffentlichen Schulunterrichts, greift immer mehr das Italienische in der roveretanischen Dialektform um sich. In den (vom Pfarrsitz) entfernteren Talfraktionen erhielten sich deutlichere Anklänge der ursprünglichen Sprechweise, ja im Weiler St. Sebastian ist dieselbe das allgemeine Verkehrsmedium, obschon hier jedermann auch das Italienische versteht und spricht."

Pfarrer Bottea schrieb dies im Jahre 1860. Wenige Jahre später erhielt er den Ruf als Pfarrer nach Pergine im Valsugana, und seine neue Gemeinden glaubte, seine Ankunft bei ihr nicht besser feiern zu können, als durch die Herausgabe zweier Schriften, wovon die eine (1811 von Franz Stefan dei Bartolomei verfaßt) den Charakter, die Gebräuche und Gewohnheiten des Volkes um Pergine, die andere aber (1821 von Francesco dei Tecini, dem damaligen Pfarrer von Pergine verfaßt) die deutschen Gebirgsbewohner im Trentino und im Venezianischen zum Gegenstand hatten.

Aus diesen Schriften erfährt man, daß im Jahre 1811 zu Vignola, einer Fraktion der Gemeinde Ischia, der seit alters her hier übliche deutsche Dialekt ungeschmälert im Munde des Volkes sich behauptete, zu Fierozzo aber, obschon minder rein, auch noch gesprochen wurde.

Francesco Tecini zählt die Ortschaften im italienischen Landesteil Tirols auf, wo seinerzeit noch deutsch gesprochen wurde.

Im damaligen Roveretaner Kreis waren dies: Terragnolo, Trembelleno, Vallarsa, Folgaria, S. Sebastiano, Nosellari, Serrada, Guardia und Mezzomonte; im Trentiner Kreis: Brancafora, Lusern, Casotto, Lavarone, Chiesa nuova, Roncegno, Vignola, Roveda (Eichleit), Frassilongo (Gereut), San Francisco (Außerflorutz oder St. Franz), San Felice (St. Felix) und Palù (Palai).

Dabei sieht er von einigen Dörfern ab, in welchen nach seiner Versicherung vor Zeiten deutsch gesprochen wurde, so von Centa, Vattaro, Falesina.

Seiner Berechnung zufolge betrug die Gesamtzahl der deutsch redenden Personen im Jahre 1821 ungefähr 10.600. Die Zahl der deutschen Abkömmlinge aber schätzt er weit höher. Tecini rechnet hierher „mit ziemlicher Wahrscheinlichkeit" die gesamte Bevölkerung der oberen Valsugana, einschließlich des Hochplateaus von Pinè, die einiger Teile des Fleimstales und die „vieler anderer Gegenden in der Nähe von Trient am linken Etschufer, wo die alten Benennungen der Fluren, Gewässer, Berge usw. meist deutsch klingen". Er erinnert z. B. an den „Kalisberg" bei Trient.

Noch weiter geht *Pfarrer Bottea,* welcher die Ansicht äußert, daß alle Höhen zwischen Etsch und Brenta einst von Deutschen bewohnt gewesen seien und daß deren heutige Bevölkerung von diesen abstamme, so wie es bei den Folgaritanern zweifellos der Fall sei.

Zu demselben Ergebnis gelangt eine Untersuchung, welche *Friedrich von Attlmayr,* damals Präsident des Kreisgerichts zu Rovereto, im Jahre 1865 unter dem Titel „Die deutschen Kolonien im Gebirge zwischen Trient, Bassano und Verona" veröffentlicht hat. Danach belief sich die zum Teile nun allerdings italienisierte Bevölkerung deut-

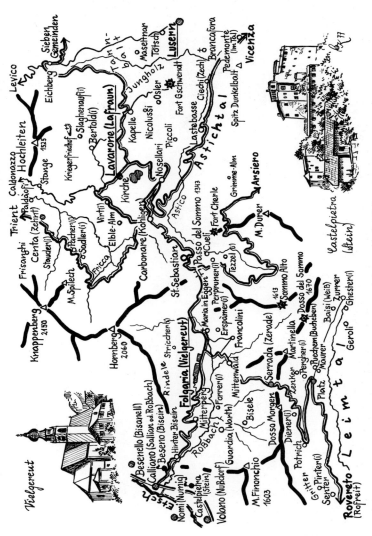

Die Hochebene von Lafraun und Vielgereut

schen Ursprungs in diesen Bergen auf beiläufig 15.000 Seelen. Im ganzen Bereiche der ehemaligen Kreisämter Trient und Rovereto mögen wohl an die 30.000 Menschen angetroffen werden, welche deutscher Herkunft sind. Viele darunter verleugnen ihn durch ihre Gesinnung so wenig als durch die Sprache, welche sie reden; häufiger aber gebe sich derselbe durch erstere als durch letztere kund, und das sei in politisch-nationaler Hinsicht sehr zu beachten. Attlmayr hob besonders die Tatsache hervor, daß die Gemeindevorsteher von Terragnolo und Vallarsa für ihre Haltung im Jahre 1848 vom österreichischen Kaiser mit dem Goldenen Verdienstkreuze ausgezeichnet wurden. und daß dieselben, weit entfernt dadurch in den Augen ihrer Gemeindeangehörigen diskreditiert zu werden, vielmehr fortan — bis zum Jahre 1865 — das durch deren Vertrauen ihnen übertragene Ehrenamt bekleideten. Die Ereignisse des Jahres 1866 habe die günstige Vormeinung, welche diesbezüglich bestand, von neuem bestätigt.

Allerdings habe sich im Laufe der Jahrhunderte eine ansehnliche Zahl von Deutschen, die in diesen Gebirgen beheimatet waren, von dem ihnen angeborenen Volkstum losgesagt. Es gebe im Etschtale italienische Familien, welche Namen wie Egger (Eccher), Larcher, Prunner, Staidel führen und deren Voreltern nachweisbar aus jenen Bergen nach der Talsohle der Etsch übersiedelten. Ganze Gemeinden, mit deren Angehörigen es dieselbe Bewandtnis habe, treffe man in den Bergen selber an.

In Lavarone (Lafraun) und Folgaria (Vielgereut) traf Christian Schneller noch in der zweiten Hälfte des 19. Jahrhunderts viele deutsch redende Personen an. Die Leimtaler (Terragnolo) haben ihr Volkstum erst zwischen 1820 und 1838 aufgegeben; Attlmayr berichtet, daß diese Gemeinden nach Aussage der Bevölkerung selbst durch die Einwirkung der italienisch gesinnten Geistlichkeit verwelscht worden sein. Eine besondere Eigenheit der sonst vom sogenannten Zimbrischen sehr ähnlichen Mundart von St. Sebastian und Folgereit ist der Zwielaut ui in Wörtern wie Muiter, Pruider, guit usw., den es mit Vütsche in den Sieben Gemeinden teilt. Eine schwache Vorstellung von der Sprache des Leimtales erhalten wir durch eine Probe, die Rovereetaner Giampiero Beltrami 1820 in italienischer Orthographie aufgezeichnet hat; daraus sei der Satz entnommen: „Da (H)auser, le Chircher, da Chnoden (Felsen), le zengi (Steine), a Pergh, i (h)an' z mai (ital. jemals, niemals), gazé (gesehen), muvérn (ital. muovere = sich bewegen).

Aus den Namen erhalten wir dasselbe Bild wie im Norden des Caldonazzosees (Galnetsch). Eine Fülle deutscher Personen-, Haus- und Flurnamen dringt auf uns ein, z. B. Birti (Wirt), Gionghi (Jung), Stengheli (Stängle), Raussi (Rausch), Cuneghi (König), Paldaufi (Baldauf), Slaghenaufi (Schlaghinauf), Perenbrunner, Oberbizer (Oberwieser) und Sonneck, Eckwies, Oclaite (Hochleite), Velbesele (Waldwiesele), Slackenpach, Cechen (Bergwerkszeche), Puchem (Bucheben), Craisenbeche (Kreuzweg), Bacer- und Bracciavalle (Wasserfall), l'Anghebeni (Langeben) usw.

Die Hochebene von *Lavarone* (Lafraun) und *Folgaria* (Vielgereut), auch „Knappenberg" genannt, ist ein mächtiger Gebirgsstock, der sich zwischen den Tälern der Etsch und der Brenta und dem Südfuß der Alpen erhebt. Sie dehnt sich ungefähr 12 km in durchschnittlich 1300 m Seehöhe aus und bildet eine schön gegliederte wald- und wiesenreiche Ebene mit einem kleinen See. Die Italiener nennen dieses Gebiet einfach „L'Altopiano".

Bis Ende des 19. Jahrhunderts blieb diese Hochebene ein schwer zugängliches Gebiet. Erst im 19. Jahrhundert wurde sie von allen Seiten her durch fahrbare Straßen erschlossen. Aus dem Val Lagarina (Lagertal) im Etschtal, von Calliano aus, führt eine streckenweise sehr steile Straße längs des Roßbaches hinauf nach Folgaria (Vielgereut). Eine andere Straße verbindet das Suganer Tal von Caldonazzo (Galnetsch) aus durch das Tal der Centa mit Lavarone. Und von Trient aus gelangt man über Vigolo Vattaro nach Lafraun und Lusern.

Die Hochfläche von Lavarone und Folgaria, die vielen vom ersten Weltkrieg her bekannt ist, ist wasserarm und daher wenig fruchtbar. So blieb denn dieser Raum lange unbesiedelt. Erst im Laufe des 12. und 14. Jahrhunderts hat deutsche Ordnungs- und Arbeitskraft in diese Wildnis einige bedeutende Breschen geschlagen. Durch Lehensbrief vom 12. Februar 1216 ermächtigte der Trienter Bischof, Friedrich von Wangen, einer der bedeutendsten deutschen Kirchenfürsten von Trient, die beiden Ritter Ulrich und Heinrich, „auf diesen Flächen zwanzig und mehr Höfe, soviel sie mit gutem Recht könnten, zu gründen, darauf gute, nützliche und kluge Arbeiter zu berufen, welche das Gebiet aufteilen, urbar machen und davon dem Bischof Zins zahlen". So entstanden hier mit der Zeit die heutigen Gemeinden Folgaria (Vielgereut), Lavarone (Lafraun) und Lusern (Luserna).

Es fällt heute noch auf, daß die Weiler mehrfach nach z. T. deutschen Vornamen wie z. B. Bertoldi, Gasperi, Girardi, Nicolussi usw. benannt sind. Dasselbe gilt für Oseli und Stengheli; Inhaber dieser Zunamen (Osel, Stenghel) sind in Urkunden des 15. Jahrhunderts bezeugt. Die italienische Endung der Namen besagt nichts für das Volkstum des Namens. Hier muß man sich stets vor Augen halten, daß die italienischen Seelsorger, die in den deutschen Gemeinden wirkten, deren deutsche Taufnamen und oft auch Familiennamen in italianisierter Form in die Taufregister eintrugen.

Die aus einer Anzahl von Weilern und Gehöften zu zwei Kirchspielen zusammengefaßten Ortschaften Carbonare (Kohligen) und St. Sebastian sind Teildörfer der Großgemeinde Folgaria. In ihnen war die Umgangssprache der einheimischen Bevölkerung bis 1918 zum Teil noch das Deutsche. Bis in die 80er Jahre des vorigen Jahrhunderts hatten sie eine deutsche Schule, auch wieder ab Herbst 1917 bis Kriegsende 1918.

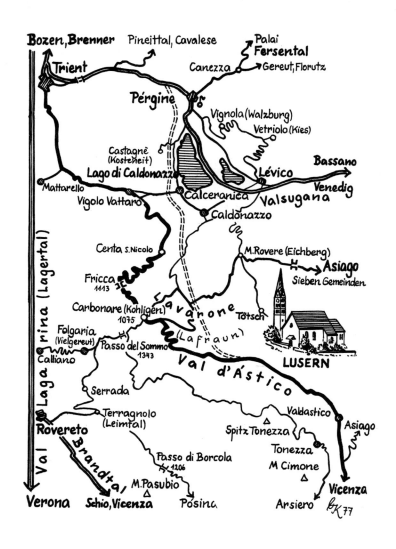

Die deutsche Gemeinde Lusern

DIE DEUTSCHE GEMEINDE LUSERN (LUSERNA)

Ein Hort des Deutschtums war das von Lavarone aus leicht erreichbare und nach älteren Berichten auch von dort aus besiedelte Lusern (Luserna), wo sich das Deutschtum bis zum heutigen Tage großteils erhalten hat. Lusern ist ein Vorort der Sieben Gemeinden, liegt über dem Val Astico (Astachtal) und zählt heute 537 Einwohner. Eine wertvolle Monographie über Geschichte, Lebensverhältnisse, Bräuche, Volksglaube und Sprache dieser einst rein deutschen Gemeinde hat der Kurat Josef Bacher im Jahre 1905 geschrieben.

Die älteste Dorfgeschichte Luserns ist infolge Mangels an Archivalien sehr dürftig. Schon Christian Schneller bemerkt, daß er über die ältere Geschichte Luserns keinen Aufschluß geben könne; das auf eigentümliche Art verschwundene Gemeindearchiv ist nie mehr zum Vorschein gekommen. Schneller schreibt in seinen „Südtirolischen Landschaften" (I. Reihe, S. 203), daß ein italienischer Geistlicher bei seinem Abgange aus der Gemeinde ein Kistchen voll Pergamenturkunden mitgenommen haben soll.

In Lusern gibt es über 160 Familien, die den Namen Nikolussi führen, etwa 25 mit dem Namen Gasperi und sechs mit dem Namen Pedrazza.

Die ersten Ansiedler von Lusern sollen Schäfer aus Lavarone (Lafraun) gewesen sein, die im Sommer mit ihren Schafherden in diese Gegend kamen, weil sie hier eine gute Weide fanden. Unter den ersten Ansiedlern mag sich eine Familie Nicolussi befunden haben (aus Nikolaus abgeleitet), ein Name, der seither in Lusern am häufigsten vorkommt. Wohl gibt es in Lavarone auch heute noch einen Weiler Nicolussi, ob aber die Nicolussi von Lusern von diesem abstammen oder die Nicolussi, die jetzt in Lavarone sind, aus Lusern zurückgekehrt sind, kann nicht mehr sicher geklärt werden. Dies gilt auch für den Familiennamen „Osele", denn Osele gibt es auch heute noch in Lavarone und Osele hießen, wie aus Dokumenten hervorgeht, einige der ersten Ansiedler von Lusern.

Zu den ersten Ansiedlern gesellten sich nach den Nikolussi und „Osele" die „Gasperi", deren Namen man heute noch in Lavarone begegnet. Die Lebensbedingungen dieser ersten Leute müssen sehr einfach gewesen sein. Die erste Zeit hielten sie sich in diesem Gebiet nur den Sommer über auf, später, nachdem sie sich Wohnungen und Stallungen gebaut hatten, blieben sie auch den Winter über. Nicht lange nach der Niederlassung dieser ersten drei Familien wurden diese (1610) vom Grafen Trapp mit einem ansehnlichen Berghang belehnt, den er ihnen als Eigentum vermachte. Der ganze Berg, vom Monterover bis zur Grenze der Gemeinde Casotto, gehörte damals dem Grafen Trapp. Eine schöne Alm mit Wald, auf der 100 Kühe Weide finden, hat der Graf 1912 um 120.000 Kronen an die Gemeinde Lusern verkauft.

Der Hausbau: Zunächst dürften in Lusern nur primitive Holzbauten für den Sommeraufenthalt gestanden haben. Als die ersten Familien dort auch den Winter über wohnten, werden sie sich die ersten steingebauten Wohnungen gebaut haben mit Küche, Schlafräumen und Stallungen für die Herden. Das erste Haus soll nach Überlieferung in einer Mulde nordöstlich vom heutigen Dorf gestanden haben. Diese Mulde wird noch heute „Ziska" genannt. Von wo dieses Wort herrührt, kann nicht genau gesagt werden. Die anderen Häuser, die später das eigentliche Dorf bilden sollten, wurden auf der Abdachung gegen das Astachtal, auf dem auch heute noch so benannten „Egg" gebaut. Sie wurden alle im gleichen Stil erbaut und bestanden aus einem gewölbten Erdgeschoß aus Steinen, das meist als Stall, Keller und Vorratsraum diente. Über diesem Geschoß befand sich in der Regel die Küche, das Schlafzimmer für die Eltern und eines für die Kinder und eine andere Vorratskammer.

Man hielt sich vorwiegend am „Herde" auf, d. h. in der Küche. Denn die Stube, den deutschen Kultur- und Kultmittelpunkt im Hause, trifft man hier nicht mehr oder nur höchst selten an. Alles lebt in der Küche, die nebst den wenigen Schlafkammern den einzigen Wohnraum bildet. Hier darf auf eine weitere Eigentümlichkeit hingewiesen werden: In einem Hause wohnen in der Regel mehrere Familien, und zwar jeweils im Besitze eines Stockwerkeigentums, das aus dem Verwandtschaftsverhältnis abzuleiten ist. Baut man nämlich in Lusern ein Haus, führt man den Rohbau in einer ansehnlichen Mächtigkeit auf, baut aber nur so viele Wohnräume aus, als die Familie benötigt. Sind dann auch die Kinder heiratsfähig, führen sie den Innenbau weiter, und zwar nach ihrem persönlichen Geschmack und Vermögen. Daher finden wir am selben Hause verschiedene Fenstergrößen und -einfassungen usw.

In der Küche wurden früher um den offenen Herd zwei feste hölzerne Bänke angebracht, wo man sich im Winter wärmen konnte.

Die anderen Gemächer waren alle mit Mörtel verputzt und weiß getüncht. Die Häuser hatten früher meistens ein Erdgeschoß und Hochparterre (selten einen zweiten Stock) und einen geräumigen Dachboden, auf den man durch eine Falltür kam, und die auch dazu diente, daß der Rauch aus der Küche abziehen konnte. Die Dächer waren mit Holzschindeln gedeckt, die man selber verfertigte. Dazu wurden Bäume zu 70—80 cm langen Klötzen abgesägt und zu Schindeln gespalten (etwa 10 bis 20 cm breit). Auf dem Dache wurden sie zwei- oder auch dreischichtig nebeneinander angebracht, mit einer darübergelegten Stange befestigt, die wieder zu beiden Seiten mit „Wiedn" (lange, gedrehte Fichtenreiser) gehalten und mit Steinen beschwert wurde, damit sie der Wind nicht forttrage. Nägel wurden keine verwendet. Solche Dächer existierten noch vor rund 80 Jahren.

Aus der Dorfchronik: Lusern gehörte anfänglich kirchlich zur nahen Pfarre Brancafora, politisch aber zum entfernteren Lafraun (Lavarone). Merkwürdig ist, daß diese beiden Pfarreien verschiedenen Bistümern zugeteilt waren; Lafraun mit fast ganz Valsugana stand unter Feltre, Brancaforte unter Padua.

Lange hatte Lusern keine eigene Kirche und keinen eigenen Seelsorger. Die armen Bewohner mußten zum Gottesdienste in die zwei Stunden weit entfernte Pfarrkirche von Brancaforte oder Piedemonte auf steilem, holperigem Wege hinuntersteigen und auch die Toten dort hinabtragen; ebenso schwierig und im Winter gefahrvoll war der weite Gang bei Eheschließungen und Taufen. Viele starben ohne priesterlichen Beistand. Zwar durften sie sich 1711 eine eigene Kirche bauen, aber die Errichtung einer ständigen Seelsorge kam erst im Jahre 1745 zustande. 1780 wurde Lusern von der Gemeinde Lafraun unabhängig. Somit hatte die Berggemeinde ihre Selbständigkeit erworben und bewahrte ihre deutsche Muttersprache.

Seitdem die Luserner eine eigene Kirche und Seelsorge besaßen, ergaben sich wiederholt Streitigkeiten mit den Pfarrern von Brancafora, welche eifersüchtig auf ihre pfarrlichen Rechte bestanden, selbst in solchen Fällen, in denen jene nun nicht mehr begründet waren. In Lusern amtierten die Seelsorger ohne Rücksicht auf die Sprache der Bevölkerung. Wenn auch einzelne die lusernerische Mundart verstanden und sprachen, so war doch in Kirche und Schule ausschließlich das Italienische herrschend. Durch die Neuordnung der Diözesanverhältnisse vom Jahre 1825 wurden alle Seelsorger des Suganer Tales und des Astachtales, soweit sie auf damals österreichischem Boden standen, von den Bistümern Feltre und Padua getrennt und endgültig der Diözese Trient untergeordnet. Dazu gehörte auch die Kuratie Lusern, welche zum Dekanat Levico geschlagen wurde.

Die Luserner in den Freiheitskriegen

Aus den Napoleonkriegen ist aus Lusern folgende Episode überliefert. Wie in vielen anderen Orten machte sich auch in Lusern das gewaltsame Vorgehen der Soldaten Napoleons verhaßt. So tat sich eine Schar junger Burschen zusammen und beschloß, den französischen Truppen auf ihrem Marsche von Caldonazzo nach Monterovere und Asiago einen Streich zu spielen. Die Truppen mußten auf ihrem Marsche an einer Straßenstelle vorbei, über welcher sich ein hoher Felsvorsprung befand. Dort stauten die Luserner Burschen zahlreiche Baumstämme übereinander, die sie mit Weiden und Stricken zusammenbanden, und beschwerten die Ladung mit großen Steinen. Sobald sich die französischen Truppen unter der Falle befanden, wollten die Luserner mit Axthieben die zusammenhaltenden Stricke und Weiden durchschneiden und das Ganze hätte wie eine Lawine die Soldaten auf der Straße unter sich begraben, ähnlich wie es 1809 in der Sachsenklamm beim Franzensfeste gemacht worden war. Aber Offiziere der bereits in Caldonazzo eingetroffenen Truppen hatten mit ihren Fernrohren über dem Wege eine verdächtige Anhäufung von Holz entdeckt und schickten eine Patrouille dorthin, um nachzusehen. Als die Patrouille dem General anschließend meldete, was sie dort gesehen hatte, wollte der General eine Militäreinheit nach Lusern senden, um das Dorf niederbrennen zu lassen. Der Seelsorger von Lusern legte aber Fürbitte bei dem General ein und soll gesagt haben: „Verzeiht ihnen, Herr General, es sind arme, einfältige Leute, die nicht wissen, was sie anstellen wollten." Der General ließ sich vom Pfarrer bewegen und verschonte das Dorf. Viele im Dorf hatten bereits ihre Möbel in die Felsen unterhalb des Dorfes hinabgetragen, um wenigstens diese vor den Flammen zu retten.

Über den Vorbeimarsch der Truppen in Vezzana ist erzählt worden, daß einige Soldaten in dem Wirtshaus Vezzana etwas zum Essen verlangt hatten. Der Wirt sagte ihnen, daß er nichts habe. Die Soldaten zogen weiter. Kurze Zeit später kam wieder eine größere Anzahl Soldaten, plünderten und schürten das Wirtshaus an und töteten alle, die darin waren.

Aus dieser Zeit wird auch erzählt, daß ein Luserner, der unter Napoleon zu den Waffen gerufen worden war, desertiert und in sein Vaterhaus zurückgekehrt war. Eines Tages kam eine größere Anzahl von Soldaten nach Lusern und durchsuchten das Haus des Deserteurs. Auf dem Dachboden stachen sie mit den Bajonetten in das Heu, in der Annahme, der Mann könnte sich vielleicht dort verborgen und verkrochen haben. Anschließend durchsuchten sie den Stall, wo sich der Deserteur tatsächlich in einer Futterkrippe versteckt hielt. Als sie sich der Krippe näherten, erhob sich eine Kuh, die zuerst gelegen war, und schlug mit ihrem von Jauche triefenden Schwanz den Soldaten ums Gesicht. Fluchend zogen sich diese darauf zurück und gingen unverrichteterdinge wieder fort. Bei dem Fahnenflüchtigen handelte es sich um einen Mann aus der Familie Moretto (Moar).

Der Kampf der Luserner um ihr Deutschtum

Mit dem deutschen Priester Franz Zuchristian (geb. am 5. Oktober 1818 in Eppan) begann für Lusern eine neue Periode. Der neue Kurat wunderte sich, als er hier mitten unter italienischen Ortschaften eine deutsche Mundart vorfand und veröffentlichte diese Entdeckung in den Zeitungen. Daraufhin machten mehrere gelehrte, einflußreiche Männer, welche die abgelegene deutsche Sprachinsel besuchten und studierten, die Regierung auf Lusern und andere deutsche Gemeinden in Welschtirol aufmerksam. So erhielten die Luserner mit ihrem Seelsorger (1865) auch einen deutschen Lehrer und deutsche Schulbücher. In der Unterklasse unterstützte den Kuraten seine Wirtschafterin Elisabeth Spieß aus dem Burggrafenamte. Auch das Volk und die Gemeindevertretung begrüßten das sehr. Freilich dauerte dieser friedliche Zustand nicht lange.

Die Sorge über die damaligen Zustände in Lusern kommt in mehreren Briefen zum Ausdruck, die der Vorkämpfer für das Deutschtum in den deutschen Gemeinden am Nonsberg, der Kurat von Proveis, Franz Xaver Mitterer, an den großen Freund der Deutschgegend, den Arzt Dr. Lotz in Frankfurt a. M., geschrieben hat. Nachstehend zwei Ausschnitte davon:

Proveis, den 24. September 1877

Lieber Herr Doktor!

... Nicolussi, Lehrer in Lusern, hat mich in letzter Zeit zweimal besucht; ich lernte an ihm einen tüchtigen, jungen Mann kennen, der für die deutsche Sache ganz eingenommen ist, ich schätze ihn sehr. Wir bedauern, daß er in den dortigen Regionen ganz allein ist. Gadler (Kurat in einer der Gemeinden des Fersentales), so sagte er mir, spricht nicht einmal Deutsch. Der Herr Kurat in Lusern ist alt ... Er aber ist voll Mut und voll der besten Hoffnung. Schade, daß auch in der dortigen Umgebung keine deutschen Lehrer sind, man verlangt sie und kann sie nicht erhalten. Ganz unbegreiflich ist mir ferner, warum denn Zuchristian in Lusern alle Predigten und Christenlehren in italienischer Sprache abhält und abhalten läßt, wie Nicolussi sagt, verstehen ihn die Leute in dieser Sprache gar nicht. Unbegreiflich! Das Predigen in der von den Leuten gewünschten deutschen Sprache hängt doch von ihm ab; das muß eingeführt werden, das macht samt den deutschen Schulen eine Gemeinde deutsch.

Proveis, den 13. März 1879

Verehrtester Herr Doktor!

... Ich habe diese Woche dem Zuchristian (Kurat in Lusern) geschrieben und ihn eingeladen, samt seinem Lehrer zu mir zu kommen, und habe ihm meine Freude ausgedrückt, ihn hier zu sehen und kennenzulernen, ich erwarte ihn sicher. So gern möchte ich dann mit ihm ein Übereinkommen treffen. Besonders ist mir der Gedanke fast unerträglich, daß ein Deutscher bei Deutschen und zu Deutschen italienisch predigt. Das ist eine unerhörte Abnormität! Das Unnatürlichste ist noch dazu das, daß die guten Leute seine Predigten gar nicht verstehen... **Die Missionäre in Indien, China usw. müssen die Sprache der Eingeborenen kennenlernen und mit ihnen, was natürlich ist, in dieser Sprache verkehren, und hier müssen Deutsche miteinander welsch verkehren...** Mir kommt die Sache ganz unbegreiflich vor. Solange diese Unart und Unnatürlichkeit nicht abgestellt ist, wird auch die deutsche Schule wenig nützen. Ich werde dem mich von dort besuchenden Herrn dieses mit meiner ganzen Kraft zu Gemüte führen ...

Im Sommer 1878 kam *Angelo Zanetti* als Hilfsgeistlicher ohne Dekret nach Lusern und bekämpfte im geheimen die deutsche Schule, die inzwischen von einem staatlich geprüften Ortskinde, *Simon Nicolussi,* geleitet wurde. Dieser wackere Luserner, der sich in der Folge um seine Heimatgemeinde hochverdient machte (gestorben am 20. Oktober 1906), war für die zudringlichen Zumutungen des ungebetenen Gastes nicht zu haben. Bald verschwand derselbe über höhere Weisungen aus Lusern. Allein die einmal ins Volk hineingetragene Unfriede führte, besonders seit 1883, zu einer bedenklichen Spaltung; es bildeten sich zwei Parteien, Anhänger der deutschen und der italienischen Schule; hier muß ausdrücklich bemerkt werden, daß es sich bei beiden Parteien ausschließlich um deutsche Familien handelte. Und es war selbstverständlich, daß die deutsche Schule den Sieg davontrug. Während dieser Wirren errichtete (1882) Kurat Zuchristian für die arme Bevölkerung, ähnlich wie der Kurat in Proveis, Franz Xaver Mitterer, der „Vater der Deutschgegend" (gestorben 1899), eine Spitzenklöppelschule, durch welche derselben eine neue Erwerbsquelle eröffnet und zugleich die Seelsorge gefördert wurde. Aber auch dieser wohltätigen Anstalt bereiteten die Italiener viele Schwierigkeiten.

Das aufgeregte Jahr 1884 sah drei Kuraten in Lusern: Zuchristian, vom Alter gebeugt und von Sorgen aufgerieben, resignierte und hatte *Giuseppe Frouet* zum Nachfolger, der sich aber nur einige Monate zu halten vermochte, und im Herbst als Kooperator nach Civezzano versetzt wurde. Dann kam *Johannes B. Detomas,* zwar italienischer Abkunft, aber des Deutschen vollständig mächtig. Er war ein ruhiger, friedliebender Mann, den die Unruhen in Lusern peinlich berührten und ihn zur Versetzung nach Gereut im Fersentale veranlaßten (1886). Damals starb auch der hochverdiente Kurat Franz Zuchristian in Kardaun; ob der Anfeindungen der Italiener mußte er Lusern verlassen. Dann wirkte einige Zeit *Pietro Flaim* aus Revò im Nonsberg und 1887 wurde er von einem anderen deutschen Priester in der Person des *Johannes Steck* aus Tschengls, Vinschgau, abgelöst. Nun kamen für die entzweite Gemeinde nach dem Wahlsieg der Deutschen (27. November 1887) wieder ruhigere Tage, wenn es auch nicht an Reibungen fehlte. Während Steck nach kurzer Rast in Altrei 1894 die Pfarre

Margreid übernahm, leitete die Seelsorge in Lusern *Joseph Bacher* von Feldthurns (1893 bis 1899) klug und weise. Inzwischen wurde im Dorfe 1893 der deutsche Kindergarten eröffnet und am 14. Oktober des folgenden Jahres das stattliche neue Schulhaus bezogen. An der Volksschule wirkten durch lange Jahre hindurch mehrere Lehrerinnen, aber keine hat durch Lehrgeschick und durch langes Ausharren in ihrer wichtigen Stellung die Hochachtung der Luserner in dem Maße erworben wie Fräulein *Luise Frick* (vielen Boznern bekannt, da sie später durch Jahre auch an der städtischen Mädchenschule unterrichtete). Ein besonders freudiges Ereignis war für die abgelegene Gemeinde der Primiztag des neugeweihten Priesters Christian Nicolussi-Leck am 16. Juli 1899 (langjähriger Katechet in Bozen); die Primizpredigt hielt Pfarrer Johann Steck von Margreid.

Im Jahre 1911 wurde das Dorf durch einen Großbrand zerstört. Durch deutsche Hilfe konnte es aber schnell und besser wiederaufgebaut werden. Am meisten machte sich damals um den Wiederaufbau des Dorfes der Geistliche Johann Prinot verdient, der das Hilfswerk leitete. Die Innsbrucker Zeitung „Innsbrucker Nachrichten" sammelte damals allein eine Summe von rund 30.000 Kronen nebst zahlreichen Kleidungsstücken und Lebensmitteln.

Mehrmals wurde die Gemeinde durch hohen Besuch ausgezeichnet. Es war ein Freudentag für die ganze Bevölkerung, als sie am 27. Juli 1903 hochbegeistert und festlich den Hochmeister des Deutschen Ordens, Erzherzog Eugen, empfangen konnte. Wir schweigen von den zahlreichen Gelehrten und Gebildeten, welche Lusern jährlich zum Ziele ihrer sommerlichen Wanderungen machten und im Widum des Kuraten gastliche Aufnahme fanden.

Lusern im ersten Weltkrieg

Lusern stand bei Ausbruch des Krieges unmittelbar vor der österreichischen Verteidigungslinie. Die Beschießung der eine halbe Stunde hoch über dem Dorfe gelegenen Festung und des offenen Dorfes Lusern begann am Pfingstmontag, dem 25. Mai, während des Gottesdienstes. Der Festung schadete sie nichts, im Dorfe aber fiel die erste Granate merkwürdigerweise auf die italienische Schule. Aber auch andere Gebäude, auch die deutsche Schule, die Pfarrwohnung und die Kirche wurden schwer beschädigt. Auch Menschenleben waren zu beklagen. Unter dem Lärm platzender Granaten, aus brennenden und einstürzenden Gebäuden, unter Zurücklassung der unbeweglichen und aller beweglichen Habe, auch des Viehes, unter dem lauten Wehklagen und Geschrei der Weiber und Kinder, mußten die Luserner von einem Tag zum andern die kärgliche, aber über alles geliebte Heimat verlassen. Auf den Bahnhöfen des Suganer Tales und allen nachfolgenden Bahnhöfen bis hinab nach Trient, und hier erst recht, stauten sich die Massen der aus allen Grenzorten zusammenströmenden Kriegsflüchtlinge. Die Luserner wurden in 22 Ortschaften im Bezirk Aussig in Nordböhmen untergebracht. Das Elend der plötzlich heimatlos gewordenen Flüchtlinge war besonders in den ersten Monaten sehr groß, bis etwas Ordnung in die Versorgung kam. Die Jünglinge und Männer (darunter viele über 60 Jahre!), soweit sie nicht als Wehrpflichtige im Felde standen, verteidigten als Standschützen die Heimaterde in den Schützengräben.

In Nordböhmen erwachte in den Lusernern die Sehnsucht nach dem Land ihrer Väter, das Heimweh. *„Nimm uns mit, bis dorthin, wo es Tirol heißt"*, baten sie ihren Pfarrer Pardatscher, als er sie dort während des ersten Weltkrieges besuchte. Nach dem Kriege durfte Pfarrer Pardatscher nicht mehr nach Lusern zurück.

Über dem Dörfl heulten die Kanonengeschosse der Grenzfestung hinüber auf die italienischen Festungen Cima Dodici oder Monte Verena. Auch hier waren es einmal ein paar herzhafte Luserner, welche die Übergabe der österreichischen Festung durch deren tschechischen Kommandanten verhinderten, diesen gefangensetzten und die bereits gehißte weiße Flagge niederrissen. An jene Zeiten gemahnen heute nur noch die in der Nachkriegszeit gesprengten Festungswerke und die vielen Stacheldrahtzäune, mit denen die 1918 in die verwüstete Heimat zurückkehrenden Familien die veröden Äcker und Wiesen umgrenzten. In der Fremde hatte auch der Tod reichliche Ernte unter ihnen gehalten. Heimgekehrt, blieben sie zunächst ohne Priester. Dann kam ein Italiener. Der italienische Pfarrer Gentilini versuchte seit 1919 die Deutschen in Lusern zu verwelschen, indem er den nicht italienisch Beichtenden die Lossprechung verweigerte (Athanasius, „Die Seelennot eines bedrängten Volkes", S. 31). Auch dem erfahrenen Schulleiter, der als Offizier bei den Standschützen ruhmreich drei Jahre mitgekämpft hatte, blieb die Rückkehr in die Heimat verwehrt. Der Gemeindevorsteher, der den Kriegsflüchtlingen geblieben war, der vortreffliche David Nicolussi-Castellan, Vorkämpfer gegen den Irredentismus und ausgezeichneter Verwalter der Gemeinde durch viele Jahre, wurde abgesetzt. Ein von der Militärregierung eingesetzter „Sindaco" vollzog die ihm zugehenden Anordnungen. Alle Bitten, die deutsche Schule wieder eröffnen zu dürfen, blieben erfolglos. Die Lehrkräfte, die dann kamen, waren Italiener. Auswärts ansässig gewordene Luserner, die sich zum Besuch der zerstörten Heimat einfinden wollten, wurden abgewiesen. Der Faschismus tobte sich hier in einer Weise aus, wie sonst kaum irgendwo. Deutschsprachigen Freunden war es fast unmöglich gemacht, Lusern zu besuchen. Die Welt sollte eben nicht erfahren, daß dort eine deutsche Gemeinde von nahezu 1000 Seelen völkisch hingemordet wird.

Vor und nach der Optionszeit

Der aus Lusern stammende A. Nicolussi hat im Verbandsblatt der Südtiroler in Österreich und Deutschland „Südtiroler Heimat" (31. März 1957) *„Die Lage der Luserner und Fersentaler"* vor, während und nach der Option geschildert. Aus diesem Bericht, dessen Inhalt aus einer Angabe an das österreichische Außenamt entnommen ist, in welcher die rund 30 in Österreich lebenden Familien dieser Gruppe ihre Ansprüche geltend machten, entnehmen wir nachstehende Einzelheiten.

Die Luserner und Fersentaler wurden im deutsch-italienischen Umsiedlungsabkommen über Südtirol vom 23. Juni 1939 — wie sich damals die deutschen Stellen ausdrückten — „vergessen". Sie fielen daher nicht in das eigentliche Vertragsgebiet der umzusiedelnden Bevölkerung. Doch wurde in einem nachträglichen Schriftwechsel zwischen dem deutschen Gesandten Bene für Deutschland und dem Unterstaatssekretär im italienischen Außenamt Buffarini Guido, seitens Italiens ein Abkommen getroffen und erklärt, daß gegen den Erwerb der deutschen Staatsbürgerschaft und gegen die Abwanderung der Luserner und Fersentaler keine Bedenken bestünden, seitens Italien wurde aber festgestellt, daß sie nicht als Optanten des eigentlichen Vertragsgebietes, also des Gebietes nördlich von Salurn, zu betrachten seien, und daher auch nicht alle wirtschaftlichen Begünstigungen, die jenen zustünden, wie Ablösung der Besitze, genießen würden.

Auf Grund dieser Feststellung übernahm die italienische Regierung keine Verpflichtung über die Ablösung und Entschädigung der von den abwandernden Lusernern und Fersentalern in ihren Heimatorten zurückgelassenen Besitze, deren Ablösung bzw. Schadloshaltung durch einen gleichwertigen Besitz im Reich ausschließlich Verpflichtung und Aufgabe des Deutschen Reiches verblieb.

Über diese Abmachungen, die niemals veröffentlicht wurden, wurden die Luserner und Fersentaler nicht aufgeklärt. Daher nahmen sie im Jahre 1939, als man ihnen seitens der Amtlichen Deutschen Umsiedlungskommission in Bozen mitteilte, sie könnten so wie die anderen Südtiroler deutscher Sprache für die deutsche Staatsbürgerschaft optieren, an, sich in der gleichen Rechtslage wie diese zu befinden und optierten zu einem Großteil für Deutschland. Auf Grund dieser Option wurden zwischen dem 16. und 24. April 1942 an 200 Luserner und an 650 Fersentaler geschlossen zur Abwanderung gebracht. (Weitere 180 Luserner und auch verschiedene Fersentaler, die auch für die deutsche Staatsbürgerschaft optiert hatten, befanden sich bereits in Deutschland und waren dort beschäftigt.) Die Abwanderung wäre schon im Herbst 1941 durchgeführt worden, doch scheiterte sie an dem Widerstand der Betroffenen. Nach einem sieben Monate langen Lageraufenthalt in Hallein bei Salzburg wurde der größte Teil von ihnen nach Budweis in Südböhmen gebracht, der Rest zerstreute sich in den österreichischen Alpenländern. Ihren gesamten unbeweglichen Besitz in der Heimat mußten sie bei ihrer Abwanderung an das Deutsche Reich eingesetzte Deutsche Abwicklungs-Treuhand-Gesellschaft (DAT) in Bozen (deren Hauptsitz in Berlin war) übergeben, wofür sich diese im Namen der Deutschen Reichsregierung verpflichtete, sie durch einen wertgleichen Besitz im Deutschen Reich zu entschädigen. Diese Verpflichtung wurde aber nie erfüllt. Der Wert des Besitzstandes der umgesiedelten Luserner wurde von der Schätzungskommission der Deutschen Abwicklungs-Treuhand-Gesellschaft auf Grund des Lirewertes vom 23. August 1939 mit rund drei Millionen Lire, jener der Fersentaler mit rund 19 Millionen Lire geschätzt. Zu diesen Schätzungen ist aber zu bemerken, daß aus verschiedenen, den Lusernern und Fersentalern nicht näher bekanntgegebenen Gründen, der italienischen Regierung gegenüber — vielleicht in der Hoffnung, daß diese durch die niedere Schätzung der Besitze bewogen, diese doch übernehmen und ablösen würde — um wenigstens ein Drittel niedriger gehalten wurde, als dem wirklichen Wert der Besitzungen entsprach.

Im Mai 1945 mußten die bei Budweis angesiedelten Luserner und Fersentaler das Gebiet, unter Verlust ihrer gesamten aus der Heimat mitgebrachten Fahrhabe, verlassen. Die meisten von ihnen kehrten noch im Laufe des Sommers 1945 wieder nach Lusern bzw. dem Fersentale zurück.

Nach 1945 hätte sich die wirtschaftliche Lage der in Österreich verbliebenen Luserner und Fersentaler nur dann günstig entwickeln können, wenn auch ihnen so wie den anderen umgesiedelten Südtirolern die Wiedererwerbung der italienischen Staatsbürgerschaft möglich gewesen wäre und sie mit der Rückkehr in ihre Heimatorte wieder in den Besitz ihrer dort als deutsches Eigentum sequestrierten Liegenschaften gelangt wären. Dies war aber nicht der Fall, da die italienische Regierung mit ihrem auf Grund des Pariser Vertrages vom 5. September 1946 erlassenen Dekret Nr. 23 vom 2. Februar 1948 nur den Südtirolern der **Provinz Bozen** und den Kanaltalern, nicht aber den Lusernern und Fersentalern der Provinz Trient, die Wiedererwerbung der italienischen Staatsbürgerschaft bzw.

Rückwanderung ermöglichte. Auch die Luserner und Fersentaler reichten wie die anderen Südtiroler auf Grund des italienischen Rückoptionsdekretes Nr. 23 vom 2. Februar 1948 ihre Rückoptionsgesuche ein, in der Hoffnung, wieder in ihre Heimatorte zurückkehren zu können, doch wurden diese Gesuche von der italienischen Regierung mit der Begründung abgelehnt, daß Lusern und das Fersental nicht in das Vertragsgebiet, also des Gebietes nördlich von Salurn, fallen. Dadurch war ihnen die Rückkehr in ihre Heimatorte und mit ihr die Rückerlangung ihres von der italienischen Regierung als deutsches Eigentum sequestrierten Besitzes unmöglich gemacht.

Die italienische Regierung aber erließ am 3. August 1949, veröffentlicht in der Gazzetta Ufficiale (Amtsblatt) am 10. August 1949, das Gesetz Nr. 489, welches den in ihre Heimatorte zurückgekehrten Lusernern und Fersentalern nach Wiedererlangung der italienischen Staatsbürgerschaft das Recht der Rückerhaltung ihres im April 1942 an die Deutsche Abwicklungs-Treuhand-Gesellschaft übergebenen und als deutsches Eigentum sequestrierten Besitzes einräumte. Die Liegenschaften waren in dem Zustand zu übernehmen, in welchem sie sich am Tage der Rückgabe befanden.

DIE HEUTIGE LAGE DER FERSENTALER UND LUSERNER

Im Sonderteil der Südtirolausgabe des „Reimmichl-Volkskalenders" erschien 1958 erstmals nach mehreren Jahrzehnten ein umfassender Bericht über die „Deutschen Sprachinseln im Trentino und in Oberitalien". Im folgenden Jahre gab die Verlagsanstalt Athesia diese Abhandlung als Sonderdruck heraus.

Dadurch wurde die breite Öffentlichkeit erstmals wieder auf die deutschen Volksreste in italienischer Umgebung aufmerksam, und viele wurden dadurch angeregt, die deutschen Sprachinseln zu besuchen. Bald darauf erschienen auch in größeren Zeitungen Österreichs Augenzeugenberichte darüber. Peter Wolf schrieb in der Wiener Tageszeitung „Die Presse" (20. Dezember 1959) darüber einen sehr ausführlichen Bericht unter dem Titel *Die Fersentaler leben im Schatten — Armut und Not einer vergessenen deutschen Sprachinsel im Trentino*", der eine Welle von Leserbriefen zu diesem Thema auslöste.

Dieser Pressebericht hatte aber auch zur Folge, daß die alten, noch durchaus nicht ausgestorbenen Trienter Nationalistenkreise auf den Plan gerufen wurden. In der Zeitschrift „Il Trentino" wurde kurz darauf zu dem Artikel in der „Presse" Stellung genommen und die Feststellungen Peter Wolfs als Verleumdungen und Lügen hinzustellen versucht. Gleichzeitig wartete die Zeitschrift darüber auf, was die heutige Regional- und Provinzialregierung von Trient für die wirtschaftliche und soziale Entwicklung der Deutschfersentaler geleistet habe. In dieser Antwort wurde aber freilich wohlweislich verschwiegen, daß man diesen deutschen Gemeinden immer noch die von der italienischen Verfassung und dem Sonderautonomiestatut garantierten Rechte zum Schutze der sprachlichen Minderheiten vorenthalten hat. Alle diesbezüglich unternommenen Schritte blieben bis jetzt vergeblich.

Degasperi — „Schutzherr" der sprachlichen Minderheiten im Trentino

Alcide Degasperi, langjähriger italienischer Ministerpräsident und Lehrmeister der heutigen DC-Politiker von Trient, hatte bereits bei den Friedensverhandlungen nach dem Zweiten Weltkrieg in Paris auf die Existenz von sprachlichen Minderheiten (Deutsche im Fersental, Lusern und Ladiner im Fassatal) hingewiesen. Ja, diese Tatsache mußte als Vorwand für die Ausweitung der ursprünglich nur für Südtirol vorgesehenen Autonomie auf die Provinz Trient dienen. Daß es in Wirklichkeit weder Degasperi noch den DC-Politikern von Trient um einen wirklichen Schutz der sprachlichen Minderheiten im Trentino ging, hat sich immer wieder, bis in die jüngste Vergangenheit, gezeigt. Nachstehend sei nur auf die krassesten Fälle hingewiesen.

DENKWÜRDIGE EREIGNISSE AUS JÜNGSTER ZEIT

1960 — Heinrich Pruner, PPTT-Abgeordneter (Trentiner Tiroler Volkspartei), berichtet am 3. Februar im Regionalrat über die nur wenige Kilometer von Trient lebenden sprachlichen Minderheiten, um die sich bis jetzt niemand gekümmert hat. Erst als vom Ausland Hilfsaktionen eingeleitet wurden, entdeckten auch die Regionalbehörden „ihre Liebe zu den Mocheni" und versuchten mit Geld und Geschenken das Versäumte nachzuholen. Das Hauptproblem, nämlich der Schutz der deutschen Sprache, sei aber stillschweigend übergangen worden.

1965 — Am 27. Mai beantragt Dr. Pruner im Regionalrat neuerlich Maßnahmen zum Schutze der sprachlichen Minderheiten im Trentino. Nur die Südtiroler Volkspartei befürwortet den Antrag. Sämtliche italienischen Parteien lehnen ihn kategorisch ab. Regionalratspräsident Dalvit bestreitet aufs entschiedenste, daß man im Trentino — abgesehen von den Fassa-Ladinern — von sprachlichen Minderheiten sprechen könne.

1971 — Im Dezember erschien im Verlag Manfrini, Calliano (Prov. Trient), der Bildband über das Fersental „La valle dei Mocheni", verfaßt von Aldo Gorfer und illustriert vom Meisterphotographen Flavio Faganello aus Trient. Dieses mit großer Sachkenntnis geschriebene Werk hat das Interesse weitester italienischer Kreise für diese deutsche Sprachinsel im Trentino erweckt, so daß das Buch bereits nach zwei Monaten (im Februar 1972) die zweite Auflage erlebte. Kurz darauf wurde das Werk unter dem Titel „*Das Tal der Mocheni*" (Verlag Manfrini) auch in deutscher Übersetzung veröffentlicht. — Bei der Vorstellung des Buches in Canezza, einem Ort am Eingang ins Fersental, war alles versammelt, was im Trentiner Kulturleben Rang und Namen hat. Alle Anwesenden — die politischen Vertreter waren der Vorstellung ferngeblieben (!) — sprachen sich ausnahmslos dafür aus, daß die Provinz Trient alles unternehme, um die deutschen Sprachinseln im Trentino zu erhalten; deshalb wird u. a. auch die Einführung des Deutschunterrichts in den betreffenden Gemeinden befürwortet. Prof. Marco Scovazzi, Universität Mailand, ein unermüdlicher Anwalt für die Erhaltung der deutschen Sprachinseln in Oberitalien (gestorben 1971), begrüßte es, daß der

Fersentaler Pfarrer Jakob Hoffer wenigstens an hohen Feiertagen deutsch predigte.

1972 — Im Dezember fordern Vertreter der deutschen Gemeinden des Fersentales und von Lusern in einer Entschließung die „volle Anerkennung der Rechte für die deutsche Minderheit im Trentino". U. a. wird gefordert: der Gebrauch der deutschen Muttersprache schon vom Kindergarten an; die Einführung des Deutschunterrichts durch einheimische Lehrkräfte vom ersten Volksschuljahr an. Gleichzeitig appellierten sie an den Regionalrat, damit dieser für die Anerkennung all jener Rechte Sorge trage, die der „deutschsprachigen Minderheit im Trentino wenigstens im gleichen Maße zustehen wie der deutschen und ladinischen Volksgruppe in Südtirol".

1973 — Dank des neugegründeten Fersentaler Kulturvereins wird ein deutscher Privatunterricht geboten (zwei Stunden in der Woche), und die Mittelschüler in Pergine können Deutsch als Fremdsprache lernen.

1974 — Die Trentiner Tiroler Volkspartei (PPTT) stellt im Mai im Provinzialrat neuerlich den Antrag, „alle gesetzgeberischen und verwaltungsmäßigen Mittel anzuwenden und die entsprechenden Initiativen zu ergreifen, damit in den Gemeinden Lusern und des Fersentales in angemessener Weise die deutsche Muttersprache von der ersten Volksschulklasse an durch Lehrer deutscher Muttersprache gelehrt werde". Der Antrag wurde vom Provinzialrat einstimmig angenommen. Unternommen wurde aber in Wirklichkeit nichts, und kaum ein Jahr später wurde in Palai eine *Kindergärtnerin aus Neapel (!)* eingestellt.

— Im Herbst 1974 wurde mit einem Festakt in St. Orsola in Anwesenheit der Vertreter der Gemeinden des Fersentals und Luserns, der Pressevertreter der Region und Österreichs das *„Österreichische Fernsehen" (ORF)* vorgestellt. Den Empfang des österr. Fernsehens im *Fersental, Lusern und angrenzenden Gemeinden* hat die Trentiner Tiroler Volkspartei (PPTT) durch Aufstellung zahlreicher Umsetzer und Verstärker ermöglicht.

1975 — Im Dezember erklärt Regionalausschußpräsident Bruno Kessler im Regionalrat, daß ein gleichlautender Gesetzentwurf wie für die Ladiner des Fassatales auch für die Bewohner der Gemeinden Florutz, Gereut, Palai und Lusern dem Parlament unterbreitet werden soll. Der Regionalausschuß behalte sich vor, „diese Frage im Geiste der Weitherzigkeit zu prüfen".

1977 — Erst am 21. April wurde der Gesetzentwurf im Regionalrat behandelt. Alle italienischen Parteien sprachen sich geschlossen gegen den Gesetzentwurf aus. Mit besonders scharfen Worten geißelte Landeshauptmann Magnago diese unduldsame Haltung gegenüber einer kleinen sprachlichen Minderheit. Kommentar der Tageszeitung „Dolomiten": „. . . Diese italienischen Vertreter zeigen hier eine verhüllte Rücksichtslosigkeit jenen Menschen gegenüber, die keinen Schutz durch internationale Abmachungen genießen, und haben wiederum einmütig den Wunsch einer kleinen, hilflosen Gruppe zurückgewiesen — es wurde kleinlicher Nationalismus in schäbigster Form dokumentiert. Ja, nicht genug damit, der Sprecher jener Minderheiten ist während der Versammlung mit Hohn und Spott bedacht worden, von einer geschlossenen Front, bestehend aus Faschistennachfolgern und Roten aller Schattierungen, aus „Christlichen Demokraten . . ."

— Bereits einige Tage später, am 23./24. April, fand in Florutz gleichsam als Protest gegen diesen nationalistischen Exzess der *Kongreß der „Internationalen Vereinigung zum Schutz bedrohter Sprachen und Kulturen"* unter dem Vorsitz des Prof. Gustavo Buratti statt. In einer Entschließung wurden die Behörden aufgefordert, unverzüglich dafür Sorge zu tragen, daß auch den sprachlichen Minderheiten im Trentino die von der Verfassung und vom Autonomiestatut garantierten Rechte gewährt werden.

1978 — Der italienische Schriftsteller und Direktor des Volkskundemuseums von San Michele, Giuseppe S e b e s t a , hat vom 1. bis zum 3. September in St. Orsola im Fersental einen *internationalen Kongreß über das Fersental und die deutschen Sprachinseln im Trentino* veranstaltet, zu dem er eine beträchtliche Anzahl namhafter italienischer und deutscher Sprachwissenschaftler, Historiker, Volkskundler und Soziologen als Referenten gewinnen konnte. Die Vorträge wurden kurz darauf (1979) in einem Sammelband veröffentlicht. Besondere Beachtung fanden die Referate des Theologie-Professors Iginio R o g g e r : „Historische Daten über die Mocheni und ihre Siedlungen" und des Innsbrucker Univ.-Prof. Josef R i e d m a n n : „Bergbau im Fersental".

— Der Veranstalter des Kongresses, G. Sebesta, lebte vor Jahren selbst mehrere Jahre im Deutschfersental und hat darüber eine Reihe von Erzählungen geschrieben (1959 den Novellenband „La valle dei giganti" — „Das Tal der Giganten"). Als „Giganten" bezeichnete er die Deutschfersentaler deshalb, weil sie ihr väterliches, deutsches Erbe aus grauer Vorzeit durch viele „freud- und leidvolle Jahrhunderte zu verteidigen und zu bewahren vermochten".

1981 — Am 6. September starb in Florutz Altbürgermeister und Obmann des Fersentaler Kulturvereines, Peter Pompermeier; zu dessen Nachfolger als Obmann wurde Josef Molterer gewählt.

— In den letzten Jahren wurde das Straßennetz im Fersental ausgebaut und durchgehend asphaltiert. Als letztes Teilstück wurde von der Talstraße aus die Zufahrtsstraße nach E i c h l e i t fertiggestellt.

— Nachdem gegen Ende der 70er Jahre hinter Palai die Straße gegen den Fersina-Fluß verlängert und über eine neue, mächtige Brücke nach St. Felix-Innerflorutz weitergebaut wurde, stehen die deutschen Dörfer auf der linken Talseite jetzt mit Palai, dem letzten Dorfe auf der rechten Talseite, in direkter Verkehrsverbindung, und die Autofahrer können seither von Canezza aus eine Rundfahrt durchs Fersental machen.

III. Im Lande der Zimbern

Das deutsche Siedlungsgebiet erstreckte sich einst nicht nur auf große Teile des heutigen Trentino, sondern noch viel weiter südlich. Das gesamte Alpenvorland zwischen Etsch und Brenta und bis zum Piave war mit deutschen Siedlern stark durchsetzt. Boccaccio (1313 bis 1375) erzählt in einer Novelle über den Tod und das Begräbnis des seligen Heinrich von Bozen in Treviso, daß die Stadt voll von Deutschen gewesen sei, welche aus den umliegenden Bergen kamen.

Nach dem alten Schriftsteller Villanova reichte das deutsche Sprachgebiet bis nordöstlich von Padua, und Giovanni da Schio schrieb 1409 in einem Brief: „Ich bin ein Zimber, weil ich in jenem Land geboren bin, welches die von Marius vertriebenen Zimbern bebaut haben, das sich von der Etsch bis zum Adriatischen Meer erstreckt."

Auch die beiden „zimbrischen" Schriftsteller Dal Pozzo (Prunner) und Marco Pezzo haben in der Begeisterung für ihr Volkstum in den Fragen der Herkunft und der Geschichte dieser deutschen Volksreste zwar oft geirrt; aber in *einem* hat die spätere geschichtliche Durchforschung der Landschaften östlich der Etsch und haben namentlich die Ergebnisse der Forschungen zur Volks- und Siedlungskunde ihre Annahmen bestätigt: Sie hatten darin recht, daß sie ihr Volksgebiet und dessen Sprache durch die Linien eines Dreiecks begrenzt sein ließen, welche sie vom Südende des Gardasees bis Nefes (auch Navis, heute Lavis), der alten Südgrenze des zusammenhängenden deutschen Volksgebietes, und von da nach Südosten zum Schnittpunkt mit einer vom südlichen Gardaseeufer über Verona und Vicenza bis zur Brenta verlängerten Linie zogen.

Die spärlichen Reste alten deutschen Volkstums, die man heute noch in diesem Gebiete antrifft, sind nicht als Volks- oder Sprachinseln entstanden, sondern sind erst im Laufe der Jahrhunderte zu solchen geworden. Von ihnen gilt dasselbe wie von den sogenannten deutschen Sprachinseln im heutigen Trentino. Sie sind keine „geduldeten Niederlassungen arbeitsuchender deutscher Holzhacker und Kohlenbrenner", wie italienischerseits zur Begründung irredentistischer Ansprüche behauptet wurde, auch keine „aus Zufall dorthin verschlagene Deutsche", ebensowenig „vereinzelte deutsche Kolonistendörfer", wie selbst von manchen deutschen Schriftstellern vermutet wurde, sondern sie sind gleichfalls Reste eines ehemals ausgedehnten deutschen Volks- und Sprachgebietes, das mit dem Deutschtum im Etschland unmittelbar zusammenhing.

Urkundliche Nachrichten aus elf Jahrhunderten, Druckschriften aus mehr als 400 Jahren, Tausende von Örtlichkeits-, Ortschafts- und Familiennamen lassen die Richtungen und Wege verfolgen, welche die deutsche Besiedlung östlich der Etsch genommen hat und welche auch hier, in den Landschaften südlich des Trentino, die Deutschen als Kulturträger, als starkes Kolonistenvolk im Mittelalter erwiesen hat.

Die größte Ausdehnung, bis vor die Tore von Bern (Verona) und Wisentain (Vicenza), ja in diesen Städten selbst, erreichte das deutsche Volks- und Sprachgebiet im 15. Jahrhundert; und selbst noch im 16. Jahrhundert konnte ein italienischer Schriftsteller (vgl. Modesto Bonato im „Epilogo della Storia dei Sette Comuni, 1857/59) schreiben: „Die deutsche Rasse herrschte mit ihrer Sprache bis 1600."

Von dem *Vorplatze der Madonna del Monte Berico bei Vicenza* kann man fast das ganze ehemals deutschsprachige, sogenannte zimbrische Gebiet überblicken — vor allem im Frühling ein großartiger, unvergeßlicher Anblick!

Die ersten ausführlicheren und zusammenfassenden Nachrichten und Darstellungen über das deutsche Siedlungsgebiet im Raum südlich des heutigen Trentino stammen durchwegs von italienischen Schriftstellern, Gelehrten und Geistlichen, die diesen Gebieten ein lebhaftes — und man kann sagen — wohlwollendes Interesse entgegenbrachten.

Die bekanntesten italienischen Schriftsteller, die Zeugnis von der einstigen Ausdehnung des deutschen Sprachgebietes bis in den Raum von Vicenza dem Piavegebiet ablegen, sind folgende: Der Gelehrte A. Loschi aus Padua um 1400, F. Corna (1477), der venezianische Feldhauptmann Conte Caldogno (1598), Mariani (1673), M. Pezzo (1757, 1763, 1785), der Rechtsgelehrte von Persen, S. P. Bartolomei (1763, 1811), P. Tovazzi (1780), D. Catazzo (1820), A. Dal Pozzo (1820), A. Perini (1843), T. Bottea (1852), M. Bonato (1857, 1863), F. Ticini (1860), C. Cipolla (1882) und Msgr. G. Cappelletti (1925).

Über die Herkunft und die älteste Geschichte der sogenannten Zimbern ist bis in die letzten Zeiten viel herumgerätselt und sind viele Ansichten vertreten worden. Lange Zeit hat man diese deutsche Volksgruppe für Nachfahren der Zimbern gehalten, die sich angeblich nach der Niederlage durch Marius 101 vor Christus in diese Berghochebenen geflüchtet und hier behauptet und durch fast zwei Jahrtausende ihre Sprache bewahrt hätten. Die Bezeichung „Zimber" für die Deutschen in den Bergen von Verona und Vicenza taucht erstmals bei italienischen Dichtern des 12. Jahrhunderts auf und wird später von Gelehrten der Humanistenzeit (u. a. von Antonio Arzagaglia aus Verona im 14. Jahrhundert und Antonio Loschi um 1400) verwendet. Die ganze Überlieferung spricht dafür, daß wir es mit einer anfangs bloß gelehrt-poetischen Umschreibung des Wortes „deutsch, theodiscus" zu tun haben, die allmählich aus Wissenschaft und Dichtung ins Volk gedrungen ist.

Das Wort *Zimber* (ital. Cimbrino) als bodenständig weiterentwickelte Sprachform unmittelbar an den Namen der alten Zimbern anzuknüpfen, verbietet sich aus lautlichen Gründen ebenso wie seine Deutung als Kurzform für den volleren Ausdruck „Zimmermann".

DIE ÄLTESTEN NACHRICHTEN

Der aus Purk/Castelletto bei Rotzo in den VII Gemeinden stammende Abt *Agostino Dal Pozzo* (Augustin Prunner, 1732—1798) ist der erste namhafte Historiker, der in seinem Werk „ *Memorie istoriche dei Sette Comuni Vicentini"* (von seinem Landsmann Angelo Rigno-Stern als opus posthumum herausgegeben in Vicenza 1820) die bis dahin verbreitete irrige Meinung von der Abstammung von den Zimbern widerlegte und gleichzeitig ein auf historischen, urkundlichen und sprachlichen Fakten beruhendes Geschichtswerk über die Sieben Gemeinden schrieb.

Wie Alfonso Bellotto, heute einer der angesehensten Zimbernforscher, in seiner Untersuchung „Il cimbro e la tradizione longobarda nel vicentino" feststellt, hat bereits Agostino Dal Pozzo in seinem Werke geschrieben, daß das „Zimbrische" mindestens in das 9. und 10. Jahrhundert zurückreicht; eine Tatsache, die, wie A. Bellotto betont, später auch vom großen bayerischen Sprachforscher J. A. *Schmeller* (in seinem „Zimbrischen Wörterbuch", 1855, über die Mundart der VII Gemeinden) feststellte und die auch *Josef Schatz* (in seinem „Wörterbuch der Tiroler Mundarten", 1956) nicht leugnen konnte, als er, der sonst felsenfest überzeugt war, daß die sogenannten zimbrischen Sprachinseln erst im 12. und 13. Jahrhundert entstanden sind, feststellen mußte: „Es haben sich Wörter erhalten, die im geschlossenen tirolischen Sprachgebiet verloren sind, *Wortformen, die eine ältere Sprachstufe aufweisen."* (a.a.O., S. 9).

Dal Pozzo erwähnt eine in Verona in Verlust geratene Urkunde aus dem 8. Jahrhundert, in welcher von „Teodisci delle montagne Veronesi", also von Deutschen der Berner Berge, die Rede ist. — Am Ostende der XIII und VII Gemeinden bei Padua werden laut einer Urkunde vom Jahre 874 vom Bischof Rorius Besitzungen zu Monselice, Servarese und Maserada nach salischem Recht verschenkt; dabei werden die deutsch benannten Zeugen als Franken oder Alemannen angegeben. — In einer Urkunde aus Malò vom Jahre 1407 werden die Teutonici als „antiquo ibidem habitatores" (seit alters her dort wohnend) bezeichnet, derzufolge König Rudolf II. von Burgund dem Bischof Sibico von Padua den Besitz verschiedener Lehensgüter im Tal von Feltre und im Gebiet von Vicenza bestätigte, die diesem im Jahre 917 von König Berengar geschenkt worden waren, darunter auch Gallio, Asiago, Rozzo, Albaredo und Roana. Sibico besaß damit nach dem Wortlaut der Urkunde auch die Hoheitsrechte über die „ Harimani" (Deutsche) und „die anderen Bewohner" (Romanen). — Kaiser Otto I. gab 972 dem Bischof von Freising mehrere Güter östlich der Brint (Brenta) bei Castelfranco und Godego usw. — Um 1036 kam mit Kaiser Konrad II. der Deutsche Hezilo nach Oberitalien und wurde u. a. mit Romano bei Bassano belehnt, wonach sich dann die Ezeline benannten.

Aus 1040 stammt eine weitere historische Nachricht, welche vom Bischof Waltherius von Verona berichtet, der auf dem Hügel von San Pietro di Badia Calavena — dem zimbrischen Kalwein — eine Burg erbaute. Dieses Kalwein liegt bereits 19 km im Tale drinnen, von Ljetzan heraus 11 km, und galt zur Zeit der zimbrischen Höchstblüte bei den Veronesern als Hochburg der „stranieri". Im Jahre 1390 kam es zu einer Schlacht zwischen den Zimbern und den Carraresen, in welcher die „montanari teutonici" — die deutschen Gebirgsbewohner —, wie die Geschichte erzählt, den Sieg davontrugen.

In einer Urkunde vom 5. Februar 1287 wird das Gebiet, das vom Squaranto nach Illasi reicht, das heutige Roverè Veronese, vom *Bischof Bartolomeo della Scala von Verona* den beiden Udalrici, einer von Altissimo (Vicenza) und der andere „vom vicentinischen Bistum", mit weitgehenden Sonderrechten abgetreten, damit sie für sich und für jene „Teutonici", die mit ihnen dorthin kommen, um zu wohnen, Häuser bauen. In der Urkunde ist die *Gründung von 25 Höfen* vorgesehen, und der Bischof verpflichtet sich, den Siedlern einen deutschen Priester zu geben und ihnen eine Kirche zu bauen. Die beiden Anführer der Einwanderer übernehmen das *Amt von bischöflichen Gastalden*.

Nur einige Monate später, also noch im Jahre 1287, wurde eine weitere Urkunde in *Selva di Trissino* ausgestellt, womit der Graf von Trissino einem „Deutschen", Ulrich von Nogarole von Arzignano, in nicht weit von Selva entfernter Ort, in der dortigen Umgebung Land verleiht, um 36 *Häuser oder Höfe zu errichten*. Dies wurde aber sofort von der Gemeinde Trissino verhindert, die den Beschluß des Grafen anfocht. Dieser Urkunde mißt Alfonso Bellotto besondere Bedeutung bei, da sie zeigt, daß in diesem Gebiete auch die kleinen Gemeinden eine große Macht hatten, die nicht von kaiserlichen Konzessionen herrührt, sondern aus den örtlichen, dezentralisierten Überlieferungen der langobardischen Zeit stammte, als die „Vicinae" (Gemeinden) und ihre Vertreter mit öffentlichen Amtsbefugnissen ausgestattet waren (a.a.O., S. 13).

Agostino Dal Pozzo, der auch eine „Geschichte der Gemeinde Roana" und eine „Geschichte der Gemeinden und Kirchen auf der Hochebene (von Sleghe-Asiago)" sowie ein zimbrisches Wörterbuch mit ca. 9000 Vokabeln verfaßte, wird von Joseph Bergmann in seiner Einleitung zu J. A. Schmellers „Cimbrischem Wörterbuch" besonders gewürdigt, und gleichzeitig erinnert Bergmann an die vielen *Verbindungen und den bedeutenden Briefwechsel, den Dal Pozzo mit Gelehrten in Deutschland* und Italien besonders in bezug auf seine „Memorie istoriche dei Sette Comuni Vicentini" hatte.

AUS ERSTEN DEUTSCHEN FORSCHUNGSBERICHTEN

Der *Graf von Sternberg* hat in seiner „Reise in die österreichischen Provinzen Italiens" (Regensburg 1806) von S. 151 bis 160 auszugsweise 784 Wörter aus dem Wörterbuch des Agostino Dal Pozzo („Vocabolario domestico dei VII Comuni") mitgeteilt.

Mit der Erforschung der zimbrischen Sprachinseln befaßte sich um die gleiche Zeit u. a. auch *Erzherzog Johann*. Von ihm schreibt *Kotzebue* in seinen „Erinnerungen" (1805, III., S. 287):

„In der Gegend von Verona hat er historische Untersuchungen über die rätselhaften Dörfer (sette comuni genannt) angestellt, die ihren märchenhaften Ursprung noch von den Cimbern herleiten und in welchen ein uraltes Deutsch gesprochen wird. Der Erzherzog glaubt gefunden zu haben, daß die Einwohner dieser Dörfer zu den Zeiten Friedrich des Rotbarts in jene Gegenden versetzt worden. Er hat ein Vokabularium ihrer Sprache gesammelt, welches natürlich für den Sprach- und Altertumsforscher unendlich interessant sein muß. Sowohl dieses als auch die Resultate seiner historischen Untersuchungen wird er unserem Johannes Müller mitteilen, den er mit dem Titel seines Freundes beehrt."

Eine ähnliche Breitenwirkung wie von Agostino Dal Pozzo ging von seinem Zeitgenossen, dem aus den Dreizehn Gemeinden stammenden Abte *Marco Pezzo* (aus Grietz/Pezzo, Fraktion von Valdiporro/Boscochiesanova, † 1794) aus, vor allem von seinem 1762 erschienenen Hauptwerk „*Dei Cimbri Veronesi e Vicentini libri due di Marco Pezzo*" (3. um ein Vielfaches erweiterte Auflage). Die erste Abteilung dieses Werkes enthält 53 Seiten, die zweite mit einer Einleitung umfaßt bis zum Schluß, S. 104, das „Vocabolario Italiano-Cimbrico" von 1088 Wörtern.

Diese zwei Bücher von den veronesischen und vicentinischen Zimbern sind von *Ernst Fridrich Sigmund Klinge* ins Deutsche übersetzt in *Büschings Magazin* für die neueste Historie und Geographie, Hamburg 1771, Bd. VI, 51 bis 100, erschienen und darin ist auch das „italienisch-cimbrische Wörterbuch" von Marco Pezzo enthalten.

Mit der Frage der Herkunft und Abstammung der Zimbern hat sich unter den deutschen Forschern Ludwig Steub als einer der ersten ernstlich befaßt. In seinen „ethnographischen Betrachtungen in Wälschtirol und im venedischen Gebirge" (in „Herbsttage in Tirol") stellte er sich die Frage, ob die Leute von Trient, an der Etsch und der Brenta hinunter bis an den Po nicht alte oder vielmehr junge Langobarden sind, welche von den alten herstammen.

Besondere Beachtung verdient die Feststellung von Marco Pezzo, daß die Sprache der Zimbern keinesfalls von jener der Tiroler herstamme; beide Sprachen lassen sich zwar von derselben deutschen Muttersprache ableiten, aber die Zimbern haben „sehr wenig Unterhandlungen" mit den Tirolern gehabt, und man könne nicht behaupten, daß sie jemals aus Tirol gekommen sein sollten.

Auch *Josef von Hormayr* befaßte sich in seiner 1806 erschienenen „Geschichte von Tirol" mit der Herkunft der dortigen Bergbewohner und wandte sich gegen die Herleitung der deutschen Bevölkerung von den durch Marius besiegten Cimbern. Er nahm eine spätere Zuwanderung aus dem geschlossenen deutschen Sprachgebiet an und zog in diesem Zusammenhang einen Vergleich mit den Walsersiedlungen der Westalpen.

GELEHRTENSTREIT ÜBER DIE HERKUNFT DER ZIMBERN

A) ZUWANDERUNG IM 12. UND 13. JAHRHUNDERT AUS BAYERN?

Der große bayerische Sprachforscher Johann Andreas S ch m e l l e r besuchte in den Jahren 1833 und 1844 die wichtigsten Gebiete der Lessinischen Alpen, vor allem die Sieben und Dreizehn Gemeinden. Auf Grund seiner Sprachstudien kam Schmeller zu dem Schluß, daß es sich um eine relativ junge Besiedlung handeln müsse, denn die Sprache der Bewohner entspreche jener, die im 12. und 13. Jh. allgemein im deutschen Sprachraum gebräuchlich gewesen sei. „Was die Sprache der VII und XIII Communen usw. Altertümliches zeigt, reicht keineswegs höher als in diesen Zeiträumen hinauf. Von Dingen, die diesen Dialekt an irgendeinen noch früheren, etwa einen vermeinten cimbrischen... unmittelbar anzureihen nötigten oder erlaubten, ist so gut als keine Spur" (1838, S. 707). Es handelt sich nach Schmeller um eine süddeutsche Mundart mit starker Bindung an den bairisch-tirolischen Sprachraum.

Diese aus Ergebnissen der Sprachforschung gewonnene Ansicht vom Alter der Besiedlung fand von allem Anfang an keineswegs die Zustimmung aller. Hier waren es in erster Linie die deutschen Sprachforscher, die die Ansicht Schmellers teilten. In jüngster Zeit wurde Schmellers Theorie vom italienischen Sprachforscher *Carlo Battisti* und von den deutschen Sprachforschern *Josef Schatz* und *Eberhard Kranzmayer* († 1975) vertreten.

E. Kranzmayer schreibt in seiner Dissertation vom Jahre 1925 (1981 von seiner Schülerin, Univ.-Prof. Maria Hornung, Wien, herausgegeben) im Vorwort u. a. folgendes (S. 10): „Mit Sicherheit" könne man sagen, „daß die Zimbern wenigstens vorwiegend Bayern sind." Nach den Lautgesetzen kommen als Herkunftsorte im südbayerischen Raum nur das Oberinntal, Ötztal, die obere Loisach, das bayrische Gebiet der Ammer und des Lech in Frage. Zur Untermauerung seiner These verweist Kranzmayer auf die Urkunde von 1150, wonach das Bistum Freising in der Gegend der oberen Brenta Leute aus dem Gebiete der oberen Loisach ansiedelte. Sowohl die Herkunft als auch die Zeit der Besiedlung würden stimmen. Aber nicht alle Besiedler kamen von der oberen Loisach. So lassen sich in den XIII Gemeinden, aber auch in Zimbrisch-Tirol und sogar in den VII Gemeinden spezifisch alemannische Wörter feststellen. Zusammenfassend stellt Kranzmayer fest: „Zuerst kamen Kolonisten der oberen Loisach und breiteten sich über das ganze zimbrische Gebiet, das wahrscheinlich zum großen Teil gar nicht oder sehr schwach bevölkert war, aus. Später wanderten, besonders nach XIII und Zimberisch-Tirol (ohne Valsugana) Schweizer, und zwar nach XIII Gemeinden wahrscheinlich Appenzeller, nach Zimbrisch-Tirol (urkundlich für Folgaria verbürgt) Walliser zu. In Valsugana hatte dagegen das Tirolische wohl schon von vornherein das Übergewicht, und das Tirolische machte sich auch ziemlich stark im *Lägertal* (Folgaria, Vallarsa, Valterragnolo), weniger im Astikotal geltend. Für Valsugana ist es sogar nicht möglich, Besiedler aus der oberen Loisach aus der Sprache nachzuweisen." Als Zeit der Besiedlung gibt er, wie Schmeller, etwa das Jahr 1150 an. Später, so um 1200, seien allerdings verbürgte Nachschübe von Tirolern und Alemannen erfolgt.

Auch die Schülerin Prof. E. Kranzmayers, Univ.-Prof. *Maria Hornung,* Wien, hat die Thesen ihres Lehrers übernommen und die Herkunft der Zimbern folgendermaßen erklärt: „Die zimbrisch-deutsche Mundart der VII Gemeinden wurde vor 1200 auf das Plateau von Asiago von Westtiroler Siedlern verpflanzt. Die XIII Gemeinden mit Ljetzan sind eine Tochtergründung. Lusern ist eine späte Tochtergründung (16. Jh.) von Lavarone, das seinerseits von den VII Gemeinden gegründet wurde" (in: „Der Schlern", 1978, S. 523/24). Im Hinblick auf diese Theorie wurde dem u. a. von Maria Hornung gegründeten Verein die Bezeichnung gegeben: „Verein der Freunde der im Mittelalter von Österreich aus besiedelten Sprachinseln". Aber gegen diese etwas gewagten Behauptungen haben in jüngster Zeit vor allem namhafte italienische Sprachforscher Bedenken geäußert. So zitiert Prof. Alfonso *Bellotto,* einer der derzeit besten Kenner des Zimbernproblems und gleichzeitig ein Verfechter der Langobardentheorie, den vor einigen Jahren verstorbenen Sprachforscher Carlo *Battisti,* dessen Thesen in dieser Frage sonst eine auffallend enge Anlehnung an jene der heutigen Wiener Schule aufweisen, wo er feststellt: „Sicher sind die Untersuchungen von E. Kranzmayer, W. Steinhauser und A. Pfalz auf dem sprachlichen Gebiete des Süd- und Mittelbairischen interessant, das unseren

Sprachinseln näher zu stehen scheint als das Oberbairische. Aber ihre Ergebnisse bleiben fraglich und erweisen sich nicht geeignet als Nachweis für die Herkunft der Siedler" (A. Bellotto: Il Cimbro e la tradizione longobarda nel Vicentino, in Zschr. „Vita di Giazza e di Roana", 1974, Nr. 17/18, S. 17).

Ein anderer Sprachinselforscher, Wilhelm Baum, hat in einem Zeitungsartikel das Erscheinen seines Werkes über die Zimbern angekündigt, das nach seinen eigenen Worten „die erste wissenschaftliche historische Darstellung der Gründung der (zimbrischen) Sprachinseln" sein soll, „die im Gegensatz zur früheren Literatur nicht von phantastischen Abstammungssagen, sondern einzig und allein von dem bisher noch nie systematisch aufgearbeiteten Urkundenmaterial ausgeht." Als Kostprobe dieser Vorarbeiten veröffentlichte W. Baum einen „einzigartigen Fund", den der bayerische Sprachforscher J. A. Schmeller bereits vor über hundert Jahren gemacht, der aber bis jetzt von der Forschung unbeachtet geblieben sei. Bei dieser „Wiederentdeckung" handelt es sich um eine aus der Mitte des 11. Jahrhunderts stammende Urkunde aus dem Kloster Benediktbeuren mit der namentlichen Aufzählung von Auswanderern aus der Gegend von Benediktbeuren nach Verona, die während einer Zeit der Hungersnot auf Fürsprache des Abtes von Benediktbeuren von dessen Freund und Bischof von Verona aufgenommen wurden und denen er Land für Niederlassung zuwies. Dieser Urkunde mißt W. Baum eine so hohe Bedeutung bei, daß er sie „gewissermaßen als die Geburtsurkunde" der VII und XIII Gemeinden, d. h. der zimbrischen Gemeinden, bezeichnete.

In Wirklichkeit handelt es sich in diesem Falle nicht um eine seit J. A. Schmeller bis in die jüngste Zeit nicht mehr bekannte Urkunde, da darüber auch Josef Zösmair, unabhängig von Schmeller, am 11. Dezember 1919 in den „Innsbrucker Nachrichten" berichtete und W. Steinhauser sich ebenfalls darauf bezieht; übrigens sind diesem „einzigartigen Fund" bereits in unserer 2. Auflage (S. 103) und in der 3. und 4. vorliegenden Auflage (S. 139) rund 20 Zeilen gewidmet!

Aber es scheint zu gewagt, diese Urkunde als die „Geburtsurkunde" der VII und XIII Gemeinden zu bezeichnen, wenn man bedenkt, daß sich gerade in diesem Gebiet einst bedeutende Niederlassungen von Goten und später von Langobarden befanden und daß, wie E. *Hlawitschka* in seinem Werk „Franken, Alemannen, Bayern und Burgunder in Oberitalien" (siehe in der vorliegenden Auflage S. 23) nachweist, seit der Eroberung des Langobardenreiches im Jahre 774 durch die Franken eine große Zuwanderung von fränkischem Adel und Siedlern nach Oberitalien stattfand, und daß fränkische Krieger an allen strategischen Punkten die langobardischen Arimannen ablösten, und daß dieser Zustrom von Franken bis um die Jahrtausendwende anhielt, als mit Otto dem Großen ein neuer Abschnitt in der Italienpolitik der deutschen Kaiser begann.

Der große Tiroler Historiker *Otto Stolz* hat sich ebenfalls mit den einzelnen Herkunftstheorien der Zimbern in seinem Standardwerk „Ausbreitung des Deutschtums in Südtirol" (Bd. I, S. 89 ff.) befaßt und hat sich vor allem mit der Goten- und Langobardentheorie auseinandergesetzt, wonach die Sprachinseln Reste eines im frühen Mittelalter viel größeren Gebietes deutscher Niederlassung und Sprachgeltung gewesen seien. Otto Stolz vermochte sich von der Haltbarkeit dieser Auffassung nicht zu überzeugen. In seinem Werk, erschienen im Jahre 1927 (!), begründet er seine Ansicht, sich Schmeller anschließend, wie folgt: 1. das geschichtliche Alter der Siedlungen reiche nicht über das 10. und

11. Jh. zurück; und 2. handle es sich dabei nicht um Überreste einer in das Gebirge gedrängten, aus der Völkerwanderungszeit stammenden germanischen Bevölkerung, sondern um Pioniere einer aus Deutschland sich fleckweise vorschiebenden Ausdehnung (a.a.O., S. 91).

B) VERFECHTER DER LANGOBARDENTHEORIE

Einer der gründlichsten Kenner des vielseitigen Zimbernproblems in jüngster Zeit war zweifellos der große, aus Oberbayern stammende Sprachforscher und Volkskundler Bruno Schweizer (1897—1958), dessen Lebenswerk leider bis heute zum Großteil noch unveröffentlicht ist oder in schwer zugänglichen Fachzeitschriften vorliegt. Bruno Schweizer, der viel Zeit seines Lebens bei den Zimbern verbrachte, deren Sprache er selbst beherrschte und dessen engster, langjähriger Freund und Mitarbeiter der aus Ljetzan in den XIII Gemeinden gebürtige Zimbernforscher Msgr. Giuseppe Capelletti war, hat in seiner Untersuchung „*Die Herkunft der Zimbern*" (1948 erstmals erschienen in: Die Nachbarn, Jahrbuch für die vergleichende Volkskunde, und 1974 wieder abgedruckt in der Zschr. „Taucias Gareida", Nr. 14, S. 5—13, und Nr. 15, S. 5 bis 23) die Ergebnisse seiner vieljährigen Studien kurz zusammengefaßt. Dort geht er schon in der Einleitung von dem „abschließenden Urteil" von Otto Stolz über die Herkunft der Zimbern aus und faßt dessen Einwände wie folgt zusammen: 1. fehlten die Voraussetzungen, nämlich die Beweise, daß die Langobarden im Gebiet von Trient ihre germanische Volksart besser und länger bewahrt hätten als in anderen Teilen ihres Reiches, 2. reichten die wenigen Nachrichten, die wir über die erste deutsche Niederlassung in jenen welschtirolischen Sprachinseln haben, nicht über das 12. Jh. zurück, 3. befänden sie sich durchwegs in den höchsten Lagen des Landes, die aller Berechnung nach zuletzt besiedelt worden sind, 4. sei die Mundart dieser Sprachinseln im Trienter Gebiet gleich jener in den Sieben und Dreizehn Gemeinden der tirolisch-bairischen zunächst verwandt.

Dies seien, wendet Bruno Schweizer ein, nur negative Kriterien, die jederzeit durch neue Feststellungen oder Entdeckungen umgestoßen werden können und auch tatsächlich bereits durch die seit der Abfassung des Werkes (1927) neugewonnenen Erkenntnisse philologischer Art wesentlich eingeschränkt werden (u. a. schon durch die vorsichtigen und gründlichen Untersuchungen von St. Schindele „Reste deutschen Volkstums", Köln 1904, die sich gegen die reine Kolonisationshypothese stellen), ganz abgesehen davon, daß das stark gewachsene Interesse an der historischen und kulturellen Sendung des Langobardentums bereits verschiedene neue Bücher und Forschungen angeregt hat. Überdies bereite man auch auf italienischer Seite einschlägige Arbeiten vor.

Auch für ihn war, fährt Bruno Schweizer fort, solange er nur die Literatur über die Zimbern, diese selbst aber noch nicht persönlich kannte, die Annahme einer Ansiedlung bayerischer Bauern geradezu Evangelium und jede Verbindung mit Langobarden ebenso unsinnig wie eine solche mit den seligen Cimbern des Marius. Aber schon seine ersten knappen Aufnahmen, nach denen er Ende 1939 sein Büchlein über Giazza herausbrachte, belehrten ihn, daß wohl *von einer gewissen Verwandtschaft mit dem Südbairischen gesprochen werden müsse,* daß man aber *auf keinen Fall annehmen dürfe,* es habe sich im

Bauernhof in Florutz. Das abgelegene Fersental hat dem Besucher zwar eine Fülle von Abwechslung und Naturschönheiten zu bieten, aber die Bevölkerung der fünf „Deutschen Dörfer" ist arm. Zum Großteil sind es Kleinhäusler; nach altem Brauch werden Haus und Felder unter den Kindern zu gleichen Teilen aufgeteilt. Durch Zubauten wird der Platzmangel behoben.

Palai / Palù — die hinterste deutsche Gemeinde des Fersentales. Heute wie vor vielen Jahrhunderten sind die Bauernhöfe der fünf deutschen Dörfer des Fersentales Wahrzeichen eines fest gegründeten deutschen Bauerntums.

Wie im tiefen Mittelalter wurde nach dem zweiten Weltkrieg auf einigen deutschen Höfen des Fersentales der Pflug noch von Menschenhand gezogen, da die Zugtiere fehlten. Ein Großteil der Feldarbeiten wird von Frauen verrichtet, da die Männer auswärts ihr Brot verdienen müssen.

Lusern / Luserna — die einsame deutsche Siedlung am äußersten Rande der Hochebene von Folgaria-Lavarone, über dem steilen Hang des Astachtales.

Ljetzan/Giazza — die letzte deutsche Sprachinsel der Dreizehn Gemeinden im Prognotale (Lessinische Alpen); 44 km von Verona entfernt.

Über den gähnenden Abgrund des Lumieibaches wölbt sich die neue Brücke, welche die beiden abgelegenen deutschen Dörfer in den Bergen Friauls, O b e r - u n d U n t e r z a h r e (Sauris di sopra und Sauris di sotto), mit der Außenwelt verbindet. Die Straße zweigt mitten in Ampezzo ab und windet sich in 21 km Länge in vielen Kehren und Tunnels kühn empor.

Oberzahre/Sauris di sopra. Das Dorf hat seinen deutschen Charakter bis zum heutigen Tage gut bewahrt, und der Fremde, der vom Tagliamentotal hinaufkommt, sieht sich in ein echtes Tiroler Dorf versetzt.

Hotel an Hotel reiht sich in dem rund sechs Kilometer langen Straßendorf Bladen. Weicht man aber in die Nebenwege ab, sieht man sich plötzlich malerischen Gehöften mit breitausladenden, steinbeschwerten Dächern gegenüber, die im Pustertal oder in einem anderen Tiroler oder Kärntner Dorf stehen könnten. Spricht man mit den Einheimischen, antwortet der Großteil in einem echten, urtümlichen pustertalisch-osttirolischen Dialekt.

Zimbrischen gewissermaßen ein sonst überall verschwundener Urzustand des Bairischen — etwa des XI., XII. oder auch XIII. Jahrhunderts — erhalten.

Wenn man zu den Zimbern kommt, dann sei für jeden, der Bayern und Tirol kennt, der erste Eindruck der von wirklich echt einheimischen Menschen: dies seien keine Bayern und noch weniger Tiroler; solch germanisch aussehende blonde, blauäugige, hellhäutige Leute seien dort in Tirol und Bayern die Ausnahme, aber nicht die Regel.

Die Siedler einer späten Einwanderung, einer solchen im 12. oder 13. Jh., hätten niemals das Selbstbewußtsein und den Freiheitswillen, den kriegerischen Geist und republikanischen Sinn aufgebracht, der aus allen Nachrichten über die Zimbern und nicht zuletzt aus den Gesetzen und Statuten spricht, unter denen sie viele 100 Jahre lebten, und die sie natürlich immer wieder ihren Oberherren abtrotzen mußten. Auch hätte sich seines Erachtens auch irgendwo die Spur einer Einwanderungssage erhalten müssen, aus der Beziehungen zu Bayern oder Tirol zu entnehmen wären — aber trotz des erstaunlichen Sagenreichtums finde sich nichts davon. Im Gegenteil, die Leute kennen Tirol nur wie ein feindliches Hinterland und Deutschland oder Österreich erst, seitdem sie dort als „Italiener" Sommerarbeit suchten — was wohl erst seit 1803 möglich war. Unter „Deutsch" verstehen die Zimbern den Unterschied zum Romanischen.

Das, was man heute als *„Bairisch"* empfindet und beurteilt, sei jedenfalls nach Maßgabe der schriftlichen Überlieferungen fast ausschließlich Ergebnis der nachmittelhochdeutschen Zeit, also einer Zeit, in der die Zimbern auch beim spätesten Ansatz ihrer Abspaltung längst in ihren abgesonderten Wohnsitzen hausen mußten. Es müssen also doch irgendwelche Fernverbindungen auch noch in späterer Zeit bestanden haben, auf deren Bahnen verschiedene Entwicklungen nachmhd. Zeit gleichgeschaltet wurden. Dies sei unbestritten. *Das Zimbrische trage ja einen unverkennbaren tirolisch-bairischen Firnis.*

Für die Beurteilung der Herkunft seien aber auch noch andere Momente wichtig. U. a. müsse noch die überaus enge Bindung des Zimbrischen aller Gruppen an das Italienische bzw. an die romanischen Mundarten des umgebenden Raumes ins Auge gefaßt werden, die sich auf Lautgebung, Wortschatz, Bedeutung, Formenlehre und Satzbau erstreckt, ohne daß dadurch übrigens die Sprache radebrechend oder unbeholfen würde. Die Sprachmelodie und die ganze Diktion klinge völlig unbairisch-tirolisch.

Bruno Schweizer schließt seine Untersuchung, die eine Fülle von historischen, sprachlichen und volkskundlichen Elementen anführt, mit folgendem Wunsch: „Hoffentlich gelingt es den italienischen und deutschen Zimbernfreunden, den völligen Untergang dieses lebendigen Kulturdenkmals aufzuhalten und unter den neugewonnenen Gesichtspunkten noch recht viel neues Material historischer, rechtskundlicher, volkskundlicher, namenkundlicher und sprachlicher Natur beizubringen, das es gestattet, die vorliegend umrissenen Linien auszubauen und eine weitere Bastion gesicherten Wissens in den dunkelsten Bereichen der Germanenkunde aufzurichten."

Univ.-Prof. *Alfonso Bellotto*, heute einer der angesehensten italienischen Fachleute des Zimbernproblems, hat in verschiedenen Untersuchungen diese Frage behandelt und ist im Gegensatz zu Carlo Battisti und dessen Schule zu einem ähnlichen Ergebnis wie Bruno Schweizer gelangt; nur hat er auf anderem

Wege und mit vielen neuen Argumenten die Herkunft der Zimbern von den Langobarden mit großer Überzeugungskraft untermauert, vor allem im Werke „*Il cimbro e la tradizione longobarda nel vicentino*".

Es wäre wünschenswert, die wichtigsten Werke des Prof. Alfonso Bellotto allen Interessierten des deutschen Sprachraumes durch eine Übersetzung zugänglich zu machen. Große Verdienste würden sich die verschiedenen Zimbern-Vereine in Österreich und Deutschland erwerben, wenn sie sich endlich dafür einsetzten, das Gesamtwerk Bruno Schweizers herauszugeben, das bereits seit rund 30 Jahren vergeblich auf eine Veröffentlichung wartet.

Gotisch-langobardische Bauweise bei den Zimbern

Außer Bruno Schweizer vertrat u. a. auch der Volkskundler und Architekt *Alwin Seifert* die Ansicht, daß die Langobarden die Vorläufer der gegenwärtigen Bewohner der Sieben und Dreizehn Gemeinden seien. Während aber B. Schweizer dies vom sprachlichen und volkskundlichen Gesichtspunkte aus zu erhärten suchte, ging Alwin Seifert als Fachmann für Hausforschung von den verschiedenen altertümlichen Bauweisen aus. In seiner Untersuchung „Langobardisches und gotisches Hausgut in den Südalpen" (in „Der Schlern", 1962, S. 303—305) weist er auf seine wichtige Entdeckung in der auffallend altertümlichen Bauweise der Häuser und Wirtschaftsgebäude im Lande der Zimbern hin. Dabei geht er von folgender Tatsache aus: „Die Art, in welcher der Dachstuhl gebaut ist, gibt den einzigen sicheren Schlüssel zu der Erkenntnis, welchem Volksstamm das einzelne Bauwerk zugeordnet werden muß." Ebenso verweist er darauf, daß die Technik des Zimmermannshandwerks „mit einer geradezu unbegreiflichen Treue nicht nur über Jahrhunderte, sondern über Jahrtausende bis 1900 herauf unverändert in der alten Art erhalten wurde".

Bei seinen Forschungen kam er zum Ergebnis, daß in allen Dörfern auf der Hochfläche der Sieben Gemeinden, die in den Kämpfen von 1915 bis 1918 restlos zerstört worden sind, die Häuser steile Walmdächer hatten, die mit Langschindeln gedeckt waren, „eine Bauweise, die den zwingenden Schluß zuläßt, daß sie langobardischer Herkunft ist" (S. 304).

Auf der Hochfläche der Dreizehn Gemeinden, in 1400 m Höhe auf dem *Monte Valpiana,* nördlich von Bosco-Chiesanuova, traf er einen hölzernen Almstadel an, dessen schon sehr zerfallenes Dach mit Schilf (!) gedeckt war. Dazu stellt er fest, daß die bairischen Bauern „ihre Häuser bis in die neueste Zeit herauf immer nur mit Stroh gedeckt haben, nie mit Schilf. Das Eindecken mit Schilf aber waren die Langobarden gewohnt, und nur sie; sie waren ein paar hundert Jahre lang am Neusiedler See gesessen, und dort macht man heute noch alles aus Schilf, Wände und Dächer. Ein alter Bauer in einem der Weiler (der Dreizehn Gemeinden), der auf seinem Hof einen ganz kleinen Werkzeugschuppen mit steilem Schilfdach hatte, erzählte mir, daß diese Schilfdächer zum letzten Mal vor nunmehr fünfzig Jahren neu eingedeckt worden waren. Man hatte das Schilf viele Tagreisen weit mit Kuhgespannen aus den Sümpfen des Po bei Mantua geholt und 1300 m hoch den Berg heraufgefahren — so etwas ist nur möglich, wenn es in vielhundertjähriger Überlieferung so selbstverständlich geworden ist, daß über die Unzweckmäßigkeit niemand mehr nachdenkt („das hat mein Großvater schon so gemacht!'). Dabei hatten die Leute das Stroh vor der Haustür; denn selbstverständlich bauten sie ihr Brotgetreide auch auf der Hochfläche selber."

Aber auch einen letzten Rest von *gotischer* Besiedlung glaubt Seifert im Südalpenraum entdeckt zu haben. Und zwar kommt man, wenn man von Gargagnano am Westufer des Gardasees das Toscolanotal und die Valvestino nach Norden hinauffährt bis zum Ende der Straße in dem Dorf *Magasa*, und nach Nordosten noch 300 Meter höher steigt und einen Sattel überschreitet, in eine Art Almdorf. Da stehen in etwa 1300 m Seehöhe locker verstreut Zwiehöfe wie am Salten, nur viel kleiner und altertümlicher, jeweils ein gemauertes Feuerhaus mit flachem uralpenländischem Dach und daneben ein ebenfalls gemauerter Futterstall mit einem übersteilen Strohdach. Auch die Walme, die fast senkrecht stehen, sind mit Stroh mehr geflochten als gedeckt.

Diese Almsiedlung heißt *Rest,* und Seifert fordert die Sprachwissenschaftler auf, an diesem Namen Untersuchungen anzustellen. Der Dachstuhl dieser Futterställe sei eindeutig der ostgermanische, wie er noch heute überall von Finnland bis Montenegro gefunden werden könne: „Nur ein ostgermanischer Volksstamm konnte dieses Haus in den Südalpenraum mitgebracht haben und das wiederum können nur die *Ostgoten* gewesen sein."

Sicher gibt es in abgelegenen Hochtälern der Südalpen noch mehr Spuren ehemals gotischer Besiedlung, stellt A. Seifert in seiner Untersuchung abschließend fest. Zu vermuten seien sie in den strohgedeckten Futterställen in Stazzona, Germasino, Garzeno und noch weiter ins Gebirge hinauf über dem Nordwestufer des Comer Sees.

C) „WIR SIND DIE LETZTEN GOTEN..."

Sehr eingehend hat sich Adolf Schiber mit der Frage der Herkunft der Zimbern auseinandergesetzt. Bei seinen Untersuchungen ist er auf Grund eigener Studien und vor allem beim Vergleich mit jenen des italienischen Gelehrten Arturo Galanti auf überraschende Ergebnisse gestoßen. Beide leiten die Herkunft der Zimbern von den Goten ab.

Er geht zunächst davon aus, daß die Geschichte der Ostgoten in Italien keineswegs mit der Niederlage unter Teja in der Schlacht am Vesuv (552 n. Chr.) zu Ende sei, wie man aus Geschichtsbüchern, die etwas knapp gefaßt sind, wohl schließen könnte. Er weist auf das hin, was uns oströmische Quellen über den Fortgang des Kampfes berichten.

Demnach sollen sich die geschlagenen Volksreste der Ostgoten in Venetien niedergelassen haben, und zwar in den dortigen Alpentälern, um die Städte Verona, Vicenza und Padua.

Schiber versucht dies auch an Hand der Ortsnamen nachzuweisen. Während sich nämlich im Hauptsiedlungsgebiet der Langobarden, im damals als Ligurien bezeichneten Gebiete mit der Hauptstadt Pavia, zahlreiche langobardische Ortsbezeichnungen auf -engo, -enga und -enghe finden (Schiber hat deren etwa 70 in der lombardisch-venezianischen Ebene ermittelt, Steub schätzt sie auf rund 200), findet man solche Ortsnamen auf -engo im sogenannten zimbrischen Gebiete nur selten. Schiber erwähnt nur folgende Ausnahmen: Außer einem Falle im Mantuanischen sind drei Orte bei Verona in Anlehnung an die Brescianer Gruppe nahe dem Gardasee. Am linken Etschufer fehlen diese Ortsnamen völlig, nur weit östlich in der Provinz Treviso kommen wieder ein paar solche Namen vor: Merlengo und Porcellengo, das gar nicht sehr germanisch aussieht. Also — so stellt Schieber fest — finden sich in Zimbrien keine Spuren langobardischer Siedlungen!

Dazu bemerkt Schiber, daß die Langobarden schon vor ihrer Unterwerfung unter die Franken, auch dort, wo sie am dichtesten saßen, ihre Sprache meist aufgegeben, und hier im Zimbrien, wo sie gar nicht als Massensiedler nachzuweisen sind, sollten sie sie noch viele Generationen hindurch erhalten haben? Eine Betrachtung der Toponymie führt demnach zur Annahme, daß ein Germanenstamm in die Hügelgegend des Berico und der Euganei, in die Gefilde zwischen ihnen und den Alpen und in die Täler nicht nur um Schio und Marostico, sondern auch in die östlichen Seitentäler der unteren Etsch und in das Etschtal eingewandert ist.

Schiber schreibt in seiner Untersuchung „Die Deutschen im Süden der Alpen", daß u. a. nicht nur der Name Godego auf nichtromanische Bewohner, wie auch der Name des nahen Conegliano (urkundlich Coneclanum) von Semenzi auf „königlich" oder „Königsland" zurückgeführt wird; sondern ebenso sei auch zu beachten, daß gerade dieses Godego Kaiser Otto I. dem Bischof Abraham von Freising schenkte, was nahelege, daß er eine deutsche Gegend für die Schenkung auswählte, wie ja ohnehin die Annahme viel für sich habe, daß er die Marken von Verona und Aquileja nicht allein wegen der Pässe dem deutschen Reiche anschloß, sondern weil er dort starke Spuren deutschen Wesens gefunden hatte.

Adolf Schiber fragt sich natürlich, ob es einen gotischen Wortschatz gibt, den man unter allen Umständen in diesen Gebieten finden müßte. Dazu schreibt er, man finde doch fast für jedes deutsche Wort in den Lexiken einen Hinweis auf gotische Form, die naturgemäß immer etwas altertümlicher erscheint als die althochdeutsche, die eben um vier bis acht Jahrhunderte jünger ist. Übrigens enthalten zimbrische und überhaupt die Südtiroler Sprache manche Worte, die im Oberdeutschen nicht vorkommen oder doch nur vereinzelt. Dahin zählt Schiber: „lei" statt nur, „baita" für Haus (Baude?). „lek" für Graben (Taubenlek am Weißhorn), auch im italienischen Dialekt „küt" für sagt (Asiago, „kit" in der Mundart der Walser).

Gotische Worte, die sonst in deutschen Mundarten nicht vorkommen, hat ja auch das Bayrische, Pfaid für Hemd, Pfinstag vom griechischen Pempte wird auch von gotischer Berührung hergeleitet. Wenn man nun diesen Worten bei den Zimbern begegnet, so kann der Gebrauch ja aus Bayern kommen.

DIE SIEBEN GEMEINDEN AUF DER HOCHEBENE VON ASIAGO (SLEGHE)

Zwischen den Ortschaften Vezzena (Wiesen) und Ghertele (Gärtlein) am Fuße des Monte Pureck erreicht man im Astachtal bei Termine die alte österreichisch-italienische Grenze und kommt nach Asiago (Sleghe) und damit in das Gebiet der alten „Reggenza dei Sette Comuni Vicentini" oder der „Sieben Kameun", auch „Sieben Perghe" genannt, die über 400 Jahre hindurch eine Art kleiner Republik bildeten. Die Bevölkerung war ursprünglich ausschließlich „tautsch", d. h. hier wurde ebenso wie in den Dreizehn Gemeinden bei Verona, „zimbrisch" gesprochen.

Das Gebiet der Sieben Gemeinden auf der Hochebene von Asiago — von den Italienern einfach als „Altopiano" bezeichnet — kann auf eine bewegte Geschichte zurückblicken. Einst waren die Grenzen dieser Zimbernrepublik viel weiter gezogen und reichten an der Brenta bis S. Giuliano bei Levico, im Astachtal bis Calvene, also nahezu bis vor die Tore von Bassano. Dazu gehörte noch ein Teil der Talsohle des Canal del Brenta, der Valsugana und der Val Astico und außerdem alle Gebiete am Südabhang bis zur eigentlichen vicentinischen Ebene. Zu den späteren Sieben Gemeinden gehörten ursprünglich die Gemeinden rechts der Brenta, die Gebiete bis vor Grigno, Borgo und Levico, ein Teil von Lafraun und Lusern, Brancafora und Cogollo, Caltrano sowie alle nördlich von Breganze, Marostica und Bassano gelegenen Gebiete. Im Laufe der Zeit wurde diese sozusagen politische und sprachliche Einheit immer mehr zersplittert. Zunächst eigneten sich einige der im benachbarten Trentino herrschenden Adelsgeschlechter Valsugana an, dann Lafraun, Lusern und Brancafora. Kurz darauf trennten sich die Gemeinden Caltrano, Calvene, Cogollo und Tresché Conca.

Nach diesen Gebietsverlusten blieben 1327 nur mehr die eigentlichen „Sieben Gemeinden" übrig, die aus folgenden Gemeinden bestanden:

1. *Asiago — Sleghe* (1000 m — heute 6350 Einwohner) am Hang des Monte Corcione gelegen. Es wird 917 erstmals in Urkunden genannt und scheint nach 1000 als selbständige Gemeinde auf. Asiago wurde dreimal fast vollkommen zerstört: 1447, 1487 und während des ersten Weltkrieges (1916).

2. *Lusiana — Lusaan* (752 m — heute 4300 Einwohner) am Hang des Monte Cornione. Zahlreiche Flurnamen zeugen hier noch von der deutschen Vergangenheit. Lusiana ist die einzige Gemeinde auf der Hochebene, die während des ersten Weltkrieges nicht von Zerstörungen heimgesucht wurde. 1508 wurde es von Söldnertrup-

pen Kaiser Maximilians geplündert. — Von hier aus bietet sich ein herrlicher Ausblick auf die venezianische Ebene, die sich von den Lessinischen Bergen bis zur Lagune ausdehnt.
3. *Enego — Genebe* (800—1375 m — heute 4512 Einwohner) im Osten der Hochebene mit den Fraktionen Stoner, Marcesina, Val di Fabbro, Costa und den Weilern Fossa, Val Goda und Frizzon. Von Enego fällt das Bergmassiv des Lissers fast senkrecht ins Valsugana ab. Eine Straße führt nach Primolano, die andere zu den Gemeinden Fotza, Gallio und Asiago. Im ersten Weltkrieg wurde es teilweise zerstört bei den Kämpfen um den Lisser, Ortigara, Cima Caldiera und Marcesina, 1613 und 1772 war es von zwei Großbränden heimgesucht worden.
4. *Fotza — Vüsche* (1083 m — heute 1724 Einwohner). Auch diese Gemeinde wurde während des ersten Weltkrieges fast vollständig zerstört.
5. *Gallio — Ghel* (1090 m — 2860 Einwohner). 1508 wurde die Gemeinde von Söldnertruppen Maximilians vollständig zerstört, 1762 fiel sie einem Großbrand zum Opfer und im ersten Weltkrieg wurde sie neuerlich zerstört.
6. *Rotzo — Rotz* (938 m — 1020 Einwohner) ist die westlichste der Sieben Gemeinden und liegt am Fuße des Spitzberges. Dazu gehören die Weiler Castelletto, Valle und Albaredo. Rotzo ist die älteste der Sieben Gemeinden und war schon in der vorgeschichtlichen Zeit besiedelt.
7. *Roana — Roboan* (992 m — 1603 Einwohner) am Fuße des Monte Erio mit den Weilern Pozza, Toccoli, Sartori und Parnoli. Eine besondere Sehenswürdigkeit bildet die Brücke von Roana.

Diesen sieben Gemeinden waren aber noch folgende Fraktionen angeschlossen: Campese, Campolongo, Oliero, Valstagna, Valrovina, Roveredo Alto. Letzteres umfaßte: Vallonara, Crosara, San Luca, Conco, Fontanelle. Außerdem Roveredo Basso mit Costa, Romanella, Flasedo, Costa Lunga, Costa Curta, Marostica.

Wie bereits erwähnt, hat König Berengar 917, um die Alpenübergänge vor den Einfällen der Ungarn zu verteidigen, die Hochebene von Asiago den Bischöfen von Padua als Lehensherrschaft übergeben mit der Verpflichtung, Schutztruppen zu bilden und Befestigungen zu bauen. Es ist auffallend, daß sämtliche sieben Gemeinden (mit Ausnahme von Lusiana) sozusagen längs einer Achse angelegt sind, die sich von Osten nach Westen zieht. Die einzigen Verbindungswege zur Hochebene waren die von Valsugana, Enego, Val d'Astico und Rotzo. Nicht umsonst entstanden zunächst die Gemeinden Rotzo und Enego; Asiago ist viel jüngeren Ursprungs.

Der Freiheitswille der dortigen Zimbrer offenbarte sich bereits 1204, als die Gemeinden ihren Willen gegenüber den Lehensherren durchzusetzen verstanden und sich schon damals eine Art Selbstregierung erzwangen.

1310 wurde die Republik der „Sieben Kamäun" ausgerufen und im Artikel eins der Verfassung heißt es: „Das Wohl des Volkes ist das

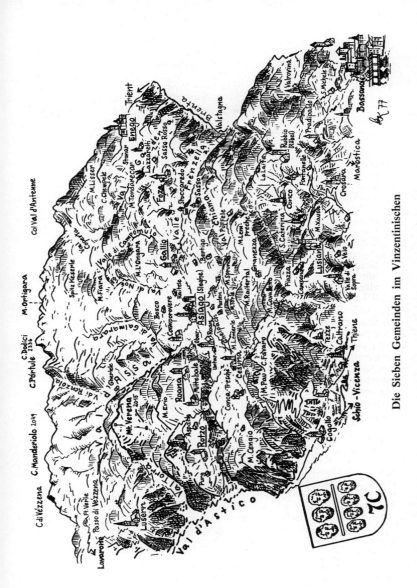

Die Sieben Gemeinden im Vinzentinischen

Wohl der Regierung und das Wohl der Regierung ist das Wohl des Volkes" (proklamiert am 29. Juni 1310). Die Regierung bestand aus 14 Regenten (je zwei aus einer Gemeinde, die frei gewählt wurden). Der „Kanzler" war der Regent, und auf dem ehemaligen Regierungsgebäude in Asiago stand am Eingangstor geschrieben:

„Sleghe (Asiago) und Lusaan (Lusiana) — Genebe (Enego) und Vüsche (Fotza) — Ghel (Gallio), Rotz (Rotzo), Roboan (Roana) — Dise saint Siben — Alte Komeun — Prüdere Liben."

Die in Klammern angeführten italienischen Bezeichnungen fehlen selbstverständlich auf der Inschrift, da es sie damals ja noch nicht gab. Und an der Eingangstür zum Sitzungssaal war die Inschrift angebracht: „Septem Communium hic Regitur Provincia" (Dies ist der Sitz der Regierung der Sieben Gemeinden).

Die Republik der Sieben Gemeinden hatte ein kleines, 700 Mann starkes Heer in Friedenszeiten und bis zu 4000 in Kriegszeiten. Sie hatte diplomatische Vertreter in Venedig, Verona, Padua und sogar in Wien. Ihre Unabhängigkeit verteidigten sie mehrmals unter großen Opfern. 17 Jahre nach der Ausrufung der Republik stellt sich die Regierung freiwillig unter die Oberhoheit des Cangrande Della Scala von Verona und handelte sich dafür große Vorteile aus; so vor allem die Achtung ihrer eigenen Souveränität innerhalb des eigenen Gebietes. Diese Vorteile behielten sie durch Jahrhunderte bei. 1405 schlossen sie sich freiwillig der Republik Venedig an. Während des Kampfes der Republik Venedig gegen die Türken rüstete die Regierung der Sieben Gemeinden ein kleines Heer aus, das für Venedig kämpfte. Der kleine Alpenstaat, der sich mit eigenen Gesetzen und Dekreten regierte, erweckte das Interesse des Königs von Dänemark, Friedrich IV., der 1708 dem „Lande der Zimbern" — wie er es bezeichnete, einen Besuch abstattete, um deren „vorbildliche Verfassung" zu studieren. Der König wurde von der Bevölkerung in Vicenza begeistert mit dem Rufe empfangen: „Es lebe unser König!"

Die ängstlich gehüteten Freiheitsbriefe der Sieben Gemeinden fand Schmeller 1833 im ehemaligen Gemeindehaus in Schläge in Abschrift oder Abdruck; sie lagen in einem alten Schranke mit der Inschrift: *Hia saint de Brife von Siben Kameun*. Auch Alfred Baß, der Verfasser der Schrift „Deutsche Sprachinseln in Südtirol und Oberitalien", 1899, besuchte mit dem dort seßhaften Herrn J. A. Vescovi das Museum von Asiago und sah im Urkundenschrank die Freiheitsbriefe der Sieben Gemeinden und in der Schulbücherei fand er einige Exemplare des zimbrischen Katechismus, 1813 in Padua gedruckt.

Die *„Freiheiten"* der Sieben Gemeinden bestanden in der Befreiung von allen Sach- und persönlichen Abgaben des Staates, von allen Mauten und Auflagen, zollfreier Handel mit Waren, Wein, Korn, Wolle und Schafen im ganzen Staate, zollfreie Einfuhr aller Bedürfnisse und das Recht, ihre Herden im Winter auf fremdem Gebiete in der südlichen Ebene weiden zu lassen. Diese Vorrechte, die denen gleichen, die Kaiser Friedrich Rotbart 1177 den an die welschen Marken am Splügen zur Wacht vorgeschobenen deutschen Rheinwaldern verlieh, wurden von etwa 1320 an bis 1399 siebenmal und unter der Herrschaft Venedigs noch oftmals bestätigt. Dabei werden sie im Jahre 1388 ausdrücklich „Theutonici", d. h. Deutsche genannt. Die einzige Gegenleistung außer geringen Geldabgaben war, daß sie, wie schon 1357 erwähnt wird (Privilegi originarj, o. O. u. J. — wohl Asiago, 1804, 351 Seiten, von 1339 bis 1803 reichend), alle Übergänge nach Deutschland zu hüten hatten. In der Bestätigungsurkunde der Freiheiten durch den Dogen von Venedig im Jahre 1417 heißt es: „Wir bestätigen dem Volke der Sieben Gemeinden die Freiheiten, Gnaden und Ausnahmen, welches es vor unvordenklichen Zeiten, als Vicenza noch ein Freistaat war, genossen hat." Und Vicenza wurde 1164 Freistaat, blieb es aber nur bis 1212. Als freie Miliz stellten sich die Zimbern in oftmals bezeugter Treue ihren Herren zur Verfügung. Dafür hatten sie auch bis in die österreichische Zeit hinein (mit Ausnahme der italienischen Herrschaft von 1806 bis 1814) das Recht, stets Waffen zu tragen. Das ging so weit, daß sie selbst in die Kirche die Waffen mitnahmen. Dal Pozzo (a. a. O., S. 212 f.) schreibt, daß „die Bischöfe bei ihrem Besuche der Zimbernkirchen nicht aufhörten, gegen diesen abscheulichen Mißbrauch, den heiligen Handlungen so bewaffnet beizuwohnen, eiferten und verlangten, daß sie die Gewehre außerhalb der Kirchenpforte niederlegten." Noch Papst Klemens XIII. (1758—1769) schärfte diesen Kampf den Predigern dort ein. Ein Besucher von 1806 erzählt, daß dort während des Gottesdienstes vor der Kirche so viele Gewehre angelehnt seien, daß ein Fremder da eine stark besetzte Hauptwache suchen möchte.

Bis zum ersten Weltkriege war noch in Schläge das *Siegel* der „siben kameün" mit den sieben Männerköpfen zu sehen, ebenso die *Fahne* der Sieben Gemeinden mit den sieben blonden Köpfen im Mittelschilde (abgebildet bei A. Baß, a. a. O., S. 80e), die von der Selbständigkeit dieser deutschen „Grenzer" kündet. Während des ersten Weltkrieges wurde sie nach Marostica gebracht.

Als ein wichtiger Zeuge des Deutschtums in dem Raume von Vicenza sei hier noch der deutschredende *Graf Francesco di Caldogno* zitiert. Vom Dogen von Venedig Grimani beauftragt, berichtete er 1598 über seine Erfahrungen in den Wisentainer Bergen: *„Relazione delle Alpi Vicentine e de' passi e popoli loro"* (1972 vom Kulturverein von Roana im Originaltext herausgegeben). Er schrieb, daß nicht nur die Bewohner der Sieben Gemeinden, sondern auch die des ganzen übrigen Wisentainer Gebirges (siccome tutti gli altri de' montagna) gewöhnlich Deutsch sprechen; sie eigneten sich sehr zum Kriegsdienste. Um sie leichter zum Milizdienste zu bewegen, riet er, sie unter deutschen Befehl und Offiziere ihrer Sprache und Nationalität zu stellen. (Bei den Sieben Gemeinden war dies schon 1586 zugestanden.) *Noch nicht viele Jahrzehnte* sei es her, daß *ein Teil von ihnen in der Nähe der Stadt Vicenza ihre Muttersprache verloren haben*. Außer den Dreizehn (mit 36.000 — wohl falsch statt 3.600) und den Sieben Gemeinden (mit 5.000 Mann — mit den zugewandten Orten?) veranschlagt er vom Prekeltale an ostwärts die waffenfähige Mannschaft von Arzing (mit 800), S. Pietro Mussolino (800), Altissimo und Crespadoro (600) und Durlo (300) auf 2.500 Leute, von der Gemeinde Recoaro (Rikober) auf 800, die sehr trotzigen Bergler des Grafen- und Herrentales, *alle von derselben deutschen Sprache,* auf 800, die von Enna (Henna) und Torrebelvicino (bei Schleit) auf je 100 Mann. Das ergäbe für das Wisentainer Gebiet allein (mit den Sieben Gemeinden, aber ohne die Dreizehn Gemeinden) eine deutsche Landwehr von 10.000 Mann (im Jahre 1805 wurde amtlich in den Sieben Gemeinden und zugewandten Orten noch eine Miliz von 2.458 Mann einberufen) bei einer Bevölkerung von 30.095 Personen.

1807 machte Napoleon der Regierung der Sieben Gemeinden ein Ende.

Aber schon während der Zeit der Republik gingen einige Gebiete verloren. 1535 wurde das Gebiet von Marcesina von den Bewohnern Grignos erobert. Das Alpengebiet von Costa di Vezzena und andere kleinere Hügel wurden 1536 an Levico verkauft. Zwischen 1605 und 1807 trennten sich: Vallonara, Campese, Crosara, Oliero, und 1850 die angeschlossenen Fraktionen Campolongo, Valstagna, Val Rovina, San Luca, Conco und Fontanelle.

Über die einstige Ausdehnung der Zimbrer rings um die Hochebene von Asiago und den allmählichen Rückgang des Zimbrischen berichtet u. a. sehr ausführlich der Abt Agostino Dal Pozzo, der selbst aus den Sieben Gemeinden stammt, in seinen „Memorie Istoriche dei Sette Comuni Vicentini" (1820).

Er schreibt darin, daß das Zimbrische bereits in einigen Dörfern „unserer Berge" erloschen und daß es auch in anderen nach und nach am Schwinden ist. Bis zum Jahre 1000—1100 habe man nicht nur auf der gesamten Hochebene, sondern auch weiterum bis in die tiefsten Täler, vor allem in Valle Lagarina und Valsugana, deutsch gesprochen und durch diese beiden Täler war die Verbindung mit dem „großen deutschen Reiche" hergestellt. Unwiderlegbare Spuren finde man noch auf den Südabhängen und im Tale der Brenta bis zur Etsch. Campese, ein Dorf an der Mündung der Brenta, nannte man seit 1100 „Kan wisen" (gegen die Wiese) und daraus sei später die **italienische** Bezeichnung Campese entstanden. Im Raum von Angarano, wo die Straße von Bassano nach Marostica vorbeiführt, liegt ein Weiler, wo es zur „Rebe" heißt.

Noch zahlreichere deutsche Spuren finde man in Tretto, Posena, Valle de' Signori, de' Conti usw. Auch auf dem Hügelrücken, der sich von den Alpen in Richtung Schio hinzieht, habe man bis 1400 deutsch gesprochen. Aus einer Urkunde aus dem Jahre 1225 gehe hervor, daß zahlreiche Dörfer von Valle Lagarina bis dahin deutsch sprachen, und zwar dieselbe Mundart wie in Folgaria, Terragnolo, Giazza, Povegno, **Vallarsa** usw.

In Valsugana, das früher nur von wenigen Italienern besiedelt war, **habe** sich die deutsche Sprache viel länger erhalten, und zwar bis zum Beginn dieses Jahrhunderts (1820), obwohl unterdessen die italienische Sprache in mehreren Orten Eingang gefunden hatte. Deshalb mußte man im Laufe einiger Jahrhunderte zwei Pfarrer ernennen, einen für die Italiener, einen für die Deutschen. Dies sei der Fall gewesen in Borgo, Telve, Roncegno, Castelnuovo und wahrscheinlich in jedem anderen Orte jenes Tales. In Borgo bestand diese Einrichtung bis 1500.

Die deutsche Sprache sei von der italienischen zunächst in Siedlungen in der Ebene verdrängt worden. Anschließend drang das Italienische auf die südlichen Abhänge der Gebirge vor, drang in Valle Lagarina ein, „vertrieb es von dort und aus den nahen Tälern oberhalb Trient bis St. Michael an der Etsch". Später siegte das Italienische auch in Valsugana und in den übrigen Tälern. So seien nur mehr folgende deutsche Orte übriggeblieben: Brancafora, Laste Basse, Case Nuove im hinteren Valle d'Astico.

Das Italienische sei jetzt (1820) sogar in „unsere eigenen Stellungen eingedrungen". Als erste verloren ihre Sprache die Ortschaften Tretto, Tonezza und andere zwischen den Sieben und Dreizehn Gemeinden gelegene Dörfer, die ob ihrer Lage wenig Verbindung mit den Deutschen hatten, aber sehr viel mit den Italienern in Berührung kamen. Recoaro habe die deutsche Sprache bis zu Beginn des 19. Jahrhunderts bewahrt. Ein Jahrhundert vorher habe Lusiana, eine der Sieben Gemeinden, die deutsche Sprache abgelegt, ebenso Enego, die östlichste Gemeinde.

Abschließend stellt Dal Pozzo fest, „diese raschen Fortschritte der italienischen Sprache zum Schaden unserer deutschen Mundart zeigen uns leider die bevorstehende vollständige Vernichtung des Deutschen an, und vielleicht vergeht kaum mehr ein Jahrhundert, bis auf diesen Bergen kein Mensch mehr deutsch spricht". Zum Glück hat sich Dal Pozzos pessimistische Voraussage bis jetzt noch nicht bewahrheitet. Möge der Univ.-Prof. Klaus Matzel von der Universität Regensburg Recht behalten, der im Juni 1971 eine wissenschaftliche Exkursion nach Ljetzan und Lusern leitete und dabei feststellen konnte, daß die Anstrengungen, den Dialekten von Ljetzan und Roana eine gleichartige Stellung zu verschaffen, nicht ergebnislos geblieben sind: „Denn wiewohl schon seit längerer Zeit ihr Erlöschen in absehbarer Zeit mehrfach vorausgesagt worden ist, konnten sich die Exkursionsteilnehmer davon überzeugen, daß solche Prognosen die Zählebigkeit angeborener Dialekte offenbar unterschätzen." („Vita di Giazza e di Roana, II. Jg., Nr. 7, 1971.)

Besuch Beda Webers in den Sieben Gemeinden

Beda Weber stattete den Sieben Gemeinden ebenfalls einen Besuch ab und schrieb in seinem Handbuch für Reisende „Das Land Tirol" (1838) darüber folgendes:

„Die Sieben Gemeinden, zehn bis elf Stunden nördlich von Vicenza auf den hohen Gebirgen, welche Tirol von Italien scheiden, haben eine Bevölkerung von ungefähr 40.000 Seelen deutscher Abkunft. Die Sprache der Bewohner kommt der plattdeutschen und dänischen am nächsten. Die Weiber und Kinder, welche niemals ihre heimischen Gebirge verlassen haben, verstehen und sprechen das Italienische nicht, während die Männer, welche zur Hut ihres Viehes im Winter abwesend sind, den venezianischen Dialekt reden. ... Der Winter dauert hier vom September bis tief in den Mai hinein. Die Häuser sind aus Erde oder Feldsteinen erbaut, und mit Stroh oder Binsen gedeckt. Nur in Asiago, dem Hauptorte der Sieben Gemeinden, sieht man ein Haus aus Backsteinen, das einzige im ganzen Gebiete.

Die Männer sind kräftig gebaut und erinnern an die Festigkeit und Stärke der nordischen Völkerschaften. Sie haben starke Backen, kleine Augen und eine platte Nase. Ihr Wuchs reicht weit über das Mittelmäßige hinaus. Die Weiber sind weder schön noch zart. Unter der Oberherrschaft der Republik Venedig bildeten die Sieben Gemeinden eine Art Freistaat und erschwangen sich durch mancherlei Gunst von seiten der Regierung, welche die unwandelbare Treue dieser Gebirgsbewohner sehr hoch schätzte, zu einem bedeutenden Wohlstand. Nur mit Mühe und großer Klugheit wurde die Gleichstellung derselben mit den übrigen Bewohnern des italienischen Königreiches unter der französischen Regierung bewerkstelligt. Biederkeit und Treue sind die hervorstechenden Züge dieses einsamen Bergvolkes, so wie die feste Anhänglichkeit an das Alte und Bestehende."

Bis vor dem ersten Weltkriege befand sich an der Kirche in Asiago eine Sonnenuhr an der Südwand mit der Inschrift:

„Ich schbaige, benne de lichte vehlmar
un selten rede, aber bahr
Rodighiero Christian Glöckl un
Costa Hans Pruk Michen 'z jahr 1890."

Vor dem ersten Weltkrieg war das Zimbrische in den Sieben Gemeinden da und dort noch nicht erloschen, und Univ.-Prof. Lessiak und Dr. A. Pfalz gelangen im September 1912 in Asiago (Sleghe) mehrere phonographische Aufnahmen, von denen eine in den von Seemüller herausgegebenen „Deutsche Mundarten, V., S. 59 ff., veröffentlicht ist.

Auch Bruno Schweizer hat in den vierziger Jahren umfangreiche Texte in den Sieben Gemeinden aufgezeichnet. In den Orten Rotze (Rotz) und Murk (Castelletto) fanden sich nur noch wenige Personen, die das Zimbrische beherrschten. In Asiago waren in einigen Familien noch einzelne zimbrische Ausdrücke bekannt, und die Hotelkellner wissen selbst heute noch, was proat oder bain (Brot, Wein) bedeutet, aber in Wirklichkeit ist hier das Zimbrische genau so abgestorben wie im benachbarten Gallio (Ghel). Die endgültige Italienisierung der Hochebene von Asiago wurde durch den ersten Weltkrieg herbeigeführt, als dieser Raum Frontgebiet war, die Bevölkerung deshalb ihre Wohnsitze verlassen mußte und nach dem Kriege nur zum Teil wieder dorthin zurückkehrte. Die zerstörten Städte und Dörfer wurden nach dem Kriege in italienischem Stil wiederaufgebaut.

DIE DREIZEHN GEMEINDEN IN DEN LESSINISCHEN ALPEN

Die Dreizehn Gemeinden in den Lessinischen Alpen bei Verona haben zum Großteil schon vor den Sieben Gemeinden ihr Deutschtum eingebüßt. Wie bereits erwähnt, waren laut Agostino Dal Pozzo davon um 1739 noch zwölf Gemeinden und 1820 nur mehr neun deutsch. Bis zum heutigen Tage erhielt sich die deutsche Sprache teilweise nur mehr in dem Gebirgsdorf Ljetzan-Giazza und in einigen umliegenden Weilern.

Die Namen der Dreizehn Gemeinden, unter denen sie heute bekannt sind, tragen keineswegs einen germanischen Charakter; allerdings ist dabei zu bedenken, daß sie uns nur aus dem veronesischen Schrifttum überliefert sind, woraus natürlich nicht hervorgeht, wie die Zimbern selbst die Siedlungen in ihrer Sprache bezeichnet haben.

Wohl aber begegnet man auch hier einer Fülle deutscher Personen-, Haus- und Flurnamen, von denen nachstehend einige als Beispiele aufgezählt seien; Purch (Castelletto), Alspach (Albaredo), Goisental (Val Capra), Tondarecke (Donnerecke), Rottenberg (Rotenweg), Schneidergarte, Binichel (Winkel), 's Kerchle von seilighen Baiblen, Kanoppan Louch (Knappenloch), Kalach Gruebe, Naughe Bise (Neuwies), Kitzer Stuan (Kitzstein) usw.

Nachstehend die Namen der Dreizehn Gemeinden:
1. *Velo Veronese;* man stellt es ob seiner urkundlichen als auch mundartlichen Form (zimbrisch Vellje) zum deutschen Feld.
2. *Val di Porro* (Porrental).
3. *Azzarino.* Laut Msgr. Cappelletti, dem verdientesten aller Zimbernexperten, ist das Wort vom venezianischen àzere - Damm hergeleitet.
4. *Roverè di Velo* — heute Roverè Veronese genannt.
5. *Camposilvano.*
6. *Selva di Progno,* zimbrisch Prugne, kann einem zimbrischen Wort entstammen.
7. *San Bartolomeo Tedesco,* heute San Bartolomeo della Montagna oder San Bortolo genannt, heißt auf zimbrisch Bòrtolom und kam erst später zum „Vikariat" der Dreizehn Gemeinden.
8. *Badia Calavena* oder Avodo; zimbrisch Kalwein oder Màbado: einst Sitz der Gerichtsstätte der Dreizehn Gemeinden und des Vikars von Venedig, der die deutsche Sprache beherrschen mußte.
9. *San Mauro di Saline,* nach dem hl. Moritz, Bischof von Verona, der hier zu Anfang des 7. Jahrhunderts lebte und eine Wasserquelle aus dem Boden gerufen haben soll, benannt.
10. *Chiesanuova* — das zimbrische Nuagankirchan (Neue Kirchen).
11. *Tavernola.*
12. *Erbezzo,* eine seit dem 11. Jahrhundert bestehende Burg.

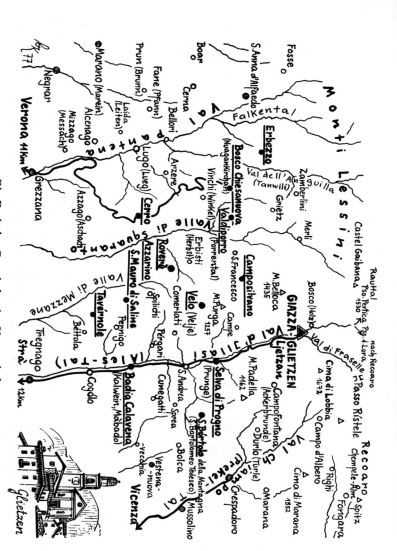

Die Dreizehn Gemeinden im Veronesischen

13. *Cerro Veronese*, soll mit einer im Jahre 969 als Silva Alferia angegebenen Waldung identisch sein. Ein benachbartes Gebiet war die Silva Hermanorum, welches Wort germanisch klingt und zum althochdeutschen „heriman" — Kriegsmann oder Heergenosse — zu stellen ist.

Die Gemeinden wurden 1403 in ein „Vikariat" vereint, das zunächst unter der Herrschaft der Visconti von Mailand stand. Dieses „Vikariat" wurde als das „Vicariatus Montenearum Theutonicorum" bezeichnet.

Die erste Nachricht über die letzte noch bestehende deutsche Sprachinsel in den Dreizehn Gemeinden, Ljetzan-Giazza, findet sich in einer Urkunde aus Verona vom 20. Oktober 1409. Es handelt sich dabei um einen Verkaufsvertrag von Besitzungen in Roverè di Velo, in welchem erstmals einige Besitzer genannt werden, die an Ljetzan angrenzten und einige andere, die ausgesprochen deutsche Namen haben. Später stellte sich das „Vikariat" unter die Schirmherrschaft der Herren della Scala von Verona und anschließend unter jene der Republik Venedig. Venedig tastete die Form der Selbstregierung seiner deutschen Untertanen in den Dreizehn und Sieben Gemeinden nicht an. Der Statthalter der Markusrepublik, der in Badia Calavena seinen Sitz hatte, mußte die deutsche Sprache beherrschen. Die Regierung des Vikariats der Dreizehn Gemeinden bestand aus dem „Großen Rat" mit 39 Mitgliedern, der unter Vorsitz des venezianischen Statthalters oder Vikars in Velo zusammenzutreten pflegte, und dem „Kleinen Rat" mit 13 Mitgliedern, der in Badia Calavena tagte. Der Untergang des Vikariats der Dreizehn Gemeinden erfolgte 1793, als die Republik Venedig durch Napoleon gestürzt wurde.

Der Sturz der Republik Venedig um 1793 brachte auch für die deutschstämmigen Zimbern der dreizehn veronesischen Gemeinden die Aufhebung der alten Rechte zur Selbstverwaltung. Damit setzte auch der Kampf um ihr deutsch-zimbrisches Volkstum stärker ein, das sich bis dahin gut behauptet hatte.

Darüber schrieb Hans Fink in einem Artikel „Fersentaler, Knappenberger und Zimbern in den Tiroler Freiheitskriegen" in den „Dolomiten":

„Es kam Napoleon", berichtet uns der zimbrische Volksmund, „und zwang uns, unsere Selbständigkeit aufzugeben, Gemeinden zu bilden und uns ihm zu ergeben. Das war der Anfang vom Ende."

Als sich die Bevölkerung Ljetzans (Giazza) den französischen Anordnungen zur Wehr setzte, sperrte man 30 Männer des Ortes ins Gefängnis von Tregnago. Don Gugole — Ljetzans kämpferischer Kurat (1798) — der sich für die schwer ringenden Zimbern mit aller Kraft einsetzte, kaufte die 30 Leute wohl mit eigenen Mitteln los, doch die vom Staats wegen beschlossene Untergrabung des zimbrischen Wohlstandes, der Eigenverwaltung und Selbständigkeit, war nicht mehr aufzuhalten und griff unaufhaltsam um sich. Man hörte erzählt man in alten Häusern Ljetzans von jener gewaltsamen Unterdrückung und spitzfindigen Übervorteilung, wogegen das gerecht denkende Bergvolk — ohnmächtig wie es als vom übrigen Deutschtum restlos isolierte Sprachinsel war — nichts entgegenzustellen vermochte als passive Resistenz.

Einer der Männer, die es als erste wagten, sich gegen die französische Herrschaft aufzulehnen, soll auf dem Hof „Erkolij" in Ljetzan gelebt haben. Als er gerade beim Essen war, kamen 12 französische Grenadiere, ergriffen ihn von hinten am Halse und überwältigten und banden ihn. Auf dem kurzen Weg zum Dorf entkam er ihnen aber, wurde jedoch von den vielen Häschern wieder eingefangen und nach Padua in ein Gefängnis gebracht. Aber selbst dort, hinter Eisen und Mauern, brach der freie Sohn der Berge wieder aus. Sein Fluchtweg führte jedoch über ein tiefes Wasser, worin der des Schwimmens Unkundige ertrank.

Von einem Burschen aus dem Ort „Ackerbrunde" (Campofontana) berichtet eine andere mündliche Überlieferung. Dieser kam einst ins unweite Dorf Ljetzan, wo er alsbald mit einem französischen Korporal der Besatzungstruppe in Streit geriet. Der Franzose — man war in einer Gaststätte — schlug vor, den Streit im Freien auszutragen, womit sich der Bauernjunge einverstanden erklärte. Er ging dem Soldaten voran die steile Stiege zum Dorfplatz hinab. Dabei schlug ihn der Franzose von hinten nieder und trat ihn endlich so lange mit seinen Stiefeln, bis er tot war.

Hier sei noch auf einen Mann aus den Dreizehn Gemeinden hingewiesen, der durch Gottfried Bürgers *„Lied vom braven Mann"* im ganzen deutschen Sprachraum bekannt geworden und unsterblich gemacht worden ist. Es handelt sich dabei um den Bauer und Schmied *Bartl Rubele,* „den Löwen vom Puteintal", aus Cao di Sora jenseits von Prunge. Am 2. September 1757 rettete er in Berne (Verona) die Familie des Brückenwärters aus dem tobenden Hochwasser der Etsch (allerdings auf andere Weise als es Bürger darstellt. — Vgl. Compendio della storia sacra e profana di Verona, 2. Bd., Verona 1825, S. 186; — Archivio storico Veronese, 1. Bd., 1879, S. 213. — Bis vor wenigen Jahren kündete eine Tafel an einer Etschbrücke in Verona von seiner Tat.

„Hoch klingt das Lied vom braven Mann,
wie Orgelton und Glockenklang.
Wer hohen Muts sich rühmen kann,
den lohnt nicht Gold, den lohnt Gesang.
Gottlob! daß ich singen und preisen kann,
zu singen und preisen den braven Mann."

LJETZAN — GIAZZA

Von den „Dreizehn Kamäun von Bearn" in den Lessinischen Alpen (Le piccole Dolomiti) haben sich nur mehr spärliche deutsche Reste erhalten. Allein in dem weltabgelegenen Bergdörflein Ljetzan-Giazza, das heute rund 360 Seelen zählt, findet man noch Menschen, die — abgesehen von einigen älteren Personen in den Sieben Gemeinden — „zimbrisch" sprechen oder wenigstens noch verstehen.

Ljetzan (758 m), eine Fraktion der Gemeinde Selva di Progno, liegt rund 44 km nordöstlich von Verona, im Felstal des wilden Prognotales, das tiefer unten Val d'Illasi genannt wird, an der Gabelung des Roal- und Prognotales. Statt Ljetzan findet man auch die Bezeichnungen Gletze oder Glietze, die aus dem Zimbrischen „ga Ljetze", d. h. zu Ljetzan, zusammengezogen sind. Der seltsame Ortsname mag wohl „Spähwinkel" oder auch „Talsperre" bedeuten (vgl. „Schlern" 1959, S. 494).

Bei *Stra di Caldiero,* 15 Kilometer östlich von Verona, zweigt eine Straße von der venedischen Fahrbahn ab, und im rechten Winkel geht es nach Norden. An schmucken Dörfern und einzelnen Burgen und

Häusergruppen vorbei, beginnt das Gelände langsam zu steigen. Eine Hügellandschaft beginnt sich auszubreiten, und plötzlich wachsen Berge hervor, erst nieder und fruchtbar, dann finster und steil.

Bei *Selva di Progno* wird das Tal enger, rauher wird das Klima, die Straße wird steiler und höher das Land. Nur Gras wirft der Boden noch ab. Plötzlich sieht man links von der Straße einen schmucken Bergfriedhof. Es ist die Stätte, wo die Ljetzaner zur ewigen Ruhe gebettet werden. Von hier aus bietet sich dem Besucher ein schöner Blick auf das weiter im Tal unten liegende Dörflein, das an einer steilen Landzunge zwischen zwei Bächen klebt. Aus der „oubaren riwolte" (Revolto di sopra) kommt der eine, durch den „balt um fraschéilje" (bosco di fariselli) rauscht der andere talwärts. Es sind an sich zwei harmlose Bäche, die aber bei Gewittern gewaltig ansteigen können. Das Tal ist hier eng, drohend ragen die felsigen Hänge auf zum Berg Tourla. Im Dorf befinden sich drei „Birt-hausar" (Wirtshäuser), „oan Haus 'un proate" (Brothaus - Bäckerei) und zwei „Bourkòfar" (Verkäufer - Geschäfte).

Im Dorfteil „oubare Ljetze" findet man an den sonnigsten Stellen winzigkleine Äckerlein. Nur Kartoffeln sind hier angepflanzt, denn weder Getreide noch Mais würden hier abreifen. Hinter der Contrada Erkilj — wohl dem größten Hof Ljetzans — schrumpft das Tal noch mehr zusammen, und es heißt dort in der „Muskangruobe". Der drohend-steile Fels darüber ist die „roate bant". Am jenseitigen Hang klebt die Contrada Boschi. „Gan Bälderan" nennt sie der Zimber und erzählt voll Stolz von den schönen Waldungen, die dort zu Urgroßvaters Zeiten gestanden sein sollen. Drunten beim Bach liegt ein kleiner, flacherer Erdfleck vor einem Höfchen.

„Eban" steht ans Haus gemalen, und dies ist nach Ljetzaner Begriffe wirklich schon eine Ebene. Ein Hausgärtlein und ein Kartoffelacker füllen den ganzen Platz aus. Hinter dem Haus steigt ein blumiger Hang jäh an. „De guate bise" wird sie genannt. Wo das Tal gegen Süden abweicht, ist die Contrada „frenkler" und höher oben „gan nòrdarn". Von diesem Hof sollen die vielen Familien Nordera Ljetzans ihren Schreibnamen geerbt haben.

Eine „roate bant", eine „laite", die „raste" und ein „prundal" beschließen hier im Westen des Tales den Reigen zimbrischer Hof- und Flurnamen. Am Rückweg zum Dorf fällt ein kastenförmiger Bau auf. Verblaßte Streifen ziehen sich um seine massiven Eckquadern. Da hatten die „swirri" (sbirro - Polizist/Gendarm) gehaust während der Zeit der österreichischen Herrschaft von 1814 bis 1866. Heute ist der Kasten unbewohnt, und die Dorfbewohner sagen, daß es dort geistere und niemand sich deshalb hineingetraue.

Unterhalb des Dorfes am Bache befindet sich der malerische „Sagaruàn" (Säge-Roan würde man bei uns sagen), wo tatsächlich einst eine Brettersäge stand, als es noch mächtige Wälder gab zwischen Selva di Progno und den Übergängen, die nach Norden führen.

Stolz ist der Zimber auf die 166 „bisalan", größeren oder kleineren Almwiesen, die über die Lessinischen Alpen zerstreut sind, wo die alten Grenzsteine stehen aus der Zeit vor 1918. Zwar gehören sie nicht mehr den Zimbern, wie dies vor dem Sturz der Republik Venedig der Fall gewesen war. Alljährlich aber ist es für Ljetzan ein großes Ereignis, wenn gegen Ende Mai das Vieh auf die Alm getrieben wird, wo es bis zum September bleibt.

Wer mit dem Vieh nichts zu tun hat in Ljetzan, geht seinem Tagwerk nach. Die „loutzan" (Männer der Forstbehörde) beschäftigen viele Männer, und andere arbeiten in den verschiedenen Steinbrüchen. Junge Leute suchen immer zahlreicher außerhalb ihres Tales ihr Brot. Vor zehn Jahren hatte Ljetzan noch 750 Einwohner, die heute bereits auf 360 gesunken sind.

Der „bucklige Pfarrer" von Ljetzan

Aufschlußreich über die Verhältnisse vor rund 200 Jahren in Ljetzan ist ein Artikel des Brixner Heimatforschers Hans Fink, den er über Don Gugole (1760—1837), den langjährigen Pfarrer von Ljetzan, geschrieben hat. Dieses Lebensbild sei nachstehend mit einigen unwesentlichen Kürzungen wiedergegeben.

Wenn ein Volk einen seiner Priester schier 150 Jahre lang gut in Erinnerung behält, wenn es nach so langer Zeit noch Episoden und Geschichten aus seinem Leben und Wirken erzählt und dann schließlich um seine Gestalt einen legendären Nimbus zu weben beginnt, so mußte es um einen solchen Mann wohl eine besondere Bewandtnis gehabt haben.

Einen solchen Menschen besaß einst Ljetzan (Giazza), das kleine Dörflein in den 13 veronesischen Gemeinden, wo noch heute die letzten Träger der sterbenden „zimbrisch-deutschen" Sprache leben. Manches Geschichtlein über seinen braven Pfarrer hat das brave Völklein wohl erdichtet oder aufgebauscht, andere Sachen hingegen gingen wohl verloren.

Der offizielle Name des Priesters lautet: Pré G u g o l e Don Domenico fu Andrea e fu Cappelletti Ferrazza Maria, um im Jahre 1760 geboren wurde und am 26. August 1848 das Zeitliche segnete. Vom 29. September 1808 bis 1811 war er in der jungen Pfarre Ljetzan als Geistlicher Rat (Economo Spirituale) tätig, als rechtmäßiger Pfarrer von Ljetzan wurde er am 10. Dezember 1815 vom Bischof von Verona eingesetzt und amtierte bis zum Oktober 1836.

Diese Daten und Namen entstammen einem privaten Schreiben des derzeitigen Erzpfarrers von Ljetzan (Giazza), Don Erminio Furlani, vom 27. September 1960. Bekanntlich sind aber Daten für das einfache Volk unwichtig, und es sagt auch in diesem Falle, Don Gugole wäre ganze 50 Jahre lang ihr Pfarrer gewesen, hätte schon um 1798 die Erhöhung ihrer Kirche von einer Expositur zur selbständigen Pfarrei erwirkt und wäre durch heimliche Grabungen von Gold ein wohlhabender Mann geworden, wobei er seinen ganzen „Reichtum" allerdings zum Wohl der Kirche, der Betreuung der Armen und nicht zuletzt zur Führung des Volkstumskampfes für seine dem Untergang geweihten „Zimbern" verwendete. Und da der arme Priester mißgestaltet war, nannten ihn die Leute allgemein den „Pfaffe Runck", was „buckeliger Priester" bedeutet; wozu bemerkt sein muß, daß dem „zimbrischen Pfaffe" bei Gott nicht der beleidigende Beigeschmack anhaftet wie andernorts. Unter „Pfaffe Runck" ging der gute Priester allgemein in die Literatur ein, und kein Geringerer als sein berühmter Landsmann, Msgr. Giuseppe Cappelletti, hat bis in die jüngste Zeit Don Gugole diesen charakteristischen Namen gegeben.

Die Sage ist bekanntlich zeitlos. Und so kommt es, daß die „Ljetzaner" eben Don Gugole (der Name hat eine deutsche Diminutivendung und kommt unseren Schreibnamen Gugler oder Kugler gleich) den ersten Pfarrer ihrer um 1798 zur selbständig gewordenen Pfarre sein ließen. Wie er dies fertigbrachte, erzählt das Volk folgendermaßen:

Früher gab es keinen richtigen Weg talaus. Nur im Sommer, wenn kein Wasser im Bache ging, kamen die Leute nach Prunge (heute Selva di Progno) zur hl. Messe. Bei schlechten Wegverhältnissen brauchten die Ljetzaner oft bis zu drei Stunden, und so kam es, daß viele Kinder auf dem Weg zur Taufe starben. Da gingen die „Zimbern" her und baten den Bischof um einen eigenen Pfarrer, doch mußte es einer der Ihren sein, denn die Leute verstanden noch nicht Italienisch. Und sie schlugen Don Gugole vor, der einfach und anspruchslos war wie sie und ein glühender „Zimber". Don Gugole wurde nach „Bearn" (Verona) beordert, und der Bischof befahl ihm, nach Ljetzan zu gehen. Der Priester wußte gut von den Nöten seiner Leute, sagte mit schmerzlicher Miene ja und amen, stellte dem Bischof aber die Bedingung, er müßte innerhalb Jahresfrist ins entlegene Dorf kommen, denn die armen „Zimbern" hätten schon mehrere hundert Jahre keinen Bischof mehr zu sehen bekommen. Dem Kirchenfürsten war dies recht, so konnte er sich einmal selbst überzeugen von den oft über die „crucchi simbri" (zimbrische Mißgestalten) eingelaufenen Beschwerden.

Don Gugole trat seine Stelle an, arbeitete und schuftete, half und darbte und sorgte überall, wo Not am Manne war. Man hatte Vertrauen zu ihm, eröffnete ihm alle Geheimnisse und bat ihn, auch in die Nachbardörfer zu kommen, um den vielen alten Leuten, die nur „Zimbrisch" und nicht Italienisch verstanden, die hl. Beichte abzunehmen. Gar bis „Kalfein" — dem heutigen Tregnago —, das schier draußen in der Ebene lag, mußte er laufen, und die Alten küßten ihm stürmisch die Hände, so froh waren sie, in ihrer lieben Muttersprache noch einmal vor dem Sterben einem „zimbrischen" Priester die Sünden anvertrauen zu können.

Ljetzan wird eigene Pfarrei

Ehe das Jahr um war, machte sich der Bischof auf, um nach Ljetzan zu reiten. Je weiter er talein kam, desto dringender riet man ihm ab, zu den „Zimbern" zu gehen. Selbst die Geistlichkeit von Prunge versuchte seine Exzellenz von seinem Plan abzureden und warnte: der Weg wäre gefährlich, die Ljetzaner hätten eine häßliche Kirche und wären halbwilde Leute. Der Kirchenfürst ließ sich jedoch nicht umstimmen und zog weiter.

Wohl fand er den Weg schlimm und die Gegend abgelegen, als ihm aber auf halbem Weg die frommen „Zimbern" betend und von ihren dürftigen Kirchenfähnlein begleitet entgegenkamen und ihm Don Gugole treuherzig versicherte, in einer Stunde wäre man an Ort und Stelle, da erkannte der Bischof, daß diese Leute mehr denn andere Dörfer einen eigenen Pfarrer vonnöten hätten und erklärte vom Pferd aus Ljetzan als selbständige Pfarrei.

Don Gugole hatte gewonnen und die „Zimbern" frohlockten. Der Zorn der Nachbarn stieg aber noch höher. Kamen die Ljetzaner talaus und unterhielten sich öffentlich in ihrer Muttersprache, so wurden sie verlacht und angepöbelt, und es kam vor allem in Prugne zu häufigen Raufereien. Die österreichischen Gendarmerieposten wollten es nicht bei den Veronesern nicht vertun, brachten für die Nöte der „deutsch-zimbrischen" Ljetzaner kein rechtes Verständnis auf und machten sich schließlich auch bei diesen verhaßt. Nun wußten die armen „Zimbern" wirklich nicht mehr, an wen sie sich um Hilfe wenden sollten.

Nur Don Gugole war immer da und sprang ein. Mit dem Sturz der Republik Venedig verloren die „Zimbern" nicht allein ihre Selbstverwaltung, Gemeindewälder wurden ihnen entzogen und viele unentgeltliche Weiderechte aberkannt. Als eines Tages die Steuern gar um das Fünffache stiegen, ging dies den Leuten zu hoch und man vereinbarte, geschlossen keinen Gulden mehr zu zahlen.

Die Sache kam bald vors Gericht. Die „Zimbern" wurden als Steuerhintergeher und Waldfrevler angezeigt, und als ihrer 30 nach Tregnago liefen, um dagegen zu protestieren, warf man sie einfach ins Gefängnis.

Als Pfarrer Gugole dies vernahm, zog er seine schäbigsten Kleider an, lief talaus zum Richter und versuchte, dem strengen Herren zu erklären, daß seinen Seelsorgskindern Unrecht geschehe, sie ihrer alten Privilegien beraubt werden und jetzt bitterarme Leute wären, die es nicht fassen könnten, daß Recht und Nutzen, die 600 Jahre lang immer gegolten hatten und für sie Bergbauern lebenswichtig waren, mit einem Male alle Gültigkeit verloren hätten. Man möchte die Ljetzaner doch laufen lassen und, falls es notwendig wäre, wollte er für alle ein entsprechendes Pfand zahlen.

Der Richter mochte über des ärmlichen Geistlichen Zahlungsfähigkeit Zweifel hegen und fragte seinen Boten, der weit herumkam, ob der Pfarrer genug Geld haben könnte. Und da ihm der Befragte versicherte, Don Gugole besäße in den

Bergen eine Goldgrube, ließ man die Bauern frei. Das gefiel dem Pfarrer, und da er von zu Hause aus etwas Geld besaß, ging er her und erhob gegen die Gemeinde Prunge — die doch den Ljetzanern die Rechte streitig machte — Klage. Ein ganzes Jahr währte der Prozeß und die Berufungen liefen bis Venedig. Da begannen die von Prunge zu fürchten, die „Zimbern" könnten gewinnen und so griffen sie schnell zu einer List. Man schlich heimlich nach Ljetzan, bestach zwölf arme „Zimbern" mit je 100 Gulden, und als dieselben falsch schworen, verlor der Pfarrer den Prozeß. Für seine Landsleute wurden die Zeiten noch schwerer und sie verarmten immer mehr.

Don Gugole wollte aber seine Leute nicht untergehen lassen, und da er wußte, daß Armut den Verlust der „zimbrischen" Eigenständigkeit noch viel mehr beschleunigen würde, lief er tatsächlich in die Berge und begann nach Gold zu suchen. Und Gott war mit ihm!

Weit oben auf der Alm Tschifolje (heute Zevola) und am Berg „Minertal", unweit der Höfe „Baiße Luahn" (Weißlahn), „Langgarte" und „Raute" fand er besondere Erde. Diese trug er nach „Naugan Kirchen" (Neu-Kirchen, jetzt Chiesa Nuova), wo ein Schmelzofen stand, und verkaufte dort den Fund. Und in der Tat soll man daraus Gold gewonnen haben. So lief denn der gute Pfarrer oft und oft in die Berge und nach „Naugan Kirchen", denn er wollte seinen armen „Zimbern", deren Untergang er weitblickend voraussah, helfen so gut er eben konnte.

Kam er müde von seinen Gängen heim, so setzte er sich abends noch hin und nähte aus Stoffresten billige Hausschuhe zusammen, die er zum Teil verschenkte, zum Teil verkaufte. Mit all dem erworbenen Geld tat Don Gugole viele gute Werke, zahlte·für die Ärmsten die Steuern und erwarb sich endlich noch zwei Wälder und eine Alm, mit welchen Besitzungen er Besonderes vorhatte. Wenn auch manche Unverständige im Dorfe zu munkeln begannen, des Pfarrers Aufgabe sei es zu beten und auf die Kirche zu schauen und nicht Gold zu graben, um sich zu bereichern, so scherte sich Don Gugole nicht darum und schwieg hartnäckig über seinen Plan.

Das Kreuz in „Kalten Barken"

Da gab es sich eines Tages, daß man den Pfarrer zu einem Schwerkranken auf die Alm holte. Ein Hirt begleitete den Priester, der das Allerheiligste trug, und man kam in die Gegend, wo man es „Kalte Barken" nennt („Warken" gibt es auch in Feldthurns, das sind Almwiesen. Das Wort ist vorrömisch und bedeutet Heustadel, vgl. Finsterwalder in den Schl.-Schr. 81, S. 146.) Da mähte ein Mann Gras, und als dieser keine Anstalten machte, dem Versehgang die gebührende Ehre zu erweisen, sagte des Pfarrers Begleiter: „Höif abar in Huot und knie de abe, iz kint da Gout dar Hear!" (wörtlich: heb ab den Hut und knie nieder, es kommt da Gott, der Herr). Der Angeredete entgegnete frech: „I han nicht dar·waij, iz mougat pètan inj Pfaffe" (ich hab nicht „derweil" — Zeit —; es mag beten der Pfarrer).

Am Heimweg fanden sie den Frevler tot im Bache liegend vor! Don Gugole aber verzieh dem Wüstling und ließ ihm ein Kreuz zu „Kalten Barken" errichten.

Der „Tanz unter der Linde"

Eines Nachts kam Don Gugole vom Hofe „Eban" (Ebner) bei den Häusern von „Belderan" (Wälder) vorbei. Da liefen drei Burschen herbei und begannen dem „lèpischen pfaffan" (mißgestalteten Pfarrer) Steine nachzuwerfen. Der Priester verbarg sich hinter einer Mauer und als dem Pfarrer der derbe Spaß zu dumm wurde, rief er ihnen zu: „Mir hät ìar gëbörft naah de Wänte ... ìar àndere belaibat toat alje drai bit an Wänten!" (Mir habt ihr geworfen nach die Wände — d. h. Steine — ... ihr andere bleibt tot mit den Wänden. d. h. ihr werdet von Steinen getötet werden.)

Wie das Volk erzählt, wurde einer von einem herabfallenden Stein vom Roß geschlagen; der zweite stürzte über einen Felsen und den dritten traf in einer Sandgrube so unglücklich ein Steinschlag am Bauch, daß er sofort verschied.

Des „Zimbern"-Pfarrers Vermächtnis

Als Don Gugole 77 Jahre alt war und den schweren Dienst in Ljetzans Bergen nicht mehr schaffen konnte, löste ihn ein jüngerer ab. Elf Jahre waren ihm noch vergönnt, für seine lieben Landsleute zu sorgen und zu sparen, dann nahm ihn der Herr mit 88 Jahren zu sich. Die sterblichen Reste des guten „Zimbern"-Pfarrers bestattete man im (heute nicht mehr bestehenden) alten Friedhof neben dem Seiteneingang der Kirche, bei der „Mànar-Tur" (Männertür).

Den ganzen „Reichtum", den sich der brave Herr zeitlebens durch Fasten, mit „Patschenmachen" und „Goldgraben" erworben hatte, vermachte er ausnahmslos seinen Ljetzanern:

1. Den angehenden Priesterstudierenden hinterließ er den Berg Vase.
2. Zu einer zweiten Sonntagsmesse im Dorf stiftete er die Alm Frasèlje.
3. Damit die minderbemittelten Bräute Ljetzans auch eine kleine Mitgift in die Ehe bringen können, vermachte er diesen die Bergmahd und das Holzrecht auf Sättelj (ital. Selle) bei Ljetzan!

Was Pfarrer Gugole im Laufe seines Lebens sonst noch Gutes für seine armen Landsleute getan, deren völkischen Untergang er voraussah, das weiß der liebe Gott!

Weit über hundert Jahre sind ins Land gegangen, die Erinnerung an Pfarrer Gugole ist noch wach. Längst gibt es in Ljetzan keine „zimbrische" Predigt mehr, noch nimmt den Leuten jemand in der alten Muttersprache die Beichte ab.

Don Gugole, Erzpriester in Ljetzan, besaß u. a. sogar eine eigenhändige Übersetzung der Parabel vom verlorenen Sohn ins „althochdeutsche Zimbrisch", in die der bayrische Mundartforscher J. A. Schmeller im Jahre 1844 noch Einsicht bekam, heute aber leider verschollen ist!

Zur Rettung des Zimbrischen

Im Laufe des 19. und 20. Jahrhunderts schrumpfte das Deutschtum in den Sieben und vor allem in den Dreizehn Gemeinden immer bedenklicher zusammen. Italienische und deutsche Gelehrte versuchten zwar diese „unabwendbare Katastrophe" (Aristide Baragiola in „La casa villereccia di Giazza, 1908) abzuwenden oder wenigstens hinauszuzögern.

Der größte Sohn von Ljetzan, Msgr. Giuseppe Cappelletti, schreibt in seinem Werk über die Dreizehn Gemeinden (1956): „Wenn also diese Mundart verurteilt ist, aus dem Gebrauch zu kommen, muß man da nicht sorgen, daß wenigstens die Erinnerung daran wachbleibe?"

Die zimbrische Sprache und deren Wortschatz der Nachwelt zu überliefern und das überlieferte Schrifttum systematisch zu sammeln, war mehr oder weniger auch der Hauptzweck vieler Gelehrter; um nur die wichtigsten zu nennen: Girardo Slaviero (1679—1753), Marco Pezzo (1763), Agostino Dal Pozzo (1820), Johann Andreas Schmeller (1838—1855), Friedrich von Attlmayer (1865), Joseph Bergmann (1849). die Brüder Carlo und Francesco Cipolla (1883—1884, 1890), Pietro Mercante (1936), Bruno Schweizer (1942) und Msgr. Giuseppe Cappelletti (1942, 1956).

Als der bayerische Kustos J. A. Schmeller im Oktober 1833 das erste Mal Ljetzan besuchte, amtierte dort als Pfarrer Domenico Gugole (1760—1837), der als der „bucklige Pfarrer" in die Dorfgeschichte eingegangen ist. Schmeller ersuchte ihn, ihm in sein Merkbuch auf zimbrisch den Satz zu schreiben: „Ich bin in Ljetzan beim Herrn Pfarrer N. N. gewesen." Dieser aber schrieb folgendes ins Buch hinein: „I pi gabest inz haus vum Priastar vum Gliezen un ist der earste un keume Pfafe Rountsch." (Ich bin gewesen im Haus des Priesters von Ljetzan und er ist der erste und wird der verkrüppelte Pfarrer geheißen.)

Die Direktion des „Collegio Vescovile" von Verona hatte Msgr. Cappelletti beauftragt, Gebete, Erzählungen und Sprichwörter aufzunehmen, damit spätere Generationen wenigstens noch vom Tonband aus das Echo des „Tautsch" der Dreizehn Gemeinden vernehmen können.

Ebenso beschwor vor rund 30 Jahren Prof. Bruno Schweizer etwaige „Zimbern-Interessenten", jeden Satz des abgehörten „Tautsch" aufzuzeichnen, und zwar so, wie er jeweils gesprochen wurde. Dadurch ließe sich das Tempo des Absterbens und das Verlieren des Wortschatzes aufhalten. Späteren Generationen sei diese Möglichkeit kaum noch geboten. Im Jahre 1939 erklärte B. Schweizer, unter den etwa 50 Leuten Ljetzans, die das „Zimbro" noch richtig beherrschten, eigneten sich nur ganz wenige als Ausfragepersonen. Die Jungen fahren auswärts auf Arbeit, der Alten aber werden immer weniger. Der Untergang des „Zimbrischen" sei nur mehr eine Frage der Zeit, wenn auch die Prophezeiung Bergmanns noch nicht ganz in Erfüllung gegangen sei, der sagte, daß das „Tautsch" mit der „jetzigen" (1850) oder der nächsten Generation völlig absterben werde.

Entgegen allen pessimistischen Voraussagen, die seit hundert und mehr Jahren gemacht wurden, ist das „tautscha Gareida", das sogenannte Zimbrische, noch nicht ausgestorben. Im Gegenteil, gerade seit über einem Jahrzehnt erlebt es eine kaum für möglich gehaltene Wiedergeburt, die auf verschiedene Ursachen zurückzuführen ist. Ein erster Anstoß ging von den Zimbern selbst aus. Im Oktober 1960 trafen sich in Roana (in den Sieben Gemeinden) einige Zimbern, um darüber zu beraten, wie ihre bereits dem Untergang geweihte Sprache, ihre Sitten und Bräuche gerettet und zu neuem Leben erweckt werden könnten. Hauptinitiator war der aus Ljetzan-Giazza gebürtige Lehrer C a r l o N o r d e r a, der von frühester Jugend an sich für die Erhaltung seiner zimbrischen Muttersprache eingesetzt hatte und heute noch dafür unermüdlich tätig ist. Als Vertreter der „z i m b r i s c h e n G e m e i n s c h a f t" arbeiteten sie ein Programm aus, das eine einheitliche Aktion zur Rettung des sprachlichen und kulturellen Vätererbes vorsah. Im Verlaufe dieses Treffens, an welchem außer Vertretern aus den Sieben und Dreizehn Gemeinden auch eine starke Abordnung aus Lusern teilnahm, wurde eine Entschließung gefaßt, in welcher die römische Regierung aufgefordert wurde, erforderliche Maßnahmen zum Schutze der zimbrischen Sprache und des zimbrischen Kulturgutes zu ergreifen.

Nach diesem ersten Treffen wurden nach und nach eine Vielzahl von zimbrischen Vereinigungen und Organisationen ins Leben gerufen. Einer der eifrigsten Förderer des Zimbrischen war Univ.-Prof. M a r c o S c o v a z z i von der germanistischen Fakultät der Universität Mailand. Er stellte nicht nur die Verbindung zu zahlreichen kulturellen Vereinigungen im In- und Auslande her, sondern erreichte u. a., daß die Mailänder Universität die Schirmherrschaft über die „zimbrische Gemeinschaft" übernahm. Auf diese Weise konnten die Mittel zur Herausgabe der zimbrisch-tautschen Monatsschrift für Kultur und Volkskunde „L j e t z a n - G i a z z a" ab April 1968 aufgebracht werden. Aber bereits nach über einem Jahre wurde deren Erscheinen vorübergehend eingestellt. Kurz darauf erschien die Zeitschrift unter dem Titel „T a u c i a s G a r e i d a", die vom November 1969 bis Dezember 1970 monatlich (zehn Nummern) — und nach einer dreijährigen Unterbrechung (seit Jänner 1974) laufend als Zweimonatsschrift erscheint. Diese Zeitschrift will, wie Carlo Nordera im Vorwort ankündigte, die kulturellen und volkskundlichen Belange nicht nur der Dreizehn Gemeinden, sondern auch die der übrigen Sprachinseln in den Provinzen Vicenza, Trient und Nachbargebieten vertreten. Die über 20 reich illustrierten, je rund 50 Seiten umfassenden Hefte, die bis jetzt erschienen sind, enthalten eine Fülle von wertvollen Beiträgen zur Siedlungsgeschichte, zur Sprach- und Ortsnamenkunde, zu Brauchtum, Sage usw. Breiter Raum wird dem Abdruck alter, unveröffentlichter oder heute schwer auffindbarer Texte alter Autoren über die Zimbern gewidmet.

Seit Jänner 1970 erscheint noch eine zweite zimbrische Zeitschrift unter dem Titel „V i t a d i L j e t z a n - G i a z z a", die nach dem ersten Erscheinungsjahre im Jänner 1971 in „V i t a d i G i a z z a e d i R o a n a" umbenannt wurde; heute liegen bereits rund 30 Nummern vor. Gegründet wurde diese Zeitschrift von Univ.-Prof. Scovazzi, als Verantwortlicher zeichnet Gianni Faé. In der Programmgestaltung unterscheiden sich die beiden Zeitschriften kaum; auch die Aufmachung derselben ist so, daß es einem objektiven Betrachter schwer fallen würde, zu entscheiden, welcher er den Vorzug geben sollte; sie ergänzen sich ausgezeichnet, ja man fragt sich, weshalb man sich nicht, um Produktionsspesen zu sparen, zu einer Fusion der beiden Zeitschriften entschließt.

Fast gleichzeitig mit der Herausgabe der Zeitschrift begann Carlo Nordera damit, die Kinder von L j e t z a n im Zimbrischen zu unterrichten. Im Herbst 1969 wurde in Ljetzan das Zimbrische offiziell als Unterrichtsfach in den Lehrplan der Schule aufgenommen (drei Stunden in der Woche). Die Leitung des Unterrichts übernahm der Lehrer Antonio Fabbri. Im Herbst 1971 wurde auch in R o a n a in Volks- und Mittelschulen der Zimbrisch-Unterricht (drei Stunden in der Woche) eingeführt. Geleitet wurde derselbe von den Lehrern Rebeschini und E. Azzolini. Auch finden Abendschulen für jung und alt statt, denen großes Interesse entgegengebracht wird und die gut besucht sind; geleitet werden sie vom Lehrer Simeon Domenico Frigo.

Besonders günstig wirkt sich für die Erhaltung und Förderung des Zimbrischen die enge Zusammenarbeit zwischen V e r o n a u n d M ü n c h e n aus; die beiden Städte haben bereits 1960 Partnerschaft geschlossen und das bald darauf gebildete „C u r a t o r i u m C i m b r i c u m" in M ü n c h e n hat nicht nur durch Bereitstellung beträchtlicher finanzieller Mittel, sondern auch durch Fernsehsendungen (derzeitiger Präsident des Curatoriums ist F. Mager, Direktor des Bayer. Fernsehens), Konferenzen, Vorträge, Ausstellungen, Freundschaftsbesuche usw. dazu beigetragen, das historische, sprachliche und kulturelle Gut der Zimbern einem größeren Kreise der Öffentlichkeit bekannt zu machen. Als erster Band in der geplanten Serie literarischer Arbeiten über die Zimbern ist 1974 die Dissertation M a r i a H e i g l s, „Cimbrisch-Baierische Siedlungen am Südhang der Alpen", erschienen. Eines der unermüdlichsten und rührigsten Mitglieder des bayerischen „Cimbern-Curatoriums" ist C a v. H u g o R e s c h aus Landshut, der sich bereits seit fast zwei Jahrzehnten für die Sache der Zimbern einsetzt. Hier sei noch ein anderer großer Förderer der Zimbern genannt, Oberstudienrat Dr. H a n s T i e l s c h aus Waidhofen/a. Ybbs, auf dessen Anregung hin am 6. Juni 1975 in Wien der Verein „T e r r a C y m b r i a — F r e u n d e d e r Z i m b e r n" gegründet worden ist. Herrn Tielsch ist es u. a. zu danken, daß die Zimbern seit 1974 dem Verbande der europäischen Volksgruppen FUEV als assoziiertes Mitglied angeschlossen sind. Dr. Hans Tielsch ist völlig unerwartet im Jahre 1982 gestorben.

Eine weitere österreichische Vereinigung (mit Sitz in Wien), mit Frau Univ.-Prof. Maria *Hornung* aus Wien als Präsidentin, hat sich vor allem die Förderung wissenschaftlicher Arbeiten über die Zimbern zum Ziele gesetzt. U. a. hat sie einen Nachdruck des schon längst vergriffenen Werkes von Josef Bacher, „Die deutsche Sprachinsel Lusern" (Innsbruck 1905), besorgt, zu dem Frau Prof. Hornung ein umfassendes Vorwort geschrieben hat. Die kostbare Tirolensie wurde am 3. Jänner 1977 in Lusern im Rahmen einer schönen Feier der Öffentlichkeit vorgestellt.

Im April 1974 fand in R o a n a die Tagung der italienischen Sektion der internat. Vereinigung zum Schutze der bedrohten Sprachen und Kulturen statt. Gleichzeitig wurde dort die Gründung des zimbrischen Kulturvereins „A. Dal Pozzo" feierlich begangen. Der damals gegründete „A s s t a l - C h o r von Roana mit rund 40 Sängern ist unterdessen unter seinem Dirigenten Mario Muraro im In- und Ausland bereits zu einem Begriff geworden. Das von der Frau des Lehrers Rebeschini in Roana geführte Gasthaus „All'Amicizia" - „Vrointekots" - Hotel (zur Freundschaft) bildet einen Treffpunkt von Zimbern und Zimbernfreunden aus aller Herren Länder.

Am 9. Juni 1976 fand in Padua ein Z i m b e r n k o n g r e ß statt; Hauptziel war es, darüber zu beraten, wie die Tätigkeit der zahlreichen zimbrischen Organisationen und Vereinigungen besser koordiniert werden könnte und um die Zerrissenheit der Zimbern endlich zu beenden durch die Gründung eines Dachverbandes. Einen Monat später fand in Slege-Asiago eine Tagung zum Thema „Die zimbrische Sprache und Kultur auf der Hochebene der Sieben Gemeinden" statt. Im Rahmen der Tagung wurde die Forderung erhoben, zimbrische Sprachkurse als Ergänzungsunterricht einzurichten, „um die geschichtlichen und kulturellen Werte, die sich mit der zimbrischen Sprache verbinden, erhalten zu können".

Durch finanzielle Unterstützung in- und ausländischer Freunde konnte in Ljetzan das „V o l k s k u n d e m u s e u m" ausgebaut und durch Carlo Nordera eine zimbrische Fachbibliothek — das „tautsche P u a c h a r - H a u s" — eingerichtet werden, die inzwischen auf rund 700 Werke angewachsen ist, darunter einige als bereits verschollen gehaltene Manuskripte und seltene Werke älterer Autoren.

DEUTSCHE ORTSNAMEN IM TRENTINO UND ZIMBERNLAND IN GRAPHISCHER DARSTELLUNG

Egon Kühebacher hat in seiner Untersuchung „Deutsche Sprachgrenzen im Etsch-, Brenta- und Piavegebiet" (1964) mehrere Sprachkarten über die einstige Ausdehnung des deutschen Sprachgebietes im Raum der heutigen Provinzen von Trient, Vicenza und Verona angefertigt und anhand historischer Quellen den Großteil deutscher Ortsnamen in diesem Raume systematisch erfaßt.

Einen Anhaltspunkt für die einstige Ausdehnung des zimbrischen Deutschtums gewinnen wir aus den Orts- und Flurnamen wie Ghesbente (Gschwende), Raste, Stoche, Brache, Raumer, Eberle, Kreutzi bei *Schleit* (Schio), Montebalt (Langenwald), Plezzele, Kempele, Santeche (Sandeck), Pruke (Brücke), Fritz, Zulp, Holbe, Pinter bei *Rekobär* (Recoaro), le Crove, alle Visele bei *Fimon,* Wisega (der alte Name des Campo di Marte) in *Vicenza* selbst, ebendort auch Teatro und Porta Berga (an der Bergseite gelegen), der Fluß Bachilione (Bächlein), Covolo und Ghisa (Kofel und Wiese) bei Montecchio Maggiore *südwestlich von Vicenza,* Val dell'Onte (Hundetal) bei *Castelgomberto,* die Dörfer Valla (Wald), l'Onghere (Anger), Farra (Pfarre), Falze (Pfalz) und Covolo in der ehemals freisingischen Herrschaft Godego bei *Castelfranco* und schließlich die ganz unromanischen Namen Visenthein, Alleghe, Collaneghe, Chirlo, Pramper und Cima di Poppo im Tal Agordo.

Der Südtiroler Sprachforscher Egon Kühebacher zählt südlich von Vicenza folgende deutsche Flurnamen auf: Brunnwies, Bergwies, Mösl, Talacker, Waldwies, Frischbrunn, Hungerbrunn, Kreisweg, Bärenbrunn, Eckwies, Kobelbach, Seewies, Talwies, Schläge, Grosleit, Orchental, Schowald, Kameunle, Achare, Boldare, Bodene, Brache, Bisela, Ebbe, Eberle, Raumer, Greut, Righele, Sniderle, Binichel, Bisele, Graba, Grubele, Gestente, Feldare, Larche, Oache, Prechele, Raste usw.

Nachstehend geben wir diese Sprachkarten mit der freundlichen Genehmigung Dr. Kühebachers wieder und ebenso die deutsch-italienischen Ortsbezeichnungen aus dessen Untersuchung.

Zunächst werden die Namen jener Orte aufgezählt, deren geographische Fixierung auf Abbildung 2 nur mit Dreieckzeichen angedeutet ist: welchen Namen ein Dreieck vertritt, ergibt ein Vergleich der danebenstehenden Zahl mit jener in der Liste. In allen Abbildungen ist die alte Tiroler Landesgrenze eingetragen.

1. Aichholz — Roverè della Luna
2. Wart — Varda
3. Faichten — Faida
4. Walda — Valda
5. Vollkösten — Castogné
6. Spital — Ospedaletto
7. Wiesle — Puisle
8. Pörtle
9. Gärtele
10. Wiesele

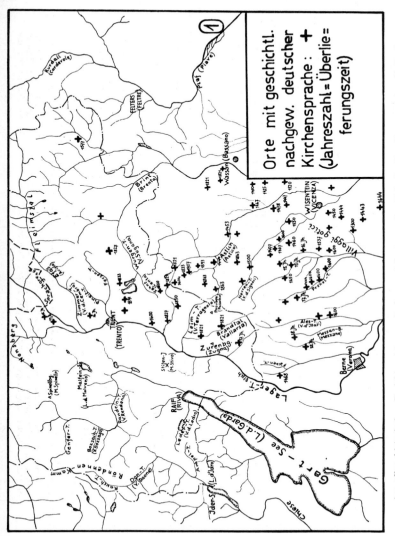

Aus allen historischen Berichten ist zu entnehmen, daß ein großer Teil des Trentinos erst innerhalb der letzten 400 Jahre italienischsprachig geworden ist. Ein engmaschiges Netz bilden z. B. alle Orte, in denen der ehemalige Gebrauch der deutschen Sprache in Kirche und Amt nachgewiesen werden kann.

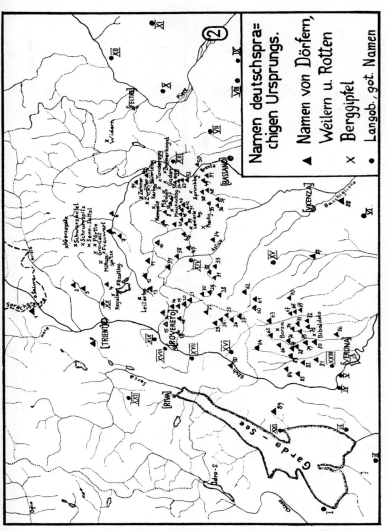

Zeugen deutscher Vergangenheit in Etsch-, Brenta- und Piavetal sind vor allem auch die Orts- und Flurnamen. Die Abbildungen 2 und 3 (von Egon Kühebacher) zeigen das Verbreitungsgebiet der Namen deutschsprachigen Ursprungs, deren geographische Fixierung auf Abb. 2 mit Dreieckzeichen, und die

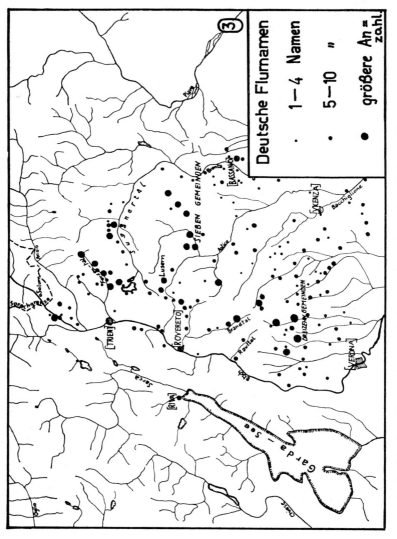

danebenstehende Zahl bezieht sich auf jene in der Liste auf Seite 129 f. Die Abb. 3 zeigt, daß sich deutsche Flurnamen sogar noch südlich von Vicenza finden.

11. B. d. Stange — Stanga
12. Hochleiten
13. Haslach — Nosellari
14. Mitterberg — Mezzomonte
15. Stein — Cast. Pietra Andertaler
16. Warth — Guardia
17. Balten
18. Platz — Piazza
19. Zenker — Zencheri
20. Stedleri
21. Zurer — Zoreri
22. Santegge — Col Santo
23. Langeben — Anghebeni
24. Fuchs — Foxi
25. Rausch — Raossi
26. Platz — Piazza
27. Zehenter — Zenari
28. Hagler — Chicheleri
29. Weber
30. Gries — Grisi
31. Weiß — Beise
32. Brunntal — Valbruna
33. Grill — Grilli
34. Kogel — Cogollo
35. Grenze — Granezia
36. Schießer
37. Cebbera
38. Egger — Egar
39. Gaurari
40. Kunig — Cunico
41. Langilisa
42. Priel — Pria
43. Törle
44. Ganauf — Canove
45. Robaan — Roana
46. Aspach — Albaredo
47. Burg — Castelletto
48. Rassingrota
49. Malgrube — Malgroaba
50. Lahner — Lanari
51. Baldo
52. Land — Londa
53. Vüsche — Foza
54. Grün — Gruno
55. Steine — Stona
56. Anger — Longara
57. Sepp — Xebbo Mosele
58. S. Peter i. Astachtal — S. Pietro d'Astico
59. Lueg — Luda
60. Hasneck
61. Kempele
62. Gesbente
63. Gries
64. Tanwili — Val d'Anguilla
65. Gries — Pezzo
66. Schauereck — Scala
67. An der Lahn
68. Canechi
69. Casari
70. Vestina nuova
71. Cemerlati
72. Cramazag
73. Spilichi
74. Wigari
75. Balteri
76. Herbst — Erbisti
77. Gaberi
78. Winkl — Vinchi
79. Poldruna
80. Aschach — Azzago
81. Messach — Mizzago
82. Leiten — Laida
83. Lueg — Lugo
84. Pfann — Fane
85. Brunn — Prun
86. Guerrina
87. Covolo
88. Longaro
89. Costermanno
90. Avilen — Avio
91. Horneck — Omeca
92. Prisoni
    I   Ardenghe
    II   Pozzolengo
    III Arcengo
    IV   Pastrengo
    V   Bussolengo
    VI   Gora
    VII Farra
    VIII Porcellengo
    IX   Merlengo
    X   Farra di Soligo
    XI   Stapholum
    XII Farra d'Alpago
    XIII Valgoda
    XIV Rotz — Rozzo
    XV   Godeghe
    XVI Halla — Ala
    XVII Bazwera
    XVIII Lagare — Villa Lagarina
    XIX Penaroll — Penarolo
    XX   Bulgaro
    XXI Garda
    XXII Tasint oder Lasint — Lasinde
    XXIII Bure

Abbildung 4 zeigt endlich die geographische Verbreitung der *eingedeutschten* Namen *fremden Ursprungs*. Viele dieser Namen sind uns nur in amtlichen Schriften überliefert, und wir wissen nicht, ob die angeführte verdeutschte Form wirklich einmal allgemein gebraucht war. Auffällig ist jedoch, daß man heute noch selbst bei den trentinisch oder venezianisch sprechenden Bauern da und dort die Namensform *Berne* für Verona, *Wassen* für Bassano, *Rikobär* für Recoaro u. a.

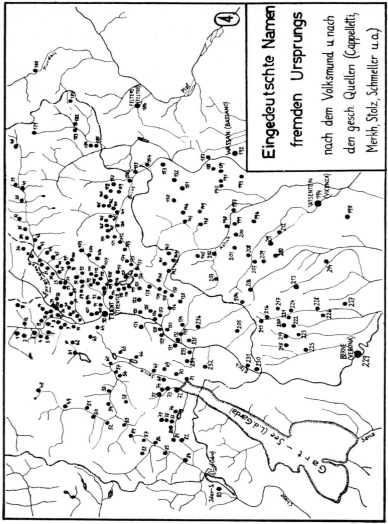

findet. Dies zeigt, daß doch ein Großteil der verdeutschten Namen nicht bloße Amtsbezeichnungen waren. In der folgenden Liste sind jene Namen fett gesetzt, deren verdeutschte Form nach Ansicht Kühebachers in der Mundart noch bekannt ist.

1. Ters — Terres
2. Pflaum — Flavon
3. Enn — Denno
4. Mellaun — Meano
5. Kl. Spaur — Sporminore
6. Rockental (Puntlpein) — Rochetta
7. Alt Spaur (Großspaur) — Spormaggiore
8. Wälschmetz oder Alt-Metz — Mezzolombardo
9. Wälsch-Faid — Fai
10. **Zalban** — Zambana
11. Verfau — Vervo
12. Mollard — Mollaro
13. Vigenhöfe oder Vigl — Maso di Vigo
14. Vigen — Vigo
15. Deutschmetzerberg — Monte
16. Deutschmetz — Mezzotedesco oder Mezzocorona
17. Scheffbrugg — Nave San Rocco
18. Nevis oder Lavis — Lavis
19. **Perschan** — Pressano
20. Jaufen — Giovo
21. Firl — Verla
22. Lisingen — Lisignago
23. Zimmers — Cembra
24. Gresten — Gresta
25. Favers — Faver
26. Alzeid — Masetti
27. **Faid** — Faedo
28. St. Michael a. d. Etsch oder Wälschmichael (ab 1620) — San Michele all'A.
29. **Grim** — Grumo
30. Walda — Valda
31. Grumeis — Grumes
32. Graun — Grauno
33. Kaverlan — Capriana
34. Mühlen — Molina
35. **Kastell** — Castello
36. **Altrei** — Oltrerivo
37. Gablös, Kavaleis oder Fleims — Cavalese
38. Tesers — Tesero
39. Pardatsch — Predazzo
40. Alteben, Planegle — Paneveggio
41. Saian — Ziano
42. **Stramentisch oder Tramentisch** — Stramentizzo
43. Wälschflorian oder Walschental — Valforiana
44. **Suwer** — Sover
45. Brusach — Brusago
46. **Zugezàn** — Segonzano
47. Tiegar — Tearo
48. U. Frau im Walde oder Gamp — Madonna di Campiglio
49. Banzoll — Pinzolo
50. Bozzach — Borzago
51. Bosnach — Bocenago
52. Rondonig — Vigo Rendena
53. Bregutz — Bregazzo
54. Porfür — Preore
55. **Stinig oder Steneck** — Stenico
56. Goldenz — Godenza
57. Comai — Comano
58. Pless — Bleggio
59. **Sternig** — Sternico
60. Ranz — Ranzo
61. Malfein — Molveno
62. Andel — Andalo
63. Kofel — Covelo
64. Terlach, Trilag — Terlago
65. Madrutsch — Madruzzo
66. Kavedein — Cavedine
67. **Drau** — Dro
68. Arch — Arco
69. Bolian — Bolognano
70. Naigen — Nago
71. Turbel — Torbole
72. Reif — Riva
73. Varaun — Varone
74. Koln — Cologna
75. Tennen — Tenno
76. Mösslach — Mezzolago
77. Lacken — Locca
78. **Angwies** — Enguiso
79. Lingsun — Lensumo
80. Baeseck — Bezecca
81. **Torn** — Tiorno
82. Hl. Kreuz — S. Croce
83. Ider-See — L. d'Idro
84. Taur — Storo
85. Kondein — Condino
86. Bondoriz — Pieve di Bosco
87. Stras — Strada
88. Don — Daone
89. Rungaun — Roncone
90. **Trient** — Trento
91. **Koniöl** — Cognola
92. Zifzen — Curizzano
93. Haselkreit oder Nogreit — Nogaré
94. Albian — Albiano
95. Wasilig — Baselga di Piné
96. Pineit — Piné
97. Rislach — Rizzolago
98. Platz — Piazza
99. **Pedull** — Bedollo
100. Regnach — Regnana
101. Mian — Meano
102. Garten — Gardolo
103. **Palai** — Palù
104. Florutz — Fierozzo
105. **Montenag** — Montagnaga
106. Gereut — Frassilongo
107. **Fallisen** — Falesina
108. Persen — Pergine
109. Runkun od. Rongin — Roncogno
110. **Vigulsan** — Vigalzano

111. Mahlhaus — Malò
112. Vierach — Viarago
113. Zerz — Serso
114. **Paf** — Pavo
115. Kastschabin — Castasavina
116. Susad — Susà
117. Walzburg — Vignola
118. Kosteneit — Castagné
119. Wolknauer — Valconoveri
120. Tennen — Tenna
121. Madrell — Mattarello
122. Basentein — Bosentino
123. Vigl — Vigolo
124. **Aldein** — Aldeno
125. **Bisanell** — Besenello
126. **Sallian** od. **Roßbach** — Calliano
127. **Bisein** — Beseno
128. Numig — Nomi
129. Clusell — Chiusola
130. Nussdorf — Volano
131. Nogreit — Nogaredo
132. Sack — Sacco
133. Rofreit — Rovereto
134. Norej — Noriglio
135. **Zerade** — Serrada
136. Karbneit — Carbeneda
137. Vielgreit — Folgaria
138. St. Sebastian — S. Sebastiano
139. **Kohligen** — Carbonare
140. Lafraun — Lavarone
141. Lusern — Luserna
142. Im Tal — Pedemonte
143. **Kasutt** oder Fall — Casotto
144. Kalfein — Calvene
145. **Tanetsch** — Tanezza
146. Schlegen — Asiago
147. Eichfeld — Camporovere
148. Zemerleberg — Cesuna
149. Kaberlaba — Caverlava
150. Gälle — Gallio
151. Stockereut — Stoccaredo
152. **Vüsche** — Foza
153. Genebe — Enego
154. Primellan — Primolano
155. Tetsch — Tezze
156. Grumm — Grigno
157. Tasein — Tesino
158. Plef i. Tasein — Pieve Tesino
159. Zant — Cinte Tesino
160. **Plen** — Bieno
161. Samon — Samone
162. Streng — Strigno
163. Schurell — Scurello
164. Ange — Villa Agnedo
165. Kastlnöff — Castelnovo
166. Wurgen — Borgo
167. Telf — Telve
168. Törzen, Turtschein — Torcegno
169. Rautberg — Ronchi
170. Rundscheinberg — Monte Roncegno
171. Runsing oder Rundschein — Roncegno
172. Tisöb — Tesobbo
173. Neuleit — Novoledo
174. Zilf — Selva
175. Lewe, Lewegg — Levico
176. Plaif — Calceranica
177. Calnetsch — Caldonazzo
178. Zehnt — Centa
179. St. Martin auf den Alben oder Castrutz — S. Martino di Castrozza
180. Agarten — Agordo
181. Zeres — Cereda
182. Tonerig — Tonadico
183. Primör — Fiera di Primiero
184. Mazan — Mezzano
185. Jmör — Imer
186. Felters — Feltre
187. Kampwiese — Campese
188. Rübel — Rubbio
189. Grossar — Grossara
190. Lusan — Lusiana
191. Zousa — Cebbara
192. Wassan — Bassano
193. Marosteg — Morostica
194. Visentein — Vicenza
195. Fimon — Fimone
196. Kienne — Thiene
197. Lueg — Lugo di Vicenza
198. Galtrann — Caltrano
199. Cluppan — Chiuppano
200. Plawen — Piovene
201. Trett oder Hintereggen — Tretto
202. Arsan — Arsiero
203. Pusen — Posino
204. Michelegg — Cengio grà
205. Rauttal — Val Ronchi
206. Rikobär — Recoaro
207. Magrad — Magré
208. Schleit — Schio
209. Berg Magrad — Monte Magré
210. Malai Berg — Monte di Malò
211. Malai — Malò
212. Weiler Malai — Isola di Malò
213. Turle — Durlo
214. Arzingen — Arcignano
215. Holz — Bosco
216. **Glietzen, Ljetzan** — Giazza
217. Kamp Funtein — Campo Fontana oder Fontà
218. Holz — Bosco Frizzolana
219. Porrental — Val di Porro
220. Kampsilvan — Camposilvano
221. Asarin — Arsiero
222. Felje — Velo
223. Felje Rubér — Rovere di Velo
224. Prunge — Progno
225. Marein — Marano
226. Tavernol — Tavernole
227. Ales — Illasi
228. Abadon Kalfein — Abadia Calvena
229. **Berne** — Verona
230. Ursingen — Ossenigo
231. Burg — Borghetto
232. Brentonig — Brentonico
233. Mor — Mori
234. Binde — Vinda
235. Lazan — Lizzana
236. Trumbeleis — Trambilleno

Betrachtet man die Abbildungen 2, 3, 4 und ebenso die Abbildung 1, welche die geographische Lagerung der Orte mit nachgewiesener deutscher Kirchen- und Amtssprache bringt, so zeigt sich, daß Schindele keineswegs mit seiner Behauptung übertreibt, das Gebiet zwischen *Etsch und Plaf* (Piave) mit den Eckpunkten *Salurn* und *Felters* (Feltre) im Norden, *Villafranca* bei Berne und *Esten-Padua* im Süden sei einst ganz oder größtenteils deutsch gewesen.

In einem im April 1971 in Roana (Sieben Gemeinden) gehaltenen Vortrag erklärte Prof. Domenico Stella, Präsident des „Istituto Canneti di Vicenza", die Erhaltung des Zimbrischen sei eine Ehrensache auch für die Stadt *Vicenza, da bis vor einigen Jahrhunderten* diese Sprache auch von den Vornehmen der Stadt und von der Bevölkerung des gesamten Gebietes der Provinz gesprochen wurde. Auf die Verbrüderung der Städte Verona-München hinweisend, forderte er dazu auf, daß Vicenza ebenfalls Initiativen zur Erhaltung der zimbrischen Kultur ergreife.

Zimbrische Dialekte und Sprachproben

Der Großteil der deutschen und italienischen Gelehrten, die sich mit den in den deutschen Sprachinseln südlich von Salurn gesprochenen Dialekten befaßten, ist sich heute darin einig, daß es sich im großen und ganzen um die Sprache unserer bayrischen Ahnen des 11. und 12. Jahrhunderts handelt. Wir haben hier also sozusagen ein „versteinertes Relikt" des Bajuwarischen vor uns. Aber gleichzeitig begegnet man in diesen Sprachen gewissen Altertümlichkeiten der Lautgebung, die sich u. a. auch in Ortsnamen erhalten haben. Selbst langobardische und gotische Sprachreste wurden festgestellt und alemannische Einschläge.

Unter den deutschen Sprachforschern befaßten sich mit diesem Problem in jüngerer Zeit besonders eingehend Pr. Lessiak, Eberhard Kranzmayr, Walter Steinhauser, Bruno Schweizer und Egon Kühebacher. Unter den italienischen Sprachforschern seien hier der 1958 verstorbene Msgr. Giuseppe Cappelletti genannt und der 1971 allzu früh verstorbene Mailänder Univ.-Prof. Marco Scovazzi, der in zahlreichen Beiträgen einzelne Sprachprobleme aufgegriffen und zu lösen versucht hat.

Nichts von ihrem großen Werte haben die älteren Werke von Schmeller, Josef Bacher, Dal Pozzo, M. Pezzo, der Brüder Cipolla usw. eingebüßt. In den nachstehenden Ausführungen seien die wichtigsten Ergebnisse der Sprachforschung kurz gestreift.

Im Vergleich zu dem in den Sieben Gemeinden gesprochenen Zimbrisch, das die ursprüngliche Form am reinsten bewahrt zu haben scheint und den reichhaltigsten Wortschatz aufzuweisen hat und in verschiedenen schriftlichen Denkmälern erhalten ist, ist das Zimbrische der Dreizehn Gemeinden bedeutend ärmer im Ausdruck und darüber sind uns aus älterer Zeit keine schriftlichen Denkmäler erhalten. Erste Versuche einer wissenschaftlichen Auseinandersetzung mit dem Zimbrischen der Dreizehn Gemeinden unternahmen die Brüder *Carlo und Francesco Cipolla* (vgl. Schriftenverzeichnis). Auf deren Vorstudien baute G. Cappelletti weiter; aber auch ihm war es nicht möglich, alle sprachlichen Besonderheiten aufzuzeigen und zu deuten; den Sprachforschern bietet sich hier noch ein großes Betätigungsfeld, und zahlreiche Fragen harren noch auf Beantwortung.

Betrachten wir zunächst die Lautform einiger *Ortsnamen*. Die heutige Gestalt des Ortsnamens *Rowan* oder *Roboan* läßt sich aus dem urkundlichen Ruana nur so erklären, daß man annimmt, die deutsche Namensform habe ein im Romanischen später geschwundenes b (aus p) bewahrt; als Grundform ist wohl Rupana anzusetzen, eine Ableitung von lat. Rupes = jäher Felssturz. Derselbe Fall liegt vor bei *Rekobar* gegenüber dem ital. *Recoaro,* denen ein roman. Recubarium, d. i. Ruheplatz (des Viehes?) oder Recuparium (Recuperarium), d. i. Ort der Erholung (ein Almname?) zugrundeliegen dürfte. Ebenso weist auch der Umlaut von *Ghel* gegenüber dem italienischen Gallio auf früheres Bestehen der deutschen Namensform hin. Und wenn der Monte *Giovo* bei den Zimbern der Jaovo oder Djaovo heißt, so muß dieser Name ebenso wie der des Jaufenpasses zwischen Passeiertal und Sterzing (1303 in Monte Juvoni) bereits im 8. Jahrhundert eingedeutscht worden sein, weil der Anlaut des romanischen Wortes giovo = Joch (aus lat. jugum) bei späterer Entlehnung als *tsch* übernommen worden wäre, wie z. B. beim Tschaufenhof in Mölten (1409 Zufen).

Auf zwei Ortsnamen, die auf eine gemeinsame germanische Kultur vor und nach der Völkerwanderungszeit hinweisen, hat Marco Scovazzi hingewiesen („Ljetzan"-Zeitschrift 1971, Nr. 5, S. 7): *Kunterperk* und *Xami*. Den Ortsnamen Kunterperk (bei Campofontana) hatten Cappelletti und B. Schweizer als „Viehberg" gedeutet, vermutlich sich dabei an die Erklärung von Josef Schatz für das bayerische „kunter" anlehnend: „Kleinvieh, oft in abträglichem Sinn, auch von Leuten."

Scovazzi glaubt, daß hier eine viel ältere etymologische Bedeutung vorliegt; im Zimbrischen gibt es nämlich auch noch das Zeitwort *kuntan* (neben tzuntan, deutsch anzünden); man vergleiche damit auch das in Tirol heute noch gebräuchliche Wort „onkentn" (anzünden) oder „Kentl" (Reisigbündel zum Feuermachen). Bei der Rodung von unerschlossenen Gebieten wendeten die germanischen Stämme mit Vorliebe das Niederbrennen von Waldstücken und Strauchwerk an. Eine Methode, die sicher auch von den Zimbern in den Lessinischen Bergen angewandt wurde. Es ist ohne weiters erklärlich, daß diese durch Brand gewonnenen Flächen (kunter) später mit der Viehzucht in Verbindung gebracht wurden.

Auf eine noch ältere Vergangenheit glaubt Scovazzi die Ortsbezeichnung „*Xami*" zurückleiten zu können, die sowohl bei S. Andrea als auch in Selva di Progno vorkommt. *Xami* ist zusammengesetzt aus *ka-sami (ka-* deutsch *ge-* und *sam,* das in allen germanischen Sprachen

„gleich" bedeutet: gotisch sama, altnordisch samr, angelsächsisch sama, althochdeutsch samo, altsächsisch sama). Deshalb kann angenommen werden, daß der Ortsname *Xami* sich auf eine Gruppe von gleichen Personen bezieht, mit anderen Worten also auf eine germanische „Sippe", die auf der Grundlage der Gleichheit aller Mitglieder beruhte. Der Ortsbezeichnung *Xami* kommt daher eine große Bedeutung zu, da sie beweist, daß sich die Zimbern in den Lessinischen Bergen in Familiengruppen niederließen (nach altem germanischem Brauche). Daran erinnern auch die Ortsnamen *Ce-suna* auf der Hochebene von Asiago (aus ka-sun = zusammen mit den Söhnen) und *Xon* (aus ka-son), der Paß nördlich von Recoaro. Abschließend stellt Scovazzi fest: „Diese Ortsnamen weisen offenbar auf ursprüngliche Siedlungen von verwandtschaftlichen Gruppen (Sippen) hin. Von überaus großer Bedeutung aber ist, daß man hier von einfachen Ortsnamen ausgehend auf eine urtümliche Rechtsauffassung der Germanen, auf die Gleichheit der Sippenmitglieder, schließen kann."

Ebenso hat M. Scovazzi auf übereinstimmende verbale Formen zwischen dem heute noch in Ljetzan gesprochenen Dialekt und dem *Gotischen* hingewiesen („Ljetzan"-Zeitschrift, 1970, Nr. 3, S. 45). Er bringt dafür zwei Beispiele: *„Lebaban dise guatan hearn!"* und *„Lebet Italia!"* (d. h. diese guten Herren sollen hoch leben, und es lebe Italien). Im Gotischen lauten diese Optativformen „lib-au-na, leb-auan" und „lib-a-da-u". In seiner Erklärung weist Scovazzi darauf hin, daß man dabei die phonetische Entwicklung berücksichtigen müsse, der das halbvokalische *u* in unserem bayerischen Dialekte unterworfen war: zuerst erfolgte der normale Übergang von *u* zu *w;* dann die weitere Änderung, bezeichnend für das Zimbrische, von *w* zu *b* (vgl. zimbr. „birt" - deutsch „Wirt"; zimbr. „bou" - deutsch „wohl"). Scovazzi stellt abschließend fest, daß diese Übereinstimmungen mit dem Gotischen noch eingehender untersucht werden müßten; aber es stehe jedenfalls fest, daß das Zimbrische sehr altertümliche, an das Gotische erinnernde Formen aufweist.

Ebenso weist das Zimbrische, abweichend vom Oberdeutschen des 12. und 13. Jahrhunderts auch Kennzeichen *alemannischen* Einschlages auf. In diesem Zusammenhang kommt einem Hinweise Walter Steinhausers in „Die deutsche Sprache in Südtirol" (S. 476) besondere Bedeutung zu. Er machte auf den am 11. Dezember 1919 von Josef Zösmair in den „Innsbrucker Nachrichten" veröffentlichten Aufsatz aufmerksam, in dem aus Notizen in einem Münchner Kodex des 13. Jahrhunderts nachgewiesen wird, daß zur Zeit einer um die Mitte des 11. Jahrhunderts in Bayern wütenden Hungersnot aus dem Hoheitsgebiet des oberbayerischen Klosters Benediktbeuren zahlreiche leibeigene Familien (140—250 Personen) ausgewandert und von dem mit Abt Gotthelm von Benediktbeuren befreundeten Bischof Walther von Verona in der Umgebung dieser Stadt, wahrscheinlich in den nördlich vorgelagerten Bergen, angesiedelt worden sind. Da die Besitzungen von Benediktbeuren zwischen Isar und Ammer, also an der bayrisch-schwäbischen Stammesgrenze lagen, erklären sich vielleicht aus der Sprache dieser Zuwanderer gewisse alemannische Einschläge im Zimbrischen, doch ist es nicht ausgeschlossen, daß früher oder später noch andere Nachschübe aus dem alemannischen Sprachgebiet eingetroffen sind.

Als ein Kennzeichen alemannischen Einschlages bezeichnet Steinhauser vor allem das in einigen Wörtern vorkommende anlautende stimmhafte *b* für altes *b,* weil das Bayerische in dieser Stellung nur stimmloses unbehauchtes *p* kennt: neben Wörtern wie „perkch" (Berg), „paur" (Bauer), „du pist" (du bist) stehen zimbrische und lusernische Formen wie „bal" (sobald), „brif" (Brief), „böakn" (brüllen), „brodln" (stammeln), „butsch" (Bock), „bröl" (Brühl als Flurname) mit stimmhaftem *b,* was insoferne den heutigen alemannischen Verhältnissen in der Schweiz entspricht, als sich dort zum Unterschied vom Bayerischen ebenfalls zwei verschieden starke *b*-Laute vorfinden und die genannten Wörter gleichfalls mit lindem, wenn auch nicht stimmhaftem *b* ausgesprochen werden. Auch der starke Anlaut des zimbr. Wortes „kloben" (glauben) erinnert an das appenzellische „klobe". Außerdem gibt es zwei Wortformen, die unbedingt beweisend dafür sind, daß wir mit alemannischen Einschlägen zu rechnen haben. Das sind „tauzonk" oder „tauzenk" (tausend) und „kchlain" (klein; nur in den 13 Gemeinden). Das erstere läßt sich bezüglich seiner Endung nicht mit dem bayerischen „tausnd", wohl aber mit dem schweizerischen „tusig" und dem schwäbischen „dousig" vereinen, und „kchlain" geht auf die gleiche Grundlage wie das schweizerische „chli" zurück, während das gemeinbayerische „kchloa" eine andere Ablautstufe zeigt.

Hingegen wäre es verfehlt, in dem Unterbleiben der Verdumpfung des *a* zu offenem *o* und in der Erhaltung des *e*-Lautes für das Umlaut-*ä* ein alemannisches Kennzeichen zu erblicken; denn Formen wie „daß lant" (das Land), „di lentar" (die Länder), „dar akchar" (der Acker), „das eckharle" (das Äckerlein) unterscheiden sich von den tirolischen Entsprechungen „'s lont, di lanter, der okcher, 's akcherle" nur dadurch, daß sie auf einer *älteren Entwicklungsstufe* stehen geblieben sind. Ebenso hat das Zimbrische die Entrundung der Laute *ü, ö, äu* zum Unterschied von den übrigen bayer.-österr. Mundarten nicht mehr durchgeführt und spricht daher „übel, rökchle" (Röcklein), „haüzar" (Häuser) gegenüber tirolischem „iwl, reckhl, haiser".

Schließlich sind in den Sieben und Dreizehn Gemeinden ebenso wie im Puster- und Lessachtal und in einigen Mundarten der Schweiz die alten Kurzvokale erhalten geblieben, so daß man heute noch „biza" (Wiese), „hano" (Hahn) mit kurzem *i* und *a* spricht. Sowohl der Wandel des *a* zu *ä* zu *o* und *a* als die Entrundung von *ü, ö, äu* zu *i, e, ai* als auch die Dehnung der Kurzvokale beginnen im Bayerischen erst im 13. Jahrhundert an durchzudringen und blieben daher der Sprache der vorher abgewanderten Zimbern fremd. Diese erstarrte sodann infolge der seit dem 15./16. Jahrhundert einsetzenden Abschnürung vom geschlossenen deutschen Sprachgebiet, wodurch sie einerseits ein altertümliches Gepräge bewahrte, anderseits aber auch der Verwelschung preisgegeben war.

Damit sind wir bei den Einflüssen der italienischen Sprache angelangt, der sogenannten *Verwelschung.* Hier muß unterschieden werden zwischen den Sieben und Dreizehn Gemeinden. Im Gegensatz zu den Sieben Gemeinden scheint es in den Dreizehn Gemeinden nie einen Unterricht in der Christenlehre nach einem zimbrischen Katechismus gegeben zu haben. Eine Hauptursache der stärkeren Verwelschung der in den Dreizehn Gemeinden gesprochenen Sprache war die Nähe der großen Stadt Berne (Verona) und die Lage dieser Gemeinden: wie die Landkarten zeigen, laufen die Täler des Aal (Anguilla) = Puteinbaches, des Squaranto, des Messan- und des Brunnen (Progno)-Alèsbaches nach Süden zur Etsch, ebenso wie die Furchen des westlichen Brunnbaches im Falken- und Policellatale und im Osten das Prekeltal, wodurch die Verwelschung gefördert wurde.

Landschaftlich bedeutend abgeschlossener war die durchwegs 1000 und mehr Meter hoch gelegene Hochfläche der Sieben Gemeinden mit Ausnahme von Lusan im Süden und Geneben im Osten. Nur das Assatal trennt im Westen schärfer das Gebiet. Größere Städte mit verwelschendem Einflusse waren nicht in der Nähe; Vicenza liegt 40 km in Luftlinie südlich von Schläge (Asiago).

Die Verwelschung zeigt sich darin, daß der Zimber die Lautverbindungen *pf* und *(t)z* genau so wie ein deutsch radebrechender Italiener gerne durch die bloßen Reibelaute *f* und *s* ersetzt und dementsprechend statt des tirolischen *kch* auch nur *ch* artikuliert, also "ßait„ (Zeit), „glassa" (Glatze), „funt" (Pfund), „öffel" (Apfel), „chünech" (König), „schichet" (schickt). Anlautendes *w* wird häufig weggelassen und umgekehrt ein *h* gesprochen, wo keines hingehört, z. B. „aben" (haben), „aus" (Haus), und „ßo hessen" (zu essen). Vor allem aber sind Satzakzent und Satzmelodie fast vollständig, die Satz- und Wortbildung aber sehr stark verwelscht.

Die *erste zimbrische Grammatik,* die uns überliefert ist, schuf der aus Rotz (in den Sieben Gemeinden) stammende und dort tätige Arzt *Girado Slaviero* (1679—1753). Der Titel lautet: „Grammatica della lingua tedesca dei 7 Comuni vicentini". Dieselbe ist uns in der Abschrift eines Unbekannten überliefert. Nach 1833 galt sie als verschollen (vgl. Schmeller, Cimbrisches Wörterbuch, S. 69) und wurde 1970 in der Gemeindebibliothek von Bassano del Grappa wieder entdeckt unter dem Signum Nr. 34-C-43-1/2. Ausführlich wird darüber in der „Ljetzan"-Zeitschrift (1970, Nr. 2, S. 44, und 1970, Nr. 3, S. 34) berichtet. Die Grammatik hat vor allem historischen Wert. Aus der Einleitung des unbekannten Abschreibers geht hervor, daß schon damals die Sprache in Verfall geraten war: „Statt daß er (der Arzt Slaverio) sich des Gebrauchs dieser Sprache schämte, wie es bei manchen heute der Fall ist, versuchte er sie zu pflegen und zu erklären." Das Werk ist für Gelehrte geschrieben, und man kann aus dem Inhalt entnehmen, daß der Verfasser Slaverio die lateinische und deutsche Sprache beherrschte. Die Grammatik bietet eine Möglichkeit, die sprachliche Entwicklung des Zimbrischen im Laufe der letzten 250 Jahre zu verfolgen.

Das älteste in zimbrischer Sprache (der Sieben Gemeinden) gedruckte Werk, das uns erhalten ist, ist der im Jahre 1602 in Padua gedruckte *„Zimbrische Katechismus"* (79 Seiten), genannt „Christlike vnt korze Dottrina..." und „dort (durch) orden des J. und R. M. Mark Cornar Bischoff von Padoven" aus dem Italienischen übersetzt. Er beginnt „im ersten Toal": (Moastar): „Seit ier Christan?" (Schular): „Pin ik ghenade Gottez." Moastar: „Waz bil koden Christan?" (Was will sagen ein Christ?) usw.

Diesen Katechismus hat der Bischof Mark Cornar von Padua 1602 drucken lassen, weil er „bei seiner Untersuchungsreise in den Sieben Gemeinden und *anderen* umliegenden Dörfern gefunden habe, daß Weiber, Kinder und viele Männer kein Wort Italienisch verstehen; deshalb wolle er dafür sorgen, daß sie in ihrer angeborenen deutschen Sprache (nella lor nativa lingua thedesca) in der christlichen Lehre unterwiesen werden." (Schmeller, a. a. O., S. 611; Bergmann, 1855, S. 125.)

Egon Kühebacher nennt diesen Katechismus von 1602 „eines der seltensten Bücher der Weltliteratur. Es handelt sich dabei um eine Übersetzung der „Dottrina del Bellarmino". Leider ist dieses mehr als 350 Jahre alte Zeugnis der kaum veränderten alten Sprache eine sklavische Übersetzung aus dem Italienischen.

Im Jahre 1812 ersah der Bischof von Padua, Franz Dondi, auf seiner Besichtigungsreise in den Sieben Gemeinden, daß „manche Männer, viele Frauen und der größte Teil der Kinder *gar nicht* oder nur wenig *Italienisch verstanden."* Er ließ deshalb 1813 neu einen zimbrischen Katechismus drucken. Da diese Ausgabe von 1813 im Jahre 1842 vergriffen war, ließ im selben Jahre 1842 der Bischof Modestus Farina den *dritten zimbrischen Katechismus* herausgeben, „weil er bei seinen Kirchen-Untersuchungsreisen in den Sieben Gemeinden erkannt hatte, daß in verschiedenen Orten der Gebrauch dieser deutschen Mundart noch besteht". Die Ausgabe von 1842 „Dar kloana Catechismo vor 'z Béloseland, Padua 1842" wurde später von A. Baß in Leipzig herausgegeben, betitelt „Dar kloane Catechismo vor 'z Beloseland vortragfe in 'z Gaprecht von Siben Kamäun" (Beloseland = für das welsche Land; Gaprecht = in der Sprache).

Nach Girardo Slaviero, von dem die erste zimbrische Grammatik stammt, verfaßte A. Schmeller eine Grammatik, die heute noch als die vollkommenste gelten kann; darin wird hauptsächlich die Sprache der Sieben Gemeinds behandelt; Bergmann machte dazu einige Bemerkungen. Eine Übersicht über die Sprache der Dreizehn Gemeinden verfaßte F. Cipolla. Eine Sprachlehre nach neuer wissenschaftlicher Methode über die *Luserner Mundart* hat Josef Bacher geschrieben. Seit Jahrzehnten arbeitet *Jakob Hoffer von Zöhrn,* Pfarrer von Sankt Franz (Florutz), an einem Wörterbuch der *Fersentaler Mundart.*

Fünf Hauptsammler haben *Wörterbücher* der zimbrischen Sprache überliefert: Peter Modestus, Dalla Costa, Marco Pezzo, Agostino Dal Pozzo, Joh. A. Schmeller und Francesco und Carlo Cipolla. Pezzo und Cipolla brachten vornehmlich Wörter aus den Dreizehn Gemeinden.

Das klassische Wörterbuch verfaßte wiederum Schmeller. Von Dal Pozzo rührt auch ein handschriftlicher zimbrischer Wortschatz her aus dem Jahre 1775, der etwa 9.000 Wörter umfaßt haben soll (Bergmann, S. 75 und 149). Davon soll ein Auszug von ungefähr 3.000 zimbrischen Wörtern im Ferdinandeum in Innsbruck erhalten sein (Attlmayr, S. 63). Dal Pozzos gedrucktes Wörterverzeichnis hat nur 1522, das von M. Pezzo bloß 1088 Wörter. Kürzere Wörterbücher der zimbrischen Sprache, meist Auszüge aus den genannten, boten im Jahre 1775 Fulda, 1806 Graf Sternberg, 1806 von Hormayr, 1826 Giovanelli, 1847 Bergmann, 1867 v. Attlmayr, 1885 Brentari, 1911 E. Paul, G. Cappelletti u. a.

Für die in *Lusern* gesprochene Mundart gibt es das Wörterbuch von *J. Bacher* und das weniger zutreffende von Zingerle. J. Bacher schreibt, daß die in Lusern gesprochene Mundart wegen ihres fremdartigen Satzbaus einem ungewohnten Ohr holperig, unbeholfen zu sein scheint. Allein sie ist ebenso sicher im Ausdruck wie jede andere. Sie hat etwa 6.000 Wörter, wenn man alle Zusammensetzungen, auch die mit Präfixen, hinzurechnet. Davon sind ungefähr 4.000, also zwei Drittel, deutsch oder eingedeutscht, ein Drittel aber sind italienische Fremdwörter. Diese bezeichnen vielfach abstrakte Dinge oder sind Fachausdrücke für Religion, Medizin, Jus usw., kamen also durch den italienischen Religionsunterricht und den Verkehr mit den italienischen Behörden nach Lusern; notwendig seien diese nur in beschränktem Maße (S. 209).

Unter allen Dialekten steht dem Lusernischen das Zimbrische am nächsten, namentlich in der Aussprache der Laute; im Gebrauche gewisser in hochzimbrischen Mundarten geschwundenen Wörtern schließt sich ihnen das *Fersental* an. Sehr übereinstimmend ist im Lusernischen und Zimbrischen die Behandlung der Fremdwörter. Die Verschiedenheit beider Dialekte besteht hauptsächlich in der Vokallänge, z. B. zimbrisch „liichte" - lusernisch „liacht"; ebenso „toofe" - „tóaf", „pluut" (plut) - „pluat", „herre" - „hear", „'s tüüt" - „'s tüat" (es tut, ist genug); dagegen zimbr. „liarnen" - lus. „lirnen", „ear" - „är", „voar" - „vor" (vor), „bearte" - „vert" (Mal), „niet" - „net". Die zimbr. Endung -*ot* = lus. -*at*. Endlich sind im Zimbrischen die Flexionsendungen und besonders die Endvokale besser erhalten als im Lusernischen.

Zum Vergleiche beider Mundarten sei aus dem kleinen zimbrischen Katechismus der Anfang des Glaubensbekenntnisses („atten von dar Fede") dem lusernischen Wortlaut gegenübergestellt (aus Josef Bacher, Die deutsche Sprachinsel Lusern, S. 157):

Zimbrisch

Maindar Gott ich clobe allez baz euch hat gaváллet zo máchemar bisen, un clobez met álleme herzen, sichar, un un bölte entor sterben, bedar haben koana vorte az net asò sai brumme ar habetz galiarnet iart ársta, un sichara

Lusernisch

(liabar) mai got (dar hear) i gloabe als, bas d'as aüch hat gevalt zo machamar wisan, on gloab's bet als (main) herz, sichar sichar, on wölat iantar (liabar) sterbm, piutosto was zo vör(ch)-ta-me, as ('s) net sai aso, ombróm dabarot, da ar möghetach net veeln, noch liarnen kóame zo véelan. Ich globa bia iart sait hörtan gabéest, un sait, un habet hörtan zo sáinan; un bia iart sait un Gott anlóan, un drai persúun galáiche, kóana von beelen ist net d'andar, Vater, un Sun, un Halgar Spirito.

dar ha(b)t 's gelirnt iar, da earst on sichara gawarat, ombrom dar mök net väln on neanka lirnen khuan andarn zo väla, i gloabe, (ke) iar sait herta gewäst; on dar sait, on dar (ha(b)t herta zo saina; on (ke) dar sait a got (dar hear) alûa on drai persone gelaich, vo weldern uana is net d'andar, dar vatar, dar sun, on dar hailege spirito.

Die Ähnlichkeit der *Fersentaler* Mundart mit dem Lusernischen ist auffallend, obwohl sie manche Besonderheiten aufweist und dem Bayerischen des 11. und 12. Jahrhunderts am nächsten kommt. Nachstehend einige Beispiele über die mundartlichen Abweichungen: so lauten z. B. die Wörter „Kasten, Hütte, Sünde" in den Sieben Gemeinden "kchasto, hütta, zünde", in den Dreizehn Gemeinden „kchaste, hutte, zunjte", in Lusern „kchast, hütt, zünt", im Fersental aber „kchast, hitt, sint".

W. Steinhauser schreibt, es seien Anzeichen vorhanden, daß es diese Abweichungen nicht immer gegeben hat. Es sei an die *ui* in Folgereit und Vütsche erinnert und es kann angenommen werden, daß es einzelne Gemeinden gegeben haben muß, in denen wahrscheinlich infolge späterer Zuwanderungen das bayerische *o* für *a* geherrscht hat; denn nur so lassen sich Ortsnamenbeschreibungen wie „Loke" (Lacke), „Oseli" (Hasel), „Bisentol" (Wiesental), „Oker" (Acker), „Ongar" (Anger) verstehen. Wenn diese Unterschiede heute fast gänzlich ausgeglichen sind, konnte das nur durch den Einfluß einer Jahrhunderte hindurch herrschenden Verkehrssprache geschehen, die von den Städten und größeren Orten Bern, Visenz (Vicenza), Wassan (Bassano), Schleit (Schio) und Schlege (Asiago) ausgegangen ist.

Nachstehend sei mit der freundlichen Genehmigung des Pfarrers Jakob Hoffer von Zöhrn die von ihm in Fersentaler (Florutzer) Mundart übertragene Sage von der „Stempa" aus Ignaz Zingerles „Sagen aus Tirol" — erschienen in Aldo Gorfers „Tal der Mocheni" — wiedergegeben.

Fersentaler Mundart

De Stempa
De Stempa de hòt gearn de Höisslnuss'n géssen und de hotza stöil'n tschbint dernó as de raif sein gabèn.

De Bauer de hómse derzürnt und de hóm a Mittl pfund'n za empedírn en de doi ladra za stehln. Oener hòt worttrogn en de Stempa en Sòck, derbail ass dé

Hochdeutsch

Die Stempa
Sehr gern aß die Stempa Nüsse und stahl diese, sobald sie reif wurden, von den Bäumen. Die Bauern wurden darüber böse und sannen auf ein Mittel, der Diebin ihr Stehlen zu verleiden. Einer nahm nun der Stempa, während sie unter einem Baume schlief, ihr Bulge (Sack), trennte deren

hòt tschlowen, der hòt augatù en Pöun und der hòt'n en sae Plòtz galeg böu der zaerst ist gabèn. Bals de se ist augabòchen hòt de Stempa en saê Monn garieft und der „Sparlör" der ist kemen und peada de sain gongen za stehln de Höisslnuss'n.

Der ist anau as'n Pam gongen und der hòt de Öubez oartschlogn, de Stempa hòt pfüllt en Sòck as nia wòll ist kemen. Varlöscht der Sparlör der ist müha gabèn za téâ oarschlogen und der hòt geböllt de saê Orbet riwen. Ma da Stempa de hòt-en a söu zuertschrîn: „Taiwl wan-an Olt, tua enwiroarschlogn, es brauchter nöi za möign en Sòck woll mòchen!"

Und a söu hòt er enwírgaòrbatn. Stuff wa der saina Orbet ist er warlöscht aròkemen wan Pàm und der hòt en Sock utschaut. Der hòt en Pöun augalöast pfundn. Der hòt-ze derzürrt wawai's Baib hòt net òchtgem und der hòt-en a Wlòtsch gem a söu sécket as de hòt gamóent es túet plitzn. De Lait as de saî warsteck gabèn hinter en Stöll de hom upfong za téâ und lòchen und dòs hòt de zboa Bíln in sospetto galeg söuwle ass de pflöuchen saî wa Schont as'n Perg „Fennis" und de hom se niamer galòt séchen ka der Nòchborschòft.

Boden auf und legte ihn wieder an die vorige Stelle. Als sie erwachte, rief sie ihrem Manne und „Parlör" kam und selbander gingen sie Nüsse stehlen.

Der Mann stieg auf den Baum und schlug die Früchte herab, Stempa füllte damit die Bulge, die aber nie voll wurde. Endlich war Parlör des Dreschens müde und wollte seine Arbeit beenden. Stempa aber rief: „Alter, drisch nur fort, der Sack ist noch lange nicht voll!"

Da schlug er wieder fort. Doch endlich stieg er, der Arbeit übersatt, vom Baume und sah die Bulge an. Da fand er deren Boden aufgetrennt. Erzürnt über die Unachtsamkeit seiner Frau gab er ihr eine Maulschelle, daß sie glaubte, es blitzte. Da erhoben die Bauern, die hinter dem Gesträuche versteckt waren, ein lautes Gelächter — und dies verdroß die beiden Wilden Leute so, daß sie auf den „Fennisberg" flohen und sich nicht mehr in der Nähe sehen ließen.

(Ignaz Zingerle, Sagen aus Tirol, 1891)

„Die Blüte der germanischen Sprache"

Das Gebiet von Vicenza trug den verdeutschten Namen Wisenthein und die Stadt selbst wurde als Cimbria besungen und lange Zeit auch so genannt. Noch 1582 wird die Gegend „Taitsch Visenteiner Gepiet" genannt (O. Stolz, a. a. O., 2. Bd., 1928, S. 315). und A. Schmeller (a. a. O., S. 579) bringt ein Augsburger Beispiel aus dem Jahre 1571, worin es heißt: „Die Spraach diß Buchs ist weder *visentinisch,* westfälisch noch brabandisch", woraus erhellt, daß die Kunde von der eigentümlichen deutschen Sprache der Zimbern sehr verbreitet gewesen sein muß.

Vicenza war seit 1266 den Paduanern unterworfen. Signofredo Ganzera (doch wohl Siegfried Ganser?) befreite es 1311. Als er sich den Bewohnern von Vicenza verständlich machen wollte, *sprach er Deutsch*. Noch heute erinnern deutsche Örtlichkeitsnamen in und bei Vicenza, abgesehen von Bächele (Bachiglione) an die deutsche Wiese und den Berg (als Wisega und Berga, Da Schio, a. a. O., S. 61 ff.). Aber sogar südlich von Vicenza in den „Bergen", die mit dem Wortgedoppel *Monti Berici* genannt sind, haben Deutsche in geschlossenen Siedlungen gewohnt; denn sie haben nachweisbar bis zum Ende des 15. Jahrhunderts eigene *deutsche Pfarrer* berufen.

Aber auch östlich von Vicenza und südlich von Padua in den *Euganeischen Hügeln* bei Teolo und Monselicae finden sich im 9. Jahrhundert zahlreiche deutsche Bewohner mit deutschen Namen (Bergmann, Einleitung, S. 87). Bei Padua heißt noch ein Dorf Trambach (Merkh, a. a. O., S. 144). Und nun wieder zu Wisentain (Vicenza)! Über dessen deutsche Vergangenheit hat Georg Widter in der Stadtbücherei von Vicenza und in den bischöflichen Urkunden dort und in Padua ausgedehnten Stoff gesammelt. In seinem Verzeichnis von 260 zimbrischen Familiennamen (meist außerhalb der Sieben Gemeinden) und von den 175 deutschen Spitznamen und vielen deutschen Bezeichnungen von Gewässern, Bergen, Hügeln begegnet uns eine ähnliche Fülle altdeutschen Lebens wie in den Sieben und Dreizehn Gemeinden, so daß man ein kleines Buch nur mit diesen Namen füllen könnte. Besonders bedeutsam ist, daß in diesen südlichen Gebieten bis in die Ebene hinein im endenden Mittelalter eine *Menge Priester aus Deutschland* wirkten. Wenn uns im allgemeinen nur von 1320 bis 1515 deren Namen bekannt sind, so kommt das davon her, daß im Jahre 1634 viele ältere Urkunden im bischöflichen Archiv zu Padua, wohin die Mehrzahl der Pfarrorte gehören, verbrannten, während die Bistumsurkunden Vicenzas überhaupt große Lücken aufweisen; 1509 verbrannten die Urkunden der Stadt (Attlmayr, a. a. O., S. 23). Nach 1520 hörte die Berufung deutscher Priester wegen der Gefahr der lutherischen Verketzerung auf, und die italienischen Pfarrer gaben sich oft große Mühe, die Deutschen zu verwelschen. Aus all diesen Tatsachen geht hervor, daß das Zimbrische nicht ein bloßes Verständigungsmittel von armen, im 11. und 12. Jahrhundert ins zimbrische Bergland eingewanderter Bauern, Bergknappen und Holzfäller war, wie man vielfach annahm, sondern daß wir es mit einer einst hochangesehenen Verkehrssprache zu tun haben, die bei allen Ständen des weiten Landstriches zwischen Etsch und Brenta bis nach Bern und Visenz, ja in diesen Städten selbst in Übung stand. Scipione Maffei nennt in der „Verona illustrata" (1739) die zimbrische Sprache „die Blüte der sehr alten germanischen Sprache" (il fiore dell'antichissima lingua germanica).

Egon Kühebacher schreibt darüber:

Es konnte sich in diesem deutschen Siedlungsraum ein eigenes Kulturleben entfalten. Das Zimbrische, das uns heute nur noch restweise erhalten ist, war früher einmal viel gepflegter und ausdrucksfähiger. Vor 150 Jahren ist es noch eine richtige Hochsprache gewesen, die für Predigten, Reden, Gedichte und Übersetzungen ebenso geeignet war wie für den täglichen Gebrauch der Bauern. Seine ausgebildeten grammatischen und lautlichen Gesetzmäßigkeiten erforderten einen wesentlich höheren Grad von Redebeherrschung als das heute dominierende Venezianische. Das echte Zimbrische besaß durch seine ungetrübten Vokale und Endsilben, durch die gerundeten Laute, die eigenen Quantitäten und den schweren, feierlichen Tonfall eine erstaunliche Klangfülle. Es gab auch eine kleine zimbrische Literatur in Form von Predigten, Gedichten, Totenklagen und mündlich überlieferten Sagen, sowie eine Inkunabel in Form des berühmten Katechismus von 1602... Dieses Büchlein bringt in seinem Anhang vier „Halghe Gesang" (Heilige Gesänge). Um einen Eindruck von der Klangfülle dieser alten Sprache zu vermitteln, sei hier der ‚Gesang' über den Pfingsttag, *Übar in Finkestag",* wiedergegeben. Die ganze Natur wird eingeladen, sich mitzufreuen; die Käferlein und Gräslein, die Vöglein und alle Tiere auf den Wiesen, im Wasser und in Tälern, alle mögen herumschwirren, flattern und scherzen; Gott möge ihnen gute *prösemlen* (Bröslein) schenken und ihnen lange *täghelen* (Täglein) geben; alle sollen sich freuen, denn heute ist der Geist des Himmels gekommen, der von der Welt jedes Übel nimmt:

> O von dar earden keberlen,
> Iart krabelt dort de greselen
> Un vludart af de hebberlen
> Un lebet dort de beselen.
> O von das höghe vöghelen,
> Iart vludard dort de bellelen,
> Un singhet af di pöghelen
> Lebeten dort de tellelen,
> Gott gebach gute prösemlen
> Un schenkach langhe täghelen,
> Un de ghesunt in kösemlen,
> Un sperach nie de beghelen.
> Heüte sait ghet snatterten,
> Vluderten mit den vettglen
> Un nerreten un scherzeten
> Auz dort stone un pletteglen.
> Dar Gaist ist heüte kemmet
> Aber vumme hümmele,
> Ear von dar belte nemmet
> Alla de bi!le und de übele.

Zum Schluß bringt der Catechismo eine Übersetzung der Klage des Propheten Jeremias über das zerstörte und menschenleere Jerusalem. In der Heiligen Schrift wird die Stadt verglichen mit einer reichen Frau, die alles verloren hat und Tag und Nacht weint, so daß ihre Augen angeschwollen sind; die Fürsten der Stadt wurden gedemütigt und die alten Freunde sind nun Feinde geworden:

> Ah, bia sbach sitzet alloan un lear,
> Deü stat so voll mit volk und ear!
> Bia raicha bitba d'alz hat vorloart
> Alla vorknüfelt nemear hat boart.
> Di fürsten, ba an tak barn iare hirte,
> Gmacht saint heüte als iere birte.
> Ghesböllet d'oghe si seüftet, schoant,
> Di ganzen nechte si gheült und boant.
> Die alten püüle, iar liib a zait,
> Nemear si grüüzent, von iar stent bait.

Der Catechismo von 1813 und 1842 ist also ein einmaliges Dokument deutschen Sprachlebens und dokumentiert in eindrucksvoller Weise, daß um die Mitte des vorigen Jahrhunderts das Zimbrische im Gebiete der Sieben Gemeinden nicht nur als Haussprache, sondern auch als Schriftsprache noch lebendig war."

Hans Fink konnte 1959 in der Kirche von Ljetzan eine Maiandacht miterleben. Darüber berichtet er:

Streng nach Geschlechtern getrennt kniet das Volk in den Bänken, die unseren Kirchenstühlen in Südtirol sehr ähnlich sind. Einen Chor für die Sänger gibt es nicht und natürlich auch keine Orgel. Den Gesang besorgt das Volk selbst, und es tut alles fleißig mit. Die ganze Litanei wird gesungen, Vers für Vers; einmal beginnen die Männer, dann die Frauen. Die Kirchensprache Ljetzans ist rein italienisch, schon seit rund 100 Jahren. Früher jedoch wurde zimbrisch gepredigt und auch die Beichte abgenommen.

Der Ministranten sechs — man nennt sie „pfäfflja" — stehen hinter dem knienden Pfarrer. Einen „Kittel" nach unseren Begriffen tragen sie nicht, dafür haben sie eine Schleife von links nach rechts umgehängt. Je größer der Ministrant — desto dunkler der Schleife Rot. So dünkt es uns wenigstens.

Auch das Tantum ergo wird gemeinsam gesungen. Dann tritt der Priester zum Tabernakel und segnet das gläubige Volk von Ljetzan. Kaum ist der Segen um und Gott, der Herr, wieder zurückgekehrt in sein geweihtes Häuschen, schrecken wir fast aus unseren Betrachtungen. Ein neues Lied klingt auf und wir spitzen erfreut die Ohren: man singt zimbrisch, in der sterbenden Sprache eines verborgenen Volkes. Bei der ersten Strophe kommen wir noch nicht recht mit, die zweite dringt schon weit besser an unser deutschgeschultes Ohr:

> Du, Muatar 'me himmal
> kear abe dai ooge (Auge)
> und pete for allje,
> bo ruofan tzu diar. Ave Maria ...
> De jungan, de altan
> sain allje un dain wuazzan (Füßen)
> vur léntage (Lebendige) und toate
> isch daz gapèt: Ave Maria ...

Aus tiefem Herzen kommen des singenden Volkes Stimmen, wir fühlen es, das ist kein Lippengebet. Wie ein sterbender Schrei klingen die Reste dieser waidwunden Sprache zum Himmel. Dann klingt ein kleines Glöckchen vom Turm, leise und mahnend, werbend und bittend. Das „kljouklja 'un de toatan" (Glöcklein für die Toten) sei dies gewesen, klärt uns die Wirtin voller Stolz auf, als wir heimkommen; und sein Geläute rufe alle im Dorfe zur nächtlichen Ruhe.

IV. Der Rückgang der deutschen Sprache und dessen Ursachen

In den vorangegangenen Ausführungen wurde aufgezeigt, daß das Deutschtum nicht nur im Trentino, sondern auch viel weiter südlich bis vor die Tore Berns (Veronas) und Wisenthains (Vicenzas) reichte. Im folgenden sei die bewegte Geschichte dieser Gebiete dargestellt, und die Gründe aufgezeigt, wie und warum das Deutschtum allmählich unterging.

Hatte sich eine erste Entgermanisierungswelle bei allen deutschen Sprachgruppen schon unter den Kaisern Friedrich III. und Maximilian I. bemerkbar gemacht, als die Republik Venedig im südlichen Teile des heutigen Trentinos Fuß faßte und dort fast 100 Jahre hindurch ihre Herrschaft ausübte, so erlitten die deutschen Gebiete im Raum von Vicenza und Verona, das sind die Sieben und Dreizehn Gemeinden, den eigentlichen Todesstoß erst durch die französischen Umwälzungen. Napoleon stürzte alle Landesordnung, löste die bis dahin bestehenden Bauernrepubliken der Sieben und Dreizehn Gemeinden auf und schlug das gesamte heutige Trentino zum Königreich Italien. Gleichzeitig wurde das geistliche Fürstentum Trient säkularisiert, und dem Romanisierungsprozeß waren keine Schranken mehr gesetzt. Die Lage der Deutschen im Trentino wurde verhängnisvoller.

Die vollständig romanisch ausgerichtete Intelligenz untergrub das nationale Bewußtsein der einfachen, ungeschulten Bergbauern. Man machte sich über die „rohe" Sprache der Gebirgsdeutschen lustig, stellte sie als eine Hemmung des Fortschrittes hin, und die hilflosen Leute mußten sich ihres „slambrot" (so wurde die alte Sprache der Deutschfersentaler genannt), ihres „slapero" (die Mundart der deutschen Luserner), des sogenannten „Zimbrischen" (der deutschen Sieben und Dreizehn Gemeinden) schämen.

Darüber soll nachstehend wieder der aus den Sieben Gemeinden stammende Abt Agostino Dal Pozzo zu Wort kommen, der sich darüber schon in seinen „Memorie" (1820) ernstliche Gedanken gemacht hatte und dabei folgendes feststellte:

Die Tiroler hätten gar nicht so Unrecht, wenn sie die zimbrische Sprache „als einen verdorbenen (corrotto) Dialekt" bezeichnen, da sie nach und nach durch ständigen Kontakt mit Italienern einen Großteil ihres Wortschatzes bereits eingebüßt und durch italienische Bezeichnungen ersetzt hat. Diese Vermengung deutscher und italienischer Wörter errege die Heiterkeit der Fremden, die in jene Gegenden kommen; und u. a. habe Leibnitz diese Sprache als „halbgermanisch" bezeichnet. Die Folge davon war, daß die deutschen Bewohner sich nach und nach selbst ihrer Sprache schämten. Der Verfasser führt hier ein Beispiel aus einem Weiler der Sieben Gemeinden an: Die dortigen Bewohner hätten beschlossen, ihre „häßliche Sprache" aufgeben und mit ihren Kindern nur mehr italienisch zu reden. Dazu bemerkt Dal Pozzo: „Ist dies nicht eine barbarische und unerhörte

Grausamkeit, seine Sprache zu verachten, die man mit der Muttermilch eingesogen hat, die den Vorfahren so teuer war? Die unsere privilegierte Nation von den Nachbarn unterscheidet, und die das Wertvollste ist, das aus unserer Vergangenheit und von unserer Abstammung herrührt. ... Jene, die zum Verlust ihrer Muttersprache mit beigetragen haben, verdienten es, daß sie der von der Nation der Sieben Gemeinden erkämpften Privilegien verlustig gingen, da sie sich schämen, zu ihr zu gehören, und sich schämen, deren Sprache zu sprechen ... Wenn man diese nicht genug tadeln kann, daß sie ihre Muttersprache gegenüber so undankbar und grausam sind, verdienen ihre Nachbarn um so höheres Lob, die, obwohl sie rund acht Monate im Jahre bei der Ausübung ihres Berufes unter Italienern leben müssen, dennoch ihre Muttersprache bewahren und sie ausgezeichnet beherrschen."

Dal Pozzo verweist dann auf eine andere Ursache, die für das „Tautsch" der Zimbern noch viel verhängnisvoller wurde. Er stellt fest, daß außer dem täglichen Umgang mit den Italienern die Heiraten mit Italienerinnen immer häufiger würden. Solche Hochzeiten seien früher eine große Seltenheit gewesen und man hatte dies als eine Schande betrachtet. „Und diese sind tatsächlich der Untergang unserer Sprache. Denn die italienischen Frauen fahren fort, italienisch zu sprechen, sei es, da sie nicht anders können oder sei es, da sie unsere Sprache nicht verstehen wollen, da sie feststellen, daß es auch ohne sie geht, da sie von allen verstanden werden. Die Kinder saugen mit der Muttermilch die Sprache der Mutter ein und sie lernen die Sprache ihrer Väter überhaupt nicht mehr oder nur schlecht. So bewahrheitet sich auch bei uns das, was in der Heiligen Schrift über die Kinder der Israeliten geschrieben steht, die in Palästina blieben, als jene Nation in die babylonische Gefangenschaft geführt wurde. Nachdem sie trotz des Verbotes fremde Frauen der Moabiten und Ammoniten geheiratet hatten, sprach die Hälfte ihrer Kinder nur mehr in der Sprache ihrer Mütter und verstanden nicht mehr die Sprache ihrer Väter, das Hebräische. Und die andere Hälfte sprach beide Sprachen. Deshalb hat der Priester Esdra, als die Zeit der Sklaverei beendet war und er die Zustände gesehen hatte, deren Väter nicht nur scharf getadelt, sondern hat sie verflucht und ihnen eine schwere Strafe auferlegt."

Sehr viel trug zur Entgermanisierung seit der Reformationszeit die italienische Geistlichkeit — vor allem im Trentino — bei, die von der Trienter Kurie in die deutschen Dörfer gesandt wurde und dort trotz des Protestes der deutschen Bewohner in Kirche und Schule ausschließlich in italienischer Sprache amtierte. Aber nicht nur das heutige Trentino betrachteten die italienischen Geistlichen als eine Domäne ihrer Nationalität. Auch in Südtirol, ja selbst in Nordtirol versuchten sie Fuß zu fassen, und in jener Zeit fanden sie dabei die vollste Unterstützung der Tiroler Landesfürsten.

Dieses Problem ist von Hermann Bidermann in seinem Buche „Die Italiener im Tirolischen Provinzial-Verbande" (1874) eingehend behandelt worden.

„FREIWILLIGER" RÜCKZUG DES DEUTSCHTUMS?

Bidermann stellt zunächst fest, „daß die vornehmste Veranlassung ein *freiwilliger* Rückzug war, wie ja der Deutsche im Etschtale auch außer dem Weichbilde der Stadt Trient noch jetzt wenig Widerstand leistet". Dann fährt der Autor fort: „Es vollzog sich da eine Assimilierung, deren innere Berechtigung wir nicht abstreiten. Aber so lediglich passiv, wie die beteiligten Italiener sich da verhalten haben wollen, verhielten sie sich in Wirklichkeit denn doch nicht. In einem vom Roveretaner Giacomo Galvagni 1856 zu Padua herausgegebenen Sammelwerk ‚Florilegio scientifico-storico-letterale del Tirolo Italiano'

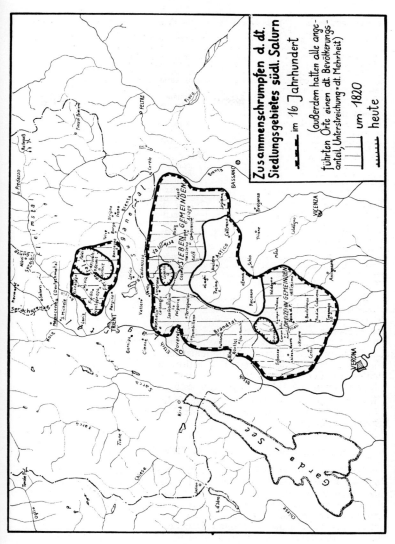

Die Abbildung von Egon Kühebacher zeigt, wie das einst ausgedehnte deutsche Sprachgebiet im norditalienischen Gebiet zwischen Etsch, Brenta und Piave im Laufe der letzten Jahrhunderte zusammenschrumpfte.

— gedruckt bei Angelo Sicca — ist ein 1820 geschriebener Aufsatz des *Giovanni Pietro Beltrami* über ‚das Leben und Ersterben der Sprache der Bevölkerung von Terragnuolo' abgedruckt, in dem es unter anderem (S. 128) heißt: *Zur Ausrottung dieses abscheulichen Dialekts habe die göttliche Vorsehung sich des Don Leonardo Zanella bedient,* eines Priesters aus dem Trienter Gebiete, dessen Andenken nie erlöschen wird, weil er zur Leitung und Besorgung eben dieses Volkes der geeignetste war. Zwanzig Jahre lang sei dieser fromme Priester bemüht gewesen, seiner Gemeinde begreiflich zu machen, daß sie sich eine andere Sprache (un altro parlar) aneignen müsse, endlich sei ihm dies gelungen. Nachdem er der älteren Generation *einen Eid abgenommen hatte,* daß sie mit der nachwachsenden nicht mehr ‚barbarisch' reden würde, sei die alte Sprache außer Übung gekommen und bald werde sie ganz verklingen. Schon höre man dort allgemein wie in Rovereto reden („Dacchè i vecchi di quel paese, *obbligati da lui per coscienza* a non dovere giammai parlare barbaricamente alla nuova generazione, questa è pervenuta per buona ventura a tale età e a tal termine da darne al mondo un'altro, ignorando al tutto *quella barbara lingua* e parlando di continuo il *nostro volgare roveretano:* Di che noi veggiamo quel cotale idioma a tale stato, che in brevissimo tempo egli sarà morto e sepolto.").

So berichtet Beltrami von dem Priester Zanella, ihm Lob und Bewunderung zollend.

Bidermann schreibt darüber:

Daß in anderen deutschen Dörfern die Geistlichkeit dieselbe Rolle spielte, und dabei von ihren Vorgesetzten unterstützt wurde, ist zwar nirgends so deutlich gesagt wie in Beltramis Aufsatz, aber darum nicht weniger verbürgt. Es weist darauf schon die Unterdrückung deutscher Seelsorgsposten in den betreffenden Gemeinden hin, wie solche zu Borgo und Pergine bestanden. In Borgo wurde die deutsche Pfarrerstelle (pro portione Germanica) im Jahre 1514 aufgelassen, ungeachtet, daß die Gemeinde sich dagegen sträubte; spätere Versuche, diese Maßnahme rückgängig zu machen, hatten nur einen vorübergehenden Erfog. (Montebello, Notizie storiche etc. della Valsugana, S. 280.)

Allerdings mag da religiöser Fanatismus, der in den Deutschen die Ketzer verfolgte, der nationalen Gehässigkeit Vorschub geleistet haben, so wie wir ja im Vinschgau hinwieder zur gewaltsamen Verdeutschung der Rätoromanen, welche Calviner waren, Anlaß gab. Allein dieser Entschuldigungsgrund traf so lange zu, als es unter der Bevölkerung, welche davon betroffen wurde, Protestanten gab. Das war bei den Bewohnern von Terragnuolo zur Zeit des Priesters Zanella sicher nicht der Fall, und lange bevor die Glaubensspaltung Tirol überhaupt ergriff, trug sich die italienische Geistlichkeit hier schon mit Gedanken und Gefühlen, wie Don Zanella sie gehegt haben muß. Die italienischen Mönche, welche der Etsch entlang sich ausbreiteten, waren schon im 15. Jahrhundert in den Gedanken, daß das Etschtal eine Domäne ihrer Nationalität sei, dergestalt verrannt, daß sie einen Dominikaner aus Ulm, welcher im Jahre 1483 durch dasselbe nach Palästina reiste, den Glauben beibrachten, Bozen sei bis vor kurzem eine ausschließlich von Italienern bewohnte Stadt gewesen und in Trient seien die Deutschen gleichfalls nur Eindringlinge, die sich unlängst erst hier breitgemacht hätten. (Fratris Felicis Fabri Evagatorium in Terrae Sanctae etc. Peregrinationem — im II. Bande der Bibl. des liter. Vereines zu Stuttgart, S. 72 und 75.)

Im Laufe der folgenden Jahrhunderte hat diese Anschauung unter dem in Trient gebildeten oder von hier aus geleiteten Klerus, soweit er der italienischen Nationalität angehörte, eher um sich gegriffen, als daß eine Ernüchterung eingetreten wäre. Wie zuvorkommend benahm sich nicht allenthalben die Geistlichkeit dieser Diözese, als es den italienischen Ansiedlern, welche zwischen Bozen und Trient festen Fuß faßten und ersterer Stadt immer näher rückten, italienischen Gottesdienst und Schulunterricht zu verschaffen galt! Wir machen ihr dies nicht zum Vorwurfe; allein wir staunen über das ungleiche Maß, mit dem sie mißt, wir verstehen kaum den Beifall, der ihr deshalb italienischerseits zuteil wird, während deutschfühlende Priester, die ihren einige Meilen südlicher ansässigen Nationalgenossen die gleiche Berücksichtigung angedeihen lassen, aus diesem Grunde Anfeindungen erfahren.

Zahlreiche Umstände haben also zum allmählichen Untergang des Deutschtums südlich von Südtirol in den vergangenen Jahrhunderten beigetragen. Manche Ursachen dieses Zurückweichens lassen sich heutzutage nur noch insofern nachweisen, als aus den heutigen Erscheinungen auf die Analogie der Vorzeit geschlossen werden kann.

Der Grund, weshalb man z. B. in Welschtirol und in den Sieben und Dreizehn Gemeinden und in den deutschen Gemeinden in den West- und Ostalpen auf verhältnismäßig nur mehr wenige deutsche Familiennamen stößt, sei an einem jüngsten Beispiel aus der Gemeinde Bladen aufgezeigt: Dort wurden von den rund 400 deutschen Familiennamen erst im letzten Jahrhundert bis auf 40 alle italianisiert. Zum Großteil erfolgte die Verwelschung der Familiennamen durch italienische Geistliche, die in das Taufregister die deutschen Personen- *und* Familiennamen „umtauften".

Darüber schreibt *Th. Veiter* in „Die Italiener in der österreichisch-ungarischen Monarchie" u. a.:

„Der Versuch der Italiener, die Schreibweise der Familiennamen zu italianisieren, ist nicht erst faschistischer Herkunft, sondern wurde von den Italienern schon zur Zeit Österreich-Ungarns betrieben." Eine derartige willkürliche Umbenennung für die Pfarrmatrikeln überhaupt ist durch 1883 und 1885 erlassene Gesetze untersagt worden, und darin heißt es, daß die Familiennamen in keiner Weise gegen den Willen ihrer Träger geändert werden dürfen.

Einen diesbezüglichen Fall erwähnt *Ludwig Steub* in seiner Reisebeschreibung des Valsugana-Gebietes (1877). Da heißt es:

Dr. Joseph Pacher, Badearzt in Levico (sprich Packer) aus Roncegno (Rundschein) bei Borgo. Dieses Rundschein wird in Büchern, die vor etwa vierzig Jahren (1837) geschrieben sind, mit dem nahen Torcegno, ehemals Durchschein, als ein deutsches Spracheiland angeführt, welches allerdings in höchster Gefahr sei, von italienischen Wogen verschlungen zu werden. Dr. Pacher aber erzählt, schon sein Vater sei als Wälscher aufgewachsen, und höchstens sein Großvater stehe im Verdacht, noch ein Deutscher gewesen zu sein. Er selbst sei in seiner Jugend eigens nach Wien gegangen, um Deutsch zu lernen und dort zu erfahren, daß er eigentlich nicht Packer, sondern Pacher (d. i. Bacher) heißt.

Oswald Deuerling (a. a. O., S. 49 ff.) zählt folgende Ursachen der schnellen Verwelschung vieler Teile des Zimbernlandes auf: 1) Das einst noch sprachverwandte Welschtirol im Norden war durch Natur und Zollschranken schwerer zugänglich als die nähere venedische Ebene, die fehlende Nahrungsmittel und Waren im Handel lieferte (namentlich für die Dreizehn Gemeinden und Geneben und Lusan). 2) Wegen Überbevölkerung wanderten viele Zimbern aus und kamen mit der seitdem allein geübten italienischen Sprache zurück. Vornehmlich lernten die sechs bis acht Monate mit ihren Herden im Süden weilenden Männer Italienisch. 3) Im 18. Jahrhundert schlief in den Sieben Gemeinden das Verbot ein, Italiener zu heiraten. Der deutsche Eheteil gab wie überall nach und lernte Italienisch, der italienische Ehegatte, namentlich die Frauen, sprach mit den Kindern nur Italienisch. 4) Seit der Kirchentrennung in Deutschland hörte die Berufung deutscher Priester auf und damit auch deutsche Christenlehre, Predigt und Beichte. Die wenigen zimbrischen Pfarrer und sonstigen Gebildeten kamen von ihren italienischen Studien italienisch gebildet zurück. Die italienischen Geistlichen schmähten das Zimbrische als minderwertiges Slambrot (Schlampiges; vielleicht Lombardisch?). Daher amteten sie nur italienisch. Die Mundart war verarmt. Sie schuf keine neuen Wörter für den vermehrten sprachlichen Bedarf der Neuzeit. 5) Die Schule, seit eine solche besteht, war italienisch, nie zimbrisch oder gar hochdeutsch. In den Dreizehn Gemeinden gab es nie ein deutsches Buch, in den Sieben Gemeinden seit 1842 nicht einmal mehr den zimbrischen Katechismus. 6) Es fehlte der behördliche Schutz. Die Ezeline, große Gönner des Deutschtums, wurden 1260 ausgerottet und 1797 verlor Venedig, das die Deutschen als bevorzugten Grenzschutz achtete, dort die Herrschaft. Die seit 1807 eingeführten Zivilämter, wie die Prätur, amteten nur italienisch. Die österreichischen Behörden (von 1814 bis 1866) haben wie überall das Nichtdeutsche begünstigt. 7) Der vermehrte Verkehr nur mit dem Süden durch Straßenbau und Eisenbahn (die bis Tregnago und Schläge geht) brachten auch mehr Italiener in die Dreizehn und Sieben Gemeinden. 8) Seit 1866 gehören die Dreizehn und Sieben Gemeinden zum italienischen Staat. Daher müssen alljährlich die jungen Burschen zum italienischen Heeresdienst einrücken. 9) Im ersten Weltkrieg war die ganze Zivilbevölkerung der Sieben Gemeinden drei bis vier Jahre in Lagern in italienischen Gegenden untergebracht.

Nach diesen allgemeinen Feststellungen seien nachstehend die wichtigsten geschichtlichen Ereignisse festgehalten, die dem Schicksale des deutschen Volkstums südlich von Salurn zum Verhängnis werden sollten.

VORDRINGEN DER REPUBLIK VENEDIG NACH WELSCHTIROL

Im Jahre 1402 starb Johann Galeazzo, Herzog von Mailand, und nun griffen alle Nachbarn zu, um sich einen Teil der gewaltsam zusammengerafften Länder anzueignen. Die Venezianer bemächtigten sich der Stadt und des Gebietes von Verona und der Riviera des Gardasees. Die Castelbarcer, und unter ihnen voran Azzo von Dosso Maggiore, zu dessen Herrschaft Avio, Ala und Brentonico gehörten, eilten, um sich bei den neuen Nachbarn in Gunst zu setzen. In seinem Testament vom 7. Juli 1410 empfahl Azzo seinen minderjährigen Sohn Hektor „als guten Bürger, Freund und gewissenhaften Diener" dem Schutze Venedigs, und bestimmte für den Fall, daß Hektor ohne männliche Erben aus dem Leben scheiden sollte, daß alle in dem Testament erwähnten Güter, Rechte, Schlösser und Gerichtsbarkeiten frei und ungehindert in das Eigentum der Republik Venedig übergehen sollten. Und das geschah bereits im darauffolgenden Jahre 1411. Einverstanden und als Zeugen bei der Abfassung des Testamentes waren Otto von Castelbarc-Albano und die Brüder Marcabrun und

Anton von Castelbarc-Gresta. Und wo war der Lehensherr, der Bischof von Trient, geblieben?

Es dauerte nicht lange bis die Venezianer Anlaß fanden, ihre Herrschaft weiter über das Lagertal auszudehnen. In dem Kriege, welchen Kaiser Sigmund 1411 wegen Dalmatien gegen Venedig eröffnete, gewann die Republik die Castelbarcer Marcabrun von Beseno und Aldrigetto von Lizzana und besetzte mit deren Bewilligung die Schlösser Beseno und Stein bei Calliano, um Kriegsvölkern, die der Luxemburger etwa durch das Etschtal entsenden könnte, die Pässe zu sperren. Bei dieser Gelegenheit kam auch Schloß und Borgo von Rovereto durch Kauf in die Hände der Venezianer, indem Aldrigetto von Lizzana, Herr von Rovereto, ohnehin der Letzte seiner Linie, sich mit einer Geldsumme abfinden ließ. Auch das in der Nähe von Rovereto gelegene Schloß Pradaglia wurde Eigentum der Venezianer, und so hatten diese in den oberen Gegenden des Lagertales festen Fuß gefaßt.

Im Jahre 1426 brach ein Krieg zwischen Venedig und Mailand aus. Die Venezianer breiteten ihre Herrschaft durch die Eroberung von Brescia bis nahe an den Oglio aus. Dabei lernten die Venezianer eine Straße kennen, auf welcher sie durch das Val Sabbia am Idrosee über die Gebirge Judikariens und durch das Gebiet von Arco in das Lagertal und der Etsch entlang nach Verona gelangen konnten. Auch Mailand und dessen Bundesgenossen erkannten die Gefahren und Nachteile dieses Weges für ihre Zwecke. Darum begann von beiden Seiten ein Wettkampf, von seiten Venedigs denselben sich offenzuerhalten, von seiten Mailands ihn abzusperren. Beides konnte nur erreicht werden, je nachdem die eine oder die andere der kriegführenden Parteien die an diesem Wege gelegenen Völker und Dynasten für sich zu gewinnen vermochte. Dadurch wurden sofort der Bischof von Trient, die Castelbarcer und die Herren von Arco und Lodron in den Wettkampf verwickelt. Der Bischof von Trient, *Alexander von Massovien*, und die Castelbarcer Franz von Castel-Barc, Wilhelm von Lizzana und Marcabrun von Beseno, welche schon lange die Ausbreitung der venezianischen Herrschaft in ihrer unmittelbarer Nähe mit Widerwillen ertrugen, traten in Verbindung mit Filippo Visconti und seinen Bundesgenossen. Die Herren von Arco, Anton und Vinciguerra, waren schon seit längerer Zeit mit Mailand verbündet. Paris von Lodron hingegen schloß sich Venedig an und hatte dem venezianischen Feldherrn Gattamelata bereits auf dessen Zuge durch sein Gebiet wesentliche Dienste geleistet.

Allein die Verbündeten Mailands verrechneten sich in ihrer Politik; während sie den Venezianern Schaden zufügen wollten, bereiteten sie sich ihren eigenen Untergang. Bei der Republik stand der Entschluß fest, nicht nur alles, was sie im Lagertale an sich gebracht, sondern auch die Verkehrsstraße durch die Gebirge nach Brescia und an den Gardasee um jeden Preis sich zu erhalten. Der erste Schlag traf die Herren von Arco. Die Venezianer nahmen ihnen das Schloß Penede mit dem dazugehörenden Gebiete von Nago und Torbole weg. Dasselbe Los traf Riva, welches sie dem Bischof von Trient entrissen.

Dann ging es an die Niederwerfung der Castelbarcer. Die Schlösser Lizzana, die bedeutendste unter allen Burgen dieses Hauses, Albano in der Nähe von Mori und Nomesino nicht weit von Albano entfernt, alle drei Eigentum des Castelbarcers Wilhelm von Lizzana, wurden erstürmt und zerstört. Welches Schicksal der Besitzer des Stammschlosses Barco erfuhr, ist unbekannt; es wird nur berichtet, daß ihm die Venezianer alles, das Schloß mit allem, was an Land und Leuten dazugehörte, wegnahmen. Dem Marcabrun von Beseno wurde gleichfalls alles, dessen sich die Venezianer, mit Ausnahme des Schlosses, bemächtigen konnten, entrissen. Der Erstürmung und Zerstörung seiner Feste kam er aber durch die Verwendung des Kaisers Friedrich III. zuvor, den er gemeinsam mit dem Bischof von Trient um Friedensvermittlung anflehte; denselben Weg schlugen auch die Herren von Arco ein.

Wie weit die Erbitterung der Venezianer gegen die Castelbarcer wegen ihres politischen Schaukelsystems ging, bezeugte ihr Verfahren gegen Wilhelm von Lizzana. Seiner wurde in Schriften der Republik mit keinem anderen Worte mehr erwähnt, als des „Rebellen". Alle seine Güter und Einkünfte, Zehente, Pachterträgnisse, Weiden, Waldungen usw. wurden im Wege der Versteigerung verkauft; das Schloß Lizzana in einen Schutthaufen verwandelt, aus welchem es sich nicht mehr erhob; der Glanz und die Bedeutung des Hauses Castelbarco im Lagertale war vernichtet.

Selbstverständlich setzte in diesem Zusammenhange die Republik Venedig in allen bedeutenderen Orten eigene, italienische Vertrauensleute als neue Herren dieser Gebiete ein, und in deren Gefolge ließen sich natürlich zahlreiche italienische Kaufleute und andere Berufszweige in dem neuerworbenen Gebiete nieder. Damit war für die Italianisierung bedeutender Landstriche in Welschtirol der Boden bereitet, und Venedig hielt diese Gebiete fast 100 Jahre in seinem Besitze.

HALTUNG VENEDIGS ZU DEN NEUEN UNTERTANEN

Aus dem Mißgeschick der Castelbarcer profitierten die von denselben bisher abhängigen Landgemeinden, und zwar Lizzana, Marco, Vallarsa, Mori, Tierno, Bisegno, Nomesino und Manzana, die unter Wilhelm von Castel-Lizzana gestanden; Volano, Folgaria, Noriglio, Trambelleno und Terragnolo, die zur Jurisdiktion Marcabruns von Beseno gehört hatten; und Pomarolo, Chiusole und Petersano, die von Franz, dem Besitzer des Stammschlosses Barco, abhängig gewesen waren. Alle begaben sich unter die venezianische Herrschaft, fanden die wohlwollendste Aufnahme und die fast ausnahmslose Bestätigung ihrer Freiheiten und Gewährung aller Wünsche und Bitten.

Dabei ließ die Republik Venedig den deutschen Untertanen im Lessinischen Gebirge, im Raut-, Brand-, Laim- und Astachtal sowie in der Generalgemeinde Vielgereut (Folgaria) die bisherigen Formen der Selbstregierung und tastete deren Volkstum und den Gebrauch ihrer deutschen Muttersprache in keiner Weise an.

Albert Jäger schreibt über die von Venedig betriebene Politik:

„Für uns hat nun besonderes Interesse zu sehen, wie die Republik, unstreitig geleitet von großer Klugheit, es angriff, ihre neuen Untertanen — die zahlreichen Gemeinden des ihr zugefallenen Gebietes — an ihre Herrschaft zu fesseln und andere zur freiwilligen Unterwerfung zu bewegen. Sie bestätigte ihnen nicht nur alle ihre alten Rechte und Privilegien, sondern verlieh ihnen mit reichlich spendender Hand auch neue, und so wurde dies die Zeit, in welcher die Landgemeinden des Lagertales und auch anderer angrenzender Täler zur Ausbildung eines sehr freien und selbständigen Kommunalwesens gelangten." (Bd. I, S. 608.)

Die Haltung dieser Gemeinden der Republik Venedig gegenüber wird verständlich, wenn man sich die damaligen Zustände in Welschtirol vor Augen hält. Hier war es am 15. Februar 1435 zu einem Volksaufstand gekommen, als *Alexander von Massovien,* ein Verwandter des habsburgischen Hauses, zum neuen Bischof von Trient (1423 bis 1444) erwählt worden war. Obwohl er gleich nach seiner Erwählung mitsamt der Amtsleuten des Hochstiftes die mit den Herzogen von Österreich als Grafen von Tirol geschlossenen Verträge beschworen hatte, von Friedrich in den Besitz der Stadt Trient und des Schlosses Buonconsiglio eingesetzt und dieser mit allen den Landesfürsten von Tirol verliehenen Lehen des Gotteshauses belehnt worden war, nahmen die gegenseitigen Beziehungen bald darauf doch einen feindseligen Charakter an. Bischof Alexander fühlte sich durch das Verhältnis in welches ihn die mit Friedrich erneuerten Verträge setzten, zu beengt; er suchte sich unabhängiger zu machen und trat deshalb mit dem Herzog von Mailand in geheime Unterhandlungen, um an ihm eine Stütze zu finden. Gleichzeitig gaben drückende Steuern und Abgaben, die er durch seine Amtsleute einheben ließ, sowie willkürliche Neuerungen und *vor allem die Bevorzugung der Fremden mit verletzender Zurücksetzung der Einheimischen Anlaß zur Unzufriedenheit.* Es war daher ein Zustand eingetreten, ähnlich jenem unter Bischof Georg, der sich 1418 ebenfalls mit allen verbunden hatte, von denen er wußte, daß sie aus irgendeinem Grunde Feinde des Herzogs Friedrich waren. Und die Folgen waren fast dieselben; auch Bischof Alexander suchte mit ausländischer Hilfe sich der vertragsmäßigen Verbindung mit der Grafschaft Tirol zu entziehen. Wie unter Bischof Georg lehnte sich das Volk gegen diese Unterdrückung auf und rief den Grafen von Tirol als Schirmvogt des Hochstiftes um Schutz an, der dann auch einschritt und Trient zur Wahrung der Verträge und zur Verhinderung der Entäußerung des Fürstentums an eine ausländische Macht besetzte.

Der Volksaufstand, an deren Spitze mehrere Vasallen des Stiftes und Bürger von Trient standen, brach 1435 aus, als sich das Gerücht verbreitet hatte, der Bischof habe mailändisches Kriegsvolk zur Demütigung rebellischer Vasallen und der übermütigen Bürger von Trient heranziehen wollen. Schnell wurde der Landeshauptmann, Vogt Ulrich von Matsch, darüber in Kenntnis gesetzt und zum Schutze herbeigerufen. Dieser eilte sogleich mit einem Aufgebot des Etschlandes nach Trient und besetzte die Stadt im Namen des Herzogs; er berief sofort alle Haupt- und Amtsleute des Hochstiftes sowie alle Gemeindeoberhäupter zu sich. Die Urkunde mit dem Wortlaut der Erklärung, die Vogt Ulrich vor den Versammelten am 13. März abgab, ist noch vorhanden (bei Brandis Nr. 155, pag. 555). Er lautet: „Die Bürger der Stadt Trient hätten aus Furcht, daß Stadt und Gotteshaus dem heiligen Reiche, und zuvörderst der Herrschaft Österreich und der *tirolischen Landschaft* heimlich entzogen und einer fremden Macht bereits übergeben worden, ihn als Hauptmann an der Etsch und als Anwalt des Herzogs Friedrich, ihres Herrn und Vogtes der Kirche von Trient, sowie auch andere herzogliche Anwälte *samt der Landschaft* aufgefordert, mit ganzer Macht ihnen zu Hilfe zu kommen, um die erwähnte Übergabe zu verhindern; darum sei er mitsamt der Landschaft und mit ganzer Macht nach Trient gekommen zum Schutze der Stadt und des Gotteshauses. Nun wünsche er mit den anwesenden Haupt- und Amtsleuten des Stiftes und mit den Syndikern der Gemeinden in freundlicher Vereinbarung zweckmäßige Anstalten und Vorkehrungen zu treffen zur Aufrechterhaltung der Ruhe, des Friedens und der Sicherheit." Die ganze Versammlung ging auf die zu diesem Zwecke gestellten Anträge ein, und es wurde beschlossen, den Herzog sowohl als auch den Bischof, der während der Ereignisse nicht in Trient, sondern zu Basel bei der Kirchenversammlung war, von den getroffenen Maßnahmen in Kenntnis zu setzen.

Der Bischof war mit den Vorgängen, die in Trient stattgefunden, nicht einverstanden, und sowohl er als auch Herzog Friedrich beschwerten sich bei Kaiser Sigmund. Die Verhältnisse schienen um so verwickelter zu werden, als die Bürger von Trient nur unter Vorbehalt unter Alexanders Herrschaft zurückkehren wollten. Sie ließen ihm erklären, daß sie dieselbe nur wieder anerkennen würden, wenn er ihnen Bürgschaft gäbe, „daß er das Fürstentum nach den Vorschriften der Statuten und der Gerechtigkeit regieren, die ungerechten Bedrückungen der Stadt verhindern, die schädlichen Neuerungen aufheben, und *für alle Ämter die Bürger den Fremden vorziehen wolle.*"

Im Auftrag Kaiser Sigmunds entschied dessen Schwiegersohn, Herzog Albrecht V. von Österreich, am 6. Mai 1435 in Wien folgendes: Der Bischof soll geloben, mit dem Gotteshaus Trient, mit seinen Herrschaften, Schlössern, Städten, Leuten und Gütern allzeit bei der Grafschaft Tirol zu verbleiben. Zu diesem Zwecke sollen die Schlösser des Gotteshauses *mit Landsleuten von der Etsch oder aus anderen österreichischen Landen besetzt werden.* In der Huldigungsformel sollen die Pfleger und Amtsleute schwören, die Burgen dem Herzoge offenzuhalten. Die Hauptleute sollen keinem Bischofe huldigen, er habe denn zuvor diese Verschreibung beschworen. Herzog Albrechts schiedsrichterlicher Spruch war, wie dessen ganzer Inhalt bezeugt, eine indirekte Verurteilung der Verbindung des Bischofs Alexander mit dem Herzog von Mailand wegen des Nachteiles und der Gefahr, welche daraus für das Verhältnis des Fürstentums Trient zur Grafschaft Tirol und für das habsburgische Haus entstehen konnte; darum lautete der Spruch gegen jede Lockerung dieses Verhältnisses und auf die Wiederherstellung desselben auf Grund der alten Verträge.

Sowohl Bischof Alexander als auch Herzog Friedrich erklärten sich zunächst mit dem Schiedsspruch einverstanden, aber der Friede dauerte nicht lang. Als 1438 der Krieg zwischen Mailand und Venedig ausbrach, mischte sich Bischof Alexander in denselben und schloß ein Bündnis mit dem Herzog von Mailand. Die Folge davon war, daß die Täler und Gebirgsgegenden von Val di Ledro, Judikarien, das Gebiet von Lodron, von Arco und das nördliche Ufer des Gardasees mit Riva, Torbole und dem Sarcatal Schauplatz des Krieges wurden.

Gegen das die Rechte des Tiroler Landesfürsten und das Land selbst schädigende Bündnis schritten sowohl Herzog Friedrich als auch Herzog Albrecht, der 1438 zum römischen König gewählt wurde, energisch ein. Letzterer forderte sogar, um den Bischof zum Rücktritt von dem verderblichen Bündnis zu zwingen, die Untertanen des Stiftes Trient auf, demselben den Gehorsam zu verweigern. Er habe, so lautete die Aufforderung, vor einiger Zeit entschieden, laut welchem der Bischof von Trient verpflichtet sei, dem Herzog Friedrich seine Schlösser zu öffnen und es mit Tirol zu halten. Nun habe aber Bischof Alexander in dem Krieg zwischen Mailand und Venedig für erstere Partei genommen, und dadurch beide Teile in das Gebiet des Bistums, das zur Grafschaft Tirol gehört, zu großem Schaden des Gotteshauses und des Herzogs, hereingezogen. Er forderte demnach alle Bürger und Gotteshausleute des Stiftes Trient auf, den Bischof zur Einhaltung der früheren Abmachungen zu verhalten; er selbst habe ihm vor etlichen Tagen hierüber geschrieben. Gehorche der Bischof nicht, so seien sie ihm laut der Verschreibung keinen Gehorsam schuldig, sie sollen sich vielmehr an Herzog Friedrich als ihren Schirmvogt halten und ihm gegen die Beschädigungen des Bischofs Beistand leisten.

Allein weder das Einschreiten noch die Aufforderung der beiden Herzoge hatten den beabsichtigten Erfolg. König Albrecht, mit dem Türkenkrieg in Ungarn beschäftigt, konnte so wenig seiner Aufforderung Nachdruck verleihen, wie Herzog Friedrich, da beide bald darauf starben: Herzog Friedrich am 24. Juni 1439; König Albrecht am 27. Oktober desselben Jahres. Der Krieg zog sich noch bis in das Jahr 1443 fort und führte zur Ausbreitung der venezianischen Herrschaft über einen großen Teil des Trentiner Gebietes, welches auf nahezu 80 Jahre für die Bischöfe und für die Grafschaft verloren ging.

Aus diesen Ereignissen erklärt sich somit die Haltung der zahlreichen Gemeinden, die wegen der Politik des Bischofs, dessen Mißachtung der überlieferten Rechte und verletzender Zurücksetzung der Einheimischen zum Vorteil der Fremden, die Schirmherrschaft der Republik Venedig vorzogen, welche ihnen alle ihre alten Rechte und Privilegien bestätigte und achtete.

Auf diese Weise schlossen sich die Gemeinden Vallarsa (1439), Noriglio und Terragnolo der Republik Venedig an, nachdem diese ihnen ihre alten Privilegien bestätigt hatte.

Von Interesse sind die Unterhandlungen der deutschen Berggemeinden von V i e l g e r e u t (Folgaria). Diese Gemeinde war bekanntlich durch deutsche von dem Bischof Friedrich von Trient aus der Gegend von Bozen berufene

Ansiedler entstanden. Sie waren gleich denen von Vallarsa schon früher mit Venedig in Verbindung gekommen, hatten aber mit ihrem Gerichtsherrn Marcabrun von Beseno ihre Farbe nicht gewechselt, sondern bewahrten Treue den Venezianern und waren deswegen während des Krieges von dem Castelbarcer Marcabrun mit einem Überfall und mit Mord und Brand heimgesucht worden. In den Unterhandlungen stellten sie daher die Forderung an die Spitze, daß sie in keiner Beziehung unter Marcabrun stehen wollten, falls es zwischen diesem und der venezianischen Herrschaft zu einer Aussöhnung kommen sollte; sie wollten sich überhaupt keiner Gerichtsbarkeit unterordnen lassen, die gegen ihren Willen wäre. Sie verlangten ferner als freie Leute (quod ipsi homines sint franchi) auf 10 Jahre von Pachtzins und Zehent frei zu sein wegen der erlittenen Beraubung und Verwüstungen; ebenso begehrten sie immerwährende Befreiung von allen persönlichen und sachlichen Leistungen, da es der venezianischen Herrschaft mehr als genügen soll, daß sie, die nur 60 Höfe in ihrem ganzen Bezirke zählen, **sich erbieten, die Pässe auf ihre Kosten zu bewachen**. Für die 10 Jahre ihrer Befreiung soll ihnen gestattet sein, einen Vicar (Stellvertreter der Regierung) aus ihrer Mitte zu wählen, der über Straffälle unter 10 Pf. Berner rechtzusprechen berechtigt sein soll. Die Wahl soll jährlich erneuert werden. In Zivil- und Kriminalfällen sollen sie zu Rovereto wie die dortigen Bewohner behandelt werden. Und die kluge venezianische Herrschaft bewilligte alle Begehren.

TOLOMEI ÜBER DIE EROBERUNGSPOLITIK VENEDIGS

Ettore Tolomei, der Totengräber Südtirols, hat mit seinem Mitarbeiterstab ein umfangreiches Material in seinem „Archivio per l'Alto Adige" zusammengetragen, mit welchem er unfreiwillig beweist, daß ein Großteil Welschtirols und Cadores auf dem Wege künstlicher Umgestaltung italienischsprachig geworden ist. In der Abhandlung „La Serenissima verso i termini sacri" (Die Republik Venedig auf dem Weg zu den heiligen Grenzen) im AAA, Bd. XXVIII, 1933, schildert er, wie Venedig seit dem 13. Jahrhundert versuchte, „auf den Spuren Roms, seine Zeichen bis zur Alpengrenze der Halbinsel zu tragen".

Venedig bemächtigte sich zunächst der Städte Padua, Vicenza und Verona (1404) und 1406 besetzte es Riva am Gardasee. Mit dem Erbe der Grafen von Castelbarco gewinnt es „die guten Ausgangsstellungen" Ala und Monte Baldo. 1416 besetzt es Rovereto, „den Stützpunkt der venezianischen Macht in den Bergen des Etschtales". Venedig verhandelt mit den Herren von Lodron und Arco auf der einen Seite, mit jenen von Ivano und Castelnuovo in Valsugana auf der anderen Seite: „Von jeder Seite versucht Venedig so das Trentino zu umzingeln und **dort einzudringen.**"

1420 erhält es Cadore im hohen Piavegebiet, „die Grenze bei Cimabanche — berührte die Quellen der Wasserscheide, und so breitete sich die Herrschaft Venedigs im Cristallo und Monte Piano aus, dort, wo die Quellen zur Rienz und zur Etsch fließen. Es war die politische Herrschaft über einen Teil Südtirols und in unmittelbarer Nähe der heiligen Grenzen."

In den folgenden 20 Jahren gewann Venedig im Kampfe das Gebiet von Brescia und Bergamo. Tolomei fährt dann fort:

„Um diese Zeit hat sich in der Republik Venedig eine **Art italienisches Nationalbewußtsein herausgebildet und mit ihm der Impuls und die Tendenz, die Ausländer, die ‚Ultramontani' jenseits der Alpen zurückzudrängen.** Ich sage Tendenz, noch nicht Absicht, dies wäre vielleicht geschichtlich unbegründet, zu jener Zeit einem der italienischen Staaten ein genaues Bild einer politischen Einheit der Halbinsel zuschreiben zu wollen..."

„Um die Alpen für Italien zurückzugewinnen und einen venezianischen Staat auf dem Festlande zu bilden, mußte man auf Pustertal und Bozen zielen. Nach den ersten schnellen und glücklichen Erfolgen, gefolgt von **metho-**

discher, schrittweiser, umsichtiger und beharrlicher Expansion, mußte der mutige venezianische Vormarsch notwendigerweise auf die Annexion des gesamten Etschbeckens hinzielen. Das Hindernis bildeten die beiden bischöflichen Fürstentümer von Trient und Brixen, über die die bewaffnete Macht der Grafen von Tirol wachte."

Durch Kriege in der Levante mußte Venedig dann die Expansion auf dem Festlande einstellen. Es blieb ihr als einziger fester Besitz R i v a. Im Trentino dehnte sich Venedigs Herrschaft aus über Judikarien bis Tione, bis Borgo im Valsugana, bis Lavarone, ja fast vor die Tore Trients. Tolomei betont, daß vor allem Rovereto (1416 bis 1517 bei Venedig) der Republik Venedig auch späterhin immer treu geblieben war. (Es ist bezeichnend, daß gerade Rovereto im 19. Jahrhundert die Hochburg des Irredentismus geworden ist.)

1487 entbrannte der Krieg zwischen Venedig und Österreich, und in der Schlacht bei Calliano wurde Venedig vernichtend geschlagen, seiner Expansion Einhalt geboten. Tolomei betont, daß die Kämpfe der Republik Venedig gegen Südtirol o f f e n s i v e n C h a r a k t e r hatten, und „es zielte damit aufs Pustertal, um die Pässe abzuriegeln, um den Brenner zu erreichen."

Um diese Zeit wurde in Tirol die Landesverteidigung durch Kaiser Maximilian reorganisiert, und zum ersten Male bewährte sie sich bestens gegen den Eindringling aus dem Süden und nach langen Kämpfen wurde Venedig wieder aus Rovereto, Riva und Ampezzo vertrieben.

„In den folgenden drei Jahrhunderten", schreibt Tolomei, „macht sich der Einfluß Venedigs auf Südtirol zwar nicht mehr mit Waffen und politischen Erfolgen, sondern mit anderen edlen Formen der Kultur und Kunst bemerkbar: Dies ist e i n e n e u e A r t v o n D u r c h d r i n g u n g (penetrazione) für den vielseitigen italienischen Genius, der unaufhaltsam seinen Weg aufnimmt und fortsetzt."

Das Ziel der Eroberung Südtirols, so betont Tolomei, ließ die Republik Venedig nicht mehr aus den Augen, „ein Ziel, welches sich ein Volk gesteckt hat, und das der Natur des Gebietes und dem Naturrecht entspricht, hört nicht mehr auf, in den Geistern lebendig zu bleiben als ein ständiger Anreiz. Wenn sich Venedig im Augenblick mit dem Status quo begnügte, heißt dies nicht, daß es seine einmal erweckte und genährte Zielsetzung auf die heiligen Grenzen aufgab."

FOLGEN DER VENEZIANISCHEN KRIEGE

Wohl wurden durch Kaiser Maximilian I. (bzw. durch den Brüsseler Frieden von 1517) der Republik Venedig die dem Reiche entrissenen Gebiete wieder abgenommen und als Reichsland unmittelbar mit Tirol vereinigt. Von den zahlreichen eingewanderten Familien wanderten manche wieder zurück in die italienische Heimat, aber ein Großteil blieb im Lande. Eine beträchtliche Anzahl der italienische Namen tragenden Aristokratie, welche wir in Tirol antreffen, stammt aus dieser Einwanderungszeit.

Aber die Zurückgewinnung dieses Gebietes wurde Anlaß zu neuen Nachschüben italienischer Einwanderer, zunächst von Flüchtlingen, welche aus Furcht vor der Rache der venezianischen Signoria das Gebiet der Republik verließen, weil sie in den vergangenen Kriegen für Kaiser Max I. und seine Verbündeten Partei ergriffen hatten. Aber auch aus anderen Gründen waren Anlässe zu neuen Zuzügen gegeben.

Otto Stolz unterscheidet (in „Ausbreitung des Deutschtums in Südtirol") dabei drei Gruppen von nach Welschtirol eingewanderten Italienern:

1. Die „*Forisiten*" (Fremde, Flüchtlinge, Verbannte); so nannte man ursprünglich solche venezianische Familien, welche aus den bereits angegebenen Gründen ihrer persönlichen Sicherheit wegen zur Auswanderung genötigt waren. Sie flüchteten nach Welschtirol und erbaten hierzu die Aufenthaltserlaubnis und die Unterstützung des Landesfürsten von Tirol bzw. des Kaisers. Beides wurde reichlich gewährt. Auf diese Weise bahnte sich nach und nach im 16. Jahrhundert die Verwelschung der Stadt Trient an, gegen welche die Tiroler Landstände wiederholt Vorstellungen erhoben.

2. Infolge der vorangegangenen Kriege, wahrscheinlich auch infolge von Mißernten und sonstigen elementaren Ereignissen, war im 3. Jahrzehnt des 16. Jahrhunderts in Oberitalien eine andauernde Hungersnot ausgebrochen. Scharen von Notständlern kamen ins Etsch-, Sarca- und Suganer Tal. Wiederholte Ausweisungsbefehle des Erzherzogs Ferdinand hatten nicht den gewünschten Erfolg. Auch hierüber sind urkundliche Nachweise in großer Zahl vorhanden. Ein Teil konnte abgeschoben und vertrieben werden, der größere Teil derselben wußte sich aber im Lande zu halten.

3. Eine dritte Gruppe von Eindringlingen bildeten die „*Bannisierten*" oder „*Banditen*", das letztere eine Bezeichnung, die dieses Menschenmaterial selbst auf sich anzuwenden pflegte. Es waren durchaus rechtsverfallene Leute. Die italienischen Nachbarregierungen ächteten sie, trieben sie außer Land und machten sie vaterlandslos. Für die „Bannisierten" mußten im damaligen Tirol sogar besondere Gerichtshöfe eingerichtet werden.

DIE ZEIT DER REFORMATION

Eine andere italienische Einwanderung nach Welschtirol war die Folge der großen Bewegung, welche seit Beginn des 16. Jahrhunderts ganz Deutschland erschütterte, wir meinen die Zeit der Reformation. Die Kirche hatte begonnen, um die Reinheit des Glaubens zu erhalten, deutsche Priester fernezuhalten und dafür italienische einzustellen.

Die deutschen Gemeinden im geistlichen und weltlichen Herrschaftsgebiet von *Trient* sowie diejenigen deutschen Gemeinden von Welschtirol, welche in kirchlicher Beziehung den Bistümern Feltre, Padua oder Verona unterstanden, erhielten keine deutschen Priester mehr. Italienische Geistliche, die die deutsche Sprache nicht verstanden, wurden in deutschen Gemeinden eingestellt.

Der Südtiroler Heimatschriftsteller *Beda Weber*, Benediktinerpater, entwirft in seinem Buche „Tirol und die Reformation" (1841) ein anschauliches Bild über die damaligen Zustände in Tirol. Der italienische Einfluß machte sich sogar in Nordtirol geltend. Umsonst flehten die Tiroler Landstände (1593, 1601, 1629 usw.) bei der Landesregierung um Abhilfe.

Von dieser Seite aber war alles eher als Abhilfe zu erwarten. Denn gerade von den damaligen Landesfürsten wurde das italienische Element in jeder Weise gefördert und bevorzugt.

In Tirol verbreiteten sich die neuen Ideen zu einer Zeit, als das Land gewissermaßen ohne Herrn war. Nach Maximilians Tod (1519) zeigten sich in allen österreichischen Erbländern, vor allem auch in Tirol, unruhige Bewegungen. Der älteste Enkel und Erbe Maximilians, der spanische König Karl — später Kaiser Karl V. — trat im Jahre 1522 die fünf österreichischen Herzogtümer, unter ihnen auch Tirol, an seinen Bruder Ferdinand ab. Dieser überließ seinerseits wieder im Jahre 1563 seinem zweiten Sohne, dem Erzherzog Ferdinand, Tirol und die Vorlande. Als Ferdinand 1595 ohne männliche Erben starb, folgten als Landesherren in Tirol hintereinander die beiden Söhne Maximilians II.: der Kaiser Rudolph bis 1602 und der Erzherzog Maximilian bis 1618. Letzterem folgte aus der steiermärkischen Linie des Hauses Österreich der Erzherzog Leopold V., der *Claudia von Medici*, Herzogin von Toskana, heiratete. Nach dessen frühzeitigem Tode (1632) führte sie die Regentschaft für ihre beiden unmündigen Kinder Ferdinand Karl und Sigmund Franz.

„ÜBERFLUT DES ROMANISCHEN ELEMENTS"

Beda Weber schildert in „Tirol und die Reformation" die „Überflut des romanischen Elements" in Tirol wie folgt:

„Am meisten stieg das Übergewicht der italienischen und spanischen Lebensbildung in den süddeutschen Ländern durch den Umstand, daß die katholischen Fürsten, vom protestantischen Deutschland abgeschnitten, eine gemischte Ehe als unverträglich mit ihrer katholischen Hausehre ansahen, fast ausschließlich auf romanische Fürstentöchter zur Vermählung angewiesen waren, und die italienischen Fürsten wiederum in ihren häufigen Berührungen mit deutschen Herrscherhäusern mit ihrer Neigung auf deutsche Bräute fielen. **Dadurch wurde zuvörderst die deutsche Sprache aus den engsten Hofkreisen zu Innsbruck, München und Wien fast verdrängt, dagegen nahm die romanische Sprache so überhand, daß man sich in unseren Tagen kaum einen Begriff davon zu machen imstande ist.** Die aus Italien gekommenen Fürstinnen dachten nie ernstlich daran, die noch sehr im Unklaren und in arger Verwilderung liegende Sprache der deutschen Nation sich anzueignen. Sie hielten sich daher einen eigenen romanischen Hofstaat, italienische oder spanische Beichtväter, lauter landsmännisches Hausgesinde bis herab zum unbedeutenden Kammermädchen. Die alten Jugenderinnerungen, ihre Vorliebe für die verlassene Heimat verschwanden nie ganz, allerlei italienisch-spanische Zustände zogen ins deutsche Leben nach. Der Einfluß ging so weit, daß am Hofe zu Wien in der Mitte des 17. Jahrhunderts das Italienische oder Spanische die eigentliche Hofsprache war, und Leopold I., der entschiedenste Beschützer dieser romanischen Überschwelle, ins deutsche Element lauter italienische und spanische Beichtväter einführte. In Tirol wurde es unter der gepriesenen Claudia von Medici, der Witwe des Erzherzogs Leopold V., während des Dreißigjährigen Krieges, und unter ihrem Sohne Ferdinand Karl zu Innsbruck in den höheren Gesellschaftskreisen so ganz italienisch, **daß die Landstände sogar fürchteten, ihre deutsche Nationalität zu verlieren.**"

Unter diesen Verhältnissen waren den italienischen Einwanderern nach Welschtirol alle Wege geöffnet, und aus der Schilderung Beda Webers geht hervor, daß die Appelle der Tiroler Landstände ungehört verhallten.

Wie groß das Wohlwollen war, welches die Tiroler Landesfürsten dem italienischen Element entgegenbrachten, hat unter anderem Hermann Bidermann in „Die Italiener im tirolischen Provinzial-Verbande" (1874) sehr anschaulich geschildert.

Daraus kann man entnehmen, daß den italienischen Einwanderern nach Welschtirol Tür und Tor geöffnet wurde. Die Italiener wurden von den Tiroler Landesfürsten in einem Maße gefördert, daß die Stände Tirols in den Jahren 1596, 1601, 1619 und 1626 flehentlich um Vorkehrungen baten, damit „das teutsche Wesen in Trient nit gar in abgang komme, sondern vielmehr erhalten und erweitert werde". Namentlich fanden sie es im letztgenannten Jahre dringend nötig, den Beistand des Landesfürsten anzurufen, um die Besetzung deutscher Seelsorgsposten mit Italienern hintanzuhalten. Als nun gar die damals dem Erzherzog Leopold angetraute Großherzogin von Toskana, *Claudia von Medici*, in Innsbruck sich mit Leuten ihrer Nationalität zu umgeben anfing und, nachdem sie Witwe geworden, auch die wichtigeren Beamtenstellen mit solchen besetzte, nahm deren Einfluß dergestalt überhand, daß sie das ganze Land beherrschten. Hermann Schmid hat diese Zustände in seinem „Kanzler von Tirol" betitelten Zeitgemälde mit lebhaften Farben geschildert, und wenn er auch darin übertreibt, so ist doch die Tatsache unbestreitbar, *daß unter Claudia von Medici im Inntal Italiener eine Rolle spielten, wie sie den Deutschen im unteren Etschtal nie beschieden war, auch nie hier von ihnen angestrebt wurde.*

Lassen wir zunächst noch die handschriftlichen Annalen des Klosters Wilten sprechen, welche so nüchtern gehalten sind, daß niemand darin den Ausdruck der Wahrheit verkennen oder vermissen kann. Diese (von Adalbert Tschaveller zu Ende geführten und redigierten) Annalen enthalten im 82. Kapitel, Abt. 12, die Bemerkung: „Es hatte die Erzherzogin Claudia einen haufen welscher bedienten von Florenz mit sich gebracht und noch mehrere deren seint nachgefolgt, welche, weilen sie meistenteils miessige Leuth waren, haben sie sich auf das Jagen und Voglfangen begeben."

Weiter wird erzählt, wie die Bauern der Umgebung von Innsbruck dies übel vermerkt und darüber bei Hof sich beklagt hätten; am 15. Dezember 1638, 14. Jänner und 3. September 1639 seien in dieser Angelegenheit Konferenzen abgehalten worden usw.

Ein Verzeichnis der Hofbeamten und Diener im Jahre 1629 macht uns mit vier Kämmerern, die Italiener waren (Franz und Paris Grafen von Lodron, Carl Caraffa und Graf Sylvester Gasoldo), dann mit einem italienischen Sekretär, einem italienischen Kanzlisten, einer Anna Piccolomini, welche Hofmeisterin der Edelfräulein war, und mit anderen Personen bekannt, welche ebensoviele Belege für das eben Gesagte sind.

Bei einer 1655 in Innsbruck vorgenommenen Volkszählung, deren Akten im städtischen Archiv liegen, wurden nicht weniger als 16 italienische Hofmusiker festgestellt. Nahezu 60 Wohnparteien gehörten dieser Nationalität an.

Unter den beiden Söhnen der Erzherzogin Claudia war die Atmosphäre des Innsbrucker Hoflebens eine ebenso undeutsche. Erst im Jahre 1663 scheint am Innsbrucker Hof wieder ein Umschwung eingetreten zu sein, oder wie Zoller in seinem Buche über Innsbruck schreibt, „d e u t s c h e L u f t a n g e f a n g e n z u h a b e n, z u w e h e n". Damals fiel der Marchese Lunati nebst anderen italienischen Kavalieren beim Erzherzog Sigmund in Ungnade und wurde die Hofdienerschaft dieser Abkunft zumeist entlassen. Nichtsdestoweniger hielt sich bei den Deutschtirolern die Meinung, der italienische Einfluß sei dort maßgebend, und als Erzherzog Sigmund starb, wurde sein Leibarzt als derjenige bezeichnet, dem dieser Todesfall zu Last falle.

Kaiser Leopold I. neigte gleichfalls mehr den romanischen Aspirationen seiner Umgebung zu, statt deutsche Gefühle auf sich wirken zu lassen. Unter ihm begriff (um das Jahr 1670) der „Geheime Rat" zu Innsbruck Angehörige der Grafengeschlechter Ferrari, Spaur, Lodron und Thun, dann einen Freiherrn von Bertoldi in sich, der die Kanzlerstelle bekleidete. Präsident der „oberösterreichischen Regierung" (der obersten Justizstelle des Landes) war damals Graf Johann Spaur.

Immer mehr italienische Adelsfamilien verlegten ihren Wohnsitz ins Inntal. Im Jahre 1726 lebten in Innsbruck die Geheimen Räte Ludwig Graf Lodron,

Johann Graf Gondola und Franz Freiherr von Firmian; Johann Freiherr von Rossi war damals Hofvizekanzler, Franz Freiherr von Fedrigazzi Regimentsrat, Joh. Balthasar Freiherr von Baltheser (aus einer Familie des Fleimstales) Vizepräsident der obersten Justizbehörde des Landes.

Wie wenig Maria Theresia das Nationalgefühl ihrer italienischen Untertanen kränkte, erhellt aus der 1745 von ihr getroffenen Wahl des Franz Freiherrn von Firmian zum landesfürstlichen Kommissär an der Etsch und an den welschen Konfinen und aus der Reihe der später zu Rovereto eingesetzten Kreishauptleute.

Unter Kaiser Joseph II. war allerdings ein Herr von Laicharting (aus der Pfalz?) Kreishauptmann „an den Confinen", allein gleichzeitig (1788) ein Herr von Lutterotti-Gazzolis zu Bozen, ein Herr von Buol zu Dietenheim (im Pustertale) und ein Freiherr von Ceschi de S. Croce zu Innsbruck Kreishauptmann.

Von jener Zeit an häuften sich überhaupt die Beamten italienischer Abkunft in den deutschen Landesteilen von Tirol. Auf fünf Deutsche, welche in den italienischen Landesteilen Verwendung fanden, trafen mindestens sechs Italiener, welche unter Deutschen und für diese zu amtieren hatten. Dieses Verhältnis blieb bis zum Untergang der österreichisch-ungarischen Monarchie bestehen.

MASSENZUWANDERUNG ZUR ZEIT NAPOLEONS

In der napoleonischen Zeit von 1805 bis 1814 wurde Welschtirol mit Trient an das italienische Königreich angeschlossen.

In diesen Jahren setzte in Trient und Umgebung ein ähnlicher Umvolkungsprozeß ein, wie er in den rund 100 Jahren südlich von Trient während der Herrschaft Venedigs erfolgt war. Über die damalige Massenzuwanderung von Italienern nach Welschtirol — vor allem nach Trient und Umgebung — hat Cesare Battisti in seinem Buche „Il Trentino" (1898) aufschlußreiche Daten und Statistiken gesammelt.

Daraus entnehmen wir folgende Angaben: Um 1700 hatte Welschtirol rund 200.000 Einwohner. Bei der Volkszählung 1810 durch die französische Regierung wurden 224.224 Einwohner gezählt. Der Verfasser führt dann die Ergebnisse mehrerer Volkszählungen bis 1900 an und kommt dabei zu folgendem sehr vielsagendem Ergebnis:

Die Bevölkerung des Trentino nahm in den achtzig Jahren (von 1820 bis 1900) um 120.969 Einheiten zu; das heißt, sie stieg von 224.224 (1810) auf 345.193 (1890). Daß es sich bei dieser um ein Drittel vermehrten Zahl um keinen natürlichen Zuwachs handeln kann, geht aus folgenden Feststellungen Cesare Battistis hervor: Der Zuwachs in der ersten Periode (von 1810 bis 1847) war viel größer, und zwar betrug er 90.546, während er in der zweiten Periode, die drei Jahre länger dauerte (1848—1900) nur mehr 31.122 ausmachte. Vom Revolutionsjahr 1848 an, als sich Österreich und Tirol der aus dem Süden drohenden Gefahr ernstlich bewußt wurden, dachte man daran, diese Einwanderungswelle einzudämmen. Am auffallendsten ist die Zuwachsrate in dem Jahre 1810/1811. Während nämlich bei der Volkszählung im Jahre 1810 nur 224.224 Einwohner im Trentino gezählt wurden, betrug die Einwohnerzahl bereits ein Jahr später (1811) 264.159, was einen Zuwachs von rund 40.000 Personen (genau 39.935) bedeutet.

Einen starken Zuwachs erhielt Welschtirol in den Jahren 1824 bis 1825 (256.994) bis 1851—1852 (329.163); das sind 72.169, und diese Zahl stieg in den folgenden zehn Jahren bis 1861 auf 345.266 an, das sind 26.103.

Mit diesen Statistiken wird eindeutig die Behauptung italienischer Nationalisten widerlegt, daß Österreich im Trentino eine gewaltsame Germanisierung durchgeführt habe. Genau das Gegenteil war der Fall und nur durch Massenzuwanderung aus dem Süden ist aus dem südlichen Tirol das Welschtirol und spätere Trentino entstanden!

Deutsche Familiennamen in Welschtirol

Aufschlußreich ist in diesem Zusammenhang auch das Untersuchungsergebnis E. Lorenzis in „Saggio di commento ai cognomi tridentini", das Cesare Battisti in seinem Werke „Il Trentino", S. 219, zitiert. Darin wird festgestellt, daß es im Trentino rund 4000 italienische und 650 deutsche Familiennamen gibt. Deutsche Familiennamen findet man vor allem im Fersental und in Vielgereut (Folgaria). Battisti führt dann folgende Prozentsätze für deutsche Namen an: Besenello 47%, Terragnolo 45%, Castagne 40%, Lavarone 37%, Pergine 26%, Bezirk von Primiero 19%, Rovereto 16%, Borgo 13%, Cles 10,5%, Trient 8,3%, Ala 5%, Riva 3,5% und Predazzo 0%.

ENTSTEHUNG DES IRREDENTISMUS

Die Sehnsucht, an Italien angeschlossen zu werden, war bereits zur Zeit Napoleons in einigen Kreisen Welschtirols verbreitet. Sie fand ihren deutlichen Niederschlag in dem von Benedikt Graf Giovanelli 1810 geschriebenen Werk „Trento città d'Italia per origine, per lingua e per costumi" (Trient, eine Stadt Italiens nach Ursprung, Sprache und Sitte). In diesem Werk deutete Giovanelli mit eiserner Folgerichtigkeit eine jahrhundertelange Vergangenheit im Sinne der nationalen Gegenwartswünsche der gebildeten Kreise um. Diese Mentalität fand besonders in den Oberschichten rasche Verbreitung. Teilweise hatte dies auch historische Gründe, nämlich im Falle Rovereto, Riva, Ala, Mori, Brentonico, die ja im 15. Jahrhundert der Herrschaft des Bischofs von Trient entzogen und der Republik Venedig angegliedert worden waren, bis Kaiser Maximilian sie im Kriege zurückgewann. Maximilian bestätigte der Stadt Rovereto alle bis dahin genossenen Privilegien als Grundlage der „Statuti Roveretani" und ordnete an, daß alle Beamten und Richter in Rovereto Italiener sein oder Italienisch verstehen müßten. Die Bindungen Roveretos an Venedig und später an Italien war also historisch gesehen enger als jene Trients.

Während der kurzen Zeit der Zugehörigkeit Welschtirols zu Italien unter Napoleon machte sich die italienische Herrschaft nicht bloß im südlichsten Teil Südtirols, sondern auch in Welschtirol verhaßt. Die Verwaltung bürdete den Gemeinden ungeheure Lasten auf. Die Einführung der fünfjährigen Militärpflicht und die Tatsache allein, daß 3000 Mann der besten Jugend Welschtirols in den französischen Kämpfen von 1811 bis 1813 auf den Schlachtfeldern Spaniens, Rußlands und Deutschlands verbluten mußten, verbreiteten mehr und mehr den Haß gegen das „Ungeheuer" (mostro) Napoleon, wogegen die Phrasen der Gebildeten von Gleichheit, Freiheit und Nationalitätsgedanke im Volk keinen Anklang fanden. Bürger und Bauern begrüßten daher die österreichischen Truppen bei ihrem Wiedereinzuge in Trient am 15. Oktober 1813 als wahre Befreier von einer unerträglichen Sklaverei.

Anders war dies bei einem Teil der gebildeten Kreise und bei den meisten italienischen Beamten, besonders bei den richterlichen. Das Volk, über die vergangene italienische Ausbeutung durch die Regierung noch immer erregt, ließ jetzt nicht selten seinen Groll an jenen aus, die zu offen ihr nationales und politisches Ideal verraten hatten.

Trotzdem war der italienische und häufig auch der deutsche Teil Tirols von 1814 bis 1848 von umstürzlerischen und nationalen Umtrieben nicht verschont geblieben. Seit 1814 galt der äußere Kampf der Wiener Regierung in erster Linie der Freimaurerei. Diese spukte als Überrest der napoleonischen Epoche noch in vielen Köpfen der Gebildeten. 1815 nahm die geheime Gesellschaft der Carbonari in Italien bereits festere Gestalt an und breitete sich auch in Welschtirol aus. Brutanstalten österreichfeindlicher Gesinnung waren im Vormärz die österreichischen Universitäten in Padua und Pavia. Nach Padua zog fast die gesamte Hochschuljugend der italienischen Teile Tirols. Sie erging sich dort zumeist im Verein mit ihren Kollegen aus Italien in Demonstrationen gegen die österreichische Polizei und gegen Österreich und in schwärmerischer Begeisterung für die nationale Einheit Italiens und Abschüttelung des österreichischen Joches. Nach ihrer Heimkehr fühlten sich die jungen Leute als Apostel dieser Idee.

An das Gedankengut Giovanellis anknüpfend, erschienen 1840 und 1843 die irredentistischen Hauptwerke von *Giovanni Frapporti* „Della storia e della condizione del Trentino" und Agostino Perinis „Almanacco trentino". Die neue Lehre Frapportis vom „Trentino" von der Veroneser Klause bis zum Brennerpaß und zu den bisher unbeschnitten Zentralalpen des Ötz- und Zillertals, dessen Zugehörigkeit zu Italien Mutter Natur selbst bestimmt habe, das aber durch ein beklagenswertes Verhängnis den „Barbaren" anheimgefallen, jedoch als abgefallene Provinz vom Mutterlande dereinst wieder zurückgefordert werden würde, galt von nun an als das Glaubensbekenntnis der Irredenta bis Giuseppe Mazzini im Sommer des Jahres 1866 das neue, viel ausgedehntere große Evangelium für den vereinigten Gesamtirredentismus südlich und nördlich der Reichsgrenze verkündete.

Auch der katholische Klerus war in Abweichung von den übrigen von Italienern besiedelten Gebieten Österreichs ziemlich irredentistenfreundlich, obschon diese Grundhaltung mit der nicht unbedeutenden Hypothek belastet war, daß in Italien und insbesondere in den irredentistischen Kreisen Italiens die Kirchenfeindlichkeit Hauptparole war und von Italien her der geistige Kampf gegen Österreich nicht zuletzt mit der angeblichen kirchlichen Bindung des Hauses Habsburg begründet wurde (vgl. Veiter „Die Italiener in der österreichisch-ungarischen Monarchie").

Die Bezeichnung „Trentino"

Nicht wenig trug zur äußeren Absonderung von Tirol der mit zweckbewußter Absicht von Irredentisten erfundene Name „Trentino" für die beiden früheren Kreise Trient und Rovereto bei. Seit ungefähr 1670 von einzelnen Schriftstellern für Trient und die nächste Umgebung angewendet, seit 1810 allmählich auf die beiden südlichsten Kreise Tirols ausgedehnt, wurde dieser Name im Jahre 1848 nach dem Gebote der Flüchtlingsvereinigung in Brescia öffentlich eingebürgert, zuletzt sogar in Deutschland ahnungslos übernommen. Dieser Name war nichts anderes als der Schlachtruf gegen Tirol und Österreich auf dem politischen Kampfplatz. Ein Aufsatz des „Avvenire d'Italia" (Sommer 1848) mit dem Titel „Poche cose del Trentino", wahrscheinlich von Anton Gazzoletti, gebrauchte diesen Namen mit Absicht nicht weniger als 14mal, um damit das Interesse der Italiener für diese Bezeichnung zu wecken. Für jeden wahren Italiener wurde denn dieser Name auch bald der Ausdruck des national-italienischen Gewissens, des nationalen Patriotismus, des Protestes gegen die angebliche Unterdrückung durch Tirol, Österreich und Deutschland, der Treueschwur für Italien und der Ausdruck der stillen Hoffnung für die Zukunft. Am 2. Mai 1850 gründete Johann von Prato in diesem Sinne in Trient das „Giornale del Trentino", und zwei Jahre später erschien die „Statistica del Trentino" von Perini, 1856 Ambrosis Botanik „Flora del Trentino".

Die Taktik der Nationalisten

Die Taktik der nationalistischen Wortführer blieb allerdings nicht immer gleich.

Anfangs, als das Nationalitätsfieber von den ärgsten Paroxismen begleitet war, klagten sie über Bedrückungen, welche, sie mochten in anderer Beziehung noch so lästig sein, doch ihrer Nationalität kaum irgendwie nahetraten.

Solchen Klagen begegnet man vor allem in den Flugblättern, welche im Jahre 1848 unter den Italienern verbreitet wurden und die freilich zum Teil ausländischen Ursprungs waren. Auch in der Petition der „Popolazioni dei due Circoli Trento e di Rovereto" an den Wiener Reichstag vom September 1848 (bei Baisini, S. 213) ist gesagt, sie hätten seit 1814 „unter einer ihrer Nationalität feindseligen Verwaltung *geseufzt* (!)."

Später, als die Paroxismen sich legten, mußte die Geschichte herhalten. Namentlich seit dem Erscheinen des Oktoberdiploms stellten sie mit Vorliebe geschichtliche Betrachtungen an, welche das Trentino zu einer historisch-politischen Individualität stempeln sollten.

Hierher gehört zum Teil *Antonio Gazzolettis* Schrift: „La questione del Trentino" (Mailand 1860), in französischer Übersetzung 1861 in Paris unter dem Titel „La question du Trentin" vervielfältigt; ferner eine Reihe von Kundgebungen und selbst die Denkschrift, welche von den italienischen Abgeordneten des Trentinos zum österreichischen Reichsrate verteilt wurde, obschon in ihr das historische Recht nur eine verblümte Anwendung findet. Gazzoletti wandte sich übrigens mit seiner Auseinandersetzung an die Senatoren und Abgeordneten des italienischen Parlaments, deren Blicke er dadurch auf diesen „entlegensten und unglücklichsten Grenzbezirk der italienischen Erde" („quell'ultimo infelicissimo lembo di terra italiana") lenken wollte.

Die für den Anschluß an das Königreich Italien Schwärmenden ließen dabei durchblicken, daß die Verbindung des Trentinos mit Alttirol eigentlich auch gegen völkerrechtliche Abmachungen verstoße.

Später wurde vorzugsweise der Gegensatz zwischen Nordtirol und Südtirol (Trentino) betont und damit die Diskussion auf ein ungleich fruchtbareres Gebiet hinübergespielt.

ERSTE DEUTSCHE WARNRUFE

Zwar erhoben sich gegen die Wühlarbeit der Irredentisten in Welschtirol einzelne deutsche Stimmen und gegen die Lehren Frappartis wandten sich bald nach dem Erscheinen seines Buches der Historiker Albert Jäger, der Schriftsteller Friedrich Lentner in Meran und *Ludwig Steub*. Letzterer schrieb 1867 in seinen *„Herbsttagen in Tirol"*:

„Der Trienter Giuseppe Frapporti will zu Gunsten seiner hochverehrten Vaterstadt das Trentino gründen, eine bis dahin unbekannte Gegend, ein ideales Reich, welches sich von Verona bis zum Brenner erstrecken und seiner Zeit mit der der Mutternation in Italien, zu der es einst gehört habe, wieder vereinigen. Er behandelte darin nach seiner Art die Deutschen als barbarische Eindringlinge, welche baldmöglichst aus dem Trentino vertrieben werden, und sodort auch der natürlichen Grenze wegen alle Landschaften an der Etsch, am Eisack und an der Rienz herausgeben müßten. Man konnte in seinem Buche leichtlich zwischen den Zeilen lesen, daß dazumal in Trient schon das ganze deutsche Südtirol aufgeschrieben und bei jeder Ortschaft vorbemerkt war, wie ihr Name nach der Wiedervereinigung verschönert und veredelt werden sollte. Nicht nur Mauls und Schlanders sollten Mulio und Selandria, auch Bruneck Brunopoli und Mühlbach sogar ein halbmythologisches Milbacco werden." Und am Schluß seiner Betrachtungen schreibt er: „Wie lange wird es noch hergehen, bis der deutsche Wanderer schon in Sterzing seine ‚Dialoghi tedeschi-italiani' (deutsch-italienisches Wörterbuch) herausnehmen muß, wenn er in der schmutzigen Restauration ein ‚Würstel mit Kren' begehren will? Und wenn einmal das Schreckliche eingetreten, wenn der Deutsche in seinem Vaterlande dreißig Stunden innerhalb der jetzigen Sprachgrenze nicht mehr verstanden wird, dann mag's schon vorkommen, daß mancher auf den wackligen Tisch schlagen und ausrufen wird: Da hat man's!"

Diese Warnrufe wurden aber, wie Steub selbst gesteht, im deutschen Volke wenig beachtet, und unterdessen lief der Italianisierungsprozeß in den deutschen Sprachgebieten Welschtirols unter den Augen der österreichischen Regierung auf vollen Touren weiter.

Seine Eindrücke über die Trentiner Irredentisten faßte Steub zusammen:

„Die Herren von Trient wissen auch gar wohl, daß sie die Gemüter des Trentinos nicht gar alle für sich haben. Rovereto zwar, dessen einst so schöne Industrie zumeist von Deutschen gegründet worden, das sehr viele deutsche Familien zählt und früher immer für philogermanisch galt, Rovereto scheint jetzt auch den Einladungen aus dem Süden mehr Gehör zu schenken, als den Mahnungen an die alte Bruderschaft, die aus dem Norden kommen.

Aber ganz anders steht es auf dem Lande, d. h. im Gebirge. Nicht bloß die Langobarden (Steub hielt die deutschsprachigen Bewohner Welschtirols für langobardische Abkömmlinge — d. Verf.) von Lusern und Palai fühlen deutsch, auch die verlorenen Germanen in Terragnolo und Vallarsa gedenken gern ihrer alten Sprache und ihrer Schwertmagen an der oberen Etsch. Sie haben auch ihre Anhänglichkeit an das Land Tirol zu großem Herzeleid der Trienter Patrioten schon etliche Male gar kräftig durch die Tat erwiesen.

Mögen die Trienter sich daran erinnern, daß selbst der große Garibaldi mit seinen 30.000 prahlerischen Hemden gegen die schlichten Tiroler Bauern nichts ausrichten konnte und ungemein froh war, als er den sehr verminderten Haufen aus den Alpenschlünden heraus wieder heimwärts treiben konnte. Garibaldi sagte damals selber, daß er mit 1000 Mann Sizilien, mit 20.000 Neapel, in Tirol aber mit 50.000 nicht einmal zwei Berge erobert habe.

Die italienischen Fleimser Schützen wollten im letzten Sommer (1866) sogar gegen die Garibaldiner ausziehen — ein Spektakel, das nur der Rat eines weisen Mannes verhindert haben soll. Auch die Nonsberger gedenken mit den deutschen Nachbarn zusammenzubleiben, mit denen sie 800 Jahre lang Freud und Leid geteilt. Sie fürchten, sagt das deutsche Schriftchen, wenn die Revolution der Signori durchginge, so könnte es ihnen leicht begegnen, daß sie alle Heloten werden müßten. Sie fürchten, so wenig die „Freiheit" den armen Coloni in dem italienischen Flachland bisher einen guten Tag gebracht, so wenig würden dann ihre Rosen blühen. Die Signori von Trient sind nicht überall so hochgeschätzt und so beliebt wie an dem Hofe des siegreichen Victor Emanuel. Die Ritter haben es auch in Welschtirol mit den Bauern sehr gründlich verdorben. Im Ganzen konnten auch die Berührungen mit den Liberatoren im letzten Sommer (1866) nicht sehr günstig auf die italienischen Sympathien wirken. Die Garibaldiner übersehen — wie die Bayern zu ihrer Zeit (1809) —, daß man sich als Neuling im fremden Land manches Vorurteil zu schonen habe. Indem die Helden zu Darzo die Stühle aus der Kirche warfen, nach dem Klange der Orgel Cotillon zu tanzen, zeigten sie mit zu wenig Rücksicht gegen die Diener des Herrn, die ihnen so fleißig vorgearbeitet. Ebenso war es offenbar nicht gut berechnet, als einmal zu Condino sechs solcher Befreier am hellen Tag in altspartanischer Gala, d. h. zwar nicht gesalbt, aber doch sonst ganz nackt, feierlich durch die Straßen marschierten. Auch in der Valsugana, wo bekanntlich General Medici mit regulären Truppen eingezogen, bemerkten die Bauern mit Erstaunen, daß die Kulturvölker das Kriegshandwerk durchaus nicht angenehmer zu betreiben wissen, als die „Barbaren". Als die Österreicher wieder herankamen, drängten sich die schlichten Landsleute um ihren Befehlshaber, den Freiherrn von Kuhn, um ihm die Hand dafür zu drücken, daß er sie von ihren Befreiern befreit. Aus allen Fenstern flatterten wieder tirolische Fahnen und österreichische Farben. Zwar darf man auch hier wohl sagen: nimium ne crede colori; denn bei der Beweglichkeit dieses südlichen Charakters läßt sich das künftige Verhalten schwer erraten ..."

Schließlich gab Steub Trentiner Irredentisten folgendes zu bedenken: „Die Trentiner hätten den Deutschen eigentlich dreifach Revanche zu geben, nämlich für ihre erste Größe, für ihre alte Selbständigkeit und für ihren neuen Glanz ... Einiges könnten sie von den Deutschen auch heute noch lernen, und zwar Anstand und Lebensart, so daß sie endlich einsähen, wie barbarisch es ist, die friedlich lebenden Deutschen in Trient und Rovereto durch Ausspucken, Nachschreien und durch andere bübische Insulte zu reizen oder Frauen und Kinder durch Petarden zu erschrecken."

Der österreichische Staat kümmerte sich um die Vorgänge und die rasch voranschreitende Italianisierung in Welschtirol kaum. Auch der Wiener Kongreß, der Österreichs alten italienischen Besitz bedeutend erweiterte und ihm die ganze Lombardei und Venezien überantwortete, änderte an dieser indifferenten Haltung nichts. Der starke italienische Zuwachs wirkte aber unwillkürlich auf Tirol, in dem Deutsche und Italiener zusammenlebten, zurück. Das Schwergewicht der oberitalienischen Österreicher drückte stark auf Tirol. Ihre Zugehörigkeit zu Österreich stärkte die Position des welschen Elements in Tirol; selbstverständlich war dadurch auch der Zuwanderung nach Welschtirol Tür und Tor geöffnet, und manches geschah, um sie bei guter Laune zu halten.

Das gesamte Lehrpersonal an allen italienischen Schulen war italienischer Volkszugehörigkeit. An den Mittelschulen wurden, solange es keine hinreichende Zahl österreichischer Staatsangehöriger italienischer Nationalität gab, auch Italiener aus dem Königreich Italien verwendet. Ebenso waren die Organe der Schulaufsicht, die mit dem Schulwesen in unmittelbarer Berührung standen, italienisch, und zwar sowohl die Angehörigen der Ortsschulräte wie der Bezirksschulräte, wie auch des Landesschulrates.

Ebenso waren die Staatsbeamten in Welschtirol durchweg Italiener. Deutsche Beamte waren in Welschtirol ebenfalls die Ausnahme. Bei der Finanzbezirksdirektion Trient waren die Konzeptsbeamten (im Jahre 1914) zu 100 % Italiener. Nicht anders verhielt es sich bei der Richterschaft. In den Sprengeln der Kreisgerichte Trient und Rovereto waren im Jahre 1914 97 % Italiener Richter. Bei den autonomen Behörden waren selbstverständlich alle Beamten Italiener aus Welschtirol; die Bürgermeister der Städte Trient und Rovereto waren stets Italiener. Auch die Polizei setzte sich, wie selbst Mussolini, der spätere Duce, 1911 in seinem Buche „Il Trentino veduto da un socialista" bekennen mußte, aus Trentinern zusammen. Ein dichtes Netz öffentlicher Volksschulen war über ganz Welschtirol verteilt, die, mit Ausnahme der zehn deutschen Gemeinden, ausschließlich nur Italienisch als Unterrichtssprache hatten. Insgesamt handelte es sich vor Kriegsbeginn um 177 Schulen mit 489 Klassen in 326 Schulgemeinden. Angesichts dieser Lage war die Errichtung privater italienischer Volksschulen, die private Vereine jederzeit hätten vornehmen können, nicht erforderlich, und die im Küstenland sehr um die Führung privater italienischer Schulen im slowenischen und kroatischen Siedlungsgebiet bemühte „Lega Nazionale" unterhielt nur eine einzige italienische Privatschule, und zwar in der deutschen Sprachinsel Lusern. Da es andererseits deutsche öffentliche Volksschulen nicht gab, wurden solche von deutschen Schul- und Schutzvereinen für die Kinder deutschsprachiger Beamten in Trient und Rovereto errichtet. Dies war deshalb notwendig, da an den italienischen Volksschulen die deutsche Sprache, die doch im Gesamtstaat wichtig, ja ausschlaggebend war, auf Grund der strengen Schulvorschriften nicht gelehrt wurde (man vergleiche darüber Theodor Veiter „Die Italiener in der österreichisch-ungarischen Monarchie").

„Germanisierungsbefehl" Kaiser Franz Josephs?

Claus Gatterer zitiert in seinem Buche „Im Kampf gegen Rom" (1968) italienische und österreichische Quellen, wonach Kaiser Franz Joseph 1866 u. a. den Befehl erteilt haben soll, auch in Welschtirol auf eine „Germanisierung" hinzuarbeiten.

Gatterer schreibt (S. 43):

> Vier Monate nach der österreichischen Niederlage bei Königgrätz (3. Juli 1866) befaßte sich der österreichische Ministerrat am 12. November mit „Maßregeln gegen das italienische Element in einigen Kronländern". Nach dem vom Kaiser Franz Joseph am 6. Dezember zur Kenntnis genommenen und unterzeichneten Protokoll handelt es sich nicht um einen eigentlichen Beschluß, sondern um einen nicht näher motivierten und später auch nie durch Durchführungsbestimmungen ergänzten B e f e h l des Monarchen. Das Ministerratsprotokoll zum Tagesordnungspunkt VI lautet:
>> Seine Majestät sprach den bestimmten Befehl aus, daß auf die entschiedenste Art dem Einfluß des in einigen Kronländern noch vorhandenen italienischen Elements entgegengetreten und durch geeignete Besetzung der Stellen von politischen (und) Gerichts-Beamten (und) Lehrern, sowie durch Einfluß der Presse, in Südtirol, Dalmatien, dem Küstenland, auf die G e r m a n i s i e r u n g o d e r S l a w i s i e r u n g der betroffenen Landestheile hingearbeitet werde. Seine Majestät legt es allen Zentralstellen als strenge Pflicht auf, in diesem Sinne planmäßig vorzugehen."

Dazu stellt Gatterer zwar fest, daß es sich nicht um die wortgetreue Wiedergabe des „bestimmten Befehls" des Kaisers handelt, sondern nur um ein Resümee; ebenso betont der Verfasser, es werde sich auch nur schwer feststellen lassen, ob der junge Kaiser in der Tat die damals im politischen Jargon durchaus gängigen Begriffe „Germanisierung und Slawisierung" selbst gebraucht hat oder ob diese nur vom Protokollführer zur Raffung sinngemäßer Bekundungen des Kaisers eingesetzt wurden. Es liege auf der Hand, daß mit „Südtirol", wie damals üblich, das Trentino gemeint war.

Weiter schreibt er, daß dieser „Befehl" offensichtlich in erster Linie die Wiedereinführung bestimmter Befugnisse, die einige Statthalter in kritischen Gebieten während des Krieges in „Personalangelegenheiten der Behörden I. Instanz" besessen hatten und die mit Kriegsende aufgehoben worden waren, zum Ziel hatten. Für das Trentino seien diese erweiterten Befugnisse im Dezember 1866 wieder in Kraft gesetzt worden, und zwar mit der Begründung, daß „in Südtirol noch immer politische Beamte gibt, welche — ohne zu einer strafgerichtlichen Untersuchung oder zu einem erfolgversprechenden Disziplinarvorgehen Anlaß zu geben — dem Ernste der Situation keineswegs gewachsen sind." Die an Stelle der avancierten „verläßlicheren und eifrigeren Organe" waren natürlich wieder Italiener, solche indessen, die gegenüber der regierungsfeindlichen Agitation, die es vor allem im Trentino zweifellos gab, immun und die bereit waren, dagegen aufzutreten.

Nach diesen Auslegungen, die Claus Gatterer über den „Befehl" des Kaisers bietet, erübrigt sich wohl jedes Wort darüber, an eine „Germanisierung" im Trentino zu denken.

Wohl aber wäre es damals höchst an der Zeit gewesen, den schwerbedrängten Bewohnern in den deutschen Sprachinseln noch einen wirksamen Schutz durch die österreichische Regierung angedeihen zu lassen. Aber zunächst war das genaue Gegenteil der Fall!

Wie ernst die Wiener Regierung den Schutz der Italiener in Triest und im Trentino genommen hat, geht aus folgendem Ausschnitt des Buches von Livio Marchetti „Il Trentino nel Risorgimento" hervor, in welchem der Verfasser „die erste Kampagne gegen den Pangermanismus" im Trentino schilderte. Worin bestand nun damals dieser „Pangermanismus"? Im Jahre 1878 — so schreibt der Verfasser — wird in Trient die erste deutsche Volksschule und ein deutscher Kindergarten eingerichtet; 1879 kommt ein deutsches Gymnasium hinzu, trotz „der zahlreichen und empörten Proteste der Presse und der Gemeindevertretung".

So weit war also bereits die nationalistische Unduldsamkeit im Trentino fortgeschritten, daß die Einführung deutscher Schulen, die natürlich nur für Deutschsprachige bestimmt waren, Empörung unter den Trentinern auslöste. Einen besseren Beweis für nationalistische Unduldsamkeit hätten diese Trentiner Kreise nicht liefern können! Und gerade diese Kreise waren es einige Jahrzehnte später, die den größten Eifer an den Tag legten, um in Südtirol das deutsche Schulwesen so radikal zu zerstören, daß man die damaligen Schulverhältnisse in Südtirol mit jenen im dunkelsten Afrika verglichen hat.

ERSTE ÖSTERREICHISCHE SCHUTZMASSNAHMEN

1859 und 1860 entstand der Nationalstaat Italien. Von dieser Zeit an schenkte Österreich den Vorgängen in Welschtirol etwas mehr Aufmerksamkeit. In einem Bericht vom 8. April 1860 an den österreichischen Kultus- und Unterrichtsminister beklagte sich *Erzherzog Karl Ludwig* über die Italianisierung deutscher Gemeinden und verlangte *wirkliche* Abhilfe. Er ging mit dem Gedanken um, zur Verhinderung der Ausbreitung des romanischen Elementes Anträge auf Einführung ausgedehnteren deutschen Unterrichtes in den italienischtirolischen Schulen zu stellen.

Gleichzeitig machte er den *Fürstbischof von Tschiderer* in Trient aufmerksam, daß das Übergreifen der italienischen Partei für die einzelnen Gemeinden und für die Volksschulen die nachteiligsten Folgen habe. Viele ursprünglich ganz deutsche Gemeinden im Etschtale, in der Folgaria, im Valsugana, im Tale des Avisio usw. haben von dem durch Jahrhunderte treu bewahrten Deutschtum fast nichts mehr. Leider müsse offen bekannt werden, daß dabei Kirche und Schule tätig mitgewirkt haben (durch die Bestimmungen des Konkordates besaß damals die Kirche den maßgebenden Einfluß auf das niedere Schulwesen). Wie das geschehen sei, solle unerörtert bleiben. Der Fürstbischof aber möge dieser Sache die vollste Aufmerksamkeit zuwenden und den Gemeinden, soviel wie immer möglich, wieder deutsche Seelsorger und deutsche Lehrer geben. St. Sebastian in der Folgaria habe dies trotz wiederholter Ansuchen nicht erreichen können. In den großen, einst ganz deutschen Ortschaften Lavarone und Roncegno und in Borgo und in vielen anderen werde deutsche Sprache und deutsche Sitte bald nur mehr in der Erinnerung fortleben, wenn nicht die italienische Seelsorge wieder aufgehoben werde und der deutschen Platz mache. Haben ja sogar die bis in die neueste Zeit in der Friedhofskirche San Carlo zu Pergine gehaltenen deutschen Fastenpredigten ihr Ende finden müssen! „Ich bescheide mich mit der beispielsweisen namentlichen Anführung dieser wenigen Gemeinden. Eurer fürstlichen Gnaden wird diese große Zahl derselben und die Umwandlung, die mit ihnen vorgegangen ist, ohnedies bekannt sein. Ich nähre übrigens das feste Vertrauen, daß Sie im Interesse der Regierung, des Landes, im Interesse dieser Gemeinden selbst, was in Ihren Kräften steht, baldigst wegen Gefahr im Verzuge in Vollziehung setzen. Ich ersuche Eure fürstlichen Gnaden um Eröffnung des Verfügten in dieser Beziehung oder um weitere dahin zielende Aufklärungen, nachdem ich diesem Gegenstande ganz besondere Wichtigkeit beilege."

Damals war der Fürstbischof von Tschiderer schon ein todkranker Mann, der noch im selben Jahre starb.

Auch für die nationalen Wünsche der wenigen noch bestehenden deutschen Gemeinden in Welschtirol hatte der Erzherzog ein warmes Herz. Unmittelbar vor seiner Ernennung zum Statthalter hatte das Kreisamt Trient am 6. Juni 1855 den Auftrag erhalten, anzuordnen, daß die Bezirksämter Cavalese, Fondo und Pergine mit den ihnen untergeordneten deutschen Gemeinden in politischen Geschäften deutsch verkehren. Da dieser Erlaß nicht befolgt wurde, wandten sich die Gemeinden Altrei und Truden am 10. Juni 1858 mit einer Bitte unmittelbar an den Erzherzog. Dieser gab den strengen Auftrag, mit den deutschen Gemeinden in politischen Angelegenheiten nur in deutscher Sprache zu verkehren und daher amtliche Akten, Protokolle und Erlässe in dieser Sprache aufzunehmen und hinauszugeben. Als der Erzherzog seinen hohen Posten verlassen hatte, scheint dieser Auftrag rasch wieder in Vergessenheit geraten zu sein; denn am 29. Dezember 1865 mußte derselbe auf Grund eines Ansuchens der Gemeinden Unsere Liebe Frau im Walde und St. Felix am Nonsberg, das sie durch den Prälaten von Gries an den Landtag gerichtet hatten, erneuert werden. Die italienischen Beamten entschuldigten sich damit, daß die Bezirksämter weder der deutschen Sprache genügend kundige Konzepts- noch Kanzleibeamte hätten, daß die Advokaten nicht Deutsch verstünden, daß die Einwohner der deutschen Gemeinden dagegen im allgemeinen des Italienischen genügend mächtig wären. Der Prätor Strobele in Pergine glaubte am 5. Jänner 1866 berichten zu sollen, daß in den Gemeinden Palù, Fierozzo, Frassilongo und zum Teil Vignola (die Behörden gebrauchten damals fast ausschließlich im Gegensatz zu früher diese italienischen Namen) nur ein veralteter deutscher Dialekt (!) herrsche, im übrigen aber die Umgangssprache Italienisch wäre. Der Prätor von Levico dagegen sagte den deutschen Verkehr für Lusern ohne weiters zu.

Die Wiener Regierung wurde sich endlich bewußt, daß ein Weiterlaufen des Prozesses zuungunsten der Tiroler Deutschen auch für den Staat schädlich werden könnte.

Die ethnographische Lage war in der Hauptsache klar zu übersehen. Eine deutliche Sprachgrenze schied den deutschen von dem italienischsprechenden Landesteil. Das Land nördlich der Sprachgrenze ist deutsch, südlich davon welsch. Hier kam es darauf an, diesen Zustand zu erhalten und ihn von beiden Parteien als gegeben anerkennen zu lassen. Das war nur möglich durch Hand-in-Hand-Gehen mit dem Bischof von Trient, zu dessen Diözese diese Landesteile gehörten; außer dem gesamten Welschtirol auch die deutschen Gemeinden nördlich der Sprachgrenze, insgesamt zehn deutsche Dekanate. Der Bischof von Trient erklärte sich bereit, die historische Verbreitung der beiden Völker zu achten und bei der Auswahl der Seelsorgsgeistlichen nach diesem Grundsatz zu verfahren.

Südlich der Sprachgrenze lagen die Dinge schwieriger.

Der Verlauf hat gezeigt, daß die österreichische Regierung das Verlorene verloren sein ließ, und daß nur in den Fällen, wo deutsches Bewußtsein vorhanden war, der Versuch der Kräftigung und Stabilisierung des deutschen Charakters gemacht wurde.

Wieviel Gemeinden in Welschtirol als deutsch in Betracht kamen, sollte *Schulrat Stimpel* feststellen. Er wurde von der Regierung mit diesem Auftrage 1860 betraut.

Stimpel wirkte sechs Jahre (1858—1864) als Schulrat von Tirol, mit dem Sitz in Innsbruck. Er war kein geborener Tiroler, sondern stammte aus einem sudetendeutschen Bürgerhause. Er wurde am 17. Jänner 1811 in Grulich, der östlichsten Stadt Böhmens, geboren.

Er beherrschte die italienische Sprache, und so schien er geeignet, die Aufgaben, die sich aus der Zweisprachigkeit Tirols ergaben, zu meistern. Die grundlegende Verfügung der Behörde vom 9. Juni 1860 hatte besonders zwei Punkte im Auge: einmal die Pflege des deutschen Unterrichts an Schulen mit italienischer Unterrichtssprache, als Deutsch als Fremdsprache, und Ausbreitung der Kenntnis des Deutschen unter den Welschtirolern, sodann Förderung der Schulen mit deutscher Unterrichtssprache in gewissen deutschen Gemeinden.

Ihm war es zu danken, daß der Unterricht in der deutschen Sprache in allen Mittelschulen Welschtirols mit Eifer betrieben wurde.

Tiefer einschneidend war die zweite Frage: die Frage der deutschen Unterrichtssprache in der Volksschule gewisser Gemeinden.

Um eine genaue Übersicht über die in Frage kommenden Gemeinden zu bekommen, machte Stimpel zwei Reisen, die erste 1861, die zweite 1863.

Bei seiner ersten Reise 1861 stellte er kurz folgendes fest. Zunächst ging er von der Beobachtung aus, daß das deutsche Element in Welschtirol schon seit längerer Zeit im Rückgang begriffen sei. Die Gründe dafür seien zweifacher Art, natürliche und geschichtliche. Zwei natürliche Umstände kämen dem Italienischen zugute: es werde von dem Deutschen leichter erlernt als das Deutsche vom Italiener, und der Deutsche vermöge es an Genügsamkeit und Rührigkeit mit dem Italiener nicht aufzunehmen. Dazu kämen zwei geschichtliche Tatsachen von steter Wirksamkeit: die fürstbischöfliche Kurie von Trient habe in Kirche und Schule das Italienische systematisch begünstigt; die österreichische Regierung aber habe die Dinge einfach gehen lassen und ebenso konsequent durch Nachlässigkeit gesündigt.

Das Resultat sei denn auch schlimm genug. Ganze Täler, die ursprünglich deutsche Bewohner hatten, seien dem Welschtum überliefert worden. Fleims, Cembra und Teile des Etschtales.

Sein besonderes Interesse aber gehörte den Gegenden, in denen der Italienisierungsprozeß noch nicht zum Abschluß gekommen war. Deutsches und Italienisches rangen in denselben Gemeinden, in denselben Menschen miteinander.

In dem östlich der Etsch gelegenen Teil von Welschtirol stellte er folgende Gegenden mit deutschem Kern fest:

1. Das Tal Vielgereut (Folgaria) mit den sechs Ortschaften Vielgereut (Folgaria), Mezzomonte, Serada, St. Sebastiano, Novellari und Guardia (zusammen 3000—4000 Seelen).

„Der Bau der Bewohner, das schöne, langlockige Haar, der kräftige, hohe Wuchs, ihre Kleidung und ihr Benehmen verrät auf den ersten Blick ihre deutsche Abstammung. Ihre Sprache ist ein seltsames Gemisch von deutschen und italienischen Worten, jedoch so, daß das Deutsche im Ausdruck bei weitem vorherrscht. Die italienische Sprache wird von den meisten verstanden und auch zum Teil gesprochen. Überall ist Schule und Kirche italienisch. Und doch ist nicht aller deutscher Sinn entschwunden. Die Gemeinde S. Sebastiano hält verläßlichen Mitteilungen zufolge unermüdet um einen deutschen Seelsorger an, ohne jedoch ihre Bitte erfüllt zu sehen."

Zu dieser Gruppe kann auch noch die deutsche Gemeinde Lafraun (Lavarone) mit 1000 Seelen gerechnet werden.

2. Die zweite Gruppe liegt im F e r s e n t a l. Auf dem rechten Ufer Palai mit mehr als 500 deutschen Einwohnern; auf dem linken Ufer die Gemeinden Gereut (Frassilongo), Eichleit (Roveda), Florutz (Fierozzo), Falesina und Vignola, zusammen bei 1800 Seelen. „Die Bewohner dieser Ortschaften sind in Trient unter dem Spitznamen der M o c h e n i bekannt. Sie haben die deutsche Sprache, trotzdem daß sie Jahrhunderte lang von italienischen Lauten umgeben waren, und man ihnen schon lange deutsche Kirche und Schule entzogen hatte, neben der italienischen bewahrt."

3. Auch das V a l S u g a n a weist noch deutsche Spuren auf. In Rundschein (Roncegno) mit mehr als 2000 Einwohnern, „lebt noch die deutsche Sprache als Haussprache neben der italienischen fort, eine kräftige, breittönende Mundart ähnlich der in den vicentinischen Gebirgen. Da aber Kirche und Schule schon seit dem vorhergehenden Jahrhundert italienisch sind, so dürfte, wenn nicht Hilfe geschafft wird, jede Spur des Deutschen in diesen Ortschaften verlöschen. Auch in B o r g o und in mehreren umliegenden Ortschaften war, wie die deutschen Namen beweisen, einst eine zahlreiche deutsche Bevölkerung."

4. Die vierte Gruppe bildeten die „Sette Comuni", „die zum größten Teil dem venezianischen Gebiete angehören". Aus dieser ungenauen Angabe (denn tatsächlich lagen die Sieben Gemeinden ganz auf damals venezianischem Gebiete) folgt, daß Stimpel die ihnen benachbarte tirolische Gemeinde L u s e r n, ohne daß er sie ausdrücklich namhaft macht, zu ihnen rechnet. Erst 1863 hat Stimpel Lusern persönlich besucht.

5. Endlich sind noch isolierte Spuren zu verzeichnen: „Im A v i s i o - T a l e, und zwar im Hintergrund desselben, liegt die Gemeinde F a s s a, welche früher im Lehnsverbande mit der Brixner Mensa stand; die Fassaner sprechen neben einem verdorbenen Italienisch noch immer vorherrschend eine deutsche Mundart (?). Außerdem finden sich vereinzelte Spuren des Deutschtums bei P r i m ö r (Primiero) und im B r a n d t a l e (Vallarsa).

Als Volksschulinspektor reiste Stimpel 1863 noch einmal in diese Gebiete, um genau festzustellen, welche Gemeinden noch als deutsche Gemeinden lebensfähig seien. Ergebnis dieser Reise:

„Während in Vallarsa, in Terragnolo, zum Teil auch in Vielgereut und in Valsugana nur noch die Namen von Ortschaften, Höfen, Alpen, Waldungen und anderen Örtlichkeiten von der deutschen Sprache übriggeblieben sind, lebt diese selbst nur noch in dem von Persen (Pergine) nach Norden sich ziehenden Seitental der M o c h e n i (d. i. das Fersental) und hinter Lafraun gegen das Vicentinische in der Gemeinde Lusern im Munde der Einwohner fort und bildet die Umgangssprache der Familie."

Es sind also gegenüber dem Bericht von 1861 fallengelassen das Brandtal (Vallarsa) und die „deutschen Spuren" in den Gemeinden Fassa und Primiero.

Stimpel kam zum Schlußergebnis, daß unzweifelhaft lebenskräftig nur zwei Gruppen sind: Die Mocheni im Fersental mit sechs Gemeinden und die isolierte Gemeinde Lusern. Nur hier sieht er die inneren Voraussetzungen für die Wiederherstellung deutscher Schulen gegeben. Sind sie aber gegeben, so muß man auch die praktischen Konsequenzen ziehen, aber wie?

Die Regierung fragte bei den Gemeinden an: Der Hofrat in Trient richtete durch die Bezirksämter eine Aufforderung an die Gemeinden, sie möchten etwaige Wünsche nach einer deutschen Schule äußern. Es meldeten sich die zwei Gemeinden *Palai* und *Lusern*.

Die Sache zog sich zwar noch einige Zeit hin, Stimpel wurde inzwischen nach Triest versetzt — aber der Stein war ins Rollen gekommen, und 1865 wurde wirklich an beiden Orten die deutsche Unterrichtssprache eingeführt. Andere Gemeinden folgten nach. Stimpel ist als Gründer der deutschen Schulen in Welschtirol zu betrachten.

Ignaz Vinzenz Zingerle stieg zu Ostern 1866 in die Berge, um die neu eingerichtete deutsche Schule in Lusern zu besuchen. Nicht er ist also der Begründer dieser Schule, sondern Stimpel. Stimpel aber hatte am Ort tatkräftige Helfer, vor allem den Gemeindevorsteher und den Kuraten.

ZWEIERLEI MASS

Die in italienischen Kreisen und nicht zuletzt beim Klerus verbreitete Mentalität, das Deutschtum dem Protestantismus gleichzusetzen, kam am grellsten in der Ansprache des *Fürstbischofs von Trient, Celestino Endrici,* zum Ausdruck, als er am 4. August 1922, anläßlich des fünften Jahrestages der Schlacht am Monte Grappa, die dortige Kapelle einweihte und in feierlicher Rede die Madonna pries, die die italienischen Waffen mit ihrem Beistand begnadet hatte:

„Was wäre aus uns Trentinern geworden, wenn die feindlichen Waffen gesiegt hätten? Kein Stein unseres kulturellen und nationalen Erbes wäre stehengeblieben. Unsere katholische und römische Religion wäre ein Opfer des lutherischen Ketzertums geworden, das in jenen Tagen seine Jahrhundertfeier beging." Über die Reaktion in Südtirol auf diese Rede des Trienter Bischofs schreibt Paul Herre in „Die Südtirolfrage":

„Bei der deutschen Bevölkerung Südtirols, deren katholische Gläubigkeit über jeden Zweifel erhaben war, lösten diese völlig fehlgegriffenen Worte große Erregung aus, und was den zahlreichen Bemühungen der deutschen Geistlichkeit nicht gelungen war, das geschah nun im Gefolge der nationalistischen Kundgebung auf dem Monte Grappa: In der Konsistorialkongregation wurde am 5. August die Loslösung der zehn deutschen und ladinischen Dekanate von der Trienter Diözese beschlossen. Sie wurden provisorisch dem Brixner Bischof unterstellt, bis eine endgültige Verfügung über die Neubegrenzung der kirchlichen Verwaltungsbezirke getroffen war. Gegen diese vatikanische Maßnahme erhob sich ein Entrüstungssturm der Nationalisten. Massenkundgebungen im Trentino wurden veranstaltet. Der Vatikan machte daraufhin die Entscheidung rückgängig und setzte dafür einen Generalvikar, Msgr. Rimbl, ein, der das Vertrauen der Südtiroler genoß."

Der Fürstbischof von Trient, Cölestin Endrici, gab am 15. April 1912 an den Klerus des italienischen Teiles seiner Diözese ein Rundschreiben heraus („Il sacerdote buono e i nuovi bisogni pastorali"), worin der gerade wegen seiner italienisch-nationalen Gesinnung von den Italienern so sehr gefeierte Bischof über die religiösen Gefahren, die die Bevölkerung aus Entnationalisierungsbestrebungen erwachsen, u. a. folgendes sagt:

„Die Entnationalisierung eines Landes ist nicht bloß eine Verletzung des Naturrechtes, insoweit ein solches Vergehen die christliche Jugenderziehung überaus schädigt . . .

Die M u t t e r s p r a c h e ist das unerläßliche Mittel, um den Zöglingen die erhabenen, schon an sich schwer faßbaren Wahrheiten des Katechismus beizubringen und zum Herzen der Kinder sprechen und diese zur Tugend erziehen zu können. Wem die Sorge um die religiös-sittliche Zukunft der kommenden Geschlechter obliegt, der kann nicht gleichgültig bleiben gegenüber den V e r s u c h e n z u r E n t n a t i o n a l i s i e r u n g , d i e d i e m o r a l i s c h e U n m ö g l i c h k e i t m i t s i c h b r i n g t , d i e J u g e n d c h r i s t l i c h z u e r z i e h e n, besonders wenn es sich um die erste Erziehung in den Volksschulen handelt. Die schwere und verantwortungsvolle Aufgabe der Erziehung ist von Christus der Kirche anvertraut worden, der darum auch die Mittel und die Freiheit, die zur Erfüllung dieser Aufgabe notwendig sind, zur Verfügung stehen müssen.

Aber nicht weniger schwer ist die Verantwortung der Eltern in dieser wichtigen Angelegenheit. Daher sind diese nicht weniger verpflichtet, die Muttersprache zu erhalten und zu pflegen. Kein Grund kann sie von dieser ihnen durch das von Christus bestätigte Naturgesetz auferlegten Pflicht entbinden. W e r a n d e r s h a n d e l t , w ü r d e d e n e i g e n e n K i n d e r n d i e m o r a l i s c h e M ö g l i c h k e i t z u e i n e r c h r i s t l i c h e n E r z i e h u n g r a u b e n , d a s E r b e , d a s a l l e E l t e r n i h r e n K i n d e r n h i n t e r l a s s e n m ü s s e n . . ."

Nachdem der Fürstbischof auf die Vorteile hingewiesen, neben der Muttersprache auch eine fremde Sprache zu erlernen, fährt er fort:

„Das alles (Erlernung einer fremden Sprache) aber muß in einer Weise geschehen, daß die V o l k s s c h u l e r z i e h u n g u n d d e r V o l k s s c h u l u n t e r r i c h t darunter nicht Schaden leide, d e r v o m A n f a n g b i s z u m E n d e i n d e r M u t t e r s p r a c h e z u e r f o l g e n h a t. Was wir hier sagen, ist von dem gesunden Hausverstand und vom c h r i s t l i c h e n G e w i s s e n gefordert . . ."

Fürstbischof Endrici hat diese Worte geschrieben, als unter Österreich *jede* italienische Gemeinde Welschtirols ausnahmslos ihre eigene öffentliche italienische Schule besaß. Mit den obenangeführten Worten setzte er sich zur Wehr, als die österreichische Regierung endlich nach langem Zögern in den wenigen in Welschtirol verbliebenen rein deutschen oder fast deutschen Gemeinden auf ausdrücklichen Wunsch der betreffenden Bewohner deutsche Schulen eingerichtet hatte, und auf Initiative privater Organisationen nach 1900 auch in Gemeinden, wo das deutsche Wort zum Teil bereits von der italienischen Sprache verdrängt worden war, neben den italienischen öffentlichen Schulen deutsche Privatschulen einrichten wollte. Erhöhte Bedeutung erlangten diese Hirtenworte wenige Jahre später für Deutsch-Südtirol, als jeder Schul- und Privatunterricht in der Muttersprache für deutsche Kinder verboten und unter Strafe gesetzt wurde und als bis zum Jahe 1927 nicht weniger als 36 deutsche Seelsorger von der Erteilung des Religionsunterrichtes ausgeschlossen und wegen Erteilung desselben zu mehr oder weniger schweren Strafen verurteilt worden waren (vgl. Athanasius „Von der nationalen zur religiösen Unterdrückung in Südtirol").

In der Schrift „*Seelennot eines Volkes*" von Athanasius (Pseudonym), 1927, liest man über Folgen der italienischen Politik in den deutschen Sprachinseln nach 1918 folgendes:

„In allen diesen Gemeinden (deutsche Gemeinden im Fersental und Lusern) ist jeglicher Gebrauch der deutschen Sprache in der Schule (auch im Religionsunterricht) wie in der Kirche verboten. Die deutschen Priester mußten von allen diesen Orten entfernt und italienische an deren Stelle gesetzt werden. In Palai geschah die Entfernung des deutschen Seelsorgers (Alois Kaufmann) sogar mit militärischer Gewaltanwendung. Nur in Außerflorutz durfte der frühere Seelsorger, wohl weil er, wenn auch der deutschen Sprache mächtiger, Ladiner ist, noch verbleiben.

Das völlige Verbot der deutschen Sprache in Kirche und Schule zeigt in diesen Gemeinden die bedenklichsten Folgen hinsichtlich Teilnahme am Gottesdienst und dem Sakramentenempfang. Eine ganz augenfällige Verschlechterung im Sakramentenempfang wird von Lusern gemeldet, wo der dortige italienische Pfarrer nach Verdrängung des früheren Seelsorgers glaubte, seinen Gläubigen sogar das deutsche Beichten verbieten zu sollen.

Bei einem Vergleich der Behandlung der deutschen Sprachinseln im Trentino mit den wenigen Orten Deutsch-Südtirols, die eine überwiegend italienische Bevölkerung aufweisen, in welch letzteren der Gottesdienst ausschließlich italienisch gehalten wird, läßt die zum Nachteil der Deutschen ungleiche Behandlung der beiden Nationalitäten scharf in die Augen treten" (S. 31).

Fürstbischof Endrici war nach der Annexion Südtirols ein entschiedener Befürworter für die Italianisierung Südtirols, wenn er auch die Methode der langsamen, systematischen Gewinnung bevorzugte (Herre, S. 309).

So war es mit seiner stillen Hilfe möglich, noch im Laufe des Jahres 1924 die Pfarrgemeinde zu Salurn trotz dessen starker deutscher Mehrheit völlig zu verwelschen, und auch in Bozen gelang es, in der Richtung der Zweisprachigkeit insofern eine Bresche zu schlagen, als der italienische Kaplan, der schon seit der Vorkriegszeit in der alten Pfarrkirche Gottesdienste abhielt, auf bischöfliche Anordnung als ordentlicher Pfarrkooperator bestellt wurde. Der eigentliche Stein des Anstoßes blieb für die Nationalisten der deutsche Religionsunterricht. Zu Beginn des neuen Schuljahres stieß man von neuem vor.

Das Bedenklichste war, daß sich Fürstbischof Endrici gegen die deutsche Geistlichkeit in Südtirol mobil machen ließ und sich dazu hergab, einzelnen Katecheten die Erteilung des Religionsunterrichtes in deutscher Muttersprache zu verbieten.

Es kam dahin, daß die Dekane des deutschen Anteils der Trienter Diözese am 11. Mai 1925 eine Eingabe an ihren Bischof richteten, in der sie auf die Übergriffe der staatlichen Behörden in die kirchlichen Kompetenzen hinwiesen und als Pflicht des Priesters bezeichneten, an der Seite des ihm anvertrauten hartbedrängten Volkes zu stehen, wenn es sich um die Erziehung der Kinder, um das zukünftige Geschlecht handle. In dieser schweren Arbeit sei ihnen „ein Wort der Ermunterung und des Trostes von jener Stelle aus, die in der Diözese vor allem als Hüterin von Recht und Gerechtigkeit gegenüber Schwachen gestellt ist, erwünscht gewesen". Daß nichts dergleichen geschah, hätten sie Gründen der Klugheit zuschreiben wollen; die katholische Laienintelligenz hätte das Schweigen jedoch mit Verwunderung und vielfach sogar mit Verbitterung aufgenommen.

Kein Wunder, wenn auch das kirchliche Leben unter diesen Umständen begann, schweren Schaden zu nehmen!

GRABSTEINPOLITIK 1877, 1910

Die Nationalistenkreise in Welschtirol hatten, den Ablauf des voranschreitenden Italianisierungsprozesses vorwegnehmend, die Angehörigen dieser Gemeinden bereits für sich in Anspruch genommen. Ein Wutschrei war die Antwort auf die Schutzmaßnahmen der österreichischen Regierung für die Erhaltung des Deutschtums in den Sprachinseln.

Im Jahre 1910 stellte der Gemeinderat von Trient, wo damals noch etwa 6000 Deutsche lebten, den Antrag, die Leichensteine mit deutscher Inschrift zu verbieten. Diesen Antrag hat *Alcide Degasperi,* der nachmalige „große Europäer", damals ausdrücklich unterstützt und empfohlen, und zwar mit folgender Begründung: Er sei mit dem Grundgedanken dieses Antrages völlig einverstanden, man solle aber eine unverfängliche Formel für den Beschluß suchen, die, ohne gehässig zu scheinen, *„solche Mißbräuche* (Mißbrauch ist hier der Gebrauch der deutschen Sprache für Grabinschriften!) *unmöglich mache"* Zum Glück drang damals Degasperi mit seinem Rat nicht durch, denn dieser Beschluß des Gemeinderates von Trient wurde vom Verwaltungsgerichtshof mit folgender Begründung aufgehoben: „Von dem Grunde ausgehend, daß die persönliche Freiheit nur dann eingeschränkt werden soll, wenn höhere Rücksichten der öffentlichen Ordnung dieses Opfer vom einzelnen erheischen, muß gesagt werden, daß eine Grabinschrift nur etwa durch ihren Inhalt, nicht aber durch die Sprache, in der sie abgefaßt ist, gegen öffentliche Rücksichten verstoßen kann". (Aus dem „Tiroler" vom 16. April 1921.)

Ludwig Steub hatte bereits 1877 eine ähnliche Feststellung im Trentino machen müssen und schrieb in seinem Reisebericht „Aus der Valsugana" u. a.:

„Der Unterschied der Sprache steht einem angenehmen Aufenthalt in der Valsugana nicht entgegen. Auch wer den Dante nur in Übersetzung liest, findet doch leicht Berührung mit einer kleinen Auswahl von Eingeborenen. Es verstehen nämlich im Trentino zwar nicht alle Gelehrten, aber alle Kellner deutsch.

In F r i e d h o f s a c h e n sind die Trienter der neueren Zeit sehr herausfordernd vorgegangen; sie haben bekanntlich den deutschen Kindern verboten, ihren deutschen Vätern deutsche Grabsteine setzen zu lassen; aber auf anderer Seite geben sie wieder annehmliche Revanche für diese Roheit gegen ihre Nachbarn und Staatsgenossen, die ihnen doch weder an männlichen noch an weiblichen Tugenden nachstehen. Um die Deutschen nicht zu verletzen, lernen sie nämlich auch nicht Französisch, noch weniger Englisch. Dies ist doch auch ein Zeichen von Verträglichkeit!"

DAS MÄRCHEN VOM PANGERMANISMUS

Die Rückschau auf die Ausdehnungsbestrebungen der Italiener in Welschtirol hat gezeigt, was man von der Parole italienischer Irredentisten über einen angeblichen Pangermanismus in Welschtirol bis 1918 zu halten hat. Genau das Gegenteil war der Fall, was anhand historischer Tatsachen sich mühelos nachweisen ließ. Mit der Annexion des Trentinos *und* Südtirols war das Ziel der Trentiner Irredentisten erreicht, und schon stürzten sie sich mit dem alten Eifer auf die neue Aufgabe, Südtirol mit denselben Methoden in eine italienische

Provinz umzuwandeln, wie es im Laufe mehrerer Jahrhunderte im Trentino der Fall gewesen war. Mit dem Einsatz aller Mittel, mit Massenzuwanderungen und nicht zuletzt mit Anwendung von Gewaltmaßnahmen sollte dieser Italianisierungsprozeß beschleunigt werden.

Es ist bezeichnend, daß dabei ausgerechnet jene Nationalisten tonangebend wurden, die den Italianisierungsprozeß im Trentino genauestens studiert hatten. Es seien hier nur einige Namen genannt, mit denen der Leser in unserer Darstellung bereits bekannt gemacht wurde. Nachstehende Zitate sprechen für sich, ob von einem Pangermanismus oder von einem Panromanismus die Rede sein kann.

Bereits im Jahre 1880 (!) schrieb der italienische politische Schriftsteller *Arturo Galanti* in seinem vom italienischen Unterrichtsministerium mit einem hohen Preis ausgezeichneten Werk „*I Tedeschi sul versante meridionale delle Alpi*" (Die Deutschen am Südabhang der Alpen) folgende Sätze über die Italianisierung Südtirols:

„Mögen sie (die Deutschen) sich nur beklagen. Wir Italiener können nicht anders als uns darüber f r e u e n und hoffen, daß mit der Zeit unsere Sprache, indem sie in den deutschen und slawischen Gebieten diesseits der Alpen bis zum Brenner und zu den schneeigen Gipfeln der Julischen Alpen immer mehr an Boden gewinnt, uns einstens d a s R e c h t b i e t e n k ö n n t e, auch aus ethnischen Gründen jene natürlichen Grenzen anzustreben, die die Geschichte, die Geographie und die Notwendigkeiten der nationalen Verteidigung zuweisen. Wir werden dann mit gutem Rechte sagen können, daß die Deutschen am Südabhange der Alpen und die Slawen Istriens und des östlichen Friauls in der ethnographischen Begrenzung des italienischen Vaterlandes k e i n e g r ö ß e r e B e d e u t u n g haben als die Franzosen in Piemont, die A l b a n e r u n d G r i e c h e n i n U n t e r i t a l i e n u n d d i e K a t a l a n e n i n S a r d i n i e n."

Zehn Jahre später, im Jahre 1890, äußerte sich *Ettore Tolomei* in seiner Zeitschrift „*Nazione Italiana*" über den Namen Tirol, den das Land seit Jahrhunderten geführt hatte und unter dem es in aller Welt bekannt war, folgendermaßen:

„Da alles darauf schließen läßt, daß das italienische Element in nicht ferner Zeit den ganzen Südabhang der Alpen zurückgewinnt, wird der Name Tirol vielleicht die Alpen überschreiten und dem Inntal gegeben werden, das die Tiroler weiterhin bewohnen werden. Das Schloß Tirol wird auf unserem Abhang, im Alto Trentino bleiben, als Denkmal jener langen Geschichte von Usurpationen gegen die Gesetze der Geographie und gegen die historischen Rechte. Es ist also ein äußerst schwerer Fehler, und nicht nur ein Fehler, sondern ein Attentat gegen die Integrität Italiens, den Namen des Trentinos, eines seit jeher zutiefst italienischen Gebietes, mit dem Namen der zwitterhaften österreichischen Provinz Tirol zu verwechseln, die erst 1802 geschaffen wurde . . ."

Im Jahre 1931 stellte *Carlo Battisti*, der Nachfolger Ettore Tolomeis als Direktor des „*Archivio per l'Alto Adige*", in welchem das Entnationalisierungprogramm für Südtirol bis in die kleinsten Einzelheiten ausgearbeitet und veröffentlicht ist, in seinem Buche „*Popoli e lingue nell'Alto Adige*" fest, daß die „nationale Umerziehung" der Südtiroler durch den Faschismus bereits sehr gute Erfolge in den Industriezentren und in den Dörfern an den Hauptverkehrspunkten und in den geschlossenen Siedlungen gemacht habe. Aber auch in den abgelegenen Bergdörfern schreite diese mit „zufriedenstellendem Erfolg" voran, und, „was sehr wichtig ist, durch eine ruhige, langsame und stetige Kleinarbeit". Und er fährt fort:

„Die nationalen Kämpfe des vergangenen letzten halben Jahrhunderts südlich von Bozen, bei denen der Germanismus nur kleine Erfolge erzielen konnte, sind endgültig vorbei. Die italienischen Minderheiten und die ladinischen Gemeinden haben keinen Anlaß mehr zu Besorgnissen.

Fest steht, daß das Deutsche mit seiner vorherrschenden Stellung nicht nur die Möglichkeit weiterer Eroberungen verloren hat, sondern auch in seiner Widerstandskraft gebrochen worden ist. Von seiner sprachlichen und kulturellen Funktion ist es, auf italienischem Boden, zu einem D i a l e k t degradiert worden. Die gegenwärtige Geschichte lehrt uns, daß es eine reine Utopie ist, annehmen zu wollen, daß in einer Grenzzone zwischen zwei Sprachen und Kulturen, die beide gleich hochstehend und bedeutend sind, eine r e c h t l i c h e G l e i c h s t e l l u n g sich bilden kann, ohne einen zwecklosen Irredentismus zu nähren und ohne Kämpfe zu erzeugen, über deren endgültigen Ausgang übrigens kein Zweifel bestehen kann.

Was in einem föderalen Bundesstaat, wie z. B. in der Schweiz, zulässig ist, wo mehr als zwei Sprachen sich die Waage halten, ist nicht in einem Einheitsstaate denkbar, wo neben mehr als 40 Millionen Italienern insgesamt nur 200.000 Deutsche leben.

Im Etschtal leben zwei Nationalitäten. Seit Beginn der Neuzeit kann eine italienische Expansionsbewegung gegen Norden festgestellt werden, die sich klar behauptete, und zwar so, d a ß d i e g e g e n w ä r t i g e P h a s e d i e K r ö n u n g e i n e s J a h r h u n d e r t e a l t e n W e r k e s i s t, nachdem im Bozner Raum allein nach und nach Tausende und Abertausende von italienischen Landarbeitern, die den landwirtschaftlichen Segen jenes Gebietes geschaffen haben, dieser Durchdringung so hartnäckigen Widerstand leisteten, daß sie die Romanität wachhielten und unsere Minderheiten in Südtirol verstärken konnten.

Wenn es wahr ist, und f ü r m i c h i s t d i e s e i n D o g m a, daß die Ereignisse von einer Idee geleitet werden, die langsam heranreift, um dann verwirklicht zu werden, dann stehen hier zwei historische Ideen miteinander im Widerspruch: jene der germanischen Expansion bis zur Veroneser Klause und jene italienische bis zu den „Alpen, die Deutschland und Tirol abschließen". Über die erste hat die Geschichte ihr Urteil gesprochen, und zwar seit jenem Tage, an dem sich die politische Grenze zwischen Italienern und Deutschen endgültig mit der Brennergrenze identifiziert; eine Grenze, die keine „gemischtsprachige Zone" ist, sondern die unveränderliche geographische Linie, die von der Natur als „munimina Italiae" gezeichnet wurde.

D i e s e n W i d e r s p r u c h e l i m i n i e r t m a n d u r c h n i c h t s a n d e r e s a l s d u r c h d i e i t a l i e n i s c h e D u r c h d r i n g u n g — dem wichtigsten, unvermeidlichen und immanenten Faktor — und durch die Schaffung einer freien italienischen Gesinnung im Geiste der Anderssprachigen, unterstützt von der geistigen italienischen Umgebung und von der Anerkennung und dem Gebrauch der Sprache des Einheitsstaates. An diese Tatsachen muß sich notwendigerweise die deutsche Mentalität anpassen, nachdem die historische Funktion des Deutschtums in Südtirol, die seit der bayerischen Expansion im Mittelalter in Richtung zur italienischen Ebene, die nicht eine Funktion der Verteidigung, sondern des Angriffs bildete, endgültig überholt ist."

Der von italienischen Nationalisten ausgesprochene Wunschtraum und die Warnrufe des deutschen Gelehrten Steub haben sich, was die Deutschen am Südabhang der Alpen anbelangt, zu einem Gutteil erfüllt. Vom Untergang bedroht sind die Deutschen im Fersental; ebenso die Deutschen in der Gemeinde Lusern. Das damals noch rein deutschsprachige Südtirol weist heute 130.000 Italiener auf. Vom Wunsch Galantis und seiner Gesinnungsfreunde fehlt nur noch das letzte Stück ... Sind die Südtiroler in ihrem eigenen Lande in die Minderheit gedrängt, dann würde der Vergleich mit den Albanern und Katalanen stimmen ... das weitgesteckte, planmäßig seit Jahrhunderten verfolgte und zur besseren Tarnung heute abgeleugnete Ziel wäre erreicht!

V. Verklungenes deutsches Wort in Friaul

Wenden wir uns zum östlichen Alpenraum der Karawanken und Karnischen Alpen, so finden wir, daß auch dort das Deutsche früher eine viel größere Ausdehnung hatte. Nicht nur die hintersten Zuflüsse des Tagliamento waren von Deutschredenden bewohnt, sondern das Deutsche reichte im genannten Flußbecken herab bis in die Ebene; in Petsch (Ampezzo), Schönfeld (Tolmezzo), Peißelsdorf (Venzone), Clemaun (Gemona) sprach man einst deutsch.

Aber ein anderes Deutschtum ist es, wenigstens zum Teil, das hier hereinragt, eine jüngere Schicht. Dies erklärt sich aus der bewegten Geschichte, die sich in diesem Raume abgespielt hat und eng mit der Landschaft verknüpft ist. Hier streckt sich Kärnten an der Gailitz in jenes Längstal hinein, welches nördlich der Julischen Alpen bequeme Zugänge nach Osten längs der Save nach Krain und nach Westen im Kanaltal zum Tagliamento und nach Italien hin öffnet. Es reicht selbst bis zur Höhe eines Überganges über die Julischen Alpen, bis auf den Predil, der zum Isonzogebiet führt. Erst in der Neuzeit wurde ein Hauptverkehrsweg durch die Julischen Alpen eröffnet, die Eisenbahn, die von Villach nach Triest führt.

Am 6. Mai 1976 wurde Friaul von der schwersten Erdbebenkatastrophe seiner Geschichte heimgesucht. Über tausend Tote waren zu beklagen und Tausende von Verletzten wurden registriert. Über 70.000 Personen wurden obdachlos. Das Friaul war seit jeher ein Gebiet, das seine Söhne nicht ernähren konnte. Seit einem Jahrhundert sind ungefähr zwei Millionen Friauler auf Arbeitssuche ins Ausland ausgewandert, haben allerdings von dort aus ihre in der Heimat gebliebenen Familien laufend unterstützt und erhalten. Leider hat der neue Notstand diese Entwicklung erneut gefördert, wobei die Gefahr besteht, daß viele damit ihrer Heimat verlorengehen.

Friaul wurde im Laufe der Geschichte auch von anderen Katastrophen heimgesucht. Es war das Einfallstor nach Italien, durch das zuerst die Quaden, dann die Westgoten unter Alarich, dann die Ostgoten und Hunnenscharen durchkamen und schließlich die Langobarden.

Die Langobarden begründeten an der Grenze des von ihnen eroberten Italiens ein Herzogtum, das nach der Hauptstadt, dem alten *Forum Julium,* dem heutigen Cividale, den Namen *Friaul* erhalten hat. Karl der Große hat daraus die Markgrafschaft gemacht und von hier aus die Awaren bekriegt. Die Grenze Friauls wurde dabei hinausgeschoben bis tief nach Ungarn hinein; doch ging dieser große Gewinn bald wieder verloren. Im Jahre 952 kam dann der ganze Nordosten der Po-Ebene an das Deutsche Reich und Friaul wurde eine deutsche Mark. Es wurde zum Herzogtum Carantanien (Kärnten) geschlagen, das sich über die ganzen südöstlichen Alpen und deren Vorlande von Verona bis zum Semmering erstreckte.

Seit 976 gehörte das *Patriarchat von Aquileja* mit Friaul zum Herzogtum Kärnten und blieb auch nach seiner Erhebung zum Reichsfürstentum im 11. Jahrhundert bis 1421 beim deutschen Raume des Heiligen Römischen Reiches. Es kristallisierte sich zu einem Mittelpunkt deutscher Kultur und deutschen Rechts heraus.

In der Zeit von 1019 bis 1436 regierten 30 Patriarchen, davon 15 Deutsche, 12 Italiener, zwei Franzosen und ein Böhme. Bekanntlich weilte Walther von der Vogelweide am Hofe des Patriarchen Wolfger, des ehemaligen Bischofs von Passau. 1077 erhielten die Patriarchen von Aquileja Friaul, d. h. die heutige Provinz Udine und die Grafschaft Görz, ferner große Teile von Krain und ganz Istrien.

Aber auch dieses Paßland von „Aglay" (Aquileja) an der nördlichen Adria war nicht von Bestand. Die Herrschaft der Patriarchen beschränkte sich mehr und mehr auf die Ebene von Friaul und deren nördliche Gebirgsumrahmung. Ihre eigenen Vögte, die Grafen von Görz, machten sich von ihnen unabhängig, so wie die Grafen von Tirol von den Bischöfen von Trient und Brixen. Mit dem Erlöschen der Hohenstaufen bzw. ihrer Macht in Italien, wurde die Reihe der deutschen Patriarchen unterbrochen.

In Friaul, wo sich von Villach nach Venedig ein so bequemer Handelsweg hinzog — denn von Tarvis im Drautal geht es nach Pontafel am Fella, einem Nebenfluß des Tagliamento, ohne alle nennenswerte Gefällsüberwindung —, kam durch den Handelsverkehr nach Deutschland viel Deutsches ins Land, ähnlich wie es im südlichen Etschtal in umgekehrter Weise während der Herrschaft der Republik Venedig der Fall war. Daß unter diesen Umständen viele deutsche Herren hier Besitz anstrebten und erlangten, kann nicht wundernehmen. Ein Hauptsitz des Handels wurde Gemona (Clemaun).

Die Herzöge von Österreich und Bayern, die Grafen von Tirol, Görz, Eppenstein, Hohenzollern, Treffen, Ortenburg, Sponheim, Moosburg, Peilstein, Auersperg, Starhemberg, die oberösterreichischen Herren vom Machlande, die Wallsee, Eberstein, Flachberg, Schärfenberg usw. hatten hier Burgen, und diese hatten deutsche Namen, zahlreiche deutsche Bistümer und Klöster hatten hier Grund und Boden.

Die *Grafschaft Görz* kristallisierte sich um den Austritt des Isonzos aus dem Gebirge, an einer beherrschenden Stelle, die den Schlüssel für das Isonzotal und zugleich für das zu den Julischen Alpen führende Wippachtal bildet. Ein einzeln aufragender Berg gab wie bei Graz die Stelle für eine Burg. Es gibt noch zwei weitere beherrschende Orte am Westfuß der Julischen Alpen: das alte Cividale am Austritt des Natisonetales, das auch den Weg zum oberen Isonzo erschließt, und Gemona, das Clemaun der Deutschen, am Austritt des Tagliamento, dort wo die Straßen zum Plöckenpaß und durch das Kanaltal hineinführen ins Gebirge. Clemaun und Cividale blieben bei den Patriarchen, aber beide verloren an Bedeutung gegen das in der Ebene

Eingebettet in der herrlichen Karnischen Bergwelt liegt die ausgedehnte deutsche Sprachgemeinde B l a d e n / S a p p a d a. Am besten hat den deutschen Charakter im Baustil Oberbladen (Bild) bewahrt. Jeder Weiler von Bladen hat seine Kapelle, sein Kreuz, seinen Brunnen, seine Gaststätten.

Einen ärmlichen Eindruck macht die deutsche Sprachinsel T i s c h l w a n g /
T i m a u am Fuße des Plöckenpasses. Dorf und Umgebung bieten kaum
Möglichkeiten, den Fremdenverkehr anzukurbeln oder andere aussichtsreiche
Einnahmequellen zu erschließen. So wandert vor allem die Jugend immer
mehr von der Heimat ab, um in italienischen Orten Arbeit zu finden.

Bis nach dem Ersten Weltkrieg verlief die italienisch-österreichische Grenze im Kanaltal zwischen Pontebba-Pontafel. Durch den Friedensvertrag von St.-Germain wurden Italien die rein deutschen und deutsch-slowenischen Dörfer des Kanaltales bis Tarvis zugesprochen. Darunter auch der historische Ort Malborgeth (Bild).

Das Denkmal in den „Thermopylen" von Malborghet im Kanaltal, das Kaiser Ferdinand I. dem Hauptmann Hensel und „seinen Kampfgenossen" errichten ließ. Das Denkmal steht am Fuße der Feste, die 1809 der kaiserliche Hauptmann Hensel gegen eine französische Übermacht tapfer verteidigte. Dieses Denkmal wird, wie dessen genaues Ebenbild, das Kaiser Ferdinand I. auf dem Predilpaß (unmittelbar hinter der jugoslawischen Grenze) dem österreichischen Hauptmann v. Hermann errichten ließ, bis zum heutigen Tage liebevoll gepflegt und bestens instand gehalten. 1979 wurde in Malborgeth der 170. Todestag von Hauptmann Hensel von den Deutsch-Kanaltalern gefeiert.

Ein Schmuckstück des Kanaltals ist das Dorf W e i ß e n f e l s / F u s i n e L a g h i. Im Hintergrund des Bildes sieht man den Berg Mangart, an dessen Fuß die beiden Weißenfelser Seen liegen, mit herrlichen Ausflugsorten. Weltbekannt sind die Produkte der Kettenfabrik in Weißenfels, die heute noch unter dem deutschen Markennamen überallhin exportiert werden.

Weiler über Alagna in Val Sesia (Piemont). Bei den Walserdeutschen im Quellgebiet der Sesia, auch d Seeschera genannt, entfaltete sich durch Jahrhunderte eine deutschsprachige Dorfkultur in einsamer Abgelegenheit. Dem Schweizer Volkskundler Paul Zinsli wurden hier noch in den letzten Jahren Schriftstücke und Bücher gezeigt, die von der deutschsprachigen Bildung auch der einfachen Leute hier im obersten Sesiatal zeugen. Langsam drang freilich auch hier die italienische Sprache ein, und das lebendige walserdeutsche Erbe begann allmählich zu schwinden und zu versinken.

Weiler über Gressoney-La Trinité (Aostatal). Zuhinterst im langgestreckten, wiesenreichen Lystal liegen in 6,5 km Abstand voneinander Gressoney-St.-Jean (1385 m) und, eine deutliche Talstufe höher, Gressoney-La Trinité (1624 m). Beide Gressoney sind heute Kirchengemeinden. La Trinité war einst nur eine Filiale. Die Ansiedlung erfolgte nicht in Form einer geschlossenen Dorfanlage. Es entstand eine große Zahl von Weilern, die zum Teil welsche, häufiger aber deutschklingende Namen haben.

Zuoberst im Anzascatal liegt das Walserdorf Macugnaga (1327 m), aufgelöst in eine Reihe von Weilern. Diese Fraktionen liegen teils unterhalb, teils oberhalb des Zentrums, wo die Pfarrkirche seht. Ein Anblick von einmaliger Großartigkeit der Gebirgslandschaft bietet sich von dem Weiler Z e r T a n n y aus, am Fuße der Monte-Rosa-Ostwand (Bild). Das Anzascatal war bis zum Ausgang des letzten Jh.s bis nach Pestarena hinab deutsch.

gelegene Udine (Weiden), wo sich die beiden Wege ins Gebirge gabeln. Görz liegt an einer ähnlichen Gabelstelle von Straßen nach dem Osten und Norden. An beiden Straßen gewannen die Grafen von Görz an Besitz, im Isonzotal allerdings zunächst nur aufwärts bis hinein in das enge Quertal. Erst als die Herrschaft der Patriarchen an Venedig überging, bekamen sie das Längstal des Isonzo oberhalb Tolmezzo (Tolmein) und den Weg zum Predil. In der Görzer Grafschaft herrschte das deutsche Geschlecht der Eppensteiner (1031—1090) und nach ihnen das der Grafen von Lurngau (1090—1500), worauf die Grafschaft an Österreich fiel.

Im Friaulischen fallen zunächst die zahlreichen Burgen auf, die im zimbrischen Gebiet fast gänzlich fehlen, die deutsche Namen trugen und großteils heute verschwunden sind: Starhemberg, Spilimberg, Schattenberg, Rufimberg, Großenberg, Auersberg, Scharfenberg, Dürenberg, Schönberg, Kramberg, Grafenberg, Haunberg, Münchenberg, Kronenberg, Assenstein, Perchtenstein, Rabenstein, Straßold, Arensberg, Carsberg, Mocumberg, Reichenfeld, Neuhaus, Grünberg, Kassimberg, Warinstein usw. Sie zogen sich längs des Tagliamento hin.

Neben dem Sitz der Patriarchen von Aquileja waren die Adelsgeschlechter ebenfalls Stätten deutscher Sitte und Förderer deutscher Kultur. Außer Walther von der Vogelweide war hier Hartmann von der Aue zu Gast, und dieser soll hier seine Gedichte, namentlich seinen „Erek", geschrieben haben; ein Thomas von Zirklaere wurde hier geboren, und es entfaltete sich hier ein reiches geistiges Leben.

Vergleicht man die deutschen Burgennamen Friauls und die einstigen deutschen Ortsnamen, so muß man feststellen, daß sie im Friaulischen ein anderes Gepräge tragen als im Zimbrischen. Auf diese Verschiedenheit hat u. a. Adolf Schiber hingewiesen, und zwar betrifft sie sowohl den ersten wie den zweiten Teil der zusammengesetzten Ortsnamen.

Was den ersten Teil anlangt, so findet man eine dem Zustand in Deutschland sich nähernde Anwendung von Personennamen, so Katzelsdorf (Villa Cacilini), wobei wir an Graf Chaczelin denken mögen. Peuschelsdorf, Friedelsdorf, Reichenfeld (Richo) dürften in diese Kategorie gehören; zugleich hat man auch an diesen Ortsnamen zum Teil Proben von den Namensformen mit der Endung -dorf, -feld, -berg. Hierzu rechnet Schiber Namen wie Kirchheim, Häseldorf, Schönfeld, Eberfeld, während man bei den Zimbern im Etschtal bei Calliano fast nur sogenannte Naturnamen begegnet, wie Avio (Aue), Brendola (Bründel), Montegalda und Montegaldella (Wald, Waldele), Treto und ähnlichen, welche über die Entstehungszeit mehrfache Vermutungen zulassen.

Schiber folgert daraus: „Nimmt man hierzu die vielen deutschen Burgennamen, so ergibt sich, daß die Toponymie hier in Friaul einen wesentlich moderneren Charakter aufweist als in der Gegend von Vicenza oder überhaupt in Zimbrien. Es kann kein Zweifel aufkommen, daß wir es hier mit dem Resultat einer deutschen Besiedlung zu tun haben, die der Zugehörigkeit des Landes zum Herzogtum Kärnten zu verdanken ist."

Wie im übrigen Alpenraum bildeten auch die Karawanken, Karnischen und Julischen Alpen nie eine Völkergrenze. Neben den Deutschen, die sich dort vom frühen Mittelalter an ansiedelten, wurde das Gebiet von Romanen und Slawen besiedelt.

Über die Herkunft der Friulaner, der romanischen Bewohner Friauls, streiten sich die Gelehrten. So erklärt z. B. Gamillscheg in seiner „Romania Germanica" (Bd. 2), daß diese Bevölkerung aus dem Alpengebiet, in erster Linie aus Noricum, stammt, wo die Slaweninvasion um die Wende des 6. zum 7. Jahrhundert die Romanen zur Auswanderung zwang. Das Friaulische reicht von den Ausläufern der Alpen bis an die Livenza und besitzt gegenüber dem Venezianischen eine ganz ausgesprochene Sprachgrenze. Das sind zwei so verschiedene Sprachtypen, „wie Wasser und Feuer, die sich nicht gut mischen — wohingegen es sich zwischen Rätoromanisch und Lombardisch ganz anders verhält" (Friedrich Schürr). In Friaul haben wir es offenbar mit einer sekundären Sprachschicht zu tun, da Friaul von jeher das offene Tor für Einfälle aus dem Osten war und die verschiedensten Völkerwellen darüber hinweggegangen sind, Einfälle von fremden Völkern, die Zerstörungen, Verwüstungen mit sich brachten, und im Gefolge davon Neubesiedlungen.

DIE AMPEZZANER SIND LADINER

Kurz erwähnt sei hier die Geschichte der Ampezzaner, die sich trotz ihrer ladinischen Sprache bis in die jüngste Zeit als Tiroler betrachteten. Sie gehörten zur Grafschaft Cadore, die bis zum 11. Jahrhundert zum Pustertaler Besitz des Hochstiftes Freising gehörte. Dann wurde es Freising vom Patriarchat Aquileja streitig gemacht und ging im Laufe des 12. Jahrhunderts wenigstens de facto auf Aquileja über. Es blieb auch in weltlicher Hinsicht bis 1421 bei Aquileja, ging nach dessen Annexion an Venedig auf dieses über und wurde 1511, also vor mehr als 400 Jahren wieder, und zwar endgültig, mit Tirol vereinigt.

Auch die drei Jahrhunderte der Zugehörigkeit zu Aquileja hatten also keine Zugehörigkeit Ampezzos zu Italien bedeutet, oder höchstens insofern, als das Patriarchat selbst dem italienischen Einfluß schon vor seiner Einverleibung durch Venedig mehr und mehr erlag.

Dies alles bewirkte, daß die Ampezzaner während der 90 Jahre der venezianischen Herrschaft (1421—1511) — der einzigen Zeit, in der von einer eigentlichen Zugehörigkeit Ampezzos zu Italien gesprochen werden kann — sich Venedig nicht zugehörig fühlten. Vor allem die „Unzuverlässigkeit" der Ampezzaner veranlaßte 1511 die überlegenen venezianischen Truppen zum Abzug. Die österreichischen Truppen wurden bei ihrer Wiederkehr freudig begrüßt und beim Friedensschluß im Jahre 1511 betrieben die Ampezzaner selbst ihre Vereinigung mit Tirol, was der Geschichtsschreiber über das Cadore, Giuseppe Ciani, mit Bitterkeit vermerkt.

Neben Friulanern und Deutschen siedelten sich in Friaul auch Slowenen an. Diese sind von Norden her, dem Kanaltal folgend, bis an die Grenze der Carnia vorgedrungen. Von Osten her sickerten sie durch das Baca- und Idriatal ins mittlere Isonzogebiet hinein und besiedelten auch dessen westliche Grenzhöhe bis an die Ebene von Friaul hin; sie besetzten die Karsthöhen beiderseits der Adriatischen Pforte bis zum Meer hin. Nur in den Ebenen Friauls hat sich die rätoromanische Bevölkerung erhalten.

Die Geschichte dieses Gebietes zeigt, daß hier jahrhundertelang verschiedene Volksgruppen zusammenlebten. Daß sich im Friaulischen das deutsche Element nur vorübergehend halten konnte, erklärt Schiber vor allem mit dem jähen Erlöschen des Sterns der Hohenstaufen, mit der politischen Trennung des westlichen Landesteiles vom Reich und den ungünstigeren Grenzen.

Beweise für die einstige Existenz einer deutschen ansässigen Bevölkerung haben wir auch im Tal des Isonzo und seiner Nebenflüsse. Da ist am Fuße des Predil Flitsch, weiter abwärts Caporetto (Karfreit), nahe dabei Tolmein, und an der Wurzel des Idriatales Kirchheim, nahe dabei St. Veitsberg; unterhalb von Görz mündet das Wippachtal mit noch leicht erkennbarer deutscher Ortsnamenbezeichnung: nämlich mit den Ortschaften St. Peter, Dornberg und Reifenberg, Wippach, Oberfeld und in etwas größerem Abstand Haidenschaft, Hl. Kreuz, Schönpaß, St. Veit und Cronberg. Andere deutsche Namen im Gerichtsbezirk Wippach sind: Langenfeld, Zoll und Kreuzberg. In dieser Gegend, im Isonzogebiet, ist das Deutsche meist nicht zum Vorteil der italienischen, sondern der slowenischen Sprache verdrängt worden.

Die germanische Diaspora, die in den Ostalpen einst bestand, ist verschwunden. Ein Teil ist romanisiert worden, ein Teil aus seinen Sitzen weiter ins bergige Hinterland gedrängt, wie die Reste in den Tälern des Wippach und des Isonzo zeigen. Endlich blieb von der östlichen nur das übrig, was sich in die unwegsamsten Gebiete verzogen hatte, wie von den Zimbern ja auch die am längsten sich ihrem Volkstum erhielten, welche auf den Plateaus der Sieben und Dreizehn Gemeinden oder in Seitentälern des Fersentales siedelten. Wie ein Denkmal aus verklungenen Zeiten muten uns heute diese wenigen Überreste deutschen Sprachgebietes im Osten an: *Bladen* (Sappada) im obersten Teil des Piavetales im Val Comelico, die *Zahre* (Sauris) an einem Nebenfluß des Tagliamento, im Val Lumiei, *Tischlwang* (Timau) am Fuße des Plöckenpasses, im Hintergrund des Val But, und das *Kanaltal* (Vellatal) im Flußgebiet des Tagliamento gelegen, mit seiner bis 1918 teils deutschen, teils slowenischen Bevölkerung.

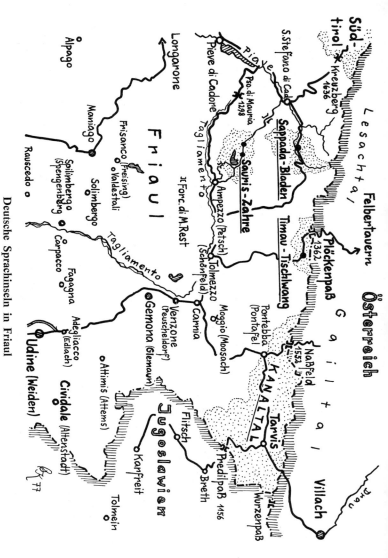

Deutsche Sprachinseln in Friaul

DEUTSCHE ORTSNAMEN IN FRIAUL

Nachstehend seien deutsche Ortsnamen in Friaul in alphabetischer Reihenfolge angeführt, die R. Merkh gesammelt hat und die keineswegs einen Anspruch auf Vollständigkeit erheben.

A d e g l i a c c i o, Ortschaft nahe bei Udine (Weiden) — E d l a c h.

A g o r d o, im Val Agordo, östlich davon das Pramper-Gebirge, Brandberggebirge — A u g a r t e n; aber nach Urkunden auch E g a r t e n, Ägarten. Letztere Form scheint die richtigere.

A m p e z z o d i C a r n i a, Hauptort des Tagliamentotales am Lumiei und an der Straße von Tolmezzo (Schönfelden) nach Ampezzo. — Hieß einst P e t s c h und wird auch heute noch so genannt von den deutschen Zahrenern (den Bewohnern von Sauris di sopra und di sotto). Höfe der Gegend heißen Jof, Lut, Mair, Katzer, Nier.

A q u i l e j a, Hauptort des damaligen geistlichen Fürstentums, des Patriarchats — A g l e y. Die Patriarchen selber wohnten aber meist anderswo; besonders häufig in Cividale (Sibidal, Altenstadt) und in Udine (Weiden).

A r t e g n a und Ardegna, an der Bahn nach Udine, unweit von Spitalet (Spital) — A r d i n g e n.

A s s e s t a g n o, ehemaliges Schloß in der Gegend von Venzone (Peuscheldorf) und den Herren von Mels (Colloredo) gehörend — H e i s s e n s t e i n, auch Hoassenstein, Hassenstein und Assenstein genannt.

A t t i m i s, nördlich von Udine (Weiden), die Ausgangsstätte des heute noch in Österreich bestehenden Grafengeschlechtes — A t t e m s.

A u r o n z o, aus zwei Dörfern bestehend, im Auronzotal, heißt nach alten Grubenakten O b e r r e n t s c h.

B e l l u n o, Stadt zwischen der Piave und dem Ardo, die sich hier vereinigen, mit in früheren Tagen deutscher Bevölkerung. Dessen deutscher Name verschollen. Doch gibt es noch in dessen Umgebung Ortschaften und Höfe mit Namen: Cugnach, Mujach, Fumach, Gron, Barp, Vieh, Soccher, Tarch, Zorner, Spert, Valgenagher — Waldacker. Dann weiter hinauf Prati Scheid — Scheidwiesen, Mureralpe, Gazalpe — Geisalpe, Lachalpe, Faller, Salzen, Facken, Feder, Ghisel — Geisel, Becchi — Beck, Bautele, Siez — Süß, Tiser, Ren, Sacher, Andrich, Spis, Murle, Norken, Monte Pramper, einen äußeren und inneren Pramperhof, Majer.

B i g i i a, am Coglio — Fiedelsdorf.

B u d r i o, Eisenbahnstation. Dessen alter Name ist B u d r i a c h. Auf einem der dortigen Hügel stand einst das Schloß Hauenberg, auch Haumberg genannt oder Haubenberg, von dem aber jetzt kein Stein mehr auf dem andern ist.

C a n a l e d i B r e n t a, Schlucht an der Straße nach Bassano (Bassan). Dort in einer Felsgrotte ist die alte Feste Covolo — Kofel, und zwar am linken Brentaufer. Es führte kein Weg hinauf. Personen wurden, wenn sie in das Schloß wollten, auf einen Knebel gesetzt und so hinaufgezogen, nachdem man ihnen zur Sicherheit auch noch ein Seil um den Leib gebunden hatte — B r e n t e n p a ß.

C a s s i m b e r g o, Schloß in der Umgebung von Udine, das längst zerfallen ist — C a s s i m b e r g.

C a s t e l n u o v o, eine Halbruine östlich von Solimbergo (Schönberg), unweit des Tagliamento — Schloß N e u h a u s. Dieser Name urkundlich noch 1509.

C a s t i o n e d i S m u r g h i n, bei Palma — A z m u r g e n.

C i s m o n e, V a l — C i s m o n t a l. Örtlichkeitsnamen: Col del Joch — Jochkogel, Roa — Rein, Castello Schennera, Prati, Scheid, Murer, Zevena, Besentera, Siez, Becchi, Panizzer, Faller, Ramen, Frasseneg, Cima Lahn — Lahnspitz, Arten, Poit — Point, Gaz, Brise, Salzen.

C i v i d a l e, am Natison, uralte Stadt, Geburtsort Paul Warnefrieds (Paulus Diaconus), des Geschichtsschreibers der Langobarden. Das Gut seiner Eltern, des Herrn Warnefried und der Frau Theudolinde, lag weiter oben an den Ufern des Timavus (Timavo, Timau). Hieß Sibidat, A l t e n s t a d t, auch slawisch Staro mjest.

C o d r o i p o, unweit Casarsa — K a d r u p. Dort in der Gegend stand die Burg Münchenberg am rechten Ufer des Tagliament bei Villanova.

197

Comelico, Val, wird von den deutschen Bewohnern der Zahre (Sauris) Gamelutal genannt.

Conegliano, urkundlich Coneglanum und Cuneclanum — Königsland. Nach Semenzi war hier Königsland, weil da die Einhebung der Steuern stattfand bei der Reichskammer schon zu Zeiten Kaisers Otto I.

Cordenons, alte deutsche, den Herzogen von Österreich gehörende Herrschaft — Naun.

Covelo di Brenta, Festung und Klause unterhalb Primolano am linken Ufer der Brent. Kein Weg führte hinauf. Personen, die hinaufwollten, wurden auf einen Knebel gesetzt, ihnen überdies zur größeren Sicherheit ein Seil um den Leib gebunden, und so hinaufgezogen. Brentenkofel, Kofel (siehe auch Canale di Brenta).

Fella, ein wildes Bergwasser im Fellatal (Fellakanal), durch welches auch die Bahn von Pontebba nach Udine führt — Fellach.

Feltre, uralte kleine Stadt, später langobardische Bischofsstadt, an der Bahn und an der Piave. — Felters, Felders.

Forni Avoltri, am Monte Truglia, 2½ Stunden von Bladen (Sappada). Das alte langobardische Pfurn an der Straße von Tolmezzo-Schönfelden.

Gemona, kleine Stadt und Knotenpunkt der Bahn über Spilimbergo - Spangenberg nach Casarsa und Venedig — Glemaun. Hier lebte eine Zeitlang Herr Thomasin von Zirklaere und hier entstand auch sein Lehrgedicht „Der welsche Gast".

„Tiusche lant emphâhe wol
als ein gout hûsvvrouwe sol
disen dinen welshen gast
der din êre minnet vast."

Ohne ein ausgeprägtes deutsches Leben in der friaulischen guten Gesellschaft um das Jahr 1200 herum, läßt sich die Entstehung von großen Dichtungen, wie jene Thomasins von Zirklaere, nicht denken, sagt Dr. Josef v. Zahn.

Grafenberg, Schloß bei Görz im Friaul. Hier schrieb gegen Ende des XII. Jahrhunderts Hartmann von der Aue seine Gedichte, namentlich seinen „Erek". Andere meinen, dies sei zu Soffumbergo - Scharfenberg (Schärfenberg) geschehen.

Gronumbergo, Schloßruine in der Gegend von Cividale - Altenstadt, auch Sibidat genannt, heißt jetzt Castello di Purgessimo. Purgessimo ist das kleine Dorf am Fuße des Burghügels. Gronumbergo wird es aber hie und da noch genannt — Grünenberg.

Grossumbergo ist das vom Grafen Heinrich von Tirol erbaute Schloß Grossenberg (Castrum de Grossumberch); jetzt ist auf kahler Höhe nur Schutt und Geröll der einstigen Burg vorhanden, beim Dorfe Spital (Spitalet). Sie wurde von den Bürgern der Stadt Gemona (Glemaun) in der ersten Hälfte des XII. Jahrhunderts gebrochen.

Grusbergo, jetzt nur wenige Trümmer eines Schlosses in der Gegend von Cividale-Altenstadt — Auersperg, auch Wrusperg, Guspergo, ganz alt Urusperg genannt, in der zweiten Hälfte des XIV. Jahrhunderts von der Patriarchenpartei gebrochen, nachdem es Nikolaus von Summereck mit etlichen zwanzig deutschen Kriegsknechten wacker und zähe verteidigt hatte.

Hag, Burg, von der kein Stein mehr auf dem andern, in der Umgebung von Nimis, links von Attems (Attimis). Zahn glaubt, daß dies die Burg der alten Hohenzollernbesitzung Tarcento gewesen ist.

Hauenberg, Schloß, das auf einem Hügel bei Rosazzo stand und auch Haumberg und Haubenberg genannt wurde. Es lag unweit der jetzigen Eisenbahnstation Budrio (Budriach).

Heissenstein, Schloß, das vom Patriarchen Bertrand von Agley gebrochen wurde, in der Gegend von Venzone (Peuscheldorf); es hieß auch Hoassenstein, Hassenstein und Assenstein.

Latteis, Weiler der deutschen Sprachinsel Zahre (Sappada), die aus den Dörfern Sauris di sopra (Oberzahre), Sauris di sotto (Unterzahre) und dem Weiler Latteis, außerdem aus vielen Einzelhöfen besteht.

Mocumbergo, Schloß, das bis zum Ende des XV. Jahrhunderts am rechten Ufer des Tagliament bei Villanova stand — Münchenberg. Soll vom Fluß weggespült worden sein.

Moggio, Dorf an der Mündung des Val di Moggio und Tal der Fella (Fellachtal) an der Bahn nach Udine — Moosach, auch slawisch Mosmica. Hier war ein deutscher Klosterableger von St. Gallen.

Monfalcone, urkundlich Neumarkt.

Monforte, auch Monfort, altes Schloß in der Gegend von Venzone (Peuscheldorf), einst den Herren von Mels (Colleredo) gehörig, hieß urkundlich früher Starhemberg - Storchenberg und wurde von dem Patriarchen Bertrand von Agley gebrochen.

Montefalcone, unweit Gemona (Glemaun). Auf einem riesigen Block, am Fuße des Burgfelsens liegt die Festung Osoppo (Osop). War ein Patriarchenschloß, und dessen deutscher Name war Falkenberg.

Montenars, Castello di, einst Schloß, jetzt nur noch Mauertrümmer auf steilem Fels beim Flecken Montenars. Dessen alter deutscher Name ist Rabenstein (Ravistagno). Montenars ist nur der Name des Burgfleckens und wurde nur auf die Burg übertragen, um das deutsche Ravistagno zu verdrängen.

Natisone, Fluß in Friaul, bei Cividale (Sibidat, Altenstadt) vorbeifließend — Natison.

Nogareto. Dessen alter deutscher Name ist Hasseldorf.

Noncello, alte, einst den Herzogen von Österreich gehörende Ortschaft und Herrschaft — Naunzell südlich von Pordenone (Portenau).

Osoppo, kleine Festung auf einem gewaltigen Felsblock unweit von Cividale (Sibidat, Altenstadt). Darüber lag Falkenberg, dessen welscher Name Monfalcone ist — Osop.

Ospedaletto, Spitalet, unweit Gemona (Glemaun) — Spital.

Paluzza, Hauptort des Val di S. Pietro. Einst nur von Deutschen bewohnter Ort, wie die schlecht verwelschten Familiennamen zeigen (z. B. Grighero, Craighero — Kraiger, Krieger).

Partistagno. Zwei nebeneinanderliegende Burgruinen nordöstlich von Weiden (Udine), und zwar unweit von Attimis (Attems) — Perchtenstein. Der Name Partistagno ist heute noch im Gebrauch.

Plavis, Piave — Platt.

Pordenone, alte, einst den Herzogen von Österreich gehörende Stadt und Herrschaft — Portenau.

Pozzuolo, einst dem Markgrafen an der San gehörend — Pozul.

Prampergo bei Ardegna - Ardingen, gut erhaltenes Schloß auf einem Hügel, dem gräflichen Geschlecht gleichen Namens gehörend, das sich jetzt aber Prampero nennt und einst das Küchenmeisteramt des Patriarchats von Aquileja (Agley) innehatte. Prampergo wird jetzt auch Prampergo genannt. Dessen urkundlicher Name ist Prantberc, als Brandberg.

Prampero, siehe auch Prampergo.

Pramper, zwei Höfe, der äußere und innere Pramperhof in der Gegend des Schlosses Prampergo — Brandberghöfe.

Pramper-Gebirge östlich von Agordo (Augarten) — Brandberg-Gebirge.

Pramper, Val, in der Gegend des Schlosses Prampergo — Brandbergtal.

Purgessimo, Castello di, Schloß bei dem Dörflein Purgessimo, jetzt zerfallen, in der Gegend von Cividale (Altenstadt, Sibidat), hieß früher Gronumbergo, noch früher Grünberg.

Ravistagno, nur noch Trümmer eines Schlosses über dem Flecken Montenars auf steilem Fels, unweit vom Dorfe Artegna - Ardingen, heißt jetzt Castello di Montenars — Rabenstein.

Reghena, Bach zwischen dem Tagliamento und der Livenza bei Sumaga — Regen.

Ricchinvelda, eine Ebene, die sich von Spilimbergo (Spangenberg) bis gegen Casarsa erstreckt — Reichenfeld.

Rosazzo, ehemaliges Kloster — Roschatz.

Sacile, an der Bahn nach Weiden (Udine), einst mit der Gegend weit und breit umher den bayerischen Herzogen gehörend; daher Ortsnamen wie Bavaroi, Bavaria, Paveri, Baver. Hier in dieser Gegend gibt es Ortschaften und Höfe wie Valdegher - Waldecker, Facher, Pener, Broch - Bruck oder Bruch, Binda, Longher, Sonek, Figher, Erla - Erler, Sommera - Sommer, Zarder, Tasser, Funer, Fener, Grater, Alano - An der Lahn.

Sappada, deutsche Gemeinde, nicht weit von der Pustertaler Grenze. Besteht aus 12 Dörfern oder Weilern, darunter Granvilla und Cima Sappada (Oberbladen). Bergnamen: Eulenkofel, Scheibenkofel, Plichenberg, Ratzberg, Gampenberg, Monte Hobold - Hochwaldberg und im Süden der Monte Hinterkerl. — Bachnamen: Aitenbach, Krummbach, Kennbach, Pullbach. — Familiennamen: Kretter, Kratter, Milper, Ecker, Pucher, Pichler, Gamper, Fessler, Horl, Brunner, Tamber, Kraigher. — Dann in weiteren Umkreisen noch Dorf-, Flur- und Hofnamen, wie: Tens, Luch, Kranzhof, Stallhof, Traderhof, Mair, eine Alpe Liberlon usw. Der deutsche Name der Gemeinden ist B l a d e n - Platten.

S a t t i m b e r g o, Schloßruine unweit von Venzone (Peuscheldorf), einst dem Geschlecht Mels (Colloredo) gehörend und vom Patriarchen Bertrand gebrochen. Satimberg, S c h a t t e n b e r g.

S a u r i s, deutsche Gemeinde **im obersten Lumieital,** deren deutscher Name Z a h r e ist, besteht aus Sauris di sopra - Oberzahre, Sauris di sotto - Unterzahre und Latteis, weiters noch dem Weiler „Im Feld", dann noch aus vielen Einzelhöfen, wie Mainer, Svonter, Hochlahner, Gräutl, Wurchl usw. Latteis hat 20 Höfe, die Oberzahre, welche auch ze Plozza (zu Platz) heißt, hat davon ungefähr vierzig und die Unterzahre ebensoviele, so daß das ganze Gebiet mit dem sonst noch an den Berghängen zerstreut liegenden Siedlungen seine 120 Höfe hat.
Bergnamen: Wesperkofel (Vesprerkofel), Bibara, Mittagskofel, Monte Tinise, Monte Morghenleite, Monte Sozeite, Rinderberg, Malaisberg.
Talnamen: Taubental, Goftal, Mittertal.
Flurnamen: Ampill - Am Bühel, Kestlahn - Kästenlahn (Kästen, Kösten - Kastanien), Dürebald - Dürrer Wald, Wölsn - Felsen, Wlek - Fleck, Klomen - Klamm, Biednarsbond - Wiednerswand, Huebe - Hube, Lobersband, Fromehibn, Parahud, Hintermenehiplan, Mauruch, Lunte.
Bachnamen: Taubenbach, Jofbach, Telempechle - Talbächle?
Familien- und Hofnamen: Gräutle, Wurchl, Klausen, Hochlahner, Moderle - Mutterle, Möntli, Druntern, Eichelar - Eichler, Eibenar - Ebner, Ringelar - Ringler, Plozzer - Platzer, Kronzel - Kroanzel, Glee - Klee, Sneider, Bolflan - Wolflahn, Troger - Trager, Smied, Schmied und Schmid, Stein, Steinar - Steiner, Stonar, Stuonar, ebenfalls Steiner, Zol - Scholl, Sbontar - Schwandter, Erkar - Erker, Gruebar - Gruber, Tolar - Taler, Rikelar - Riegler, Zellar - Zeller, Zeilar - Seiler, Clotar und Glotar, Panz, Stinelan - Steinelahn, Pontel, Jäger, Pruner, Peiner, Maur usw.

S a u r i s d i s o p r a, Ortschaft der Gemeinde Sauris (Zahre) — O b e r z a h r e, heißt auch Ze Plozza (zu Platz), siehe Sauris.

S a u r i s   d i   s o t t o, Ortschaft der Gemeinde Sauris. (Zahre) — U n t e r - z a h r e, siehe Sauris.

S c h a t t e n b e r g, Schloß in der Peuscheldorfer Gegend, hieß auch Sattimberch, Sattimbergo.

S o f u m b e r g o, Schloß in der Gegend von Cividale (Sibidat, Altenstadt), schon im XV. Jahrhundert von den Bürgern von Cividale gebrochen und dem Erdboden gleichgemacht. Gegen Ende des XII. Jahrhunderts soll hier Hartmann von der Aue seine Gedichte, namentlich seinen „Erek", geschrieben haben. Andere meinen, dies sei zu Grafenberg bei Görz geschehen. Hier war auch Walther von der Vogelweide Gast des Patriarchen Wolfger von Ellenbrechtskirchen. Sofumbergo ist heute noch gebräuchlich. Unterhalb Sofumbergo gelegen, war nach einem Güterverzeichnis des gräflichen Hauses del Torre zu Cividale aus dem XIII. Jahrhundert, ein Grundstück verzeichnet namens Hellerain. Der deutsche Name der Burg war S c h a r f e n b e r g und Schärfenberg.

S o l i m b e r g o, stattliches Dorf mit den Trümmern einer Burg daneben, nicht weit von Spilimbergo - Spengenberg, hieß auch Sonumbergo. Beide führten den Namen S c h ö n b e r g. Der Name Solimbergo ist heute noch gebräuchlich.

S o l o g n a hatte, urkundlich festgestellt, deutsche Bewohner.

S p i l i m b e r g o, Stadt unterhalb Peuscheldorf - Venzone am rechten Ufer des Tagliamento und einer weitläufigen Burg daneben. Die älteste Namensform ist S p e n g e n b e r g, auch Spangenberg.

S p i t a l e t unweit von Venzone - Peuscheldorf. Bei diesem Ort hat die Talenge ihr Ende (Fellakanal) — S p i t a l.

S t a g n i m b e c c o, Dorf unweit von Sumaga — S t e i n e n b a c h

T a g l i a m e n t o, Fluß im Friaul — T a g l i a m e n t.

Timau, deutsches Dorf im Val Grande — Tischelwang mit den Weilern Alp und Seghe (Säge). Die Bewohner stammen von Bergleuten. Ortsnamen: Ringhof, Langhof, Zumshof, Zumseralpe.

Tolmezzo, uraltes Städtchen mit Ringmauern und Schloß an der Mündung des But in den Tagliament — Schönfeld und Schönfelden. Da viele tirolische Wiedertäufer, unter ihnen deren Häupter Päßler, Wiser, Gell, genannt Rothwang, Grass, Schuppacher, Schulter nach Schönfelden und Peuscheldorf flüchteten und da freundlich aufgenommen wurden, so folgt daraus, daß diese Orte zur Gegenreformationszeit nicht nur deutsch waren, sondern auch wiedertäuferisch gesinnt. Schönfelden noch in den Urkunden des XVII. Jahrhunderts.

Treviso, Provinzhauptstadt und schon zur Langobardenzeit wichtige Stadt mit nachweislich deutscher Bevölkerung. Die einheimische deutsche Bevölkerung nannte man Theotonici zum Unterschied von den Ultramontani, den Deutschen von jenseits der Berge. Der deutsche Name ist Terveys, auch urkundlich 1552 Terfia.

Udine, Hauptstadt der Provinz Udine mit einem Schloß der Patriarchen von Aglay, das vor dem ersten Weltkrieg als Kaserne benützt wurde. — Weiden, auch Weiten. Die deutschen Zahrener nennen es auch heute noch Weiden.

Val Pramper in der Gegend von Agordo - Forno — Brandbergtal.

Val di S. Pietro, vom But durchströmt, einst deutsches St.-Peter-Tal.

Venzone, kleine Stadt am Tagliament und an der von Pontafel kommenden Bahn — Peuscheldorf, auch slawisch Pusche, urkundlich nachgewiesen, deutsche Bevölkerung, siehe auch Tolmezzo.

Villacaccia, urkundlich um 1184 und 1196 Kazlinsdorph — Katzelsdorf.

Warinstein, lag in der weinreichen Umgebung von Udine - Weiden. Von der einstigen Burg ist nichts mehr zu sehen.

Die deutschen Sprachreste in den Ostalpen

BLADEN - SAPPADA IM OBERSTEN PIAVETAL

Wer dem Oberlauf der Piave bis zu ihrer Quelle folgt, entdeckt einen Talkessel, beherrscht von Felspyramiden: *Bladen,* von den Einheimischen Bloden und von den Italienern *Sappada* genannt (heute über 2000 Einwohner — 1881 waren es 1322). Und wer dort mit Einheimischen zu sprechen beginnt, wird sich in sehr vielen Fällen in fließendem Deutsch unterhalten können.

Täglich berühren Fernomnibusse zwischen Triest und Udine sowie Görz und München, Innsbruck und Brixen-Bozen diese Talschaft, die erst in jüngster Zeit in den Mittelpunkt des Fremdenverkehrs gerückt ist und sich zunehmender Beliebtheit erfreut. Seit einigen Jahren sieht man regelmäßig auch Gruppen eines Berliner Reisebüros. An Sonntagen nimmt der norditalienische Massenansturm kaum vorstellbare Ausmaße an.

Sappada-Bladen, noch zur Dolomitenprovinz Belluno gehörend, ist ein Liebling der Belluneser. Wenn man von den Bellunesern einen ganz besonderen Ferientip bekommen will, nennen sie Sappada „un bellissimo paese". Mit seinen 1200 Hotelbetten, acht Ski- und zwei Sessellifts ist es das Winterdomizil des Skivolkes von Udine und Triest.

Erst die Ausgestaltung der Alpenstraßen hat die heutige Zugänglichkeit ermöglicht. In Santo Stefano di Cadore treffen die Reisenden aus dem Pustertal über den Kreuzberg durch das Comelico oder über die Strada d'Alemagna aus Toblach und Cortina, über die Dolomitenstraße von Bozen her, über den Misurinasee und Auronzo und aus dem Süden von Venedig her ein, um dann der dem östlich abbiegenden Piave folgenden Straße entlangzufahren und durch eine enge Schlucht des jungen Piave rasch 350 Meter steigend die Talweitung von Bladen zu erreichen, die sich auf fast sieben Kilometer zwischen 1221 und 1294 m erstreckt. Aus Karnien und dem Kanaltal aber führt die Straße aus dem Canale di Gorto, dem Flußtal des Degano, von Villa Santina und Comegliana über die Wasserscheide des Passo di Cima Sappada die Besucher aus Triest und Friaul und Kärnten nach Bladen.

„Die Hochebene Bladen", schreibt ein italienischer Schriftsteller, „etwas hügelig und grün, ist von herrlicher Naturschönheit. Sie hat ungefähr Dreiecksform, ist von drei Seiten von Fichtenwald umschlossen, umgrenzt von prächtigen Alpenriesen, an deren Fuß milchige Gletscherbäche entspringen."

Tatsächlich führt allein die Straße durch die Piaveschlucht und über die Paßhöhe der Wasserscheide zwischen Piave und Tagliamento in diese umhegte Tallandschaft und nur Fußsteige über die Karnische Hauptkette, über das Winklerjoch und das Hochtaljoch (2230 m) ins kärntnerische Gailtal, über den Passo di Oberenghe (2091 m), Passo di Elbel (1967 m), die Forca dell'Alpino (2270 m), den Passo di Siera (1593 m), die Forcella Rinsen, den Passo Geu Alto (2049 m) und die Tuglia-Alm (1591 m) über die südlichen Karnischen Alpen in die Val Pesarina oder den Canale di S. Canziano. Letzteren Namen trägt diese Talschaft nach den aquilensischen Heiligen des S. Canzio, S. Canziano und S. Canzianilla, zu deren Ehren in Prato Carnico ein stattlicher Flügelaltar des Michael von Bruneck steht.

Der schöne Bergkranz, welcher das Hochtal von Bladen umschließt, hat noch deutsche Bergnamen: gegen Norden der Eisenberg oder Monte Ferro (2287 m), Righile (2393 m), vor den Laghi d'Olbe, den drei kleinen Almseen, die Kuppen Hobolt und Flohkopf, der Scheibenkofel oder Monte Bersagliero (2249 m), der Hochweißstein oder Monte Peralba (2693 m), das Bladner Joch (2367 m), der Monte Ciadenis (2482 m), Monte Avanza (2480 m) und der Kesserkofel (2287 m); gegen Osten der Monte Cogliáns (2781 m) und der Monte Tuglia mit seinem charakteristischen Horn (1945 m); gegen Süden der Monte Pleros (2314 m), Monte Cimon (2425 m), Monte Geu (2111 m), Pratkofel oder Monte Creta Forata (2463 m), Sieraspitz (2448 m), Kraitpill oder Vettenera (2181 m), Vorderkierl oder Creton di Culzei (2440 m), Hinterkierl oder Creton di Clap Grande (2487 m), Elbelkofel oder Torre Sappada (2436 m), Hobedeirer oder Pala Seria (2217 m), Engekofel (2413 m) und gegen Westen der Plichenkofel oder Terza Grande (2591 m), Croda Casar (2385 m), der Eulenkofel oder Terza Seconda (2453 m) und der Eckenkofel oder Terza Piccola (2333 m).

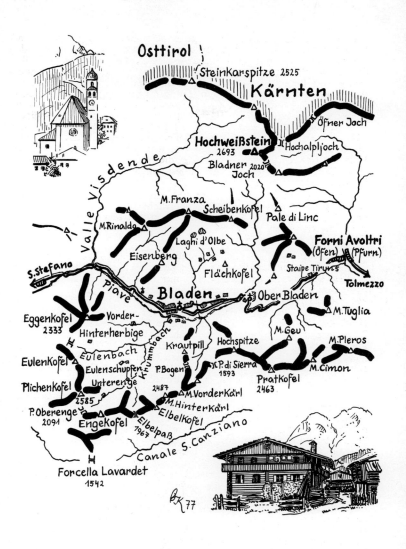

Bladen-Sappada im obersten Piavetal

Eigenartig mischen sich deutsche und italienische Bergnamen. Auch die Gewässer haben meist deutsche Namen. Von Norden eilen dem Piave zu Aquatone, welcher im Piavefluß vor Erreichung der Talhöhe den wilden Burrone Aquatone bildet, das Tiefenbächl, der Rio Ler(chen)pa, Milpa oder Mühlbach, Kratterbach, Rio Puiche oder Bucherbach und Rio Fauner; und von Süden das Begherlebächl, der Lekbach, der Rio Siera und Krummbach.

Deutsch sind auch eine Reihe von Flurnamen wie Vorder- und Hinterherbige, Eulenschupfen, Osthaus, Rautwiesen, Keserkreuz, Gola delle Gosse oder Gosse-Schlucht, Peidn-Prindl = Weidenbrünnl, Rinderkor, Lerchkopf, Erz Peidnhalten, Rosseraut, Kieroste, Kelbergruibe u. a.

Aus der Besiedlungsgeschichte

Bladen kann auf ein fast tausendjähriges Bestehen zurückblicken. Die Bladener stammen aus Villgraten in Osttirol. Die Mundart und der Hausbau bestätigen dies wie auch die Familiennamen, und bis zum heutigen Tage besuchen sich die Bewohner des Villgratentales und die Bladener und wissen von der Zusammengehörigkeit, welche auch von der Geschichtsforschung bestätigt wurde. Der aus Sappada gebürtige Geschichtsforscher Giuseppe Fontana (Brunner) schreibt in seiner „Guida di Sappada" (1961) und in dem Prachtband „Addio, vecchia Sappada!" (1966), daß dieser Landstrich, der heute zur Erzdiözese Udine gehört, einst dem Patriarchat Aquileja eigen war. Die ersten Ansiedlungen seien 1078 erfolgt, dann folgten weitere Zusiedlungen, und es bildeten sich bis ins 14. Jahrhundert 13 Weiler, welche jeweils den Namen der Erstsiedler erhielten und bis heute tragen. Dazu kamen in späterer Zeit noch die beiden Weiler Lerpa = Lerchpach und Palù = Moos.

Nachstehend die Namen der 15 Weiler (Borgate) oder Häusergruppen, aufgezählt von Westen her: *Lerpa = Lerchpach, Plotta,* der Hauptort *Granvilla oder Großdorf, Palù = Moos, Pill, Bach, Milbach = Mühlbach, Cottern, Hoffer, Fontana oder Brunn, Kratten, Soravie oder Oberweger, Ecche = Ecker, Puiche = Buchen, Cretta, Cima Sappada oder Oberbladen.*

Jeder Weiler hat seine Kapelle und sein Kreuz, seinen Brunnen und seine Gaststätten. Anlaß der Völkerwanderung en miniature von Villgraten über die Berge nach Süden ins oberste Piavetal sollen die Grafen von Heimfels gewesen sein, die beim Bau ihrer Fronfeste an der Einmündung des Villgratentales ins von der Drau durchflossene Pustertal die Bauern so sehr bedrängten, daß diese beim Patriarchen von Aquileja, der deutscher Reichsfürst war, Zuflucht suchten.

Die von W. Baum aufgestellte These, die Sprachinseln Bladen, Zahre und Tischlwang seien zwischen 1100 und 1300 von den Görzer Grafen zur Sicherung der Verkehrsverbindungen über Plöcken und Kreuzberg zwischen ihren Besitzungen in Kärnten und Tirol einerseits und denen in Friaul, Görz und Istrien andererseits angelegt worden, bedarf noch einer eingehenden Untersuchung (a.a.O., S. 81)

Im Jahre 1420 kam Bladen unter die Herrschaft Venedigs, machte 1797—1813 die vielfältigen Hoheitswechsel mit, war dann bis 1866 österreichisch und ist seither italienisch. Im ersten Weltkrieg kämpften sie tapfer für ihr italienisches Vaterland, und bei den Stellungskämpfen am Karnischen Kamm, welcher die Grenze zwischen Kärnten und Italien bildet, waren wechselseitige Zurufe in deutscher Sprache zu hören.

Nach der italienischen Niederlage bei Caporetto (Karfreit) im Oktober 1917 wurde auch ein Großteil der Bladener evakuiert. Die meisten wurden im Raume von Arezzo untergebracht. Erst am 22. März 1919 konnten sie in ihr ausgeplündertes Dorf zurückkehren.

Verwaltungsmäßig ist Sappada oder Bladen eine Gemeinde des Cadore in der Provinz Belluno, kirchlich gehört es zum Erzbistum Udine. Das älteste Dokument über Bladen befindet sich im Pfarrarchiv von S. Maria di Gorto in Carnia und stammt aus dem Jahre 1295. Die der hl. Margaretha geweihte Pfarrkirche in Großdorf ist 1779 erbaut, die dem hl. Oswald geweihte Kuratiekirche in Oberbladen 1732. Die Gottesdienstsprache war weitgehend deutsch bis zum Tod des aus der südlicher gelegenen Sprachinsel Zahre oder Sauris stammenden Pfarrers Ferdinand Polentarutti in den dreißiger Jahren. Am 29. Juni findet eine Wallfahrt von der Pfarrkirche nach Oberbladen statt; wie es heißt als Ersatz für die verlobte Wallfahrt nach Maria Luggau im Gailtal in Kärnten, wohin die Bladener bis 1915 alljährlich über den Hochweißstein pilgerten.

Noch vor wenigen Jahren wurden in Bladen zur Maiandacht deutsche Lieder gesungen, darunter ein Hymnus, der aus einer 1740 gedruckten Liedersammlung stammt.

In Bladen begegnet man u. a. folgenden Familiennamen: Mercler, Micler, Faid, Quinzer, Lipper, Croter, Crotter, Gotter, Orter, Creter, Eccher, Puicher, Fauner, Sinder, Benedicter, Scheider, Prunner, Piller, Oberberger, Mühlpocher, Poitner, Nicler, Solderer, Hoffer und Coterer. Von den und 400 Familien, aus denen die Gemeinde Bladen heute besteht, haben sich nur rund 40 ihren ursprünglichen deutschen Namen erhalten. Alle übrigen Familiennamen wurden im Laufe des letzten Jahrhunderts italianisiert. Davon wurden u. a. folgende Familiennamen betroffen: Benedikter-Benedetti, Piller oder Picler-Colle, Bruner oder Pruner-Fontana, Schneider-Sartor, Solderer-Solero, Begar oder Olenvegar-Soravia.

In der Schule war der Unterricht bis 1866 deutsch, seither standen zwei Wochenstunden der deutschen Sprache zur Verfügung. Die Lehrpersonen mußten nach Vollendung des italienischen Pädagogiums in der Schweiz, Deutschland oder Österreich auf Gemeindekosten Studienaufenthalte nehmen, damit sie auch die deutsche Sprache unterrichten konnten. Der Kindergarten wurde von Schweizer Nonnen in deutscher Sprache geführt. Nicht ohne Ironie vermerkte der Univ.-Prof. von Padua, Aristide Baragiola, ein großer Freund der deutschen Sprachinseln im Jahre 1902 folgende Tatsache: „Vor einigen Jahren hat die Zentralregierung in Rom die Vorteile des doppelsprachigen Unterrichts erkannt und der Gemeinde Bladen einen Beitrag von

205

150 Lire (!) für den Deutschunterricht in der 4. und 5. Klasse Volksschule gewährt, den die Gemeinde aber glaubte ablehnen zu müssen, da er zu armselig war."

Ein beschämender Fall nationalistischer Unduldsamkeit ereignete sich in den letzten Jahren. Als die Gemeindeverwaltung von Bladen im Sommer 1974 beschlossen hatte, am Rathaus sowohl die italienische als auch die deutsche Bezeichnung „Municipio-Rathaus" anzubringen, schritt unverzüglich die Präfektur von Belluno ein und verbot die Anbringung der deutschen Bezeichnung. Begründet wurde das Verbot kurz und bündig mit dem Vorwand, daß Minderheitenschutz nur in den dafür gesetzlich festgelegten Gebieten gelte und Bladen gehöre nicht dazu.

Ein neuerlicher Versuch der Gemeindeverwaltung, auf das Gemeindehaus die Bezeichnung „Municipio-Rathaus" pinseln zu lassen, scheiterte im August 1976. Der einstimmig gefaßte Gemeinderatsbeschluß wurde von der Gemeindeaufsichtsbehörde in der Provinzhauptstadt Belluno rückgängig gemacht mit der fadenscheinigen Begründung, die Gemeinde gehöre keiner zweisprachigen Region an. Unverzüglich berief der Sekretär der italienischen Sektion der „Internationalen Vereinigung für den Schutz der bedrohten Sprachen und Kulturen" (AIDLCM), Prof. Gustavo Buratti, für den 2./3. November 1976 eine Sondertagung der Vereinigung nach Bladen ein. Delegierte aus allen Sprachinseln Italiens, Sprachwissenschaftler, Politiker aus dem In- und Ausland, die an der Tagung teilgenommen hatten, verurteilten die erwähnten Vorfälle als „schweren Anschlag auf Gedanken- und Handlungsfreiheit".

Senator Karl Mitterdorfer, der als Vertreter Südtirols an der Tagung teilnahm, brachte die Verbundenheit der Südtiroler zum Ausdruck, die den Kampf der Bladener um ihre Muttersprache mit aufrichtiger Sympathie verfolgen; gleichzeitig gab er bekannt, daß sich die Südtiroler Parlamentarier bereits seit längerem für eine angemessene Vertretung der nationalen Minderheiten im Europaparlament einsetzen, da sie von der Überzeugung ausgehen, daß für den Bau eines einigen Europas die ausdrückliche Anerkennung der sprachlichen Minderheiten unerläßlich sei. Der Schulassessor von Bladen, Max Pachner, erinnerte daran, daß 70 Prozent der rund 1500 Einwohner die deutsche Mundart sprechen und forderte für sie das Recht auf zweisprachige Aufschriften. Große Beachtung fanden unter den Teilnehmern die Ausführungen des Sekretärs der Vereinigung, Prof. Buratti, der die Aktion dieser kleinen Minderheit als einen „Vorstoß gegen den bürokratischen Zentralismus, wie er von Rom ausgeht", bezeichnete. Es sei hoch an der Zeit, daß die reichen lokalen Kulturen endlich die ihnen zustehende Wertschätzung erfahren. Es sei gewiß nicht die Zahl, welche die Stärke ausmache, denn es gibt Bäume, die hundert Jahre leben und nur eine Frucht liefern. Was hier zähle, sei das Endergebnis. Heute seien die sprachlichen Minderheiten in Italien Geiseln eines Staates, der noch nicht die wahre Demokratie kennt!

Die Tagung schloß mit der einstimmigen Verabschiedung einiger Resolutionen, in welchen die Hauptanliegen der Tagung formuliert wurden. Zum Fall Bladen wurde auf den Artikel 2 des Statuts der Region Venetien verwiesen, in dem es heißt, daß die Selbstregierung des venetischen Volkes in Formen erfolge, die den traditionellen Eigenheiten seiner Geschichte entsprechen. Und im Regionalgesetz vom 1. August 1974 heißt es, daß die Region in Verwirklichung des im Artikel 2 des Statutes festgelegten Grundsatzes Initiativen unterstützt und fördert, die auf Erhaltung und Verwertung des historischen, ethnischen und kulturellen Besitzes der einzelnen Gemeinden und des gesamten Veneto mit besonderer Berücksichtigung der Sprache der Minderheiten ausgerichtet sind. Abschließend wurde gefordert, daß die von der Kontrollbehörde verletzte Legalität wiederhergestellt werde und daß sich die Region Venetien für einen tatsächlichen Schutz und eine einschneidende Förderung der Sprache und Volkskulturen des Veneto einsetze.

Bladen hat in den letzten Jahren aber auch freudvolle Tage erlebt. Am 15. November 1972 wurde in Wien im Rahmen einer Feier das von Univ.-Prof. Maria Hornung verfaßte „Wörterbuch der deutschen Sprachinselmundart von Pladen/Sappada in Karnien" der Öffentlichkeit vorgestellt. Als Unterlage dieses über 500 Seiten umfassenden Werkes diente die reichhaltige Materialsammlung des Bladener Rechtsanwaltes Pietro Sartor Schlossar (1887—1956). Am 20. August 1974 wurde der Verfasserin, die eine Schülerin des großen Zimbernforschers Univ.-Prof. E. Kranzmayer († 1975) ist, die Ehrenbürgerschaft von Bladen verliehen, da sie mit ihrem Wörterbuch der Bladener Sprache ein unvergängliches Denkmal gesetzt hat.

Zum Schlusse sei kurz auf das Volkskundemuseum in Bladen verwiesen, das eine besondere Sehenswürdigkeit bildet. Es wurde unter der fachkundigen Leitung des Lehrers und Heimatkundlers Giuseppe Fontana († 1974) vor einigen Jahren ins Leben gerufen. Vittorio Benedetti hat die Nachfolge G. Fontanas als Direktor des Museums angetreten. Auch er ist ein Ortskind und hat seine Doktorarbeit über „Sappada dal 1870 ad oggi" (1971) geschrieben.

DIE ZAHRE - SAURIS — EINSAMES BERGDORF IN DEN KARNISCHEN ALPEN

Keine 20 Kilometer in der Luftlinie von Bladen-Sappada entfernt, aber durch hohe Berge getrennt, liegt hoch über dem Tagliamentotal die einsame Berggemeinde Zahre-Sauris, mit ihren rund 1000 Einwohnern (1881 wurden 797 Einwohner gezählt).

Die Autostraße führt erst seit der Nachkriegszeit in diese von der Welt abgeschlossene Bergsiedlung. Früher war die Siedlung nur auf einem Saumpfad erreichbar, der etwa zwei Kilometer westlich von Ampezzo abzweigte und in zahlreichen Kehren am Hang des Monte Nauleni (1700 m) bis zur Höhe des Joches Monte Pura (1439 m) führte. Hatte der Wanderer von Petsch — so nennen die Zahrer Ampezzo heute noch — diesen „Berg" genannten Paß erreicht, dann senkte sich der Weg zum Wildbach Lumiei, dem Mitterbach, wo er an der Luntklamm, wo heute eine Straße über die Staumauer führt, auf einer Brücke überquert werden konnte. Es bedurfte eines zehnstündigen beschwerlichen Marsches, um von Ampezzo Zahre zu erreichen.

Heute führt statt diesem Saumweg eine kühn angelegte schmale Autostraße nach Zahre, die mitten in der Ortschaft von Ampezzo (560 m) abzweigt und auf vielen Kehren und Tunnels durch die wilde Schlucht des Lumieibaches sich auf einer Länge von 21 Kilometern nach Zahre-Sauris emporwindet. Die Steigung der Straße ist mäßig, führt aber an schwindelnden Abgründen vorbei und durchquert auf luftiger, kühn gebauter Brücke die Schlucht und erreicht bald nach der Staumauer La Maina, einst die erste Siedlung und ein Gasthaus an der Schlucht, jetzt am grünen Stausee. Auf weiteren Kehren erreicht die Straße durch die Bergwiesen zuerst die *Unterzahre* oder das Dörf, Sauris di Sotto (1212 m), und dann, am herrlich gelegenen Waldfriedhof vorbei, die *Oberzahre* oder den Ploz, Sauris di Sopra (1390 m), auf dem Rucke genannten Ausläufer des Monte Morgenleit.

Inmitten schöner Bergwiesen mit Lärchenbeständen, umgeben von Kuppen der Schiefer- und Zacken der Kalkberge, liegen die beiden Dorfsiedlungen und ihre Weiler *Latteis, Modt* und *Schwont*. Einzelne Namen und vor allem die Form der Holzhäuser lassen erkennen, daß man sich hier in einer deutschen Siedlung befindet. Die Abgeschiedenheit und Weltferne mögen dazu beigetragen haben, daß hier in der Bergeinsamkeit eine deutsche Mundart altertümlicher Form bis heute lebendig geblieben ist und als Haussprache auch noch verwendet wird, wenn auch die deutsche Hochsprache schon längst aus Kirche und Schule verbannt ist. Die Zahrener Mundart weist viele Ähnlichkeiten mit der im Möll- und Lesachtal in Kärnten bestehenden Mundart auf.

Die Häuser der beiden Dorfgruppen und die kleineren Weiler liegen auf der Nordseite des Mitterbaches, inmitten grüner Matten, die von alten Lärchen teilweise beschattet werden. Viehwirtschaft und Holzwirtschaft bildeten Jahrhunderte hindurch die Grundlagen des Lebens dieser Bergbewohner, die einen langen Winter mit viel Schnee haben. Landwirtschaft gibt es dort kaum, nur für den Hausgebrauch werden Gemüse, Kartufles, Boan (Bohnen), Korn, früher auch Hadn (Buchweizen) angebaut.

Auf die Frage, wovon die Bauern lebten, erhielt man die Antwort: „Biesen (Wiesen), bestiame (Vieh) und Holz." Entschuldigend bemerkte der Befragte: „Es fehlen die Börtlan in unserer Schprach, sie isch ein Dialetto, nit proprio edle deitsche Sprach."

Heute hat der Fremdenverkehr auch diese abgelegene Siedlung erreicht, und mehrere Hotels und Pensionen wuchsen aus dem Boden. Die Fremden sind meist Italiener, denn selten finden deutsche Touristen in Ampezzo den Wegweiser, der den Weg zu dem grünen Alpenparadies hoch über dem Tagliamento angibt.

Früher sind nur selten Menschen in die Abgeschiedenheit ihres Bergdorfes gelangt. Zuerst hat 1848 Joseph Bergmann auf die Zahre aufmerksam gemacht und, ohne je dort gewesen zu sein, geschrieben:

„Sie sprechen eine gedehnte, verdorbene deutsche Mundart, die mit italienischen und unverständlichen Worten untermischt ist, so daß auch hier die deutsche Zunge bald abgestorben sein wird."

Nach Bergmann haben Carl von Czoernig aus Triest (1880) und Julius Pock vor der Jahrhundertwende mehrmals die Zahre besucht und darüber ihre Eindrücke schriftlich festgehalten.

Czoernig berichtet, wie er bei einem heftigen Gewitter angekommen ist und die Bäuerin am Palmsonntag geweihte Zweige verbrannte: Eibe, Oliwo und Pobene, letzteres wohl Haselstrauch. Sie nahm ihn freundlich auf und sagte: „Bold Ihr einen linden Kase? Ich bill auch Proat, Bein und Basser geh nehmen."

Damals war Georg Plozzer, 64 Jahre alt, Pfarrer, der in der Kirche zahrnerisch predigte. Die Kirchenbücher reichen bis 1758 zurück, ältere hatte damals ein Brand vernichtet. Er fand darin die Familiennamen, die man auch heute auf den Grabsteinen findet: Plozzer, Lucchini, Bolf, Schneider, Polentarutti (aus Koch), Petris, Stua, Eccher (später auch de Colle), Ronzat, Minigher, Candotti. Und Hausnamen wie Eckelar, Drunter, Schuester (auch Caligaro), Drouberstain, Oberster, Ecker, Messner, Schueller, Maurer, Neidrer.

Aus der Dorfgeschichte

Der aus Latteis stammende Priester Lucchini veröffentlichte eine kurze Geschichte der Pfarre St. Oswald in Unterzahre, welche als Reliquie einen Daumen des hl. Königs Oswald aufbewahrt, und einen „Saggio di Dialettologia di Sauris", worin er im Vergleich mit Worten und Redensarten den Zusammenhang des Zahrnerischen mit der kärntnerischen Mundart im Möll- und Lesachtal feststellt: „Unser Dialekt ist deutsch, er verdankt seinen Ursprung der einen oder anderen deutschen Mundart." Woher die Zahrner kamen, verliert sich im Dunkel der Geschichte. Sie selbst meinen aus *Heiligenblut*, wohin eine Wallfahrt stattfand und statt deren heute am 28. August eine Messe in der Zahre gelesen wird, wofür der Pfarrer den „Schillich vom haligen pluete" erhält. Zwei deutsche Jäger oder ein Soldat hätten um 800 den hl. Daumen vom Abt Engelbert in Centula erhalten und hergebracht, berichtet die Ortslegende. Die älteste Urkunde ist von 1328, und bereits 1348 war die Kirche in der Zahre als Pestwallfahrtsort besucht. W. Baum zitiert in seinem Werk eine Urkunde vom Jahre 1280, die in dem 1847 von Giuseppe Bianchi in Udine herausgegebenen „Thesaurus Ecclesiae Aquilejensis" erwähnt wird und wo von einer Grundverleihung die Rede ist (a.a.O., S. 43)

Als Monsignore Georg Plozzer 1890 sein 50jähriges Priesterjubiläum feierte, gab sein Kurat Ferdinand P o l e n t a r u t t i — es sei hier auf den namensgleichen Priester verwiesen, der bis in die dreißiger Jahre in Bladen wirkte und dort als letzter Geistlicher deutsch predigte — eine Festschrift heraus: „L i e d l a n i n d e r Z a h r e r S p r o c h e vame Priester Ferdinand Polentarutti. Gedruckt zu Beidn (Udine) 1890." In der Vorrede, aus welcher hier einige Sätze als Sprachprobe wiedergegeben seien, heißt es: Earburdigster Hear Pforrar! Gott sei donket! Der schöana Tog is do, 's ist do der hoache Veiertag, das is schon longe her borte, der sel Veiertag, am beilme ünser Hear Pforrar veiert's guldone Jubljohr. 's bie an glitztn Stearn an i patrochtet in do Tog nou

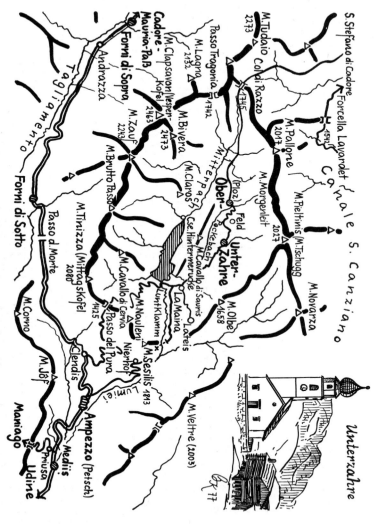

Zahre-Sauris in den Karnischen Alpen

va beitn: ober heute kent ar ber vir, as bie aufsteante, glostrnte Sunne in ame spieglhartn Mörgant, benn derunter über de pluemigen Biesn hin schoane lächlt der liebe Longas. Va beitn nou on i in der Stille in do Tog gegrüeßet, und heite muß i ihn vrei und hoach grüeßen. O lieber, heiliger Tog, sei tausntvährte auf peiste gegrüeßet! Möigast du olse vradig vorübergean, as bie i di vradig heute grüeße! Ber bart di heute burdig veiern? An jeder Zahrer, Hear Pforrar, kent heute vroa und lustig in de Pforrkirche za grüeßan Se, as ihrn geistliche Vota . . .

I on za Vleiße in ünserder Sproche geschriebn, unt on groaßa Houffige, daß nou Ondra barnt schreibn, und viel peissar, as i: ober kans bart schreibn mit mear Vrade unt mit mear Liebe, as i on de do Sächelan vor Ihn geschriebn, Unt do bill i houffn, daß Se gearn barnt onnehmen in do Zachn va meinder Donkborkat und Liebe. Ar is a kla Zachn, an ormnder Zachn, a Zachn, das net longe bart bährn, ober meine Donkborkat und Liebe barnt tauern av eabig. Ihr klaniste Diener Ferdinand Pollentarutti."

So sprechen die Zahrner heute noch. Aber sie schämen sich, mit den Fremden so zu sprechen, besonders die Kinder. Wenn sie aber zu sprechen beginnen, muß man achthaben, ihre deutsche Mundart mit manchen Altertümlichkeiten — der Schtucke für Acker, Lente für Oberschenkel, Barba für Oheim, Bogensuhn für Egge, Freundschaft für Verwandtschaft, Biesen für Wiesen usw. — zu verstehen. Ebenso muß man langsam sprechen, damit sie das Hochdeutsche oder die Tiroler Dialekte verstehen.

Nach dem Berg, an dessen Hang die beiden Dörfer der Zahre liegen, heißt das erste neu errichtete Hotel „Albergo Morgenleit". Von seiner Terrasse aus hat man einen schönen Blick über die Holzdächer und auf die Fresken einzelner Häuser, über die Lärchenwiesen und auf den grünen Stausee und auf den Kranz der Gipfel rings um das Hochtal: den Monte Tschugg oder Pieltninis, das Ratzerkor, den Monte Oberboden, den Monte Bivera, den Clapsavon oder Vesperkofel und den Monte Tinizza oder Mittagkofel, Berge zwischen 2000 und 2400 m Höhe mit teilweise prachtvoller Fernsicht.

In der Kirche St. Lorenz in der Oberzahre trägt der Kreuzweg noch deutsche Aufschriften. Dort steht an der Seite ein prachtvoller Flügelaltar, signiert „M. P. 1551", also Michael Parth aus Bruneck, einem der bedeutendsten Bildschnitzer nach Michael Pacher. Von berückendem Eindruck ist das Mittelrelief, die Darstellung der Letzten Abendmahles, einfach, schlicht und eindringlich. Auf den beiden Flügeln der Einzug in Jerusalem und das Gebet am Ölberg mit den schlafenden Jüngern. Geschlossen zeigen die Flügel die Verkündigung des Engels an Maria, huldigend der Engel, hingebend die Mutter Gottes. Die Predella zeigt zwei gute kleine Gemälde, den Mannaregen und die eherne Schlange, dazwischen ein neuerer Tabernakel. Im Gespreng steht zwischen zwei Engeln ein Heiliger in bischöflichem Gewande. Ein großartiges Kunstwerk in dieser abgeschiedenen Kirche am Rande der kleinen Oberzahre.

In der Unterzahre steht in der Kirche St. Oswald ein 1524 von *Nikolaus von Bruneck* angefertigter Flügelaltar. Im Schrein steht der hl. König Oswald und zu beiden Seiten die Apostelfürsten Petrus und Paulus. Die Flügel tragen die Halbreliefs der Verkündigung, Heimsuchung, Anbetung und Flucht nach Ägypten; geschlossen zeigen die Flügel die Heiligen Andreas, Hieronymus, Stephan und Lorenz.

Die Predella hat in der Mitte eine ausdrucksstarke Pietà, an den Flügeln Katharina und Magdalena, dazwischen stehen die Madonna mit dem Kind. St. Florian, St. Rochus und zwei Engel. Dieser Hochaltar in der Unterzahre ist ebenso wie der andere Flügelaltar in der Oberzahre in ausgezeichnetem Zustand.

TISCHLWANG — TIMAU AM PLÖCKENPASS

An der alten Straße am Plöckenpaß oder Passo di Monte Croce Carnico (1363 m), südlich vom Kärntner Städtchen Mauthen, liegt im stark vermurten, engen Val Collina in 821 m Höhe das langgezogene Straßendorf Tischlwang oder Timau, zur italienischen Provinz Udine gehörend.

Von Tolmezzo aus erreicht man Tischlwang auf einer Asphaltstraße (23 km), die dem Tagliamento entlang über Paluzza führt. Im November 1966 wurde die Straße durch Unwetter schwer in Mitleidenschaft gezogen. Steil steigt von Tischlwang aus die zehn Kilometer lange Straße in vielen Windungen zum Plöckenpaß empor, während der Anstieg vom Norden, vom kärntnerischen Städtchen Mauthen aus ein viel sanfterer ist (22 km).

Der Plöckenpaß bildet den einzigen regelmäßig, zur Not auch im Winter wegsamen Übergang über die 100 km lange Kette der Karnischen Alpen. Schon die Römer benutzten ihn, um hinüber in das von ihnen besetzte Gailtal und nach dem von ihnen gleichfalls reicher besiedelten Becken von Lienz zu gelangen. Bereits um 180 n. Chr. hatten die Römer eine Straße über den Plöckenpaß gebaut. Im Mittelalter ist dieser Paß wiederholt von deutschen Kaisern bei eiligen Reisen von Italien nach Salzburg überschritten worden; denn er gestattet im Verein mit dem nördlich gelegenen Gailberg, dem Iselsberg und den Pässen von Heiligenblut die Alpen nahezu in gerader Linie zwischen Aquileja und Salzburg zu durchqueren, allerdings unter Benutzung von vier verschiedenen Übergängen.

Die Grafen von Lurn in Kärnten behaupteten 1234 gegenüber den Patriarchen von Aquileja das Geleitrecht über die diesen Paß benützenden Bayern. Im 14. und 15. Jahrhundert war „Teschelwanch" der Görzer Herrschaft Weidenburg im Gailtal zinspflichtig. Nach alter Überlieferung wurden die Toten von Tischlwang in der Mutterpfarre des oberen Gailtales, St. Daniel, begraben. Zwischen 1470 und 1578 wurde die Einwohnerzahl durch Zuwanderung deutscher Bergleute vermehrt. Im Jahre 1578 begründete der bambergische Bergrichter Leonhard Steger mit Vaudo von Sacile eine Gesellschaft zur Ausbeutung silberhaltiger Kupferadern um Tischlwang.

Der Wildbach hatte 1729 die ganze Siedlung zerstört und allein die Kirche blieb stehen. Das Dorf mit seinen 300 Häusern wurde tiefer wiederaufgebaut. Einst gehörte Tischlwang zum kärntnerischen Gailtal, seit 1866 ist es bei Italien. Seit dieser Zeit ist die deutsche Sprache aus Schule und Kirche zwar verschwunden, aber als Umgangssprache hat sie sich bis zum heutigen Tage erhalten. Dies ist erklärlich, da in diese karge, einsame Berggegend kaum Italiener zuwanderten und da die Tischlwanger bis in die heutige Zeit über den Paß nach Österreich orientiert blieben. Soweit Tischlwanger sich ihre Frauen nicht aus dem Norden brachten, heirateten sie meist untereinander, und so findet man hier nur wenige Familiennamen: Unfer, Plozner, Prenner, Moser, Muser, Matitz, Primus, Leikauf, Mentil, die immer wiederkehren. Auf dem Friedhof und in der Kirche sind keine deutschen Inschriften mehr zu sehen. Auf den Häusern sieht man Gedenktafeln und Marienbilder von den Wallfahrtsorten Maria Schnee und Kötschach im Gailtal. Über dem Hause Nr. 137 liest man die Inschrift: „Zum Andenken an den Johann Mantel, welcher by den Schof und Ges halten über die Fölsen herabgefallen ist, den 3. Oktober 1812, sein Leben so schmerzlich verloren. Gott geb ihm die ewige Ruhe. Der Vorbeigehende wird gebeten um ein andächtig Gebet."

Das Dorf selbst macht einen sehr ärmlichen, baufälligen Eindruck. Von einer Initiative zur Ankurbelung des Fremdenverkehrs ist überhaupt nichts zu spüren, und die alten, ohne Stilrichtung längs der Straße erbauten Häuser, ebenso die Kirche, bieten dem Besucher einen nicht gerade einladenden Anblick. Entschädigt wird man aber dafür von der herrlichen Umgebung, den steil aufragenden Bergen, den üppigen Wiesen und Feldern in den Talniederungen und den hellen, klaren Fluten des am Dorfe vorbeirauschenden Baches.

Die Unfruchtbarkeit des Tales nötigte die kinderreichen Tischlwanger seit alters her als Holzarbeiter, Maurer und Steinmetzen über den Sommer zur Arbeit nach Österreich oder nach Deutschland zu gehen. Daran haben auch die beiden letzten Weltkriege wenig geändert und das gute Einvernehmen mit dem benachbarten kärntnerischen Grenzorten blieb erhalten.

Tischlwang zählt heute rund 1200 Einwohner (1881 waren es 947). Nur Pfarrer, Lehrer, die Grenz- und Zollbeamten und Carabinieri mit ihren Familien sind Italiener. In den letzten Jahren ist die Kenntnis und der Gebrauch der deutschen Mundart, welche nur wenig von jener des Gailtales abweicht, stark zurückgegangen, da immer mehr Tischlwanger, vor allem die jüngeren Jahrgänge, in den benachbarten italienischen Orten Brot und Arbeit finden. Daraus erklärt sich auch, daß sich ihre Mundart immer mehr mit friaulischen und amtlichen italienischen Bezeichnungen durchsetzt.

AN DER DREILÄNDERECKE IM KANALTAL

Das Gebiet von Tarvis ist einer der landschaftlich reizvollsten Kleinräume in den Ostalpen. Hier liegt das Quellgebiet von Gailitz, der Fella und der Save, die Wasserscheide zwischen Adria und Schwarzem Meer.

Großartig prallen hier verschiedene Gebirge der Alpen zusammen. Der Gailitz-Durchbruch trennt die hundert Kilometer lange Karnische Kette von der Steilwand der Karawanken, die das Tarviser Land nördlich abschirmen. Südlich aber wird es umhegt vom wilden, prächtigen

Kalkgebirge der Julischen Alpen, in dessen mächtige Berge Talschaften mit engen Klammen und fruchtbaren Matten eingebettet sind und die unvergleichlich schönen *Weißenfelser Seen* (926 m), in denen sich der Mangart (2678 m) spiegelt, und der Raibler See (960 m). Während im Süden die Felsenketten der Julier in ungeheuren Wandfluchten abstürzen und eine unübersteigbare Grenzmauer bilden, sind gegen Norden nur grüne Waldhänge mit prächtigen Almböden und leichten Übergängen zu sehen. Offen ist das Land gegen Norden, wo seit 1918 die Grenze Italiens gegen Kärnten verläuft, geschlossen gegen Süden, wo die Fella im Canale di Ferro durchbricht und über Raibl (900 m) der Predilpaß (1156 m) einen behüteten Durchgang gewährt.

Das Fellagebiet gehört bereits in das Kalkgebirge der Julischen Alpen. Schroffe Felswände erheben sich über den verschotterten Talsohlen, *Moggio*, das Mosach der Deutschen, ist der Hauptort. Sein Besitzer, Graf Kazelin, vermachte es 1072 zur Begründung einer Abtei, und die geistliche Gewalt faßte hier Fuß. Das Fellagebiet kam daher in engere Fühlung mit dem Lande in der Ebene als die anderen Talschaften. Sein oberstes Ende hat ursprünglich auch zu Friaul gehört, ist aber schon 1007 zu Kärnten gekommen. Der Zusammenhang des Landes über die Saifnitzer Wasserscheide war stärker als der längs der Fella in der Enge des Canale di Ferro. Über acht Jahrhunderte griff hier Kärnten bis 1919, ebenso wie von alters her Tirol bei Sexten, an den Südfuß der Karnischen Alpen.

Die Wasserscheide im Kanaltale zwischen Gailitz und Fella ist kaum merklich; sie knüpft sich bei Saifnitz (797 m) an den Schuttkegel des Luscharigrabens. Westlich von ihr senkt sich die Fella ganz allmählich gegen Pontafel, ihre nördlichen Zuflüsse münden unter stumpfem Winkel, und dort, wo sie bei Pontafel umbiegt, kommt ihr die Pontebbana gerade entgegen.

Der Talknoten von *Tarvis* gehörte anfänglich zur Markgrafschaft Friaul. Karl der Große hatte die Drau zur Grenze zwischen dem Salzburger Erzbistum und dem Patriarchat von Aquileja bestimmt. Nur eine Strecke weit ist diese kirchliche Grenze auch die politische von Friaul gewesen, nämlich von Villach abwärts bis Hollenburg. Schon 1007 wurde aber das Drauland Friauls zu Kärnten gewiesen, und zwar erhielt das Bistum Bamberg nicht bloß den Talknotenpunkt von Tarvis, sondern auch das ganze Kanaltal bis gegen Pontafel hin. Die Höhe von Saifnitz ist nie Grenze gewesen; sie bezeichnet auch keine irgendwie auffällige Scheide. So flach ist sie, daß gerade auf ihr der Bahnhof Saifnitz errichtet werden konnte. Selbst in den Zeiten Napoleons, als bei den zahlreichen Grenzveränderungen die Wasserscheiden und Flüsse so gern zur Festlegung von neuen Landesgrenzen benutzt wurden, hat man die Saifnitzer Höhe auf der adriatischen Wasserscheide nicht zur politischen Grenze gemacht. Damals erhielt das Königreich Italien vielmehr den Talknotenpunkt von Tarvis, und die Grenze gegen das Königreich Illyrien wurde auf den Kamm der Karnischen Alpen bis in den Gailitzdurchbruch unterhalb Tarvis geführt, jenseits desselben herauf auf die äußersten Ausläufer der Karawanken und von hier auf die Julischen Alpen, so daß die Quelle der Save bei Weißenfels noch zu Italien kam. Dieses erhielt also den Talknoten mit allen seinen Ausgängen.

Im Friedensvertrag von Saint-Germain (1919) erhielt Italien wiederum das ganze Kanaltal mit Weißenfels, womit es sich den Knotenpunkt Tarvis mit der Predilstraße nach Görz sicherte und militärisch Villach und das Klagenfurter Becken bedrohen konnte.

Diese schon unter Napoleon gezogene Grenze hatte sich militärisch nicht bewährt; denn über das Ostende der Karnischen Alpen führen so viele niedrige Pässe, daß eine Aufstellung bei Tarvis leicht umgangen werden konnte. In der Tat ist der französische General Grenier im Oktober 1813 hier gerade noch einer Umgehung durch die Österreicher entschlüpft. 1814 wurde die Grenze zwischen Kärnten und Venezien denn auch wieder dahin verlegt, wo sie sich seit Jahrhunderten befunden und bewährt hatte, nämlich an das obere Ende der Enge, in welcher die Fella die einst durch das Kanaltal fließende Pontebbana angezapft hat.

Umgeben von dichten Wäldern liegen *Pontebba* (570 m) und *Pontafel*, die ehemaligen Grenzorte im Kanaltale, der eine mit venezianischer, der andere mit seinen steildachigen Häusern in Kärntner Bauweise. Zwischen beiden Dörfern fließt die Pontebbana durch; sie war von 1866 bis 1919 auf der ganzen Länge ihres Laufes Grenze. Ihre enge Schlucht war in der Tat eine praktische Scheide bis hinauf zu ihren Quellen auf der Lanzenalpe, auf der Wasserscheide gegen den Chiarso.

Die „Thermopylen" von Malborghet

Wer das Kanaltal besucht, soll nicht darauf vergessen, dem historischen Ort M a l b o r g h e t und seinen „österreichischen Thermopylen" (wie sie vor dem ersten Weltkrieg in jedem Schullesebuch genannt wurden) einen Besuch abzustatten. Hier schiebt sich ein Berg an die Straße vor, auf dessen Gipfel jene Feste steht, die 1809 der kaiserliche Hauptmann Hensel gegen eine französische Übermacht tapfer verteidigte. Sie wurde dann im ersten Weltkrieg durch italienische Granaten beschädigt, birgt aber heute wieder ein von Mussolini errichtetes Festungssystem, das auch nach dem zweiten Weltkrieg auf seine Brauchbarkeit untersucht wurde. Unten, am Fuß der Feste, aber steht das dreieckige Monument, das Kaiser Ferdinand I. „seinen Kampfgenossen" errichten ließ.

Schon im Jahre 1797 rückten die Franzosen unter General Masséna durch das Kanaltal von Westen her bis Tarvis vor, bevor die über den Predilpaß zurückziehenden österreichischen Truppen dahin gelangt waren. Zwar wurde Tarvis von Erzherzog Karl wieder genommen; aber ein Treffen auf der Saifnitzer Höhe nötigte zum abermaligen Rückzug, und die auf dem Predil noch befindlichen Truppen wurden abgeschnitten und gefangengenommen. 1805 gab Erzherzog Johann beide Pässe auf, da er befürchtete, Masséna könnte neuerlich im Kanaltal den Predil umgehen. Dagegen wurden 1809 beide Pässe in den Blockhäusern bei Malborghet und auf dem Predil durch die Hauptleute Hensel und v. Hermann ruhmreich verteidigt.

Der Heldenkampf Anno neun bei Malborghet ist in der „Siebenbürgischsächsischen Heimatfibel für jung und alt" (verlegt bei Hans Matschendörfer, München) wie folgt geschildert:

Zwei große Armeen ließ Napoleon 1809 in Österreich einmarschieren. Die eine, die durch Süddeutschland marschierte, befehligte der französische Kaiser selbst, die andere, 150.000 Mann, sein Stiefsohn Prinz Eugen Beauharnais, der aus Italien durch Kärnten nach Wien vorrücken sollte. Sein Weg führte durch den Paß von Malborghet im Kanaltal. Hier oben stand der aus Kronstadt in Sieben-

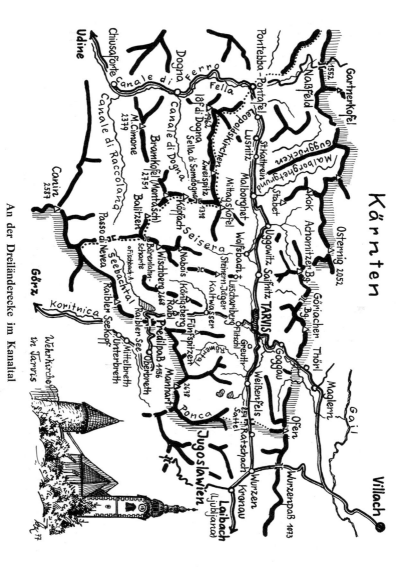

An der Dreiländerecke im Kanaltal

bürgen stammende junge Hauptmann Friedrich Hensel mit 300 Soldaten. Er hatte die Talenge notdürftig befestigt. Ehe die Franzosen eintrafen, war der österreichische Feldherr Erzherzog Johann hier durchgezogen, der ihn mitnehmen wollte, weil er ihn als tüchtigen Offizier an anderer Stelle benötigte. Doch der junge Kronstädter hatte gebeten, den Platz selbst verteidigen zu dürfen. Was er sich dabei aufbürdete, wußte er und sagte zu seinen Kameraden: „Es wird mein und euer Grab wie das des Leonidas!"

Am 14. Mai begannen die Franzosen in den Paß einzumarschieren, ohne sich um die österreichischen Verschanzungen zu kümmern, bis Hensels Kanonen plötzlich feuerten; da wichen sie schleunigst zurück. Beauharnais vermochte nicht zu begreifen, daß eine so kleine Abteilung wahnwitzig genug war, sein großes Heer aufhalten zu wollen. Er schickte einen Unterhändler zum Hauptmann, und der antwortete: „Ich habe Befehl, mich zu verteidigen und nicht zu verhandeln!"

Nun schritt der General zum Angriff. Vergebens! Den ganzen Tag dauerte das Gefecht.

Am nächsten Tag teilte ihm der Prinz durch einen zweiten Boten mit, die ganze französische Südarmee stehe da, die Österreicher seien dem Tod geweiht. Hensel erwiderte: „Wir werden uns wehren!"

Erst am 17. Mai donnerten die endlich vorgezogenen Geschütze, zugleich rückte das Fußvolk breit an. Ein Meer schien sich von allen Seiten herbeizuwälzen in unaufhörlichen Wogen. Hensel wurde verwundet. Dennoch, den Degen in der Faust, stürzte er der Übermacht entgegen. Seine letzten Worte waren: „Mut, Kameraden!" ehe ihn die Bajonette durchsiebten.

Ein Drittel seiner Truppe lag tot, ein Drittel verwundet, ein Drittel wurde gefangen. Die Franzosen verloren 1300 Mann.

Vier Tage lang hatte Hensel mit seinen 300 Soldaten eine Armee von 150.000 Kämpfern aufgehalten und deren Vereinigung mit der anderen französischen Armee verhindert. Napoleon mußte ohne dieses Heer in die Schlacht von Aspern gehen und wurde zum erstenmal geschlagen. Hensels Aufopferung war nicht sinnlos gewesen.

Im ersten Weltkrieg setzte die österreichische Verteidigung gegen die Italiener an denselben Stellen wieder ein wie 1809. Das Kanaltal bei Pontafel wurde geräumt und die Befestigungen um Malborghet hielten den italienischen Vormarsch auf, ebenso wie die auf dem Predil angelegten. Umgehungsversuche der Italiener zwischen den Längsketten der Raibler Alpen durch das Dogna- und Raccolanatal sowie ihre Versuche, die Karnischen Alpen auf den Pässen nördlich von Pontafel zu überschreiten, sind gescheitert.

AUS DER WECHSELVOLLEN GESCHICHTE DER LETZTEN 50 JAHRE

Nicht mehr als zehn Italiener lebten im Jahre 1910 im Gebiet von Tarvis, einem 332 qkm großen Gebiet, das damals von 6397 Deutschen und 1682 Slowenen bevölkert war (Slowenen hatten sich bereits im Jahre 1014 im Weiler Goggau niedergelassen, später auch in Uggowitz, Saifnitz, Wolfsbach und Lußnitz). Die Gemeinden Tarvis (751 m), Saifnitz (871 m), Wolfsbach (875 m), Uggowitz (778 m), Malborghet (721 m), Lußnitz (632 m), Leopoldskirchen (607 m) und Pontafel (568 m) gehörten Jahrhunderte hindurch bis 1919 zu Kärnten, während die Gemeinde Weißenfels (770 m) zu Krain gehörte.

Als nach dem Zusammenbruch der österreichisch-ungarischen Monarchie die Grenze quer durch Tirol und Kärnten gezogen wurde, sollten die davon betroffenen Grundbesitzer keinen Schaden erleiden.

Zwei Zusatzabkommen zum Friedensvertrag, die in Rom zwischen Österreich und Italien unterzeichnet wurden, setzten fest, daß die Gemeinden und Fraktionen Eigentümer ihrer nun jenseits der neuen Grenzen liegenden Grundstücke bleiben sollten. Keine Beschränkungen, die nicht gleichzeitig auch die eigenen Staatsangehörigen treffen würden, sollten über die Bürger des anderen Staates verhängt werden. Alle Realrechte und Reallasten, alle Nutzungsrechte sollten aufrecht bleiben, für alle Nachteile sollte eine angemessene Entschädigung gewährt werden.

Der kleine Grenzverkehr garantierte eine störungsfreie Betreuung des Grundbesitzes in den zu Italien geschlagenen Gebieten. Aber sofort nach der Annexion schleuste Italien zahlreiche Italiener ins Kanaltal ein, so daß schon 1921 von 8419 Einwohnern 1207 Italiener waren und 1934 von 9548 Einwohnern rund 3000 Italiener.

Immerhin hielten sich die deutschen und slowenischen Kärntner auch unter dem Faschismus in ihrer ethnischen Substanz sehr gut, obwohl seit 1924 nur Italienisch zugelassen war und jeglicher Deutschunterricht untersagt wurde. Starken Rückhalt hatten die deutschen Kanaltaler an ihren Pfarrern, und die slowenischen an den ihren, die aus dem Görzischen kamen. Das Dekanat Tarvis kam ursprünglich — nach Abtrennung von der Diözese Gurk — zur Diözese Görz, dann zur Diözese Udine. Die Kirchensprache wurde auch nach diesem Zeitpunkt wie bisher belassen.

Im Jahre 1935 begann das italienische Militär mit Enteignungen im Grenzgebiet. Während aber von dieser Seite den Betroffenen eine dem Realwert ungefähr entsprechende Summe bezahlt wurde, änderte sich dies schlagartig, als das zu Entnationalisierungszwecken eigens vom Faschismus ins Leben gerufene Ente per le Tre Venezie seine Tätigkeit aufnahm. Diese Gesellschaft bot den Enteigneten kaum mehr den zwanzigsten Teil des Realwertes und ging in rücksichtslosester und schonungslosester Weise vor. Darüber wird noch ausführlich im folgenden die Rede sein.

DIE UMSIEDLUNGSAKTION VON 1939

Den Todesstoß versetzte dem Kanaltaler Deutschtum das Hitler-Mussolini-Umsiedlungsabkommen vom 23. Juli 1939 (Attolico-Ciano, Himmler-Weizsäcker). Darüber hat der österreichische Völkerrechtler Theodor Veiter in dem Artikel „Die volkspolitische Lage im Kanaltal" (1961) u. a. folgendes festgestellt:

Das Südtirol betreffende Umsiedlungsabkommen bezog auch die Kanaltaler mit ein. Die Durchführungsbestimmungen für das Kanaltal stehen in den „Direktiven" vom 21. Oktober 1939, deren Kapitel 1, Zahl 2, auch die Volksdeutschen des „zweisprachigen Territoriums von Tarvis" (Provinz Udine) miteinbezog. Obwohl hierbei von Personen „deutscher Volkszugehörigkeit" gesprochen wurde, machten auch die meisten Kanaltaler Slowenen von der Optionsmöglichkeit Gebrauch, was beweist, daß sie sich als deutsche Kärntner fühlten. (In einem Artikel von L. Visarski — Pseudonym: Der Mann vom Luschariberg — im „Planinski Vestnik", Laibach, Nr. 7, Juli 1956, S. 370 f., wird zwar behauptet, daß nur wenige Kanaltaler Slowenen optiert hätten, doch wird dies durch die Statistik der Umsiedlung widerlegt.) Von den rund 6600 Kanaltaler Deutschen optierten 6520, 80 optierten nicht, 720 wurden nicht mehr umgesiedelt. Von den rund 1750 Slowenen optierten 1600, 100 wurden tatsächlich umgesiedelt und rund 1500 wurden nicht mehr umgesiedelt, blieben also im Lande. Der große volkspolitische Aderlaß traf also die Deutschkärntner, nicht die Windischen unter den Kanaltalern. Heute leben im Kanaltal 860 deutschsprachige Kärntner und 1895 Slowenen (Windische). Die Kanaltaler Deutschen sind am stärksten in Pontafel (235) und Weißenfels (100), die Slowenen am stärksten in Saifnitz (550), Uggowitz (350) und Leopoldskirchen (250), wobei hier die Pfarren gemeint sind. Gemeinden gibt es heute nämlich nur mehr drei, nämlich Pontebba (dazu das alte Pontafel, Leopoldskirchen und das schon vor 1918 italienische, eigentliche Pontebba gehören), Malborgheto-Valbruna (mit Bad Lussnitz, Wolfsbach, Malborghet, Uggowitz) und Tarvisio (mit Saifnitz, Tarvis, Raibl, Weißenfels, Goggau, Flitschl, Kaltwasser und Greuth). Bei einer Gesamtbevölkerung des Kanaltales (mit dem altitalienischen Pontebba) von heute rund 10.000 sind also die angestammten Kanaltaler in hoffnungslose Minderheit gedrängt. Die Italiener unterwandern die bodenständigen Kanaltaler, wo sie nur können, wobei ihnen auch der sogenannte Markt in Tarvis sehr zugute kommt, dessen Marktfahrer alle weit aus Inneritalien kommen und den bodenständigen Kanaltalern sehr schaden.

Die Kanaltaler Umsiedler wurden vom Dritten Reich (mit Hilfe der DUT) nach Kärnten und Steiermark umgesiedelt: Villach 2700, Klagenfurt 1500, St. Veit an der Glan, Feldkirchen in Kärnten und Friesach 500, Knittelfeld 500, sonstige Orte 500 Personen. Ihre Vermögenswerte wurden ihnen zum größten Teil vorenthalten.

Die Enteignungen im Kanaltal

Schwer geschädigt in ihrer wirtschaftlichen Existenz wurden zahlreiche deutsche Familien des Kanaltals durch das „Ente Nazionale per le Tre Venezie". Durch diese zwecks Entnationalisierung der Deutschen in Südtirol und im Kanaltal ins Leben gerufene Gesellschaft wurden auch im Kanaltal zahlreiche bäuerliche Existenzen vernichtet.

Über diese unglaublichen Zustände hat Dr. Fritz Egger, Rechtsanwalt in Bozen, der viele Jahre hindurch die rechtlichen Interessen der betroffenen Kanaltaler vertrat, in mehreren Beiträgen in der Tageszeitung „Dolomiten" berichtet. Das Unrecht begann, als am 3. März 1939 76 deutschsprachige Bauern am Goggauer Sattel im Kanaltal enteignet wurden. Nach dem damaligen System wurde die Enteignung aufgrund eines Sondergesetzes für die Grenzzonen unter dem ebenso fadenscheinigen wie verlogenen Vorwand des „notwendigen landwirtschaftlichen Wiederaufbaues" vorgenommen. In Wirklichkeit ging es um die Vertreibung der deutschsprachigen Besitzer in den Grenzgebieten und um deren Ersetzung durch politisch verläßliche Siedler und Bauern aus den alten italienischen Provinzen. Zudem waren in diesen Gebieten militärische Festungsbauten gegen den nationalsozialistischen Bundesgenossen vorgesehen. Mit diesem „Ente", das die Enteignungen durchgeführt hat, mußten auch die Südtiroler die übelsten Erfahrungen machen.

Der enteignete Besitz der 76 Kanaltaler Bauern hatte ein Ausmaß von 336 ha (Äcker, Wiesen, Wald usw.). Das „Ente" hatte ihn 1939 mit 667.000 Lire geschätzt, also nicht einmal ein Zehntel des wirklichen Wertes. Die Bauern rekurrierten an die Schiedskommission, die es aber nie gab, und blieben somit ohne Hof und bis vor ca. drei Jahren ohne Geld. Nach Beendigung des zweiten Weltkrieges scheiterten alle Bemühungen, um eine halbwegs gerechte Entschädigung zu erzielen. Auch zwischenstaatliche Verhandlungen in den Jahren 1962 bis 1965 verliefen ohne annehmbares Ergebnis, da sich das „Ente" nur dazu herabgelassen hatte, den Enteigneten — diese waren in der Zwischenzeit österreichische Staatsbürger geworden — den Verkehrswert von 1939 zu vergüten, was ungefähr e i n e m P r o z e n t des heutigen Verkehrswertes entsprochen hätte. Die Kanaltaler lehnten ab und trugen ihre letzten Hoffnungen auf Recht und Gerechtigkeit zu Grabe. Nur einer gab nicht auf: Alexander Klampferer, Sohn des enteigneten Kolmhof-Besitzers, des größten Hofes am Goggauer Sattel.

Alexander Klampferer, seit Jahren Arbeiter in einem Industrieunternehmen in Maglern an der österreichisch-italienischen Grenze, wandte sich an den Bozner Rechtsanwalt Dr. Fritz Egger, der das „Ente" vor dem Tribunal in Venedig klagte und die Ungesetzlichkeitserklärung des Enteignungsverfahrens beantragte, weil es von Anfang an von einem wesentlichen Mangel — der Inexistenz der Schiedskommission für die Festsetzung des Enteignungsschadens — behaftet war. Die Gegenpartei verwies u. a. auf die sachliche Unzuständigkeit des Ordentlichen Gerichtes. Für Klampferers Klage sei ausschließlich der Staatsrat zuständig, aber die diesbezügliche Frist von 60 Tagen sei bereits 1939 bzw. 1940 endgültig verfallen. Aber unabhängig davon wäre jede Klage unwiderruflich verjährt, da das „Ente" indessen sämtliche Grundstücke e r s e s s e n habe (!).

Im Jahre 1974 wurde zwischen Italien und Österreich endlich ein Übereinkommen über die noch offenen Probleme im Kanaltale erzielt. Die dabei endgültig festgesetzten Entschädigungssummen fielen für die Betroffenen alles eher als zufriedenstellend aus. Wie Dr. Egger im April 1977 in einem Gespräch mit dem Verfasser feststellte, haben die Italiener „ihre Beute behalten und scheinen damit Großes vorzuhaben, vor allem auf den Gebiete des Fremdenverkehrs. Die enteigneten, ehemals landwirtschaftlich genutzten Gründe sind inzwischen in ungeahnter Weise aufgewertet worden und die Grundstückpreise haben horrende Höhen erreicht".

DENKWÜRDIGE EREIGNISSE AUS JÜNGSTER ZEIT

1969 — In einem Beitrag in der Tageszeitung „Dolomiten" (15./16. November 1969) griff der Südtiroler Senator Peter Brugger unter dem Titel „Vergessenes Kanaltal" u. a. auch das Problem von Schutzmaßnahmen zugunsten der Deutschen und Slowenen im Kanaltale auf. Dabei stellte er fest, daß die slowenische Minderheit im Kanaltale nicht mit dem politischen System ihres Mutterlandes einverstanden ist. Sie erhoffen sich deshalb gemeinsam mit der deutschsprachigen Minderheit eine wenn auch bescheidene Hilfeleistung von Österreich zur Erhaltung ihrer volklichen und kulturellen Eigenart. Deshalb sei die slowenische Minderheit des Kanaltales wie die deutsche über Tarvis nach Österreich hin orientiert und beide fühlen sich in Villach oder in Klagenfurt mehr zu Hause als in Tolmezzo oder in Udine. Dieser Hang an das alte Mutterland werde vom heutigen Österreich kaum honoriert, wohl um vermeidliche zwischenstaatliche Komplikationen mit Italien zu vermeiden.

1976 — Am 6. Mai 1976 wurde Friaul von einer Erdbebenkatastrophe heimgesucht, die über 1000 Tote gefordert hat; auch im Kanaltal entstanden schwere Schäden an Wohnhäusern und Schulgebäuden. Durch Spenden aus Nord-, Ost- und Südtirol konnte bereits am 8. Juni 1977 in Uggowitz der Grundstein für ein Schulgebäude und einen Kindergarten gelegt werden.

— In der Mittelschule zu Tarvis wird die deutsche Sprache als Fremdsprache von dazu befähigten Lehrkräften gelehrt. Seit 1946 bestehen in den Volksschulen zu Malborgeth, Uggowitz, Saifnitz und Tarvis besondere Nachmittagskurse der deutschen Sprache.

— Im Februar 1976 hat der Schulamtsleiter von Udine das Gesuch des Ortspfarrers von Uggowitz, auch einen slowenischen Sprachkurs zu eröffnen, abgelehnt.

1979 — Seit März 1979 gibt es einen „Kanaltaler Kulturverein" mit Sitz in Saifnitz, der sich die Pflege des sprachlichen Erbes im Kanaltal zum besonderen Anliegen gemacht hat.

Obmann ist Manfred Tschurwald aus Uggowitz, der gleichzeitig auch Direktor des „Radio Valcanale" ist, der 20 Stunden pro Tag in deutscher Sprache sendet. Er setzt sich auch für einen intensiveren Deutschunterricht ein (heute wöchentlich vierstündige Kurse). Ein großes Anliegen des Kulturvereins ist der Bau eines deutschen Kulturhauses; für das in Tarvis gebaute italienische Kulturhaus wurde aus öffentlichen Mitteln eine Milliarde Lire zur Verfügung gestellt.

— Die Zahl der Deutschsprachigen hat sich seit der Annexion an Italien im Kanaltal von 6379 im Jahre 1910 bis heute auf etwa 1000, nach anderen Angaben etwa 2000, verringert (J. U. Clauss, a.a.O., S. 51)

— Bei den Direktwahlen zum Europäischen Parlament konnte die Südtiroler Volkspartei (SVP) aufgrund der fünf überregionalen Wahlgebiete zur Wahl am 10. Juni 1979 erstmals Listenverbindungen regionalistischer Parteien auch außerhalb ihres eigentlichen Aktionsbereiches eingehen. Die „Edelweißliste" der SVP errang dadurch erstmals in der Geschichte des Kanaltales auf Anhieb 600 Stimmen — bei nur etwa 10.000 Einwohnern immerhin 6 Prozent. Davon entfielen auf die Gemeinde Tarvis (318 = 8,14 %), Malborgeth = Valbrun 214 und seiner deutschsprachigen Fraktion Uggowitz allein 156 Stimmen (etwa 50 %); hier wurde die SVP die stärkste Partei überhaupt (in „Dolomiten", 29. 6. 1979)

Gegenwärtig gleicht das *Kanaltal* einer riesigen Baustelle; durch das Tal wird nämlich die Autobahn gebaut, die Venedig mit Wien verbinden soll.

Wer heute zum erstenmal mit der Bahn nach Tarvis kommt, wird überrascht sein, zunächst nichts anderes als einige Häuser über der Straße, zum Großteil Eisenbahnerwohnungen und einige Geschäfte zu sehen. Nach wenigen Schritten kommt man dann zum Hauptplatz, der in Piazza Unità umgetauft wurde. Hier machen die Autobusse der großen Linien ihren ersten und letzten Halt auf italienischem Boden, und die ausländischen Gäste kaufen ihr erstes Obst oder ihre letzten Andenken an den Italien-Urlaub.

Als Fremdenverkehrsgebiet ist vor allem *Weißenfels*, wo der weltbekannte Weißenfelser Stahl hergestellt wird, mit seinen Seen inmitten herrlicher Wälder, Wolfsbach mit der Seisera besucht, denn an Großartigkeit steht dieses Gebiet den Dolomiten wenig nach. Wohl aber sind die Grenzverhältnisse dem Alpinismus und Wintersport hinderlich.

Auf dem Luschariberg liegt der einst besuchteste Wallfahrtsort Kärntens. Jenseits der alten Grenze, in Pontebba, steht einer der prachtvollsten gotischen Schnitzaltäre aus kärntnerischer Schule. Noch sieht man an Kirchen, in denen die deutsche Sprache nur mehr selten in Volksgottesdiensten erklingt, deutsche Aufschriften unter den Kreuzwegbildern und auf Grabkreuzen.

Sprachprobe aus der Sprachinsel Zahre

Bie schean bort sein in den Himelein
bol sein in das ebige Leben.
Da haben bir olle die Freide genug
man torf kein Geld zugeben.
Do singen olle die Engelein
Trompeten, Pfeifen und Geigen
bie schean bort sein in den Himelein
es kans kein Mensch beschreiben.

Bie schean is dou der bare Gott
vil schener als di Sone
vil schener als der morgentroust
vil schener als rosen unt plumen.
Ist ain Gott lai also schen
das her uns hatt erschafen
bie auch das gute pelonen tut
unt auch das pese pestrofe.

Lieb du in bie er dich
bas gibt er dir zu lone?
Nach diesem Leben
die ebighe fraide
unt die Himbliche Krone
das hatt er uns versprouchen
bon er ame Kraize ist gestorben
den sinder bil er genedich sain
da her uns in Himmel erborden.

Bas hat er uns versprouchen
ben er ame Kraize ist gestorben?
Dem Sinder bil er barmherzig sain
der Himmel stet schon offen.
Amen   *Kirchenlied - Entstehungszeit unbekannt*

VI. Die deutschen Siedlungen im Monte-Rosa-Gebiet

Verschieden wie das Gelände im übrigen Alpenraum ist im Monte-Rosa-Gebiet auch der Umfang der Siedlungen, verglichen mit jenen, die wir im Etschgebiet und in den Ostalpen angetroffen haben.

Hier im Westen herrscht die strenge Gliederung des Kettengebirges, die Gebirge selbst sind die höchsten Europas, die mittlere Schartung ist von bedeutender Höhe, der Verkehr zwischen den einzelnen Flußtälern, auch desselben Flußgebietes, wird dadurch wesentlich erschwert; niedere Übergänge aus einem Stromsystem in das andere, wie Brenner, Reschen-Scheideck oder gar wie das Toblacher Feld und das „Gemärk" hinter Schluderbach, kommt hier nicht vor. Steil und jäh fällt das Hochgebirge in die lombardische Tiefebene ab, wie ein Blick vom Mailänder Dom auf die Monte-Rosa-Gruppe zeigt.

Den Gletschern des Monte-Rosa-Massivs entspringen mehrere Flüsse gegen Südost und Süd, welche tiefe Alpentäler bilden, deren Charakter bereits ein ganz südlicher ist.

Nachstehend sei eine knappe Übersicht der deutschen Siedlungen rund um den Monte Rosa geboten, die sich an die Darstellung des Volkskundlers Hans Kreis „Die Walser" anlehnt.

Val d'Ayas: Die westlichste Kolonie war einst im Val d'Ayas oder De Challant. Ihr kommt heute nur mehr historische Bedeutung zu, da sie längst in der romanischen Umwelt aufgegangen ist. Die Erinnerung daran lebt nur mehr in der Bezeichnung „canton des Allemands" für Saint-Jacques, den obersten Weiler (1689 m), fort.

Val de Lys: Von Saint-Jacques im Val de Challant führt die Bettaforca in östlicher Richtung nach *Gressoney* hinüber, dem heute noch stärksten Hort des Walsertums im Piemont. Auf dieser Route mögen die deutschen Siedler einst herübergekommen sein ins Lystal. Im unteren Talteil wird vornehmlich französisch gesprochen; von *Issime* an aufwärts herrschte dagegen einst unbestritten das Deutsche. Der Name dieses Ortes wird als „Oberstdorf" gedeutet.

Val Sesia: Die östlich vom Lystal nach Süden streichende Gebirgskette trennt dieses von der Val Sesia. Sie war einst politische und kirchliche Grenze zugleich. Der Hauptort ist *Varallo* (Vrol). Auf ihrem Lauf bis dorthin nimmt die am Monte Rosa entspringende Sesia zwei Zuflüsse von Bedeutung auf, die Sermenza und die Mastellone. Beide haben in der die Valle Anzasca im Süden begrenzenden Kette ihren Ursprung. Zuoberst in den Tälern dieser drei Bergwasser liegen weitere Außenorte der Walliser, die eine Gruppe für sich bilden.

Die einstige große deutsche Pfarrei *Presmello oder Presmelch* heißt heute *Riva Valdobbia* und erklärt sich aus seiner Lage unweit der Sesia und der Vogna, welch letztere, aus dem westlichen Seitental kommend, dort in den Hauptbach mündet. Zum Kirchensprengel Riva

Walser Siedlungen im Monte-Rosa-Gebiet

gehörte auch das Walserdorf *Alagna* (1191 m), *ds Land*, wie die Bewohner sagen, der oberste Ort im Tal der Seschera (Sesia). *Riva*, eine halbe Stunde unterhalb Alagna, mag einst die oberste geschlossene italienische Siedlung gewesen sein, wie auch heute wieder. Im Laufe der Zeit wurde es von den Walsern verdeutscht, dies wird durch eine Reihe von Flurnamen belegt. Später setzte allmählich der Gegenprozeß, die Romanisierung von Riva ein.

Über den Colle Mud (2323 m) gelangt man von Alagna nach *Rima* (1411 m) hinüber, im Walserdialekt *Rimmu* geheißen, ganz hinten im Tal der Sermenza. Zwei Pässe, die beide sich mit dem Turlopaß vereinigen, stellen die Verbindung mit Macugnaga her. Das Sermenzatal erstreckt sich von der Sesia an nordwärts in einer Länge von 18 km. Oberhalb der Mitte gabelt es sich bei *Rimasco*. Dort mündet die Egua, in deren Talhintergrund *Carcòforo* (1304 m) liegt. Es war einst auch ein Walserdorf, heute hat es für das Walsertum nur noch historische Bedeutung.

Der letzte Walserort der Sesiagruppe ist *Rimella* (1176 m). Dessen deutsche Bewohner nennen es Rémaljo. Seine Lage entspricht der von Carcòforo. Auch es befindet sich zuhinterst im Nebental, dessen Bach, das Landwasser, bei Ponte due Acque in den Mastellone fließt. Vor dem Dorf selbst nimmt das Landwasser das ein kleines östliches Nebentälchen durchziehende „Hinterwasser" auf. Sattal (Sattel), Niederdörf, Oberdörf, en don Grund (im Grund, heute Grondo) sind einige Weiler von Rimella.

Es wird angenommen, daß die Walser um die Mitte des 13. Jahrhunderts in die Val Sesia eingerückt sind.

Macugnaga: Die genau west-östlich gerichtete Valle Anzasca, deren Fluß, die Anza, dem Monte-Rosa-Gletscher entspringt und 10 km unterhalb Domodossola sich in die Tosa ergießt, beginnt im gewaltigen Rahmen des Monte-Rosa-Massivs. Zuoberst im Tale befinden wir uns „z'Makanà". So lautet der Name des Walserdorfes *Macugnaga* (1327 m) im deutschen Dialekt seiner Bewohner. Vor dem Besucher des Ortes steht eine Gebirgslandschaft von erhabener Großartigkeit. Aus dem von steilen Felswänden und Eishängen gebildeten wilden Talkessel bricht der mächtige Gletscher hervor.

Wie die meisten Walserkolonien ist Macugnaga in eine Reihe von Weilern aufgelöst. Ihre Namen sind heute in der Mehrzahl italienisch, einige waren es immer.

Simplon und Zwischbergen: Simpeln (1479 m) ist der übliche Name des Dorfes, das heute offiziell Simplon heißt wie der Paß, an dessen Südrampe es liegt, ungefähr 500 m tiefer als die Paßhöhe. Die Grenzverhältnisse sind hier recht eigenartig. Geographisch befindet man sich hier jenseits des Kulminationspunktes des Alpenüberganges, somit in Italien; politisch gehört das Gebiet am Simplon bis über die Gondoschlucht hinaus, welche die bei Gabi sich vereinigenden Wasser des Lagginbaches und des das eigentliche Paßtal herunterkommenden Krummbaches geschaffen, zum Wallis. Von Simpeln aus haben die Walser das von Gabi aus über die leicht zu übersteigende Furgge

(1882 m) erreichbare Zwischbergental besiedelt. Hier entstand das Dörfchen *Zwischbergen* (1383 m). Die deutschen Geländenamen bis gegen Gondo (Stalden, Geri, Bellegg) beweisen, daß sich auch dort Walser niederließen. Die wenigen Bewohner von *Gondo* vermochten dem deutschen Einfluß nicht zu widerstehen, und mit der Zeit wurde auch hier die deutsche Sprache vorherrschend; die Walser nannten den Ort *Ruden*.

Pomatt und Bosco Gurin: Zwischen Wallis und Tessin schiebt sich ein Zipfel italienischen Gebietes wie ein kräftiger Keil nach Norden zum St.-Giacomo-Paß vor. Es ist das Eschental mit seinem Schlüsselpunkt *Domodossola* — *Döm* sagen die Walser — wo die zwei mittelalterlichen Verkehrsrouten von jenseits des Gebirges nach der lombardischen Tiefebene zusammentreffen, die Simplonstraße und die bedeutend weniger begangene vom Haslital über die Grimsel und den Griespaß führende. Das Eschental ist das Tal des Toce oder der Tosa. Oberhalb Domodossola wird das Eschental in zwei deutlich voneinander verschiedenen Talstufen getrennt, die untere, die Valle Antigorio, und die obere, die bis zur Alpenregion und zur Landesgrenze sich erstreckende *Valle Formazza*. Die Valle Formazza ist alter Walserbereich. Ihre Bewohner sind einst, zur Hauptsache wohl über den Griespaß (2468 m), aus dem Goms eingezogen. Auch der Albrunpaß (2410 m) aus dem Binntal mag für die Einwanderung in Betracht gekommen sein.

So entstand hier auf einer Länge von 12 km eine ganze Reihe von Walserdörflein innerhalb einer Höhendifferenz von nahezu 900 m, von denen die obersten freilich schon lange nicht mehr ständig bewohnt sind. Zusammen bilden sie die politische Gemeinde *Formazza* oder *Pomatt*. Die Bewohner reden unter sich einen dem Goms ähnlichen Dialekt, und die Siedlungen tragen bei den walserischen Pomattern ihren von den Vorfahren gegebenen Namen. Die wichtigsten Örtlichkeiten sind: Moraschg, italienisch Morasco (1780 m), seit einigen Jahren mit seinem mattenreichen Talgrund in einem Stausee verschwunden; Cherbäch (Riale), Früdwald (Canza), Gurvolo (Gruvella), Zumschterage (Ponte), Wald (Valdo), Indermattu oder zer Chilchu (Chiesa), Stavwald (Fondovalle), Undurum Stalde (Foppiano).

Hoch über dem Tal im Südwesten entstanden die zwei Walserkolonien *Saley* (Salecchio, 1300—1900 m) und nur einige Kilometer südwestlich *Ager* (Agaro, 1561 m), das in jüngster Zeit ebenfalls einem Stausee zum Opfer gefallen ist.

Andere Walserfamilien überstiegen die östlich dem Pomatt sich entlangziehende Gebirgskette und gelangten in das bei Cevio in der Valle Maggia sich öffnende Seitental. Zuoberst in der weiten Mulde gründeten sie die Walsersiedlung *Gurin* (1506 m). Von ihr heißt der Paßübergang seither Guriner Furka. Der offizielle Name des Ortes ist *Bosco* oder *Bosco Gurin*. Er ist das einzige deutschsprachige Dorf des Kantons Tessin. Hier kam die Einwanderungswelle zum Stehen.

Ornavasso und Miggiandone: Verklungen ist die deutsche Sprache in dem schon tief in den italienischen Süden vorgeschobenen Orte des

Eschentales, *Ornavasso,* und in dessen Nachbargemeinde *Miggiandone,* nahe beim Langensee (Lago Maggiore). Beide sind aber urkundlich als deutsche Siedlungen bezeugt.

HERKUNFT UND WANDERZÜGE DER WALSER

Neue Forschungen haben ergeben, daß die Besiedlung des Monte-Rosa-Gebietes zweifellos vom Norden her erfolgt ist, da die Nordseite der Alpen in diesem Raum ja auch von Deutschen, von alemannischen Stämmen, den Walsern, umlagert ist. Schon die Tatsache, daß wir die deutschen Siedlungen hier vorherrschend im Hintergrund tiefeinschneidender Täler finden, weist auf die Besiedlung vom Norden her hin.

Albert Schott, ein Süddeutscher, damals Deutschlehrer am Gymnasium in Zürich, nannte in seinem Werke „Die deutschen Colonien in Piemont" (1842) die Deutschen dieser Täler *Silvier,* diesen Namen ableitend von Silvius, einer alten Bezeichnung des Monte Rosa, bzw. des Matterjochs, die er bei Josias Simmler und Joh. Jak. Scheuchzer fand.

Über die Walsersiedlungen gibt es heute ein sehr umfangreiches Schrifttum. Die Hauptfrage über die Walser, ihre Herkunft, die bereits im 15. Jahrhundert die Geister zu beschäftigen begann, ist von der Forschung längst einwandfrei beantwortet. In letzter Zeit sind mehrere Werke erschienen, die in einer Gesamtschau ein klares Bild von den Walserwanderungen, ihren Zusammenhängen und ihren Auswirkungen vermitteln.

Verwiesen sei hier vor allem auf das 1969 im Verlag Huber, Frauenfeld und Stuttgart, erschienene Buch von *Paul Zinsli* „Walser Volkstum *in der Schweiz, in Vorarlberg, Liechtenstein und Piemont —* Erbe, Dasein, Wesen" (527 Seiten, eine Farbtafel, 102 Abbildungen und 10 Kartenskizzen), das einen erschöpfenden Einblick in das vielfältig entwickelte und immer stärker gefährdete Leben dieses kleinen Alpenvolkes bietet.

Einen sehr guten Überblick über Geschichte, Sprache, Recht, Wirtschaft und Volkskunde der Walser bietet auch das Werk des Zürichers *Hans Kreis,* „Die Walser — *ein Stück Siedlungsgeschichte der Zentralalpen"* (2. Auflage 1966, Francke Verlag, Bern und München); der Verfasser ist im Jahre 1962 gestorben.

Über „*Die Walser am Monte Rosa"* hat *Paul Waldburger* im Alemannischen Jahrbuch eine sehr übersichtliche und knappe Darstellung dieser Siedlungen geboten.

Manche Frage über die Siedlungen der Freien Walser bewegt immer noch die Historiker und Volkskundler, vor allem in der Schweiz.

Es ist in der Tat seltsam, daß um das 10. Jahrhundert ein alemannischer Stamm ins Oberwallis einwandert, aber schon binnen bloß dreier Jahrhunderte dort einen solchen Bevölkerungsdruck erzeugt, daß er hernach nach vier Hauptrichtungen ausstrahlt und teils jenseits der das Goms rahmenden Bergzüge in den Seitentälern des Aostatales und in den Sesiatälern, ferner im italienischen Pomat (Val Formazza) siedelt und noch heute deutschsprechende, ethnisch abgesonderte Gruppen bildet, teils aber darüber hinaus weit wegzieht und doch nirgends untergeht oder in der Stamm- oder Wirtsbevölkerung aufgeht, sondern, selbst durch mehrere Gebirgszüge von der alten Heimat getrennt, doch die eigene Art bewahrt, in Lebensart und Sprache!

Bruno Boesch bezeichnet in seiner Untersuchung „Der deutsche Sprachraum der Schweiz" die Wanderung des alemannischen Walserstammes als „wichtigstes Ereignis der Siedlungsgeschichte innerhalb der Alpen". Ein Teil der Alemannen zog in der Zeit zwischen 800 und 900 aus dem Norden (Berner Oberland) durch das Haslital und dem Grimselpaß, der sich in der Nähe des Rodano-Gletschers befindet, in die oberen Täler des Wallis und vielleicht auch — wie Paul Zinsli vermutet — über den etwas westlicher gelegenen Gemmipaß. Von da stießen sie nach den verschiedensten Seiten vor, und einige Teile davon gelangten so an den Südabhang der Alpen und sind heute noch in Sprachinseln südlich des Monte Rosa zu finden. Über den Furkapaß wanderten andere weiter hinüber nach Graubünden. So findet man sie früh in Davos, das sich im 16. Jahrhundert, wie uns Campell in seiner „Descriptio Raetiae" berichtet, allein des Deutschen, und zwar des oberwallisischen Dialekts, bedient, allein im Gegensatz zur Umgebung. Später greifen dann die Walliser weit aus in den Raum von Chur, Ragaz, Sargans, Prätigau, nach Vorarlberg, wo ja heute noch das Große und Kleine Walsertal nach ihnen benannt sind.

Bevor durch Infiltrierung aus dem Norden das Deutsche im Rheintal in breiteren Schichten der dort ansässigen Rätoromanen Fuß faßte, wurde die rätische Bastion intensiv von Westen durch Siedlung mit deutschen Sprachinseln durchsetzt. Chur sprach im 14. Jahrhundert romanisch. Im Rheintal drang das Deutsche weniger infolge von Siedlung als durch Beeinflussung durch die politisch führende Schicht und ihrer Beamten, also soziologisch gesehen von oben her, ein (Boesch). Burgennamen sind vielfach inmitten romanischer Gegenden deutsch. Zwischen 842 und 847 war das Bistum Chur zur Erzdiözese Mainz geschlagen worden. 916 verleibte König Konrad I. Rätien dem Herzogtum Schwaben ein. Im Gefolge davon setzte sich deutscher Adel in Romanisch-Bünden fest, wovon Burgennamen wie Hohensax, Werdenberg, Wartau, Haldenstein, Fürstenau usw. zeugen. Auch sonst zeigt sich, daß durch herrschaftliche Beziehungen Ortsnamen verpflanzt werden können.

Otto Winkler schreibt in seiner Untersuchung „Zur Kenntnis der mittelalterlichen Walsersiedlungen in hochgelegenen Alpentälern über die Wanderzüge der Walser folgendes:

Die Walser stießen in vier Richtungen vor: *Erstens* in die linken *Aosta*- und die *Sesia-Täler* sowie auf weitem Umweg nach *Davos* und von diesem starken Zentrum weiter nach *Aresa* ins *Prätigau* und ins *Sarganser Land* ausstrahlend.

Zweitens ins *Pomatt* zum einzigen deutschsprechenden Tessiner Dorf, dann über *Ornavasso* nach dem *Lago Maggiore,* an diesem vorbei ins *Rheinwald* und dann wieder über die Pässe nach dem *Lugnez, Safien* und *Avers.*

Drittens über das *Urserental* und die Oberalp ins *Tavetsch, Calfeisen, Weißtannen, Sarganser Tal,* sich hier mit dem Davoser Strom wieder vereinigend und weiter in das *Große* (Vorarlberg) und das *Kleine Walsertal* (im Allgäu).

Viertens zurück ins *Berner Oberland.*

Und immer in den herben Regionen hoch oben, manchmal gar über der Waldgrenze, fast immer aber im Talboden oberhalb einer Schlucht.

Die erste belegbare Walsersiedlung stammt aus dem Jahre 1273. Von den ersten Zentren Rheinwald und Davos aus breiteten sie sich dann rasch nach den verschiedensten Richtungen aus, meist — wie u. a. Paul Waldburger vermutet — von Feudalherren gerufen, welche diese abgehärteten und arbeitsamen Walserleute gut gebrauchen konnten zur Rodung einsamer, unbewohnter Täler und namentlich auch für den Bergbau, um daraus bessere Einnahmen erzielen zu können.

Die Gründung der Walserkolonien am Monte Rosa lassen sich zeitlich nicht leicht festsetzen. Da der Freiheitsbrief der Rheinwalder von 1277 datiert ist, der Lehensbrief der Landschaft Davos von 1289, dürften die Siedlungen am Monte Rosa einige Jahrzehnte älter sein (Waldburger). Einzig für Gressoney kommt eine Besiedlung am Ende des 12. Jahrhunderts in Frage, da 1218 bereits Deutsche im Lystal nachzuweisen sind.

Grundherren waren (außer dem Lystale, das den Bischöfen von Sitten gehörte, die schon etwa im 13. Jahrhundert durch die Herren von Challant abgelöst wurden) die *Grafen von Biandrate.*

Ihr Stammsitz liegt einige Kilometer westlich von Novara. Sie waren nicht nur am Südabhang der Alpen begütert, sondern auch im Wallis, nämlich bei der Bischofsstadt Sitten. Dann gehörte ihnen das Saastal; einer von ihnen ist um 1265 Meier des Anzascatales. Im Sesiatal waren sie schon um 1152 reich begütert, mußten aber in der Folge vor der Macht des novaresischen Stadtstaates zurückweichen. Es liegt auf der Hand, daß diese dynastische Verbindung zwischen Piemont und Wallis die Grundlage für die Ansiedlung der Walser am Monte Rosa bildete.

Darüber schreibt Paul Waldburger: Das Grafenhaus der Biandrate hat seinen Besitz an Rechtstiteln und seine Einkünfte zu erweitern gesucht, und zwar — wie es die Zeit erheischte, durch Eroberung, Kauf, Tausch, Pfandschaft, Erbschaft und durch Siedlungsbau.

Nach Norden über den Alpenkamm ausgreifend, hat es zunächst rein herrschaftliche Rechte in Sitten und Visp und im Saastal erworben und hernach Untertanen aus dem Wallis in seine südlichen Besitzungen verpflanzt. Klar zu belegen ist dieser Vorgang nicht. Ebenso bleibt die Frage offen, ob die Grafen mit der Zusicherung rechtlicher Besserstellung Siedler anlockten, oder ob sie eine zwangsmäßige Umsiedlung vornahmen. Diese letztere Annahme würde erklären, warum der Zustrom der Siedler gering war, die Ausdehnung nach Süden steckenblieb. Vielleicht waren es gerade solche Zwangsmaßnahmen, die die Walliser Untertanen der „Konkurrenz" in die Arme trieben, jenen Bündner Freiherren, die mit dem Kolonistenrecht Walser anlockten.

Walliser Bergbauern und Bündner Freiherren kamen im Dienst der lombardischen Städte zusammen, die Bündner als Condottieri, die Walliser als Söldner. Für die Bündner Adeligen bedeutete es ein willkommenes Mittel, ihre territoriale Machtstellung in dem paßreichen Rätien durch die Ansiedlung von Walsern zu stärken. Überdies brachte ihnen der Siedlungsausbau eine sehr erwünschte Grundrente, hatten doch die Siedler nach dem Erbleihvertrag jährlich eine bestimmte Abgabe in Käse, Lämmern, Tuch, Pfeffer oder Geld zu entrichten. Ferner waren sie verpflichtet, mit „Leib und Schild und Speer" Kriegsdienst zu leisten, freilich nur innert örtlicher Grenzen. Die Walser am Monte Rosa leisteten möglicherweise keinen Kriegsdienst. Ihre Hochtäler waren — etwa mit dem bündnerischen Rheinwald verglichen — Sackgassen. Ihre Ansiedlungen blieben bäuerlich. Einzig in Gressoney entwickelte sich bald (offenbar unter italienischem Einfluß) der Tuchhandel. Bereits um 1500 heißt das Lystal „Krämertal", und seine handelstüchtigen Bewohner müssen sich in Bern, Zürich und Freiburg in Breisgau allerlei Vorwürfe gefallen lassen.

So klein die Kolonien am Monte Rosa waren, sie erwiesen sich doch als lebenskräftig. Die Walser bemächtigten sich der neuen Heimat mit Hand und Kopf. Ein schönes Zeugnis dafür bilden die Orts- und Flurnamen (Karte S. 223).

Wo die Siedler alte Namen vorfanden, haben sie diese wohl zumindest übernommen, aber in der Lautgestalt verdeutscht. Beim Siedlungsausbau indessen haben sie das Gelände nach Walliser Brauch getauft. Die Skizze zeigt die Weite und Dichte dieser sprachlichen Besitzergreifung. Die Verbindung zum Mutterland Wallis blieb durch alle Jahrhunderte erhalten. Pässe wie das Matterjoch (Theodulpaß), das Schwarztor, das Weißtor, der Saaserberg (Monte-Moro-Paß), die heute nur noch der Hochtourist begeht, wurden im Mittelalter selbst von Saumtieren und Viehherden überschritten. Die Gressoneyer zogen, wenn sie ihrem Tuchhandel nachgingen, meistens über das Matterjoch. Noch im 19. Jahrhundert gaben sie jeweils den Zermattern ihre Gletscherseile in Verwahrung. Stark müssen auch kirchliche Bindungen nachgewirkt haben. So waren die Leute von Ornavasso lange mit Naters (bei Brig) verbunden; andererseits sind Walser nach Varallo (Vrool) im Sesiatal gewallfahrtet.

Der von Paul Waldburger und den meisten Forschern vertretenen Meinung, nach welcher ganze Walsergruppen (z. B. im Werdenfelser Land) von den „Herren" bewußt angesiedelt wurden, weil es sich um zuverlässige und harte Menschen handelt, hält der Schweizer Arzt *Dr. Friedrich S. Nohara* (†) nicht eine andere Ansicht entgegen, sondern fügt dieser — wie er selbst betont — als Ergänzung einen neuen Aspekt an: den des Vakuums.

Nohara begründet dies folgendermaßen: Gerade die erwähnten obersten Talstufen waren vordem unbewohnt und bloß von den riesigen Schafherden aus Oberitalien bevölkert, wie sie noch heute in geringerem Umfang in den Ötztaler Alpen im Sommer herüberkommen. Die im ausgehenden Mittelalter von England auf den Kontinent gelangenden feinen Wolltuche verdrängten die weit gröberen Stoffe aus Schafwolle, führten zu einer katastrophalen Schrumpfung des Absatzes sowie der Schafherden selbst und ließen diese Talschaften brach, gerade in einer Epoche, da, worauf Otto Winkler in seinem Werke hinweist, sie durch eine starke Klimaverbesserung um einiges besser bewohnbar wurden als früher.

In dieses Vakuum stießen nach Noharas Überzeugung vielfach die Walser nach, also ohne Ansässige zu verdrängen, zumal ja diese tiefer unten in den Tälern vor den abschließenden Schluchten (Rofla, Litzirüti, Zügen, Tosafälle im Formazzatal und anderwärts) und deren Überwindung zurückschreckten.

DAS LYSTAL (IM AOSTATAL)

Im Lystale (Aosta) leben Walser in den drei Gemeinden *Gressoney-Trinité*, in *Gressoney-St.-Jean* und in *Issime-Eischime*. Zählt man die Ausgewanderten mit, die sich im Geiste immer noch mit ihrem Tale verbunden fühlen, gibt es im Lystal rund 10.000 Walser, aber die dort „wohnhaften" dürften weitaus weniger ausmachen: rund 1000 in den beiden Gressoney und 500 in Issime.

In allen drei Gemeinden ist die Walsermundart noch lebendig und wird auch von der Jugend gesprochen; in Gressoney ist auch das Schriftdeutsch verbreitet, das in Issime fast völlig unbekannt ist. Dafür aber ist in *Issime* noch die Mundart viel mehr verbreitet (und im Vergleich zu Gressoney auch viel altertümlicher). Die beiden Gemeinden sind gebietsmäßig von der Gemeinde Gaby getrennt, wo sich heute das Franco-Provenzalische bereits vollständig durchgesetzt hat. Niel, eine Fraktion Issimes, hatte am längsten das Walserische bewahrt. Dank Intervention des Parlamentsabgeordneten aus dem Aostatal, Corrado Gex, wurde das Deutsche in den drei Gemeinden in Freikursen wieder eingeführt, und zwar vom Lehrer Aloys Barrel (aus Gressoney-St.-Jean). In Issime ist der Deutschlehrer ein Ortskind und ist daher in der Lage, mit den Kindern sich auf Walserisch zu unterhalten. Deutsche Aufschriften findet man vor allem in Issime, während man solche in den beiden Gressoney selten findet.

In Issime wurde am 31. Juli 1967 die Vereinigung „Augusta" ins Leben gerufen, welche sich zum Ziele gesetzt hat, alle jene, denen das kulturelle und sprachliche Gut im Alpenbogen zwischen Aostatal und dem Simplon am Herzen liegt, zu organisieren, mit besonderer Berücksichtigung der Walser Gemeinschaft. Die Jugend von Issime hat als erste die Initiative ergriffen und hat in der Walsermundart einen Appell an die Bevölkerung und an die Wissenschaftler gerichtet, damit ihnen die Möglichkeit geboten werde, weiterhin in ihrer Art leben und handeln zu können, dort, wo sie geboren sind.

Anläßlich der Gründung der „Augusta" und des II. Kongresses der „Internationalen Vereinigung zum Schutze der gefährdeten Sprachen und Kulturen", der am folgenden Tag stattfand, wurde in der Pfarrkirche von Issime zum erstenmal nach über 100 Jahren wieder die Predigt auf „Walserisch" gehalten und die Messe wurde in deutscher Sprache gefeiert.

Es gibt sogar eine kleine Literatur in der in Gressoney gesprochenen Mundart. Davon seien genannt Luis Zumstein (Louis Delapierre), der im vergangenen Jahrhundert lebte, und Fräulein Gritle Scaler, die heute noch lebt.

GRESSONEY — GRESCHONEY

Gressoney, walserisch Greschoney, ist das größte und lebenskräftigste Walsergebiet am Monte Rosa. Vom oberen Sesiatal führen mehrere Paßwege in das Lystal hinüber. Der bekannteste ist der Olenpaß (Colle

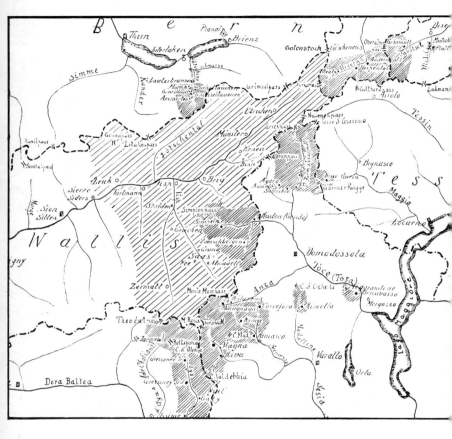

Die Walsersiedlungen im Monte-Rosa-Gebiet

Zeichenerklärung: —.—.—. = Staatsgrenze; —————— = Schweiz: Kantonsgrenze. — Italien: Provinzgrenze; breit schraffierte Linien: Heimatgebiet der Walser; schmal schraffierte Linien mit Punkt: Außenorte der Walser sowie von ihnen aus verdeutschte romanische Siedlungen (Ausschnitt aus der Karte über das gesamte Siedlungsgebiet der Walser im Buche von Hans Kreis: „Die Walser", Francke Verlag, Bern und München, 2. Aufl. 1966).

d'Olen, 2871 m). Die Lys, einer der wichtigsten Zuflüsse der Dora Baltea, entspringt auf 2350 m und mündet auf 300 m Höhe bei Pont St.-Martin (Zum Stäg, Pont) nach einem Lauf von nur 40 km Länge. Oberhalb der Talenge von Ponte Trenta ist das Tal von Bergkamm zu Bergkamm nur sechs Kilometer breit. Die Talflanken sind steil; an manchen Stellen tritt der nackte Gneisfels hervor. Der Talgrund ist voller Moränenschutt, wild und wenig fruchtbar. Und doch ist das Tal lieblich zu nennen. Das oberste Dorf, *Gressoney-La Trinité*, „Die Dreifaltigkeit", Oberteil oder Tachen genannt, hat erst seit 1767 eine Kirche. Stattlicher ist *Gressoney-St.-Jean*, genannt St. Johann, Unterteil oder Platz. Wenn sich hier das Deutschtum besser erhalten konnte als in den übrigen ennetbirgischen Walserorten, nennt Waldburger dafür folgende Gründe:

1. Gressoney ist mit rund 1000 Einwohnern den andern Walserdörfern vielleicht von jeher überlegen gewesen.

2. Seit dem Mittelalter war Gressoney durch seinen Tuchhandel mit der Schweiz und mit Deutschland verbunden. Die Kenntnis der deutschen Sprache gehörte zum Beruf, brachte Wohlstand und damit auch ein gehobenes Selbstbewußtsein. Gressoneyer Tuchgeschäfte finden sich noch heute in Winterthur, St. Gallen und Luzern. Im 19. Jahrhundert werden Gressoneyer in Freiburg i. Br., in Konstanz, Ravensburg, Nördlingen, Augsburg und Warschau erwähnt. Gressoneyer Familien im Ausland haben heute noch Grundbesitz im Lystal und pflegen die verwandtschaftlichen Beziehungen zur alten Heimat mit großer Treue.

3 Gressoney gehört nicht zu einer den piemontesischen Provinzen wie Alagna (Vercelli) und Macugnaga (Novara), sondern zum Aostatal. Dieses ging seit dem frühen Mittelalter andere Wege als die oberitalienischen Provinzen, war es doch Bestandteil des Herzogtums Savoyen, das in seiner Blütezeit vom Neuenburger See bis nach Nizza reichte. Kirchlich gehörte das Aostatal zum Erzbistum Taranaise und nicht etwa zu Mailand. Die alten Sonderrechte des Aostatales mußten der Egalité der Ersten französischen Republik geopfert werden. Das Recht auf die französische Sprache blieb unangetastet, auch unter dem Königreich Sardinien-Piemont. Selbst im Parlament des neugeschaffenen Königreiches Italien durften die Augstaler anfänglich noch französisch sprechen. Erst 1884 wurde das Italienische als Gerichts- und Amtssprache eingeführt und das Französische stark zurückgedrängt, 1926 dann kurzerhand verboten. 1948 erhielt das Tal wie Südtirol (zusammen mit dem Trentino) und wie Sizilien das Statut einer autonomen Region. Doch sind die Anhänger der französischen Sprache, die Valdostaner, in ihren kulturpolitischen Forderungen enttäuscht worden. Die Sonderstellung des Aostatales brachte es nun mit sich, daß in Gressoney Italienisch und Französisch als Amtssprache gelten. Schule und Kirche sind italienisch, zu Hause sprechen die meisten Familien deutsch. Gressoney ist also in gewissem Sinne dreisprachig. Das Deutsche hat die schwächste Stellung. Wer der Last der Dreisprachigkeit müde ist oder ihr ausweichen will, wird am ehesten das Deutsche aufgeben. Anderseits werden die Walser fast etwas umworben. Die Valdostaner sehen im Walser den Nicht-Italiener, den Bundes- und Leidensgenossen. Was sie an Sonderrechten fordern, können sie den Walsern schwerlich vorenthalten. So veranstaltet die Talschaftregierung in Gressoney Abendkurse für Französisch und für Deutsch. Die Italiener ihrerseits halten daran fest, daß für die Walser als Verkehrssprache nur das Italienische Sinn habe.

4. Gressoney ist wohl ein Fremdenort geworden; die Zuwanderung hat sich aber in engen Grenzen gehalten. Seit 1880 sollen etwa vierzig italienische Familien eingewandert sein. Seit 1883 wird in der Kirche nicht mehr deutsch gepredigt, sondern italienisch oder französisch. Die Überfremdung wäre ohne Zweifel viel stärker, wenn Gressoney Industrie hätte (wie das nahe Pont St.-Martin), Thermalbäder (wie St.-Vincent im Augstal) oder Paßverkehr und Garnison (wie Aosta). Geradezu ein Glücksfall ist es zu nennen, daß das Tal, dessen gestufter Lauf zum Kraftwerkbau verlocken muß, in seinem deutschsprachigen Teil nur ein einziges Kraftwerk (Gabiet) aufweist. Ausgedehnte Kraftwerkbauten, wie sie in den zwanziger Jahren geplant wurden, müßten das Walsertum ins Mark treffen. Sie brächten verlockende Arbeitsplätze für Männer, Ab-

wanderung aus der Landwirtschaft, Zuwanderung fremdsprachiger Arbeitskräfte, Verlust der ländlichen Sitten. Nach Vollendung der Bauten gingen die meisten Arbeitsplätze verloren, und es wäre eine Abwanderung zu anderen Baustätten oder zu tiefer gelegenen Industrieorten zu erwarten.

5. Die Königin Margherita ließ sich in Gressoney um 1900 ein Schloß bauen. Bis 1923 weilte sie jeden Sommer hier, trug selber die Gressoneyer Tracht und stärkte mit ihrer leutseligen Art das Selbstbewußtsein der Einheimischen. Da sie mütterlicherseits aus Sachsen stammte, konnte sie mit den Gressoneyern deutsch sprechen.

Weitaus gefährdeter und schon längst im Rückgang befindet sich die deutsche Sprache im unteren Talbereich unterhalb von *Dryßigstäg* (Ponte Trenta). *Issime* muß heute als höchst gefährdete, ja bereits stark vom fremden Laut überflutete walserdeutsche Sprachinsel gelten (P. Zinsli, „Walser Volkstum").

Das zwischen diesem alten Hauptort und den Gressoneyer Talstufen liegende Stück mit dem Dorf *Gabi* (am Goabe) ist völlig verwelscht, und nur wenige Weiler- und Flurnamen erinnern hier noch an den ehemaligen Walsereinschlag.

Auch in dem 500 m höher, östlich über Gabi in einem Seitental gelegenen kleinen Dörfchen *Niel* (1535 m), einem richtigen „Walsernest", in seiner entlegenen Berghöhe mit nur etwa 20 Einwohnern, war 1961 die deutsche Sprache erloschen (P. Zinsli).

Das stattliche Issime *(Eischime)* mit seiner vorherrschenden Steinbauweise hat seine überaus eigenständige deutsche Mundart, leider schon am Erlöschen. 1886 galt die Volkssprache des Ortes noch als deutsch, doch waren Schule und Kirche schon französisch; um 1910 sollen von 1617 Einwohnern noch 909 deutschsprachig gewesen sein; um 1940 zählte man 1650 Bewohner; aber zweifellos hat die Anzahl derjenigen, deren Muttersprache Deutsch ist, darin stark abgenommen. Deutsch ist auch da nur noch die Haussprache eines Teils der Bewohner, die sich in Lebensweise und Alltag sonst durch nichts von ihren romanischen Dorfgenossen unterscheiden, sich mit diesen im frankoprovenzalischen Dialekt unterhalten, nur noch italienische Zeitungen lesen und in der Schule, Kirche und Gemeinde allein die Staatssprache pflegen. Die häufigen Mischehen lassen die Walsermundart auch in solchen Familien absterben, ja die Kinder lernen im allgemeinen schon nur noch Italienisch oder vermögen sich bloß in dieser Rede frei auszudrücken. Heute macht die Gemeinde auf den Besucher denn auch einen durchaus italienischen Eindruck; aber man hört doch noch immer die alteingesessenen und älteren Nachbarn auf der Straße im Gespräch zum ererbten und stark zurückgedrängten Mutterlaut hinüberwechseln (P. Zinsli).

VAL D'AYAS

Schon längst verklungen ist die deutsche Sprache im Ayastal, dessen Mittelpunkt das oberste Dörflein *Saint-Jacques* (1689 m) mit dem Kranz seiner umliegenden Weiler an den Berghängen bildet — in einer großartigen und heute vielbesuchten Gebirgslandschaft. Daß hier einst deutschsprachige Bewohner gelebt haben, ist in der Volkserinnerung heute noch lebendig geblieben, nannte man doch bis vor nicht langer Zeit jenen hintersten und höchsten Talbereich, etwa von Champoluc an hinein und hinauf an die Cime Blanche, an die *wisso grédjene,* „weiße Gärtlein", den *„Canton des Allemands"* (P. Zinsli).

DAS VAL SESIA (PROV. VERCELLI)

Auch im Valsesia-Tal finden wir heute noch drei Walsergemeinden, und zwar *Alagna-Land* (einst Olen genannt), *Rima* (die Fraktion Rima, San Giuseppe) und *Rimella.* Zusammen dürfte es sich um rund 1000 Einwohner handeln. In den Wintermonaten findet man hier etwa ein Dutzend älterer Personen, die noch die Walsermundart beherrschen, die sich hier sehr rein erhalten hat. Am 15. August, dem Patroziniumsfest, wird heute noch das Lied „Maria zu lieben" (das dem Gottesmutter-Wallfahrtsort Maria Einsiedeln gewidmet ist und wohin die Bewohner von Rima in früheren Zeiten wallfahrteten) gesungen. Walseraufschriften findet man hier leider keine. Aus Rima stammt Pietro Axerio Piazza, der im vergangenen Jahrhundert in einem dicken Heft Lieder sammelte, viele davon von ihm selbst komponiert und die dann Allgemeingut der kleinen Gemeinschaft von Rima wurden. In Rimella wird die Walsermundart (die hier bereits schwer unter fremden Einflüssen gelitten hat) noch von der gesamten Bevölkerung, auch von der Jugend, gesprochen; auch hier gibt es keine doppelsprachige Aufschriften und die deutsche Schriftsprache ist fast völlig unbekannt.

Inzwischen hat sich auch *Rimella* dem Verkehr geöffnet, hat eine beite Fahrstraße erhalten, und vieles ist anders geworden. Die meisten Männer haben sich auch hier auf nichtlandwirtschaftliche Berufe umgestellt, und viele arbeiten draußen in Varallo und kommen nur am Wochenende nach Hause. Vor allem die entlegeneren Weiler veröden. 1831 zählte die ganze Siedlung volle 1279 Bewohner; um 1912 lebten hier oben noch 1007 Menschen, davon nur zwei nichtdeutschsprachige; um 1923 scheinen sich die Verhältnisse noch kaum geändert zu haben. Aber heute ist die Zahl der Bewohner auf 420 gesunken, und es gibt kleine Fraktionen, wo vor ein paar Jahren nur noch zwei Brüder oder ein einsamer alter Mann lebten, die vielleicht heute auch gestorben sind (P. Zinsli).

Weit schlimmer für das walserdeutsche Volkstum steht es aber in *Rima.* Im Jahre 1912 stellte der Volkstumforscher K. Bohnenberger fest, es fänden sich da „angeblich 88 Deutsche unter 280 Einwohnern; in Wirklichkeit ist das Dorf vorwiegend deutsch". Ein Besucher am Beginn der zwanziger Jahre fand in Rima noch 150 Seelen, darunter aber nur neun schulpflichtige Kinder. 1949 stellte Emil Balmer fest, das Deutschtum liege hier oben „buchstäblich in den letzten Zügen"; nur noch drei Familien sprächen unter sich das alte *Rimardytsch.* Im Jahre 1958 lebten in den 64 großen Holzhäusern sommersüber nur etwa 50 Einwohner im Dorf, und zwei Kinder gingen noch in die italienische Schule, von denen eines aber nur vorübergehend da oben war! Im Winter aber waren es bloß noch 14 zurückgebliebene Dauerbewohner. Von diesen sollen die Hälfte das *Arimerditsch* wenigstens verstanden haben (P. Zinsli).

ALAGNA-LAND

In Alagna hat sich die Mundart fast so rein erhalten wie in Rima, ist aber schwächer. Die Ortsbezeichnungen sind zwar auch auf Walserisch angegeben, aber die Gemeindeverwaltung scheint für dieses Problem nicht allzuviel übrig zu haben. Dank der Vereinigung „Società Valsesiana di Cultura" von Borgo Sesia werden seit dem Jahre 1959 deutsche Kurse abgehalten, indem man dabei von der Walsermundart ausgeht (als Grundlage wird die 1927 veröffentlichte Walsergrammatik von Piero Giordani verwendet). Unterstützt werden diese Bemühungen seit drei Jahren von der Vereinigung „Pro Loco", die begrüßenswerterweise die Bedeutung der Rettung dieses Kulturgutes erkannt hat. Vor kurzem hat auch die Sektion Novara der „Italia nostra" eigene Initiativen ergriffen, um in Alagna die letzten Holzhäuser, die im typischen Walserstil erbaut sind, zu retten; Gustavo Buratti bedauerte es, daß mit diesen Bemühungen nicht auch eine Aktion zum Schutze der Mundart verknüpft wurde. Die Freikurse (die zum Großteil nur von Erwachsenen besucht werden) werden während der Wintermonate gehalten, und zwar von der Frau Angela Gagliardini in Muretto, gebürtig aus Alagna. Dr. Buratti würde es sehr begrüßen, wenn durch das Schulpatronat Deutschkurse in den Volksschulen eingeführt würden. Der Deutschunterricht in der Mittelschule von Varallo würde dann jene sehr ermutigen, die im oberen Sesiatal im Familienkreis noch walserisch sprechen.

Über Alagna schreibt Waldburger:

Alagna, walserisch „das Land", wird von Macugnaga auf einem Saumweg durch das Kratzertal (Val Quarazza) und über den Türlipaß (Passo Turio, 2736 m) erreicht. Sowohl im Tal der Anza (Visp) wie auch im Tal der Sesia (Landwasser) gibt es Goldbergwerke. Hinter Alagna wird neuerdings auch nach Uranium geschürft. Die Alpweiden im obersten Sesiatal tragen fast alle deutsche Namen; die meisten Älpler aber sprechen italienisch. Die Walser stellen heute da und dort italienische Älpler ein; noch häufiger verpachten oder verkaufen sie ihren Alpbesitz an Gemeinden oder Bauern des italienischen Tieflandes.

Alagna ist ein stattliches Straßendorf, ein Kurort mit Gasthäusern, Sesselbahn und direkter Postverbindung nach Novara und Mailand. Giordani beklagte schon 1891, daß das italienische Hotelpersonal überhandnehme. Diese Zugewanderten haben dann für ihre Kinder eine italienische Schule verlangt und erhalten. Walserhäuser sind nur am Dorfrande zu finden. Eine schöne und reine Walsersiedlung ist der Weiler Sankt Niklaus - San Nikloosch. Hier ist das Walsertum noch lebendig. Die Häuser sind stattlich und wohlerhalten. Die überlieferte Gleichung, „wo man in Holz baut, spricht man deutsch", wird zwar heute von der Hausforschung abgelehnt. Baustoff und Bauzweck erscheinen ihr als die gestalteten Kräfte, nicht die völkische Tradition. Doch zeigt gerade ein Gang durch Alagna, daß an der Redensart viel Wahres ist. Die Häuser von San Nikloosch wirken in ihrer Traulichkeit, Wärme und Sauberkeit im Vergleich zu den Steinhäusern des Dorfes durchaus unitalienisch; sie verkörpern eine andere Welt, ein anderes Volkstum. Hier leben Walser, die ihre Sprache und ihre Art noch bewußt pflegen und sich ihr Walsertum etwas kosten lassen. Es ist der Schlag der hochmittelalterlichen Pioniere; heute führen sie die Nachhut, decken den Rücken. Einen schönen Beweis für die andauernde Verbindung mit dem großen deutschen Sprachgebiet bildet der Bücherfund, den Emil Balmer („Die Walser im Piemont", Bern 1949) hier gemacht hat. Ein geistliches Rosengärtlein, Würzburg 1662; ein Gebetbuch, Basel 1751; ein Andachtsbuch, Köln 1812. Seit die Schule italienisch (1870) ist, ging die Beherrschung der deutschen Schriftsprache stark zurück. Einzig die zeitweilige Auswanderung in deutschsprachige Gebiete kommt noch einer gewissen Pflege und Stärkung der Muttersprache gleich. 1870 wurde nicht nur die Schule, sondern auch die Kirche italienisch. Diese Änderung war ein schwerer Schlag für das Walsertum. So sehr sich die römisch-katholische Kirche anderswo des unterdrückten Volkstums annimmt (man denke an Polen vor 1918, an das Elsaß), im italienischen Sprachbereich verhält sie sich anders. Ein italienischsprechender Bischof nimmt daran Anstoß, daß ein Teil seiner Herde nicht italienisch spricht, — auch die Walser von Bosco Gurin haben dies einst erfahren. Es fällt dem Bischof nicht schwer, der Italianità zum Durchbruch zu verhelfen. Er braucht bloß der Pfarrei einen Priester zu schicken, der nur Italienisch kann. Die Behauptung geht wohl nicht zu weit, daß am Monte Rosa der italienische Staat gegenüber der Walsersprache duldsamer war als die Kirche. Freilich braucht hier der Staat von den Walsern auch gar nichts zu fürchten; sie erheben keine politischen Forderungen, und die benachbarte Schweiz hat noch nie „Erlösungsabsichten" bekundet.

Im 19. Jahrhundert spielte man in Alagna noch deutsch Theater. So kraftvoll wie in Bosco Gurin mag dieser Zweig der Volkskultur hier freilich kaum geblüht haben; dort spielt das ganze Dorf, ohne Zuzug von Spielern oder Zuschauern, und zwar selbst Schiller und Shakespeare.

Auch die Alagner wandern schon seit Jahrhunderten aus, vor allem als Steinhauer, Gipser und Maler. Die Landwirtschaft bleibt größtenteils den Frauen überlassen, ebenso die Erziehung der Kinder. Die Walsersprache ist Muttersprache im engsten Sinn. Der Vater ist nur während weniger Monate des Jahres zu Hause. Er kennt vielleicht Weltstädte, während die Mutter nie aus dem Tal herausgekommen ist. Auch von hier aus gesehen, ist die Mutter die gegebene Hüterin der Tradition.

Es ist indessen nicht nur die Auswanderung, die eine eigenständige dörfliche Kulturpflege verunmöglicht. Es fehlt von jeher und heute erst recht eine politische Voraussetzung: die Selbstverwaltung der Talschaft, wie sie etwa den Dreizehn und den Sieben Gemeinden unter venezianischer Herrschaft eigen war. Maßnahmen politischer und administrativer Art, die das Walsertum schützen und stützen könnten, werden überhaupt nicht erwogen. Die Walser wissen um ihre Lage; die Besten unter ihnen halten still und zäh an ihrem Volkstum fest, soweit das in der Macht der Familie liegt. Der Kampf für die Muttersprache wird in den Häusern geführt und in den Herzen entschieden; oft reicht er zu einem Ringen zwischen Jungen und Alten, zwischen Eltern und Kindern. Das Walsertum weicht vor einer Übermacht, und diese Übermacht ist, genau gesehen, nicht das Romanentum, sondern — die moderne Wirtschaft mit ihren Folgen: Landflucht und Bevölkerungsmischung.

Ein älteres Alagner Ehepaar, das 23 Jahre unten im italienischsprechenden Tal gelebt hat und jetzt die alten Tage in der Heimat verbringt, drückte seine Treue zur Muttersprache so aus: „Mir hand dytsch gholdut (geminnt) und tien dytsch fächtu (zanken)."

Sowohl Alagna als auch Gressoney haben Trachten und Trachtenvereine. Der Gruppo folcloristico di Gressoney gewann vor einigen Jahren an einem italienischen Trachtenfest den ersten Preis, trat im Rundfunk und im Fernsehen auf, deutsch, französisch und italienisch singend. Dies alles könnte als ein sichtbares Zeugnis für die Lebenskraft des Walsertums gewertet werden. Aber die Trachten sind keine alten Zeugen der Volkskultur. Sie gehen nicht weiter als ins 18. Jahrhundert zurück, und, was noch wesentlicher ist, auch die italienischen Nachbartäler haben ihre Trachten. Die Tracht scheidet nicht Walser und Romanen, sie scheidet vielmehr Bauern und Städter.

Über den Rückgang des Deutschtums in Alagna schreibt Paul Zinsli: Wieviele mit dem vollen Walserspracherbe vertrauten Walser heute noch in Alagna leben, ist schwer auszumachen. Die Zahl der bodenständigen Menschen hat auch in diesem Bergort seit 100 Jahren mählich und seit 50 Jahren rasch, sogar fast um ein Drittel, abgenommen, obschon während des Sommers gegen 300 Gäste auf der Alagner

Berghöhe weilen und manchen Verdienst einbringen; 1869 waren es noch 648 Einwohner, und wahrscheinlich alles deutschsprachige. Um 1912 wurden immerhin noch 632 Bewohner gezählt, unter denen man die deutschen auf 442 schätzte. 1958 aber war die Zahl der Dauerbewohner auf 460 gesunken, und die deutschredenden Menschen sind darin auf einen kleinen Bestand zusammengeschmolzen — immerhin ist die Zahl doch noch um einiges größer und widerstandsfähiger als etwa in Macugnaga oder gar in Rima.

ANZASCA- UND FORMAZZATAL (PROV. NOVARA)

Im Anzascatal wird nur noch in *Macugnaga-Makannah* walserisch gesprochen. Die Mundart ist noch ziemlich in Gebrauch und dürfte von rund 1000 Personen verwendet werden. Die Jugend kennt die Mundart kaum mehr. Dank den Bemühungen des Pfarrers Don Sisto, der aus Ornavasso stammt (einer Gemeinde, wo früher ebenfalls das Walserdeutsch gesprochen wurde), wurden im Kindergarten auch Nonnen deutscher Muttersprache eingestellt; deutsche Aufschriften findet man selten (wohl aber steht auf dem Rathaus: Municipio-Gemeindehaus). Aus Makanah stammt Ing. Augusto Pala, der Verfasser schöner Gedichte in Walsermundart.

MACUGNAGA — MAKANNAH

Macugnaga, walserisch Makannah, ist mit dem Wallis durch den Monte-Moro-Paß (2862 m) verbunden. Dieser schweizerisch-italienische Grenzpaß, auch Saaserberg genannt, wurde vor dem Bau der Simplonstraße (1810) noch viel mit Saumtieren begangen; heute ist er verödet. Mit Macugnaga wird nicht ein Dorf bezeichnet, sondern ein etwa fünf Kilometer langes Talstück, in dem die Weiler Zertanne (Pecetto), Stapfa (Staffa), Isella, Borca und Pestarena liegen. Das Walsertum findet sich hier nur noch in Resten. Der Fremdenverkehr ist früh aufgeblüht und hat das Einheimische und Bodenständige erdrückt. Verwunderlich ist das nicht, Macugnaga ist vom Langensee her leicht zu erreichen und verfügt über ein landschaftliches Prunkstück: den Absturz der Monte-Rosa-Ostwand. Die zerstörerischen Auswirkungen des Fremdenverkehrs finden sich auch anderswo, in den Alpen so gut wie am Meer. In Macugnaga aber stirbt mit dem Brauchtum auch ein Volkstum; die Verstädterung (im weitesten Sinn) ist zugleich Verwelschung.

Walserdenkmäler sind die alte Kirche und die Linde. Die Kirche trägt die Jahreszahl 1580 und ist bereits recht baufällig geworden. Daneben steht eine mächtige Linde, von der die Sage geht, eine Frau habe sie als Reis aus dem Wallis mitgebracht. Der Baum dürfte 200 Jahre alt sein und wohl die Stelle einer älteren Linde einnehmen. Jahrhundertelang mögen die Macugnager darin ein Wahrzeichen ihrer Herkunft gesehen haben. Blockbauten aus wetterbraunem Lärchenholz stechen da und dort aus den neueren Steinbauten heraus und gemahnen an die Walliser Täler.

Macugnaga zählte 1951 997 Einwohner, darunter 438 Berufstätige. Von diesen arbeiteten noch 114 in der Landwirtschaft, nämlich 48 Männer und 66 Frauen. Dieses Verhältnis ist für viele südliche Alpentäler bezeichnend. Melken, Füttern und Mähen werden an manchen Orten als Frauenarbeit betrachtet. Besonders das Melken galt einst weitherum als Weiberarbeit.

Vor hundert Jahren stand es den Eltern in Macugnaga noch frei, die Kinder in die deutsche oder in die welsche Schule zu schicken. 1880 aber wurde die Schule rein italienisch. Dennoch ist das Walserdeutsch noch heute in mehreren Familien lebendig, selbst unter jüngeren Leuten. Die Schule lehrt zwar, es sei ein „brutto dialetto", und schon im 19. Jahrhundert wurde es hier und anderswo „Altwybersprach" genannt. Die Vornamen der Kinder sind heute auch bei den Walsern vorwiegend italienisch (Sandrina, Natale sind beliebt); das offenbart doch einen bedenklichen Traditionsschwund. Das stolze Bewußtsein der walserischen Eigenart hat sich abgeschwächt zu dem unbehaglichen Gefühl, einer rückständigen, absonderlichen Minderheit anzugehören. Die „Anpassung" greift immer weiter; besonders junge Leute scheinen sich ihrer walserischen Herkunft fast zu schämen.

In *Val Formazza-Pomatt* (rund 700 Einwohner), Alto Toce, ist das Walserische noch lebendiger als in Macugnaga; in den vergangenen Wintermonaten hat Frau Pierangela Antonietti-Matli Deutschkurse organisiert, die allen frei zugänglich waren. Leider handelt es sich dabei um die einzige Initiative, die bisher in Val Formazza-Pomattal ergriffen wurde.

Nicht nur die Landschaft — in den letzten Jahrzehnten sind mehrere Stauseen im Talbereich entstanden —, sondern auch durch Technik und Fremdenverkehr wurde das Leben in Pomatt verändert. Aber trotz dem fortwährenden Abwandern ist die Zahl der Pomatter Einwohner doch von 568 Seelen im Jahre 1749 auf 702 im Jahre 1921 angestiegen und heute, nach der industriellen und touristischen Erschließung, wird sie wohl noch größer sein.

Zwar hat das Pomatterdeutsch bei der älteren Generation noch einen guten Halt; aber auch hier kommt der Rückzug der Menschen aus den höheren Berglagen hinzu: Die einst höchste Siedlung *Moraschg* ist im Stausee verschwunden, als sie freilich schon ein Alp- und Sommerdörfchen geworden war. Aber auch *Kärbäch/Riale* ist mit allen kleinen Niederlassungen auf der Talstufe über der *Frutt* längst wintersüber von den bäuerlichen Siedlern verlassen. Auch da sinkt die Grenze des alpinen Wohnbereichs, und mit ihr versinkt — wie überall in diesen Südtälern — die ans eigenständige Bergbauerntum gebundene deutsche Sprache (P. Zinsli, „Walser Volkstum").

Noch weiter fortgeschritten ist der Untergang des Walservolkstums weiter unten in den vorgelagerten kleinen Bergsiedlungen über dem Talgrund.

In dem auf drei Höhenstufen am rechten Talhang über Premia-Rivasco aufgeteilten *Saley/Salecchio,* das einmal eigenes Recht mit einer besonderen Gemeindeverfassung besaß und in wirtschaftlicher

Autarkie mit verbindlichen Flurbestimmungen ganz auf sich selbst gestellt war, ist das Walserdeutsch bis auf wenige Ausnahmen verklungen.

Auf der anderen Bergseite, auf einer Seitenstufe des in die Hauptrinne des Toce mündenden Deverotales, lag einst das Nachbardörfchen *Agher/Agaro*. Von diesen entlegenen Walserbewohnern, die da in einer sich selbst versorgenden Gemeinschaft zurückgezogen lebten, ist wenig bekannt. Im Jahre 1936 ist auch diese kleine Siedlung hinter einem neu erbauten Staudamm versunken, die Bewohner wurden abgelöst, zerstreuten und verloren sich im Tiefland. Damit ist das Garaowalserdeutsch verklungen. Auch das benachbarte *Ausone*, von den Einheimischen einst *Opso* genannt, ist früher eine deutsche Walsersiedlung gewesen.

Längst verklungen ist die deutsche Sprache in dem schon tief in den italienischen Süden vorgeschobenen *Ornavasso*, sowie in seiner Nachbargemeinde *Miggiandone* nahe beim Langensee (Lago Maggiore). Beide sind urkundlich als deutsche Siedlungen bezeugt. Aber die Zugewanderten scheinen sich zuerst nur in der entlegenen höheren Bergregion niedergelassen zu haben, hinten *im Boden,* wo heute die Kirche *Madonna del Boden* steht und wo sich noch immer deutsche Flurnamen in dichter Zahl finden (P. Zinsli, „Walser Volkstum").

AUCH DIE WALSER SIND VOM UNTERGANG BEDROHT

Keines der Walserhochtäler am Monte Rosa hat Bahnverbindung, jedes ist hingegen mit Linienbussen zu erreichen. Diese Täler sind heute zwei- oder gar dreisprachig. Wo das Walsertum noch Lebenskraft hat, wird in der Familie deutsch gesprochen, außerhalb der Familie italienisch, beides in einer Mundart. Je nach der Schulbildung beherrschen die Einwohner auch die Sprache Dantes und das Schriftdeutsche. Ein Teil der Bevölkerung, vorwiegend Zugezogene, verwendet ausschließlich das Italienische, im Lystal daneben auch das Französische.

Über die Ursachen, die zu einem bedenklichen Rückgang des Deutschtums im Monte-Rosa-Gebiet in den letzten Jahrzehnten geführt haben, sei im folgenden zitiert, was Paul Waldburger darüber in seiner Untersuchung „Die Walser am Monte Rosa" schreibt.

Zwei Vorgänge haben in neuerer Zeit den Zusammenhang mit dem Wallis gelockert:

1. Die verkehrsmäßige Erschließung der Täler von unten her. Der Bau von Straßen ließ verhältnismäßig lange auf sich warten, denn die Hochtäler sind durch Engnisse und Schluchten von den unteren Talstufen getrennt.

2. Die staatliche Einigung Italiens zwischen 1859 und 1870. Seither macht sich der Staat in diesen abgelegenen Tälern stärker bemerkbar. Die Landesgrenze wurde zur scharfbewachten Zollgrenze, die Wehrpflicht ergriff den letzten gradgewachsenen Mann und brachte ihn für Monate und Jahre in italienische Garnisonen. Auch die Walser mußten den Blick nach Rom richten und dem Wallis den Rücken zuwenden. Mit bisher unbekannter Schärfe stellte sich die Frage: „Bist du Italiener oder — etwas Eigenes?" Das Eigene, das im Bewußtsein lebte und auch im Alltag nicht wegzuleugnen war, hat indessen nie politische Form angenommen. Beim Vergleich mit dem Wallis und mit den bündnerischen

Walserdörfern muß auffallen, daß die Talgemeinden südlich des Monte Rosa nach außen und nach innen der politischen Wirksamkeit entbehrten. Ein Grund dafür mag in der starken Auswanderung der Männer liegen; es konnte vorkommen, daß zur Sommerszeit der Pfarrer der einzige Mann im Dorf war.

Kirche, Staat, Wirtschaft und Verkehr drängen den Walsern die italienische Sprache auf. Als gegen Ende des 19. Jahrhunderts die deutsche Sprache aus der Schule verbannt wurde, blieb den Walsern nur mehr ihre deutsche Mundart, eine altertümliche, schwerverständliche Mundart. Und diese ist nun, da sie des Rückhaltes einer geschriebenen und gelesenen Weltsprache entbehrt, der Vermischung mit dem Italienischen ausgeliefert. Diese Vermischung wird soweit fortschreiten, bis das Walserdeutsch aufhört, eigene Sprache zu sein. In Rima und Rimella ist dieser Zustand schon beinahe erreicht, Issime und Macugnaga werden folgen. Am zähesten halten sich Alagna und Gressoney.

Die Schuld am Rückgang des Walsertums schreibt Paul Waldburger aber nicht in erster Linie der romanischen Bevölkerung oder dem italienischen Staat zu, er betont, der stärkste Feind des Walsertums sei die moderne Wirtschaft. Dies zeige sich mit aller Deutlichkeit am Schicksal der Alpsiedlung A l p e n z u, 1800 m, ob Gressoney. Groß-Alpenzu umfaßt zahlreiche Wohnhäuser, Ställe, Stadel, einen gemeinsamen Backofen und eine Kapelle. Während auf Klein-Alpenzu noch drei Familien leben, wohnte auf Groß-Alpenzu 1957 nur noch ein einziger Bauer, der Walser Benjamin Stevenin. Mit seinen drei Töchtern (er ist Witwer) harrt er hier oben aus; seine Mitbürger sagen voraus, daß auch er sich über kurz oder lang im Tal unten ansiedeln werde. Den Winter 1956/57 verbrachte er bereits im Tal unten — seinem jüngsten, noch schulpflichtigen Töchterchen zuliebe. Ob eine seiner Töchter einen Mann findet, der gewillt ist, als Bergbauer auf Alpenzu zu leben, fern vom Dorf, Arzt, Veharzt, Kirche, Schule, Laden, Weinstube? Wenn nicht, so wird dieser Weiler zur Sömmerungsalp herabsinken. Ein Teil der Häuser wird zerfallen, der Siedlungsraum des Walsers wird an dieser Stelle zusammenschrumpfen; die letzten Einwohner von Alpenzu werden sich im Tal unten eine neue Existenz suchen, vielleicht als „Rucksackbauern". Der Vater geht jeden Morgen, den Imbiß im Rucksack, zur Fabrik; die Töchter besorgen die einzige Kuh und das Fleckchen Erde, das sie nicht preisgeben, weil sie mit urtümlicher Liebe am Boden hängen, und weil die erbrechtliche Realteilung sie an den Boden bindet. Die Siedlungsgrenze sinkt, Kuhweiden werden zu Schafweiden, Äcker zu Wiesen. Das Walserproblem ist hier ganz einfach das Bergbauernproblem. Vom Walsertum aus muß die Lage so beurteilt werden: Bleibt das Tal einsam und bäuerlich, so verarmt es; am Schluß steht die Landflucht, die Entvölkerung. — Wird das Tal der modernen Wirtschaft erschlossen, so wird es reicher; aber die Bevölkerung wandelt sich; sie verstädtert, sie wächst, ja, sie wird vielleicht von außen noch unterwandert, das Walsertum aber verflacht, versinkt, stirbt ab. Die Walser sind in einer Zwickmühle. Die folgenden Einwohnerzahlen spiegeln Entvölkerung und Überfremdung. Sie zeigen aber auch, daß Gressoney bis heute den geringsten Schwankungen unterworfen war, von einer Zuwanderung ist gegenwärtig nicht die Rede.

Fast die Hälfte der Gressoneyer Männer arbeiten in Industrie und Handwerk, ihrer zehn in den Stahlwerken Illsa-Viola zu Pont St.-Martin; diese zehn kehren nur über das Wochenende heim. Eine Anzahl von Gressoneyern hat sich schon vor Jahren in Pont St.-Martin niedergelassen.

Gemeinden	1911	1921	1931			1951		
			Total	Männl.	Weibl.	Total	Männl.	Weibl.
Macugnaga	769	610	640	293	347	997	499	498
Alagna (Val Sesia)	711	647	538	232	306	476	230	237
Gressoney-La Trinité	168	158	889	434	455	188	103	85
Gressoney-St.-Jean	1003	1010				732	342	390

DIE KULTURELLE LAGE

Für die kulturelle Lage des Walsertums sind Kirche, Schule und Presse ausschlaggebend. Bis 1883 wurde in der Johanneskirche und in der Dreifaltigkeitskirche zu Gressoney deutsch gepredigt, die Pfarrer waren Einheimische. Der jetzige Pfarrer stammt aus dem benachbarten Issime. Er versteht denn auch das Walserdeutsch und spricht gut das Schriftdeutsch. Mit dem Kirchenvolk verkehrt er italienisch oder französisch.

Deutschkurse werden jetzt im Lystal, in Alagna und Formazza abgehalten. Tatkräftig werden diese unterstützt vom „Deutschschweizerischen Schulverein" (Präsident Hans Duerst, 8052 Zürich, Buchwiesen 12), der für die Belieferung von Schul- und Lesebüchern sorgt. Die Walser aller Länder haben seit rund 20 Jahren ihren Treffpunkt „Zur Steinmatte" in Sass-Fee (Kanton Wallis), dem Heim der Baronin Tita von Oetinger, der langjährigen Präsidentin der Internationalen Walservereinigung. Von der Frau Baronin gingen im Laufe der letzten zwei Jahrzehnte zahlreiche Initiativen aus, die zur Erhaltung und Förderung des Walsertums beitrugen. Sie gibt monatlich einen „Walserbrief" heraus, in welchem die wichtigsten Ereignisse der großen Walserfamilie festgehalten werden. Durch die „Walser-Gespräche", die Frau Baronin in Sass-Fee veranstaltete und bei welchen namhafte Volkskundler und hohe Persönlichkeiten der Walserfamilie vertreten waren, hat die Walserforschung einen ungeahnten Auftrieb erhalten; davon zeugt das umfangreiche Schrifttum über die Walser, das in jüngster Zeit entstanden ist. In vielen Lichtbildervorträgen hat die Frau Baronin im gesamten deutschen Sprachraum und in Oberitalien Leben und Wirken der Walser geschildert.

Von allen Walser Gemeinschaften, die südlich der Alpen siedeln, bewahrt nur das Schweizer Dorf Bosco Gurin, das an das Val Formazza grenzt, unangetastet seine ursprüngliche Kultur, dank der doppelsprachigen Schule, die von der Regierung des Kantons Tessin eingerichtet wurde, welche bekanntlich so sehr um die Verteidigung der italienischen Kultur bemüht ist. In Bosco Gurin wird das Deutsch in einer kleinen Schule den 15 Schülern beigebracht.

1957 versuchten einige Gressoneyer eine Dorfzeitung zu schaffen, den „Notiziario di Gressoney". Vorerst als Monatsschrift gedacht, und lediglich vervielfältigt, enthielt der Notiziario in italienischer Sprache Mitteilungen über das Gemeindeleben. Auf der dritten und letzten Seite folgten unter dem Titel „Tradizioni e folclore" in deutscher Sprache (Mundart und Schriftsprache) Beiträge zur Pflege der walserischen Überlieferung. Die Gressoneyer wurden zur Mitarbeit aufgerufen und ermuntert, in der Gemeindebibliothek deutsche Bücher zu beziehen; die mit der Beherrschung der deutschen Sprache verbundenen wirtschaftlichen Vorteile wurden gebührend hervorgehoben. Leider ist diese Dorfzeitung, die zu einer kräftigen Stütze des Walsertums hätte werden können, bereits wieder eingegangen. Es wäre aber falsch, die Haltung der Gressoneyer einzig nach diesem mißglückten Unternehmen beurteilen zu wollen. Mangel an Treue darf ihnen nicht vorgeworfen werden, auch nicht ‚Blindheit und Gleichgültigkeit. Sie halten zäh an ihrem Volkstum fest. Aber ihre geistige Lage hat sich in den letzten hundert Jahren stark gewandelt. Als sich die Walser hier vor 700 Jahren ansiedelten, kamen sie als Pioniere. Ihr Wohlstand und ihre Lebensformen blieben jahrhundertelang unangefochten.

Sie konnten aus einem Boden leben, der andern zu karg war; ihr Tuchhandel machte sie in den Augen der Nachbarschaft reich. Nun hat sich ihr Schicksal gewendet. Ihre wirtschaftliche Überlegenheit ist gebrochen, eine letzte Blütezeit erlebte der Tuchhandel zwischen 1860 und 1880. Die Vorkämpfer von einst sind zur Nachhut geworden, erfüllt von dem bitteren Wissen, daß die Zukunft „den andern" gehört. Sie weichen nicht kampflos. Sie kämpfen gegen die Macht des Alltags, der sie tausendfach zu Italienern stempeln will, und sie kämpfen gegen die Schwachheit des eigenen Herzens. Es wäre abwegig, im Walser einen Idealmenschen sehen zu wollen, der einzig dafür lebt, daß die schmale, brüchige Südspitze des deutschen Sprachraums erhalten bleibt. Eine solche Idealgestalt würde in bedenklicher Weise Don Quijote ähneln. Die Gressoneyer haben durch Jahrhunderte bewiesen, was Treue zur Scholle und zum Volkstum heißt. Sie haben es fertiggebracht, sich der romanischen Umwelt anzupassen und dennoch in ihrem besten Teil sich selbst zu bleiben. Sie werden auch weiterhin ausharren, treu und zäh (P. Waldburger).

SPRACHPROBE DER WALSERMUNDART

Das Walserdeutsch wird heute vor allem noch in Alagna und Rimella in Val Sesia, in Issime, Gressoney-St.-Jean und Gressoney-La Trinité im Aostatal, in Valle Anzasca und Macugnaga und vor allem in Val Formazza gepflegt. Besonders stolz sind die Walser auf ihre noch lebenden Landsleute, die sich als Dichter in der Walsermundart einen Namen gemacht haben. Es handelt sich um das Fräulein Gritli Scaler aus Gressoney-St.-Jean und den Ing. Augusto Pala, der mehrere Jahre hindurch Bürgermeister von Macugnaga gewesen war. Nachstehend sei ein Gedicht des letzteren wiedergegeben, in welchem er in der „Walsermundart" die Schönheit des Monte-Rosa-Gebietes besingt.

Wenn de Morge froeh

Wenn der Morge froeh
Halte blast der Wind
zihescht d'Axle zoeh
Und hunt der ds Bettii z'Sihn.

En em andre Land
gsihescht de niemer mihe
En suho schieni Wand
Mit ruosofarem Schnihe.

Mit varzupftem Lieb
und der Hopf vorin
Schnaell gehischt wie en Dieb
nd Aelend haescht em Sihn.

Loeg der Dufurspitz
Ruote schiend wie Bloet
Und en Gugsu Bitz
Macht uf dem Norden Hoet.

Aber wenn der nah
Lift schi d'Sonna uef
Loeg va Makana
Dur Monte Rosa embruef.

Liner kanscht due gsihe
Schiene die Zumstein
Imbidakchti em Schnihe
Bsundrich wissi und rein.

Bald en gruose Luscht
Und en kchlari Frehid
Waeg van dienem Bruscht
Erwischet alles Lehid

Und d'Gnifetti em End
Gegen Lanier Thal
Lift dur Spring und Waend
En fruchbar guose Fhal.

Alza wa da suo stehit
Loeg und de bitracht
Dass far inschi Frehit
Der liebe Gott haet 's gmacht.

Augusto Pala

VII. Schutz der völkischen Minderheiten in Italien

> „... Der Staat hat nicht nur die Pflicht, die Rechte der Minderheiten zu achten und zu schützen, er hat auf sie auch seine Fürsorge auszudehnen, um ihnen bei der Erfüllung ihres Auftrages für die menschliche Person zu helfen. Er kann sich daher nicht mit einer bloß negativen Haltung begnügen, sondern muß direkt ... ohne Unterschied und mit vollkommener Gleichheit der Behandlung ihnen alle Hilfe angedeihen lassen, die er im Bereiche der öffentlichen Einrichtungen den Angehörigen der Mehrheit zuzuerkennen pflegt."
>
> A. Messineo (S.J.) in „Il problema delle minoranze nazionali" (1946).

Der Streifzug durch die deutschen Sprachinseln in Oberitalien ist nun beendet. Es war ein weiter Weg, der vom Monte-Rosa-Gebiet in den Westalpen bis zur Dreiländerecke in den Ostalpen führte. Dabei lernten wir verschiedene deutsche Volksstämme kennen, die alle auf eine alte, bewegte Geschichte zurückblicken können und von denen sich nur mehr spärliche Reste erhalten haben. Und auch diese sind vom Untergang bedroht.

Solange der Wille zur Selbstbehauptung und die Liebe zum eigenen Volkstum lebendig bleiben, ist die Gefahr des Untergangs gebannt. Viel kann dazu der ständige Kontakt mit Besuchern aus dem deutschen Sprachraum beitragen. Aber entscheidend ist vor allem, daß der Gebrauch der Muttersprache in Schule und Kirche wieder Eingang findet. Im letzten Konzil haben die Volkssprachen eine ungeahnte Wiederaufwertung erfahren, und das Latein als Kirchensprache wurde zum Großteil durch diese ersetzt. Es kann mit Recht erwartet werden, daß dieser neue Geist nicht vor den sprachlichen Minderheiten — mögen sie noch so klein sein — Halt macht. Die Feststellung des „Vaters der Deutschgegend", des Kuraten F. X. Mitterer, ist heute aktueller denn je: „Von jedem Missionär wird verlangt, daß er zunächst die Sprache der Eingeborenen erlernt..." Wenn dies heute für die fernsten Länder eine Selbstverständlichkeit ist, warum sollte es dann für Menschen, die im Herzen Europas leben, nicht auch recht und billig sein?

Sehr viel hängt natürlich von der Einstellung des Staates zur Minderheit ab. Ein leuchtendes Beispiel hat in dieser Hinsicht in den vergangenen Jahrhunderten die Republik Venedig gegeben.

Unter dem Faschismus senkte sich ein „Eiserner Vorhang" auch über die deutschen Sprachinseln, der jenem wenig nachstand, der heute die westlichen Länder Europas von den kommunistischen Staaten trennt. Jeder deutsche Besucher der Sprachinseln wurde gleichsam als Spion betrachtet, den man auf Schritt und Tritt beobachten ließ, und die Bewohner der Sprachinseln selbst wurden derartig eingeschüchtert, daß sie mit der Zeit es nicht mehr wagten, in der Öffentlichkeit sich in ihrer deutschen Muttersprache zu verständigen.

Nach dem Ende des zweiten Weltkrieges hat sich ihre Lage insofern gebessert, daß sie sich im privaten Verkehr und mit fremden Besuchern ohne weiteres ihrer Muttersprache bedienen können. Aber von einem Entgegenkommen der demokratischen Regierungen Italiens gegenüber diesen isolierten deutschen Volksgruppen kann auch heute noch keine Rede sein.

Wohl muß anerkannt werden, daß immer größere italienische Kreise den sprachlichen Minderheiten mit Wohlwollen gegenüberstehen und sich für sie in Wort und Tat einsetzen. Aber alle diesbezüglichen Vorsprachen bei der Regierung in Rom stießen bisher auf taube Ohren. Im folgenden sollen ausschließlich italienische Stimmen zu Worte kommen, die zu diesem Problem Stellung genommen haben. Daraus kann der objektive Leser sich selbst ein Bild darüber machen, wie schwierig es heute noch ist, von Rom einen wirksamen Schutz für die sprachlichen Minderheiten zu erreichen, und wo die Gründe dafür zu suchen sind. Die italienische Verfassung sieht zwar den Schutz für ethnische Minderheiten vor. Doch dieser Artikel ist bis heute toter Buchstabe geblieben.

Mehrere italienische Rechtsgelehrte, darunter vor allem Achille Battaglia und Alessandro Pizzorusso, haben an zahlreichen Beispielen nachgewiesen, daß der demokratische Geist, von dem die Männer beseelt waren, die nach dem Sturz des Faschismus Italien eine neue Verfassung gaben, vom alten faschistischen Geist wieder besiegt worden ist. Der Rechtsgelehrte Paolo Barile hat in seinem Lehrbuch „Corso di diritto costituzionale" (1962) festgestellt, daß die italienische Verfassung in ihren wesentlichen Punkten bis heute nicht durchgeführt und toter Buchstabe geblieben ist. U. a. verweist Barile darauf, daß es dem Kassationsgerichtshof mit „Advokatenkniffen" gelungen ist, die Verfassungsbestimmungen über die Freiheitsrechte der Bürger in platonische Grundsatzerklärungen ohne reelle Grundlage und ohne Substanz umzuwandeln. So sei z. B. der vom Artikel drei der Verfassung aufgestellte Grundsatz über die Gleichberechtigung der religiösen, sprachlichen und nationalen Minderheiten bis heute nicht durchgeführt worden.

Im Herbst 1962 fand der erste Walser-Kongreß in Rimella und Alagna (Valsesiatal) statt. Vertreter aus allen deutschen Siedlungen des Monte-Rosa-Gebietes waren anwesend und richteten ein Schreiben an den Unterrichtsminister, in welchem gefordert wurde: „Die Wiedereinführung des deutschen Unterrichts in den Volksschulen, so wie es früher der Fall war, und zwar in Anbetracht der großen Bedeutung, welche den Überlieferungen dieser Gemeinden sowohl unter dem Gesichtspunkt des hohen demokratischen und kulturellen Wertes her zukommt, als auch in Anbetracht des immer größeren Zustroms von Touristen." Dieses Bittschreiben wurde dem damaligen Unterrichtsminister Pastore anläßlich eines kurz darauf stattgefundenen Kongresses in Campiglia Cervo (Provinz Vercelli) ausgehändigt. Minister Pastore, der Parlamentsabgeordneter des Valsesiatales (wo sich die Walsersiedlung Rima befindet) und Präsident des „Talrates" (Consiglio di Valle) war, schien der geeignetste und angesehenste Sprecher zu sein für dieses Ansuchen und für die Durchführung des Verfassungsartikels sechs: „Die Republik schützt mit entsprechenden Bestimmungen die sprachlichen Minderheiten."

Am 3. November 1962 erhielt der Sekretär der italienischen Sektion der „Internationalen Vereinigung für den Schutz der bedrohten Sprachen und Kulturen", Dr. Gustavo Buratti, vom Minister Pastore ein Antwortschreiben und darin hieß es: „Die Bewilligung einer zweiten Sprache, außer der Muttersprache (sic!), wurde bisher ausschließlich jenen Regionen mit Sonderstatut erteilt, die in der unmittelbaren Nachkriegszeit eine schwere Bedrohung für die Integrität des Staates darstellen konnten." Dazu Buratti: „Das heißt also mit anderen Worten: der Artikel 6 wird nicht im Hinblick auf das von der Verfassung verlangte Prinzip angewandt, sondern nur als Konzession gegenüber gefährlicher und bedrohlicher Erpressungen. Das Schreiben des Ministers schloß mit der Feststellung, daß das Problem nur mit einem Gesetz geregelt werden könne, das aber bei der Genehmigung auf beträchtliche Schwierigkeiten stoßen wird und das auf jeden Fall, wegen des bevorstehenden Ablaufs der Legislaturperiode, erst nach den Neuwahlen wieder vorgelegt werden könne."

Mit anderen Worten, den anderen Minderheiten könne kein Schutz *gewährt* werden, da sie sich dem italienischen Staat gegenüber stets loyal verhalten haben. Dazu stellt Buratti fest: *„Eine derartige Erklärung auf einem Papier mit dem Aufdruck ‚Comitato dei Ministri', unterzeichnet von einem Minister der italienischen Republik, ruft die Gänsehaut hervor, denn sie rechtfertigt vollauf die Erbitterung und beweist uns, auf welchem Stand das Verständnis zu diesem Problem steht.* Solange man auf diese Weise denkt, und solange man derartige ‚authentische' Interpretationen der Politik gegenüber den Minderheiten hat, und solange man von Demokratie schwätzt, ohne deren wesentlichste Werte zu kennen, kann es kein Verständnis weder für Südtirol noch für Europa geben. Hier möchte ich daran erinnern, daß der Kanton Tessin, obwohl er sich bei der föderalen Regierung um größere Subventionen für seine italienische Kultur bemüht, von sich aus dafür sorgt, um den doppelsprachigen Unterricht für die 15 Schüler seiner einzigen deutschen Gemeinde, Bosco Gurin, zu leisten!"

INTERVENTION DES ABG. GEX IM PARLAMENT

Als im November 1964 in Rom eine neue Regierung gebildet wurde, erklärte der damals neuernannte Ministerpräsident Aldo Moro vor dem Parlament, seine Regierung habe sich u. a. zum Ziele gesetzt, „die lokalen Autonomien zu respektieren und zu fördern, und zwar als Bollwerk der Freiheit und als fruchtbaren Ausdruck eines demokratischen Lebens".

Zu der Regierungserklärung nahm damals u. a. auch der Abgeordnete aus dem Aostatal, Corrado Gex (der leider bereits ein Jahr später, im Herbst 1965 bei einem Flugzeugunglück das Leben verlor), Stellung. Dessen mutige und grundsätzliche Rede für den Schutz der sprachlichen Minderheiten in Italien verdient wenigstens auszugsweise hier festgehalten zu werden.

Einleitend stellte der Abgeordnete fest, daß die Verfassung sich im Artikel 6 verpflichtet, „mit entsprechenden Bestimmungen die sprachlichen Minderheiten zu schützen". Dieses Problem sei vom finanziellen Gesichtspunkt aus leicht ohne große Ausgaben zu lösen. Dies vorausgesetzt — sagte Abgeordneter Gex — wolle er zu diesem Problem Stellung nehmen, da der Ministerpräsident darauf in seiner Regierungserklärung ausdrücklich Bezug genommen hatte und zweitens deshalb, da es höchst an der Zeit sei, gewisse fremde Kulturen und die örtlichen Kulturen im allgemeinen zu retten und zu schützen.

Gegenwärtig seien nur drei sprachliche Minderheiten durch Sonderbestimmungen und -statuten geschützt: jene im Aostatal, in Südtirol und die ethnischen Minderheiten in Triest und Görz. Aber auch bei diesen habe der Staat noch vieles nachzuholen, der diesem Problem interesselos gegenübersteht und keine Initiativen ergreift, um die in der Verfassung garantierten Maßnahmen zu verwirklichen.

Aber es gebe ein noch allgemeineres Problem, welches die sprachlichen Minderheiten betrifft, die vollständig vernachlässigt werden. Nach mehr als drei Jahrzehnten seit Inkrafttreten der neuen Verfassung sei noch keine einzige Maßnahme zu deren Gunsten ergriffen worden. Der sehr fortschrittliche demokratische Geist, von welchem die Verfassungsgebende Versammlung erfüllt war, sei in dieser Hinsicht völlig zum Stillstand gekommen und habe in vielen Fällen — was noch schlimmer ist — Rückschritte gemacht.

Hier zählte Abg. Gex unter den sprachlichen Minderheiten Italiens auch die deutschen Sprachinseln in Oberitalien auf. Man müsse sich vor Augen halten, daß auch diese Volksgruppen ihre eigene Individualität besitzen und darum bemüht sind, dieselbe zu bewahren. Dabei bekomme man oftmals den Einwand zu hören, daß es dort kein ethnisches Problem gäbe: Wahrscheinlich deshalb, da sich für deren Schutz nur vereinzelte Stimmen erheben.

Denn diese Minderheiten können in der Tat nicht auf viele Personen und viele Mittel zählen, um ihre Stimme hören zu lassen; wohl aber müßte der Staat hellhöriger sein, diese Stimmen aufzufangen und sie durch entsprechende Maßnahmen in die Tat umzusetzen. Vor allem müsse er sich davon hüten, zu Gewaltmethoden zu greifen und ein gespanntes Klima zu schaffen. Sicherlich würde der Staat zwar in solchen Fällen im Laufe der Zeit die Oberhand gewinnen, aber auf Kosten einer Ungerechtigkeit und durch Unterdrückung der Freiheit und Verweigerung von gerechten Forderungen. Solch schlechte Beispiele hätten bisher stets Unheil heraufbeschwört. Wenn sich der Staat aber andererseits zum Anwalt der Forderungen von Minderheiten mache, werde er um so mehr an Achtung und Ansehen zunehmen.

In diesem Zusammenhang verwies der Abgeordnete auf die Interventionen der verschiedenen Abgeordneten, die Schutzmaßnahmen für einzelne Minderheiten gefordert hatten, und er verlas den vorerwähnten Appell, den die Walser anläßlich ihres ersten Treffens im Herbst 1962 an den Unterrichtsminister gerichtet hatten, in welchem der Unterricht in ihrer Muttersprache gefordert wurde.

Hier erinnerte Abg. Gex an die Zeit, als er Assessor für öffentlichen Unterricht in der Region des Aostatales war; damals habe er in den deutschen Gemeinden des Aostatales, ohne die Stellungnahme Roms abzuwarten, den deutschen Unterricht wieder einführen lassen. Von einem Freund der Minderheiten aus Biella (Gustavo Buratti) habe er ein Glückwunschschreiben erhalten, in welchem es u. a. hieß: „Die Walser gelten wohl wenigstens soviel wie die Steinböcke im Gran Paradiso."

Mancher dürfte vielleicht einwenden — fuhr Abg. Gex fort — es handle sich hier um nebensächliche Fragen. Zahlenmäßig gesehen, habe freilich jede Minderheit eine nebensächliche Bedeutung, aber vom demokratischen Gesichtspunkt aus und von der Achtung der Persönlichkeit und der Freiheit aus gesehen, komme jeder kleinen und noch so geringen Minderheit eine große Bedeutung zu.

Der jakobinische Geist, der die Politik des größten europäischen Staates seit der Französischen Revolution beseelte (mit Ausnahme der Schweiz), müsse endlich mit einem föderalistischen Geist ersetzt werden, wolle man zu einem Vereinigten Europa kommen, das nicht ein Europa von Staaten, sondern von Völkern sein soll.

Dem heutigen Staate drohten von den Minderheiten her keine Gefahren, und er sei stark genug, um seine Einheit zu erhalten; gleichzeitig aber müsse er auch klug genug sein, um die Minderheiten zu schützen. Hier könnte in erster Linie der Unterrichtsminister am entscheidendsten wirken. Das Problem an sich sei ja nicht schwer zu lösen. Oftmals genügten kleine Maßnahmen, um große Wirkungen zu erzielen. Was z. B. die Volksschule betrifft, sei es sehr einfach, neben dem Italienischunterricht auch den Unterricht, wenigstens fakultativ, in der Muttersprache einzuführen, der entweder deutsch, französisch, griechisch, albanisch usw. sein kann.

In der Mittelschule würde dann genügen, daß als fremde Sprache, die sowieso ab erstem Schuljahr Pflichtfach sei, jene der Minderheit gewählt werde.

Wollte man einen Schritt weitergehen, müßte man den betreffenden Minderheiten den Empfang der ausländischen Fernsehsendungen in ihrer Muttersprache ermöglichen.

Am Schluß seiner Ausführungen sagte Abg. Gex, „Alle bewundern die Mannigfaltigkeit unseres Landes von den Alpen bis nach Sizilien. Warum sollte man nicht dieselbe Bewunderung den menschlichen Verschiedenheiten unserer Halbinsel entgegenbringen, der verschiedenen Musik unserer Mundarten?

So wie unsere Landschaft vor der Zerstörung bewahrt werden muß, müssen auch die Menschen in ihren verschiedensten und charakteristischen Arten ihrer Äußerungen geschützt werden. Die betreffende Bestimmung der Verfassung, welche den Schutz der Kunstdenkmäler betrifft, muß gleichzeitig auch so verstanden werden, daß auch deren Schöpfer fortleben können. Die Schaffung der Regionen in Italien muß so vor sich gehen, daß Italien gleichsam ein mit kunstvollen und verschiedenartigen Möbeln gut eingerichtetes Haus bleibe, dessen Bewohner frei ihren Geschmack und ihr Temperament zum Ausdruck bringen können. Es darf sich nicht in einen — von Marmor prangenden — Wartesaal eines Bahnhofs verwandeln, der von gleichförmigen und geschichtslosen Personen bevölkert wird."

DIE ALPENBEVÖLKERUNG UND EUROPA

Am 9. und 10. Oktober 1965 fand in Sondrio ein Kongreß statt, der sich mit dem Thema „Südtirol in einem europäischen Rahmen" befaßte. Aus den zahlreichen Referaten sei nachstehend jenes festgehalten, das Gustavo Buratti, Gemeinderatsmitglied von Biella, über die „Alpenbevölkerung und Europa" gehalten hat.

Buratti betonte einleitend, man müsse die ethnischen Minderheiten unter einem doppelten Aspekt betrachten: innerhalb der juridischen Ordnung des Staates, indem man die allgemeinen Grundsätze über den Minderheitenschutz beleuchtet, und andererseits die Minderheit als freie, zu einem freien Europa gehörende freie Gemeinschaft betrachtet, wo die *anachronistischen Grenzen der Nationalstaaten überholt sind. Anachronistisch, da sie nicht den Volkswillen als Voraussetzung haben; weder die sprachliche noch kulturelle Wirklichkeit darstellen, sondern auf mittelalterliche patrimoniale und absolutistische Auffassungen begründet sind, da sie dort gezogen wurden, wo sich vereinigende und sich einander widerstreitende Kräfte mehr oder weniger stabilisierten.*

Wörtlich fuhr Buratti fort:

Die italienische Rechtsordnung sieht mit ihrem klaren Art. 6 der Verfassung („Die Republik schützt mit entsprechenden Bestimmungen die sprachlichen Minderheiten") den Schutz der anderssprachigen Volksgruppen vor, die freiwillig oder nicht, nach dem Eroberungsrecht oder infolge weit zurückliegender geschichtlicher Ereignisse der italienischen Souveränität unterworfen wurden. Diese Bestimmungen der Verfassung sind vom allgemeinen Grundsatz des Rechtsstaates inspiriert; von der Gleichheit der Bürger vor dem Gesetze, unter der vollen Achtung der politischen Überzeugung, des religiösen Bekenntnisses und der sprachlichen und kulturellen Überlieferungen.

Bei den sprachlichen Minderheiten geht der Begriff von „Schutz" über jenen im Grunde passiven Begriff von Achtung hinaus: Es ist nämlich klar, daß die Minderheiten zum Untergang verurteilt sind, wenn man sie einfach „am Leben läßt", sich selbst überlassen, ohne etwas zu unternehmen, um sie zu organisieren und zur Verteidigung aufzumuntern mit dem Unterricht in der Muttersprache, mit finanziellen Beiträgen an die kulturellen Vereinigungen usw.

So klar die Absicht des Gesetzgebers der Verfassung gewesen sein mag, um so unbegreiflicher ist die praktische Durchführung dieses Grundsatzes, die in halben Maßnahmen, mit juridisch verfehlten und menschlich absurden Folgen zum Ausdruck kamen. Dieser Schutz, mag er auch in verschiedener Hinsicht und im Grunde genommen ziemlich ungenügend sein, wurde den Franco-Provenzalen im Aostatal mit französischer Kultur, den Tirolern und Ladinern in der Provinz Bozen, den Slowenen in den Provinzen Triest und Görz gewährt. Auf diese Weise sind, **obwohl die Verfassung keinerlei Diskriminierungen vorsieht, die übrigen Französischsprechenden in den Hochtälern Turins und Cuneos, die Deutschsprechenden im Lystal, in Val Sesia, im Novaresischen, Veronesischen, Vicentinischen, im Trentino und im östlichen Venezien, die Ladiner im Trentino, Bellunesischen und Friaul (trotz der Region mit Sonderstatut), die Slowenen Friauls, die Serbokroaten in Molise, die Griechen und Albaner in Süditalien und Sizilien und die Katalanen von Alghero (Sardinien), ohne Schutz geblieben**

Den Sonderfall einer juridisch widersprechenden Situation stellen die Anderssprachigen im Trentino dar: Diese können sich nämlich nicht nur wie alle anderen auf den Art. 6 der Verfassung berufen, sondern auch auf den Art. 2 des Sonderstatuts ihrer Region, darin es heißt: „In der Region ist die Gleichheit der Rechte für alle Bürger anerkannt, welcher Sprachgruppe sie auch angehören mögen, und ihre betreffenden völklichen und kulturellen Besonderheiten werden geschützt."

Trotzdem betrifft der Schutz jetzt nur die Sprachgruppen der Provinz Bozen und jener Gemeinden, die im Art. 3 des Statuts aufgezählt sind, nämlich jene deutschsprachigen Gemeinden, die einst zur Provinz Trient gehörten und nun, da sie an die Provinz Bozen angrenzten, im Einklang mit dem Art. 1 des Pariser Vertrages vom 5. September 1946 an diese angeschlossen wurden. **Aber Lusern und die deutschsprachigen Gemeinden des Fersentales (um von der nunmehr absterbenden Ladinität des Fleimstals, Nonstals und Val di Sole zu schweigen) wurden vergessen.**

Das Recht auf Unterricht in der Muttersprache wird also nach... Kilometern bemessen! Geschützt werden also die deutschsprachigen Gemeinden auf dem Nonsberg, da sie „nahe" sind, unbeachtet bleiben aber die „fernen" von Fersental. Und dennoch sind die einen wie die anderen Trentiner, und als solche mehr oder weniger an die Provinz Bozen, einem Teil der Region mit Spezialstatut, angeschlossen.

Dasselbe kann von den Ladinern gesagt werden; die im Gröden- und Abteital (Provinz Bozen) sind geschützt, die im Trentino sind vergessen. Dies rechtfertigt den Verdacht, daß der Schutz der Ladiner nur in der Absicht gewährt wurde, die Tiroler Volksgruppe zu spalten: da die Ladiner im Fassatal für diesen Zweck nicht verwendbar waren, läßt man ruhig zu, daß diese von den Venetern assimiliert werden. Eine solch ungerechte Situation nährt das Mißtrauen und verschärft die Gegenklage, so daß man jegliche Frage, die die Gesetzgebung für Minderheiten betrifft, ausschließlich mit Südtirol identifiziert. Solange man

die grundsätzlichen Fragen nicht klärt und die praktische Durchführung nur halb und widerspruchsvoll bleibt, darf man nicht auf eine Normalisierung der Verhältnisse zwischen Staat und seinen sprachlichen Minderheiten hoffen.
Tatsächlich haben die deutschsprachigen Bürger der Provinz Bozen und die französischsprechenden Bewohner des Aostatales sowie die Slowenen von Triest und Görz das Gefühl, daß der Schutz der betreffenden Sprachen und Kulturen nicht aus einer Bestimmung der Verfassung erwachse, wie wie viele andere ohne Durchführung geblieben ist, sondern aus der Verschärfung der Beziehungen zwischen der Zentralgewalt und den mehr oder weniger verhüllten separatistischen Drohungen. Und offen gesagt, ich weiß nicht, wie ich ihnen Unrecht geben sollte.

Ein „europäischer Rahmen" für Südtirol bedeutet in erster Linie eine Einstufung des unter den allgemeinen Grundsätzen des Minderheitenschutzes, die nichts in Einklang bringen, sondern einzig und allein darauf bedacht sein müssen, daß ihre Rechte auf Autonomie und Freiheit ihrer Kultur anerkannt seien. Es ist endlich Zeit, daß man sich über die Bedeutung bewußt werde, die Quellen der völkischen Kultur zu schützen, die Italien bereichern, und die für Italien genau so wertvoll sind wie seine Schönheiten der Natur. *Oder sind etwa die Ladiner nicht ebenso wertvoll wie die Bären im Trentino und die Deutschen in Gressoney wie die Steinböcke im Gran Paradiso?*

Wenn wir nun kurz einen Blick auf die Minderheiten werfen wollen, indem wir den engstirnigen und anachronistischen Blickpunkt des Nationalstaates beiseite lassen, werden wir vor allem feststellen, daß diese gesegneten Alpen, die vom fernen Rom als eine natürliche Grenze betrachtet werden, ja nahezu als eine von der Vorsehung aufgestellte chinesische Mauer, in Wirklichkeit in all ihrer bogenförmigen Ausdehnung, von denen des Mittelmeeres bis zu den Julischen Alpen nichts und niemand trennen.

Auf der einen wie auf der anderen Seite des Alpenabhanges spricht man dieselben Sprachen: Provenzalisch, Französisch-Provenzalisch, Schweizerdeutsch, Ladinisch — da nämlich die alpenländischen Mundarten der Lombardei und der italienischen Schweiz alle das ladinische Echo bewahren, die eine mehr, die andere weniger, und die deutschtirolische und slowenische Sprache.

Wir, die wir in den Alpen leben, kennen dies alles sehr gut; wir wissen, daß unsere Vorfahren von der einen zur anderen Seite überwechselten, um Arbeit zu suchen, Märkte zu besuchen und um sich zu verehelichen; vielleicht kommt es daher, daß wir, ohne ein einziges deutsches Wort zu verstehen, die Südtiroler so gut verstehen. Wir verstehen sehr gut, daß sie sich mehr als Tiroler, als Österreicher oder „Deutsche" fühlen, daß ihre Hauptstadt Innsbruck und nicht Wien ist, daß ihr Held nicht dieser oder jener Kaiser oder Prinz, sondern Andreas Hofer ist, der Wirt aus dem Passeiertal, ein Verbündeter der Bevölkerung des Trentino gegen die Bayern. So wie die Valdaostaner sich nicht als Schweizer oder Franzosen fühlen, sondern als *Valdotains,* Brüder der Savoyarden und der Vallesaner: ihre Heimat, nämlich das Land der Väter, ist in Wirklichkeit das Vallée.

Die Grenze auf der Wasserscheide wollte eine geistige und sehr alte wirtschaftliche Einheit trennen; die Nationalstaaten haben die alpine Kultur, die natürliche Konföderation der Völker mit verschiedenen Sprachen, den geheimen Kern einer europäischen Einheit, welche auf Freiheit und den regionalen Autonomien beruht, mißachtet und mit Füßen getreten.

Die fortschreitende Entwicklung Europas wird die schweren Grenzstangen aufheben, die heute noch in den Alpen und in den Pyrenäen Brudervölker trennen und das Leben der Bergvölker einengen. Manches positive Zeichen ist bereits vorhanden: Die Durchstiche erneuern die alten Verbindungswege, und so werden die Venen und Arterien der Alpen immer mehr vom Lauf einer stärkenden neuen Wirtschaft durchpulst.

Trotz der jahrhundertealten Mißgriffe, trotz aller nur möglichen Versuche uns „anzupassen", haben wir es verstanden, unsere Persönlichkeit und mittels der Sprache und Kultur unserer Ahnen die nie verratene Berufung zur Freiheit und das Gewissen einer Einheit ohne politische Grenzen bewahrt. Die Fanes haben ihren gemeinsamen kostbaren Schatz gut beschützt! Die europäische Morgenröte wird ihn beleuchten und wird den alten, stolzen und freien Volksstämmen im Gebirge das natürliche Vaterland zurückgeben.

Soweit die Ausführungen Gustavo Burattis.

„UNBLUTIGER VÖLKERMORD"

Bittere Anklage gegen den italienischen Staat erhebt der Florentiner Sergio Salvi in seinem Buche über die sprachlichen Minderheiten in Italien, das unter dem Titel „Le lingue tagliate" (Die abgeschnittenen Zungen) 1975 in Mailand erschienen ist. In Italien ist seit über hundert Jahren, seit dem Bestehen des italienischen Staates, ein „unblutiger Völkermord" im Gange, durch den zweieinhalb Millionen italienische Staatsbürger nichtitalienischer Muttersprache zu einem „Kolonialdasein" verurteilt sind; denn, laut Überzeugung von Sergio Salvi ist eine Volksgruppe, die ihrer Sprache beraubt wird, zum Untergang verurteilt. Es sei daher kein Zufall, daß ein Gebiet, das von einer sprachlichen Minderheit bewohnt wird, die nicht geschützt ist, auch in wirtschaftlicher, sozialer und kultureller Hinsicht meist unterentwickelt ist.

Der „unblutige Völkermord" wird in Italien bald mehr oder weniger getarnt, bald mit brutalen Mitteln fortgeführt, von der Öffentlichkeit kaum beachtet. Denn die wenigsten Italiener wissen, daß einer der Hauptpfeiler der italienischen Verfassung noch nicht errichtet wurde, nämlich die Durchführung des Artikels sechs, laut welchem „die Republik mit entsprechenden Maßnahmen die sprachlichen Minderheiten schützt". Diese Minderheiten sind somit weiterhin dem kulturellen Untergang preisgegeben.

Es sei eine Tatsache, daß in Italien seit hundert Jahren auch die Wissenschaft in den Dienst der Politik gestellt wurde. Ausführlich schildert Sergio Salvi, wie Wissenschaftler mit entsprechenden Thesen die Annexion fremdsprachiger Gebiete und die Italianisierung dieser Bewohner zu begründen und rechtzufertigen versuchten. In Italien leben heute nicht weniger als elf verschiedene Volksgruppen, die zum Großteil nicht bereit sind, ihre Muttersprache und ihr Volkstum preiszugeben. Von einer „Wiedergutmachung" seitens des Staates könne kaum die Rede sein. Zwar haben die Südtiroler, Aostaner und Slowenen in Triest und Görz (die durch internationale Verträge geschützt sind) eine Autonomie erhalten; für alle übrigen sprachlichen Minderheiten habe die Republik aber nichts unternommen, um sie zu schützen. Aber selbst 35 französischsprachige Gemeinden in den Gebieten von Turin und Foggia, die nicht zum Autonomiegebiet des Aostatales gehören, sind nicht geschützt; ebenso genießen 21 deutschsprachige Dörfer, darunter jene von Friaul, vom Fersental, von Lusern usw., nicht dieselben Rechte wie die in Südtirol. Ebenso gebe es keinen Schutz für katalanisch sprechende Gemeinden auf Sardinien sowie für die serbokroatisch-, griechisch-, albanisch- und okzitanischsprechenden Bewohner Italiens.

Daß zahlreiche Politiker nicht das geringste Verständnis für Probleme der sprachlichen Minderheiten haben, gehe aus verschiedenen Erklärungen hervor, die in diesem Zusammenhang abgegeben wurden. Bekanntlich wurde auch bei der letzten Volkszählung 1971 ein Großteil der sprachlichen Minderheiten nicht berücksichtigt. Auf eine betreffende Anfrage antwortete der Innenminister dem Senator Umberto Terracini: „Außer in den Provinzen Bozen und Triest besteht keine juridische Notwendigkeit (Friedensverträge, nicht die Verfassung!) gegenüber anderen, zahlenmäßig kleineren Sprachgruppen, die sich seit langer Zeit schon in unserem Staatsgebiete befinden... und sich nunmehr in das nationale Leben eingeordnet haben (also bereits im italienischen Volkstum aufgegangen sind)..." Bei den Volkszählungen in den Jahren 1901, 1911 und 1921 war die sprachliche Zugehörigkeit der Minderheiten noch berücksichtigt worden. Erst der Faschismus hat bei den Volkszählungen die Angehörigen sprachlicher Minderheiten ignoriert, getreu dem Grundsatz, daß es in Italien außer dem Italienischen keine andere Sprache geben dürfe. An diesen faschistischen Grundsatz haben sich — sieht man von Südtirol, Aosta und Triest ab — auch die demokratischen Nachkriegsregierungen bis heute gehalten. „Der Völkermord ist somit immer noch im Gange, die Lage ist verzweifelt", stellt Salvi fest, und leider seien, wenigstens im Augenblick, keine Anzeichen vorhanden, die auf eine entschiedene Willensänderung der Politiker schließen ließen.

VIII. Wegweisung und praktische Winke

Zweck dieser Angaben ist es, den Weg in die vereinzelten und zum Teil vergessenen deutschen Siedlungen in Oberitalien zu erleichtern. Fast alle liegen in einer herrlichen Landschaft, und wenn auch einige Sprachinseln vom modernen Fremdenverkehr oder durch die Ausnutzung der Wasserkräfte heute stärker fremden Zivilisationseinflüssen ausgesetzt sind, so sind sie doch durch eine Ursprünglichkeit und Eigenart gekennzeichnet, wie man sie selten mehr findet.

ZU DEN DEUTSCHEN SPRACHINSELN IM TRENTINO, ZU DEN SIEBEN UND DREIZEHN GEMEINDEN

Zu den Sprachinseln im Fersental gelangt man von Bozen über die Brennerautobahn bis (58 km) Trient (193 m) und auf der Valsuganastraße durch die Fersenschlucht bis (11 km) Pergine (468 m). Die Stadt zeigt Spuren deutscher Vergangenheit und wird beherrscht von der Burg Persen (656 m). Unweit liegt der Lago di Caldonazzo. Von Pergine führt eine gut befahrbare Straße ins Val dei Mocheni, insoberste Fersental über (3.6 km) Canezza (603 m) und (2,4 km) Mala (792 m) nach (3,3 km) Sant'Orsola Terme oder Eichberg (925 m) auf der westlichen Talseite; die Straße steigt weiter bis (7 km) Palai-Palù del Fersina (1396 m), dem deutschbesiedelten obersten Ort des Tales. Erst seit einigen Jahren stellt ein neu erbautes Straßenstück mit einer mächtigen Brücke über den Fersina-Fluß eine Verkehrsverbindung zwischen Palai und den restlichen, am linksseitigen Flußufer gelegenen deutschen Gemeinden her, und somit können seither von Canezza aus sämtliche deutsche Gemeinden des Fersentales auf einer Talrundfahrt besucht werden. Vor der Fertigstellung dieses letzten Straßenstückes führte die Straße auf der östlichen Talseite von Canezza aus nur nach Gereut-Frassilongo (825 m) und von dort weiter nach Außerflorutz-St. Franz und nach Innerflorutz-St. Felix (1127 m). Eichleit-Roveda (1049 m), das bis vor einigen Jahren nur auf einem Fußwege von Canezza aus in 1¼ Stunden erreichbar war, ist jetzt ebenfalls durch eine asphaltierte Straße mit der Außenwelt verbunden. Von allen Orten schöne Wanderungen und Bergbesteigungen. Nur bescheidene Gaststätten.

Auf die Hochebene von Folgaria und Lavarone mit Lusern führen mehrere Straßen. Die Friccastraße führt von Trient (193 m) über Valsorda (565 m) und Vigolo Vattaro (725 m) an der gewaltigen Friccaschlucht nach (24,5 km) Carbonare di Folgaria oder Kohlern (1077 m). Hier mündet auch die von Calliano (183 m) im Tal des Roßbaches oder Rio Cavallo unterhalb von Burg Beseno nach Mezzomonte oder Mittemberg (630 m), Folgaria oder Vielgereuth (1166 m), Costa (1255 m), St. Sebastian (1279 m) nach (18,4 km) Carbonare führende Straße. Die Straße berührt Virti (1110 m) und kommt nach dem Weiler Chiesa der Gemeinde Lavarone oder Lafraun (1171 m), unweit liegt der Laghetto di Lavarone, und führt über Ghionghi (1170 m) zum Albergo Monte Rovere (1250 m), 36 km von Trient, 30 km von Calliano. Von hier zweigt eine 4,5 km lange Autostraße nach Lusern (1333 m) ab. In Lusern mehrere bescheidene Gasthöfe. Ansonsten in allen Ortschaften zahlreiche Hotels und Pensionen, da die Hochebene als Wintersportplatz und Sommerfrische sehr beliebt ist. — Zahlreiche Ausflüge über das im ersten Weltkrieg umkämpfte Gebiet; Straßen nach Rovereto, zum Pasubio, Arsiero und Asiago, in die Sieben und Dreizehn Gemeinden, die alle ehemals deutsch besiedelt waren.

Von Verona (59 km) fährt man, um in die letzte noch etwas deutschsprachige der Dreizehn Gemeinden, Ljetzan oder Giazza (manchmal auch „Glietzen" geschrieben) zu kommen, auf der Staatsstraße Nr. 11 in Richtung Vicenza bis (14,5 km) Stra. Hier zweigt eine gute, asphaltierte Provinzstraße in die Val d'Illasi ab und steigt langsam über Illasi (174 m; mit der großartigen Villa Pompei) nach Tregnago (317 m) und Baria Calavena (470 m) und Selva di Progno (570 m) nach Ljetzan oder Giazza, 43,2 km von Verona. In Ljetzan sprechen noch zahlreiche Leute den sogenannten zimbrischen Dialekt, der früher allgemein in den Dreizehn und Sieben Gemeinden und in deren Umgebung gesprochen wurde. — Von Verona, Vicenza und Bassano führen eine Reihe von Straßen in das Gebiet der Sieben und Dreizehn Gemeinden. In Roana Haupttreffpunkt der Zimbernfreunde im Gasthof „Vreuntekot" - All'Amicizia.

Von dem Vorplatz der Madonna del Monte Berico bei Vicenza kann man fast das ganze ehemalige deutschsprachige, sogenannte zimbrische Gebiet überblicken — vor allem im Frühling ein großartiger, unvergeßlicher Anblick.

DER DEUTSCHE SPRACHKEIL IN DEN OSTALPEN

Inmitten von Karnien liegt das deutsche Dorf Zahre oder Sauris. Von Südtirol kann man durch das Pustertal über Toblach und Cortina, aber auch auf der Dolomitenstraße über Primiero, Agordo und Zoldo ins Piavetal fahren, bis nach Lozzo di Cadore (730 m). Die Staatsstraße Nr. 52 steigt zum Passo di Mauria (1299 m) und fällt dann nach (43 km) Ampezzo (560 m). Von hier zweigt durch die gewaltige Schlucht des Lumiei eine kühne, schmale Straße über Pala Pelosa (825 m), La Maina (946 m) nach der Unterzahre oder Sauris di Sotto (1212 m) und Oberzahre oder Sauris di Sopra (1390 m). Von hier aus verschiedene Übergänge und Bergbesteigungen. Gasthöfe: Unterzahre Albergo Morgenleit, La Maina Domini und Nuova Maina.

Von Osten kommt man auf der Straße Villach—Tarvis—Udine, in La Carnica abzweigend, auf die Staatsstraße Nr. 52 in 32 km nach Ampezzo. Auch die Straße über den Plöckenpaß mündet in die Straße Nr. 52; ebenso kann man von Bladen oder Sappada hierher kommen.

•

Bladen oder Sappada liegt an der Straße Innsbruck—Bruneck—Innichen—Sextner Kreuzberg—Santo Stefano di Cadore—Sappada—Comeglians—La Carnica—Udine—Triest; und zwar 54 km von Toblach; 48 km von La Carnica. Fremdenverkehr und Wintersport haben das prächtig im obersten Piavetal gelegene Bladen (1217 m) aufblühen lassen. Es gibt zahlreiche Wander- und Bergsteigerwege. Sehr empfehlenswert der Wanderführer von Giuseppe Fontana „Guida di Sappada" (Feltre, 1961), zu beziehen durch das Fremdenverkehrsamt von Sappada (Azienda autonoma di Soggiorno e Turismo, 32947 Sappada, Prov. Belluno). Alpenvereins- und Club-Alpino-Hütten: Hochweißsteinhaus, Rifugio R. Calvi, Rifugio Marinelli und Rifugio Fratelli De Gasperi.

•

Tischlwang liegt unweit des Plöckenpasses oder Passo di Monte Croce Carnico (1363 m) inmitten einer herrlichen Bergwelt. Tischlwang oder Timau liegt 10 km südlich der Paßhöhe auf 821 m, 22 km südlich des Kärntner Städtchens Mauthen im Gailtal, 23 km nördlich von Tolmezzo am Tagliamento. Gasthaus: Alla Frontiera, auf österreichischem Boden das Plöckenhaus.

•

Tarvis liegt an der Dreiländerecke Österreich, Jugoslawien, Italien; das Gebiet dieser ehemals kärntnerischen Gemeinde ist über die Südbahn und auf der Straße Villach—Udine erreichbar. Tarvis (743 m) besitzt eine bemerkenswerte Kirche. Zahlreiche Gasthöfe und Pensionen. Von ganz besonderem Reiz ist das 11 km entfernte Weißenfels oder Fusine im Valromana (770 m) mit den beiden großartigen Weißenfelser Seen im Gebirgswald. — Lohnenswert ist eine Wanderung nach Raibl oder Cave del Predil (900 m) mit dem Raibler See und auf den Predilpaß (1158 m). — Saifnitz oder Camporosso in Valcanale (810 m) ist Ausgangspunkt zum Wallfahrtsort auf dem Luschariberg (1789 m). — An der Fella abwärts folgt 9 km von Tarvis die vorwiegend slowenisch besiedelte Gemeinde Uggowitz oder

Ugovizza (769 m) mit schöner, alter Kirche, bescheidene Gasthöfe. Von hier führt eine Straße nach Wolfsbach oder Valbruna (810 m). Von hier aus prachtvolle Wanderungen ins Seiseratal und in die westlichen Julischen Alpen.

Vorbei an den Ruinen der Festung Hensel nach Malborghet (727 m). Es folgen Bad Luschnitz oder Bagni di Lusnizza mit der bemerkenswerten St.-Gotthard-Kirche, Leopoldskirchen und der Grenzort Pontafel, heute mit dem seit jeher italienischen Pontebba (563 m) vereinigt. In der Kirche berühmter Flügelaltar von Sigismund Wolfgang Haller von 1517. Hier verlief bis 1918 die österreichisch-italienische Grenze, 30 km südlich der von heute.

WALSER-SIEDLUNGEN UM DEN MONTE ROSA

Weit entfernt von den übrigen deutschen Sprachinseln Oberitaliens liegen die Siedlungen der Walser um den Monte Rosa. Im autonomen französischsprachigen Aostatal zweigt in Pont Saint-Martin (345 m) im Tal der Lys die Straße nach den beiden deutschsprachigen Gemeinden Gressoney-Saint-Jean oder Unterteil (1385 m) und 34 km Gressoney-La Trinité oder Oberteil (1627 m) ab; Ausgangspunkt für zahlreiche Hochtouren. In beiden Ortsteilen ausgezeichnete Gasthöfe.

Von Novara (150 m) führt eine Straße in die Valsesia nach (56 km) Varallo Sesia (453 m), eine beliebte Sommerfrische, und in weiteren 36 km nach Alagna Valsesia, geschätzt als Sommerfrische und Wintersportplatz. Eine andere Autostraße führt von Varallo nach (18 km) Fobello (880 m); zwei Kilometer vorher zweigt bei der Brücke Ponte delle Due Acque ein Fahrweg in die Valle di Rimella nach (4 km) Rimella ab, dessen 14 Weiler zwischen 969 und 1363 m liegen, über Sella und die Colma di Campello (1926 m) in fast vierstündiger Wanderung in den ebenfalls deutschen Weiler Campello Monti (1299 m) auf der obersten Talstufe der Valle Strona.

Eine weitere Straße führt von Varallo durch die Val Sermenza und Val Piccola nach (17 km) Rima San Giuseppe (1417 m) mit eigenartigen deutschen Bräuchen.

An der Simplonstraße zum Lago Maggiore zweigt in Piedimulera, 13 km südlich von Domodossola, 25 km vom Lago Maggiore, eine Straße nach dem vielbesuchten (29 km) Macugnaga (1330 m) in der Val Anzasca unter der Ostwand des Monte Rosa ab; zahlreiche ausgezeichnete Gasthöfe.

Ins oberste Eschental, ins Hochtal der Tosa oder Reuß, zweigt in S. Giovanni nördlich von Domodossola ein Sträßlein über Oira und Crodo bis Baceno ab, wo es sich wieder gabelt. Hier liegen die Tosa aufwärts die alten deutschen Siedlungen des Pomatt oder Val Formazza in Weltvergessenheit. Östlich überm Gebirgskamm liegt die einzige deutsche Siedlung im Tessin, das Dorf Bosco Gurin, erreichbar von Locarno aus.

SCHRIFTENVERZEICHNIS

A

Alberti, F. F.: Annali del principato ecclesiastico di Trento (1022—1540), Trient 1860.

Alessandrini, Pietro de (Gemeindearchivar von Pergine): Memorie di Pergine e del Perginese (degli anni 590—1800), 233 Seiten, Borgo 1890 — anastatischer Nachdruck, Trient 1976.

Ambrosi, F.: Commentarie della storia trentina, Bd. 2, Rovereto 1887.

Athanasius (Pseudonym): Die Seelennot eines bedrängten Volkes — Von der nationalen zur religiösen Unterdrückung in Südtirol. (Nach authentischen Dokumenten dargestellt), 1927, Marianische Vereinsbuchhandlung, Innsbruck.

Attlmayr, Friedrich von: Die deutschen Kolonien im Gebirge zwischen Trient, Bassano u. Verona. In: Zs. des Ferdinandeums, III. Folge, 12. Heft (1865), S. 90 ff. u. 13. Heft (1867), S. 5 ff.

Atz-Schatz, Karl Adelgott: Der deutsche Anteil des Bistums Trient, Bd. 5, Bozen 1910.

Ausserer, Carl: Persen — Pergine. Schloß und Gericht. Seine Herren, seine Hauptleute, seine Pfleger und Pfandherren. Mit einem Anhange über das Bergwesen (413 S.), Wien 1915/16.

B

Bach, Adolf: Deutsche Mundartforschung. Heidelberg 1950.
— Deutsche Namenkunde. Heidelberg 1952 — 56.

Bacher, Josef: Die deutsche Sprachinsel Lusern, Innsbruck 1905 — anastatischer Nachdruck mit einem Vorwort von Maria Hornung, Wien 1976 — vgl. A. Bellotto, I racconti di Luserna in „cimbro" e italiano (die Sagensammlung aus dem Werke J. Bachers über Lusern), Vicenza 1978

Baesecke, Georg: Der deutsche Abrogans und die Herkunft des deutschen Schrifttums. Halle 1930.
— Frühgeschichte des deutschen Schrifttums. Halle 1950.

Balmer, Emil: Die Walser im Piemont. Bern 1949.

Baragiola, Aristide: La casa villereccia delle Colonie Tedesche Veneto-Tridentine (229 S., 268 Abb.), Bergamo 1908 — Nachdruck (durch Istituto di Cultura Cimbra, Roana), Vicenza 1980.

Barbacovi, F. Y.: Memorie storiche della città e del territorio di Trento, vol. 2., Trient 1821-24.

Bartolomei, Simone Pietro: De orientalium Tyrolensium praecipue alpinorum originibus (im Anhang eine Art Wörterbuch der verschiedenen Mundarten), Manuskript, 1763 in Innsbruck, Ferd. Dipaul. Nr. 958) — Der aus Pergine stammende Rechtsgelehrte verfaßte mit diesem Werk die erste ausführliche und zusammenfassende Darstellung der deutschen u. ladinischen Bewohner der Gebirge östlich der Etsch.

Bartolomei, Francesco Stefano (Sohn des Simone Pietro): Cenni intorno al carattere, ai costumi e le usanze del popolo perginese, Trient 1860.
Dieses Werk schrieb er 1811 im Auftrag des französischen Präfekten (Dipartimento dell' Alto Adige), wurde aber erst 1860 veröffentlicht.

Baß, Alfred: Deutsche Sprachinseln in Südtirol und Oberitalien. Leipzig 1919 (1 Karte).

Battisti, Carlo: Die Nonsberger Mundart. In der Reihe: Sitzungsberichte der Kais. Akademie der Wiss., philos.-hist. Klasse. Wien 1908.
— Popoli e lingue nell' Alto Adige. Florenz 1931.
— Appunti di fonetica mochena. Estratto di L'Italia Dialettale, anno I, n. 1 1924.
— Appunti toponomastici e onomastici sull'oasi tedesca dei mocheni. Venezia 1923.
— Al margine dell' isola tedesca dei VII e XIII Comuni. In: Mille — I dibattiti del Circolo Linguistico Fiorentino: 1945—1970. Florenz 1970, S. 1—18. (Lafraun in der 2. Hälfte des XII. Jh.s besiedelt = zum Teil sprachliche u. ethnische Verlängerung der 13 u. 7 Gemeinden. Beweis Slage-naufi [Fraktion Bertolidi], d. h. Slege neu).
— Il dialetto tedesco dei Tredici Comuni Veronesi. In: Italia dialettale, VII, 1931, S. 64—114.
— Romanità e germanesimo nel Burgraviato meranese. Firenze 1967.
— I nomi locali del Roveretano distribuiti per comuni. Firenze 1968.

Battisti, Cesare: Das Trentino (übersetzt von Schulrat Dr. Jülg), 11. Aufl., Trient 1913.
— Il Trentino. Trient 1898.
— L'Altopiano dei Sette Comuni Vicentini, fasc. 2—3, Archivio, S. 133, 1899.
— Scandagli e ricerche fisiche sui laghi del bacino della Fersina nel Trentino, Trient 1898.
Baum, Wilhelm: Deutsche Sprachinseln in Friaul, Klagenfurt 1980.
— Deutsche und Slowenen in Krain, Klagenfurt 1981.
Baur, Ingeborg: Die Mundart des Fersentales. Maschinschr. Diss., Innsbruck 1962.
Becker, Hans: Das Land zwischen Etsch und Piave als Begegnungsraum von Deutschen, Ladinern und Italienern in den südlichen Ostalpen. (mit 20 Karten, 12 Figuren u. 29 Abb., 200 Seiten), Köln 1974 (Bd. 31 der Kölner geographischen Arbeiten).
— Welschtiroler Hausierer in Vergangenheit und Gegenwart (Die Hausierer des Fersentales). In: Der Schlern 1967, S. 325—337
— Wirtschaftsleben im deutschen Fersental. In: Zschr. f. Wirtschaftsgeographie, Jg. 5, 1961, S. 121—125
— Lusern, geographische Skizze einer deutschen Sprachinsel in den Lessinischen Alpen. In: Berichte zur deutschen Landeskunde, 41, 1968, S. 195—216
Beda Weber: Tirol und die Reformation. Innsbruck 1841.
— Das Land Tirol u. Vorarlberg. Ein Handbuch für Reisende, 3 Bde., Innsbruck 1837—1838.
Bellotto, Alfonso: Il Cimbro e la tradizione longobarda nel Vicentino. In „Vita di Giazza e di Roana", Nr. 17/18, 1974, S. 7—19, Nr. 19/20, S. 49—59.
— I Racconti di Luserna in „cimbro" e italiano (die Sagensammlung aus dem Werke von J. Bacher über Lusern), Vicenza 1978
— Il problema linguistico delle minoranze „Cimbre". In: „Vita di Giazza e di Roana", Nr. 26, 1976, S. 39ff.
Benedetti, Vittorio (heute Direktor des Volkskundemuseums von Bladen-Sappada und Nachfolger des Lehrers Giuseppe Fontana): Sappada dal 1870 ad oggi. Urbino 1971 (Diss.)
Benvenuti, Luigi: La Cronaca di Folgaria e le Memorie del Perginese del S. Decano T. V. Bottea con riguardo speciale all'origine dei Mocheni. Delucidazione ed appunti. In: La Gazzetta di Trento, 1881. Es. p. 72.
Berger, Fr.: Der Krieg Maximilians I. mit Venedig 1510. In: Jahresberichte 1903—1904/5 des bischöfl. Gymnas. Kollegium Petrinum in Urfahr. Separatdruck. Linz 1905.
Bergmann, Joseph: Topographie der VII u. XIII Comuni. In: Jahrb. f. Lit., Heft 1 u. 2 des II. Bd., Wien 1849.
— Einleitung zu J. Andreas Schmellers „Cimbrisches Wörterbuch". In: Sitz.-Ber. d. Wien. Akademie d. Wiss., phil-hist. Kl., 15. Bd., Wien 1855.
— Die deutsche Gemeinde Sappada. Wien 1849.
Bertanza G.: Storia di Rovereto raccolta e compendiata. Rovereto 1895.
Bevilacqua, E.: La Carnica. Padova 1960.
Bidermann, Hermann: Italiäner im tirolischen Provinzial-Verbande. Innsbruck 1874.
— Die Romanen und ihre Verbreitung in Österreich. Graz 1877.
— Slavenreste in Tirol. In: Slavische Blätter 1865, Heft 1, S. 12 ff.
Blume, Friedrich: Die gens langobarda und ihre Herkunft. Borin 1868.
Boehm, Georg: Beiträge zur Kenntnis der Zimbern. Berlin 1884.
Boesch, Bruno: Entstehung u. Gliederung des deutschen Sprachraumes der Schweiz vom Blickpunkt der Sprachgeschichte u. Namenkunde. In: Die Alpen in der europäischen Geschichte des Mittelalters. Konstanz 1965.
Bohnenberger, K.: Die Mundart der deutschen Walliser. Frauenfeld 1913.
Bologna, Giacomo: Collezione di documenti comprovanti l'origine cimbrica del popolo di Recoaro, Valli e Posena. Schio 1876.
Bonato, Modesto: Storia dei Sette Comuni e Contrade annesse dalla loro origine alla caduta della Veneta Repubblica. Padova 1857—1863 (Bde. 4 — ein umfangreiches, auf Aktenmaterial aufgebautes Werk). Der Verfasser schreibt darin: „Die deutsche Rasse herrschte (nämlich am Südfuße der Alpen) mit ihrer Sprache bis 1600."
Bonato, Sergio (Bürgermeister von Roana u. Präsident des zimbrischen Kulturinstitutes Roana): Roana Robaan — Parole e immagini di una storia. Vicenza 1981
— Hsg. des aus dem Jahre 1598 stammenden Manuskr. des *Conte Caldogno,* venezianischer Feldhptm., „Relazione delle Alpi Vicentine e de' passi e popoli loro", Verona 1972 (mit einem Vorwort von S. Bonato).
Bonfiglio, S.: Italia e Confederazione germanica ecc. intorno alle pretenzioni germaniche sul versante meridionale delle Alpi. Torino 1865.
Borghetti, Dina: La Val d'Illasi. Venezia 1939.

Bottèa, Tommaso: Cronaca di Folgaria. Trient 1860.
— Memorie di Pergine e del Perginese. Trient 1880.
— Le genealogie del Perginese. In: Tridentum 1901, S. 173—194
— Ancora sui Mocheni. In: Annuario della Società degli Alpinisti tridentini, 1882, S. 271—278.

Brentari, Ottone: Il confine naturale dell' Italia settentrionale. Novara 1917.
— Guida storico-alpina di Bassano - Sette Comuni (mit Karte). Bassano 1885.

Breßlau, K.: Die deutschen Gemeinden im Gebiete des Monte Rosa. In: Zeitschr. d. Gesellsch. f. Erdkunde. Berlin 1881, Bd. XVI, S. 173—194.

Bruckner, W.: Ortsnamen, Siedlungsgrenzen, Volkstum in der deutschen Schweiz. In: Schweizerisches Archiv für Volkskunde 37 (1939/40), S. 201—217.

Büren, Kurt v.: Die Rovanatäler (Walser in Bosco Gurin). In: Geographica Helvetica. Bern 1953, S. 73ff.

Buratti, Gustavo: Le popolazioni alpine e l'Europa. In: L'Alto Adige in un quadro europeo. Sondrio 1966.
— Guida bibliografica delle parlate Walser del Piemonte e della Valle d'Aosta. Torino 1971
— La scuola di Land Titschu ad Alagna Valsesia. In: „Taucias Gareida" Nr. 12, 1974, S. 29, und Nr. 13, S. 44.

Bussolon, R.: La storia della Vallarsa. In dem Pfarrblatt von Vallarsa „La voce della Vallarsa". Fortsetzungsserie. 1968.

C

Caldogno, Francesco († 1608, venezianischer Feldhauptmann): Relazione sulle Alpi Vicentine e de' passi e popoli loro, Vicenza 1598 (Hs.) — Neudruck, Verona 1972, durch den Circolo culturale von Roana mit einem Vorwort von Prof. Sergio Bonato. Darin heißt es, „daß erst vor nicht viel Jahrzehnten ein Teil dieser Zimbern oder Goten sogar in der neuen Stadt Wisentain (Vicenza) ihre bisherige Muttersprache abgelegt haben", daß in den beiden Bauernrepubliken der VII und XIII Gemeinden dieselbe Sprache gesprochen werde und daß auch die dazwischenliegenden großen Astach-, Chiampo- und Agnotäler von sehr „trotzigen Bergbewohnern mit der gleichen deutschen Sprache bewohnt werden."

Cappelletti, Giuseppe (1871—1958), stammt selbst aus Ljetzan, Monsignore und Professor am bischöflichen Seminar von Verona. Er wurde international bekannt, weil er den deutschen Dialekt seines Heimatortes wissenschaftlich erforscht und in einer Anthologie der Nachwelt überliefert hat. Im Auftrag der Direktion des „Collegio Vescovile" von Verona hat er auch zahlreiche Gebete, Erzählungen und Sprichwörter auf Schallplatten aufgenommen, damit spätere Generationen das Echo des „Tautsch" der 13 Gemeinden noch vernehmen können.

Seine Hauptwerke:
— Cenno storico sulle popolazioni dei XIII Comuni Veronesi ed echi della lingua da loro parlata (2. Auflage, Verona 1968);
— Glossario del dialetto tedesco dei Tredici Comuni, Verona 1956;
— Die Orts- und Flurnamen der Dreizehn Gemeinden (deutsche Übersetzung von J. Steinmayer in der Sammlung „Deutsches Ahnenerbe", Nr. 11, Berlin 1938); Titel des Originals: L'origine della toponomastica dei Tredici Comuni Veronesi.
— Spunti di toponomastica della frazione di Giazza. Verona 1930.
— La valle di Revolto. Origine e significato di alcuni toponimi. Verona 1940.
— Il linguaggio dei Tredici Comuni Veronesi. Verona 1956.

Catazzo, Domenico aus S. Bartolomeo hinterließ ein Manuskript, das von F. u. C. Cipolla kommentiert wurde, Venezia 1820 (darin bestätigt der Verfasser, daß die zimbrische Sprache um 1600 „in allen 13 lessinischen Gemeinden in Blüte stand."

Chiusole, A.: Notizie della Valle Lagarina. Verona 1787.

Ciani, Giuseppe: Storia del popolo Cadorino, 1856, letzte Ausgabe Treviso 1940.

Cipolla, Carlo u. Francesco (Grafen aus Tregnago in den Dreizehn Gemeinden): Dei Coloni Tedeschi nei Tredici Comuni Veronesi. Estratto dell' Archivio glottologico Italiano — Vol. VIII, punt. I u. II. Roma, Torino, Firenze. Ermanno Loescher 1883—1884. Seltenes Werk. In der Biblioteca Civica di Verona unter der Nr. 130.7 erreichbar.
— Nuove comunicazioni sulla parlata Tedesca dei Tredici Comuni Veronesi, Venezia, Visentini 1890.
— Nuove notizie storiche sul villaggio di Giazza. Verona 1894

Cipolla, Carlo: Le popolazioni dei XIII Comuni Veronesi, Venezia 1882 — anastatischer Nachdruck, Ljetzan 1978.
— Toponomastica dell' ultimo residuo della colonia alto-tedesca nel veronese. Torino 1902
— Di alcune recentissime opinioni intorno alla storia dei 13 Comuni. Venezia 1877 (Stellungnahme zu A. Galantis „I Tedeschi sul versante meridionale delle Alpi". Im Gegensatz zu Galantis Ostgotentheorie vertritt Cipolla die Ansicht, daß die Zimbern bajuwarischer Abstammung sind.)

— Dei coloni tedeschi nei 13 comuni veronesi (Wörterverzeichnis). Arch. glott. extr. Loescher 1883, 1884. Siehe auch Catazzo, Domenico.

Clauss, Jan Ulrich: Sprachgruppen in Nordost-Italien unter besonderer Berücksichtigung der Region Friuli-Venezia Giulia (Friulaner, Slowenen, Ladiner und die deutschen Sprachinseln. Florenz 1979).

Clavedetscher, Otto P.: Die Herrschaftsbildung in Rätien. In: Die Alpen in der europäischen Geschichte des Mittelalters. Konstanz 1965.

— Flurnamen als Zeugen ehemaligen Königsgutes in Rätien. In: Die Alpen in der europäischen Geschichte des Mittelalters. Konstanz 1965.

Cogo, G.: La sottomissione del Friuli al dominio della Repubblica Veneta, 1412—1420. Udine 1896.

Colo, C.: Sui monti del Trentino. Trento 1959.

Corna, Francesco schreibt um 1477, daß sich die Zimbern mit den Deutschen nicht gut verständigen können (zitiert bei Adolf Schiber).

Cusin, F.: I primi due secoli del principato ecclesiastico di Trento. Urbino 1938.

Czörnig, C. von: Das Land Görz u. Gradisca. Wien 1873.
— Die alten Völker Oberitaliens. Wien 1885
— Die deutschen Sprachinseln im Süden. Klagenfurt 1889.
— (Sohn), Die etymologischen Verhältnisse des österreichischen Küstenlandes. Triest 1885.

D

Dal Pozzo, Agostino (Abt Augustin Prunner aus Purk/Castelletto bei Rotzo in den VII Gemeinden, geb. 1733, gest. 1798): Memorie istoriche dei Sette Comuni Vicentini. Das Werk wurde als opus posthumum von seinem Landsmann Angelo Rigoni-Stern in Vicenza 1820 herausgegeben — anastatischer Nachdruck: Bologna 1972
— Storia di Asiago e del suo Altopiano. Arsiero 1824.
— Storia del Comune di Roana. In: Zschr. „Vita di Giazza e Roana", Nr. 26, 1976, S. 35—37
— Storia dei Comuni e delle Chiese dell' Altopiano

Da Schio, Giovanni: Sui Cimbri primi e secondi. Venezia 1863.

Deuerling, Oswald: Vom Deutschtum im Etschwinkel in Oberitalien. Sonderabdruck aus dem „Nornenbrunnen" (2. Jg.). Innsbruck 1929.

Dörrenhaus, Fritz: Das deutsche Land an der Etsch. Eine geographische Landeskunde. Innsbruck 1933
— Wo der Norden dem Süden begegnet: Südtirol. Ein geographischer Vergleich. Bozen 1959

Drigo, Paolo: Claustra Provinciae. Mantero-Tivoli 1933.

Durig, Josef: Hat Wälschtirol begründete Ansprüche auf gänzliche Lostrennung vom Deutschtirol oder nicht? (Gegen Aufsätze des Giovanni Prato „a neccessaria difesa" im Messaggiere Tirolese di Rovereto 1862, Nr. 259—269, 275). Im Tiroler Bothe 1862, Nr. 297, und 1863, Nr. 3, 5, 13, 14, 18, 19, 37—41, 43, 53, 58, 59, 69, 72.
— Über die staatsrechtlichen Beziehungen des italienischen Landestheiles von Tirol zu Deutschland und Tirol. Innsbruck 1864.

E

Edward, Paul: Im Zimbernland unter den alten Deutschen Oberitaliens. München 1911.

Egger, Josef: Geschichte Tirols, II Bde. Innsbruck 1870—1871.

Egger, Rudolf: Der Alpenraum im Zeitalter des Übergangs von der Antike zum Mittelalter. In: Die Alpen in der europäischen Geschichte des Mittelalters. Konstanz 1965.

Emmert, B.: Il dipartimento dell' Alto Adige del Regno Italico (1810—1813). Saggio bibliografico. Trento 1909.

Erlebach, Siegfried: Die Deutschgegend am Nonsberg, Bd. 56 der Schriftenreihe des Südtiroler Wirtschafts- und Sozialinstituts, Bozen 1971 (eine Studie über die wirtschaftlichen Verhältnisse der beiden deutschen Randgemeinden am Nonsberg, Unsere Liebe Frau im Walde und St. Felix).

Estrup, H. F. J. (ein dänischer Forscher, der 1817 das Land der Zimbern besuchte). Darüber berichtet ausführlich Viktor Waschnitius in „Dolomiten", 11. 1. 1961.

Ettmayer, Karl v.: Die geschichtlichen Grundlagen der Sprachenverteilung in Tirol. In: Mitteilungen d. Instit. f. Österr. Geschichtsforschung. 9. Ergänzungsband (S. 1—33). Wien 1913.

Etzel, Johann: Das Gebiet der Fersen und Brenta in Südtirol. München 1910.
— Das deutsche Fersental in Südtirol. Leipzig 1907.

F

Faè, Gianni (seit dem Tode des Univ.-Prof. Marco Scovazzi verantwortlicher Direktor der Zschr. „Vita di Giazza e di Roana" — gestorben 1983) Censimento linguistico degli abitanti di Giazza. In: Vita di Ljetzan-Giazza, 1970, Nr. 1, S. 19—28, Nr. 2, S. 18—20
— La Val d'Illasi in Edizione „Vita Veronese" 41, 1956

Festi, L.: Il movimento italiano nel Trentino. Torino 1859.
— Il Trentino considerato nei suoi rapporti con la causa italiana. Torino 1859.
— La nazionalità del Trentino. Torino 1864.
— Ancora del Trentino ecc. Torino 1866.

Filos, Francesco: Di alcune recentissime opinioni intorno alla storia dei XIII Comuni Veronesi. Venezia 1887.

Filzi, Mario: Il dialetto cimbrico di Terragnolo. Estratto dall' Archivio Trentino, anno XXIV, fasc. II—IV. Trient, ohne Jahr.

Fink, Hans: „Iz tautscha gareìda." Neue Sprachproben aus dem „Zimbrischen". Schlern 1961, S. 282.
— „Persener" Namenkunde. Toponomastisch-historischer Beitrag zu 56 Familiennamen von Pergine. In: Der Schlern, 36. Jg. (1972), S. 11—19.
— Sprachproben und Lieder in „Tautsch". Derzeitiger Stand des sogenannten „Zimberntums" über Verona. Schlern 1967, S. 535.

Finsterwalder, Karl: Das Familiennamenbuch in Tirol. Schlern-Schriften 81, Innsbruck 1951.
— Sprache und Ortsnamen als Geschichtsquellen. In: Südtirol. Eine Frage des europäischen Gewissens, hrsg. von Franz Huter. Wien 1965, S. 19—40.

Fittbogen, Gottfried: Franz Xaver Mitterer und die Anfänge der Volkstumsarbeit. München 1930.

Flecchia, Giovanni: Memorie della R. Accademia delle Scienze di Torino, 27. Bd. Torino 1873, S. 366 bis 373 (er bringt hauptsächlich aus der Lombardei germanische Ortsnamen auf -ing oder -ingen [engo] bei).

Fontana, G.: Addio vecchia Sappada! Storia, leggende, case, attrezzi, usi, costumi, cibi, abiti, dialetto, occupazione, amenità, folclore di un tempo lontano. Con 30 tavole disegnate da Massimo Facchin. Feltre 1966.
— Guida di Sappada. Feltre 1961.

Frapporti, G.: Della storia e della condizione del Trentino. Trento 1840.

Frescura, Bernardino: L'Altopiano dei 7 Comuni. Torino 1897.
— Leggende cimbriche. Palermo 1897.
— Tra i Cimbri dei 7 Comuni.

Frind, Wenzel (Weihbischof von Prag): Das sprachliche und sprachlich nationale Recht vom sittlichen Standpunkt aus betrachtet. Wien 1899.

F., T.: Über die deutschen Alpenbewohner des Süd-Tirols und des angrenzenden venetianischen Gebiets. In: Der Kaiserlich Königlich Privilegierte Bothe von und für Tirol und Vorarlberg, Nr. 32 vom 22. April 1822, S. 128.

G

Galanti, Arturo: I tedeschi sul versante meridionale delle Alpi. Roma 1885.
— I diritti storici ed etnici dell'Italia sulle terre irredente. Roma 1915.

Galvagni, Giacomo: Herausgeber des Sammelwerkes „Florilegio scientifico-storico-letterario del Tirolo Italiano". Padua 1856. Darin ein 1820 geschriebener Aufsatz des Giovanni Beltrami über „Das Leben und Ersterben der Sprache der Bevölkerung von Terragnuolo".

Gamillscheg, E.: Die romanischen Elemente in der deutschen Mundart von Lusern. Halle a. S. 1912.
— Romania Germanica. Sprach- und Siedlungsgeschichte der Germanen auf dem Boden des alten Römerreiches. Berlin 1934—36.

Gantter, Ludwig: Wanderungen durch die Südtäler des Monte Rosa. In: Der Alpenfreund, I. Bd., Gera 1870. S. 281—295, 321—340.

Gar, Tommaso: Biblioteca Trentina o sia raccolta di documenti inediti o rari relativa alla storia di Trento redatta da T. Gar con prefazioni, discorsi storici e note. Trento 1858—1861 (18 Lieferungen):
1. dispensa. Biografie. Vita di Alessandro Vittoria, scultore Trentino († 1608), composta dal conte Benedetto dei Giovanelli e rifusa e accresciuta da T. Gar. 139 S.
2. disp. Municipii e comunità. Ricerche storiche riguardanti l'autorità e giurisdizione del magistrato consolare di Trento composte dal barone Giangiacomo Cresseri, riordinate e annotate da T. Gar.XXXI, 64 S.
3—6 disp. Municipii e comunità. Statuti della città di Trento (a. 1528) colla designazione dei beni del comune nella prima metà del secolo XVI. e con una introduzione di T. Gar, LXXI, 343 S.
7—11 disp. Municipii e comunità. Statuti della città di Rovereto (1425—1610) con una introduzione di T. Gar e un discorso di Simone Cresseri (Gar behandelt die Geschichte und Verfassung von Rovereto, Cresseri gibt eine systematische Übersicht über den Inhalt der Statuten), XLVIII, 360 S.
12—15 disp. Annali, cronache, diarii. Annali del principato ecclesiastico di Trento dal 1022—1540 compilati sui documenti da Francesco Felice degli Alberti, vescovo e principe, reintegrati e annotati da T. Gar, X, 550 S.
16—18 disp. Municipii e comunità. Statuti della città di Riva 1270—1790 con una introduzione di t. Gar e un discorso di Simone Cresseri, XXVII, 235 S.

Gatterer, Claus: Im Kampf gegen Rom — Bürger, Minderheiten und Autonomien in Italien. Europa-Verlag, Wien-Frankfurt-Zürich, 1968.

Gazzoletti, A.: La questione del Trentino. Milano 1860.

Gentili, G. M.: Estratto delle cose più rimarchevoli da Libri e Decreti della nobile Comunità di Pergine. 1796. Trento, Marietti 1882. In: Biblioteca comunale di Trento 3579/II.

Gerola, Berengario: Sull'origine del documento perginese del 1166. In: Studi Trentini 1929, S. 72—79.
— Ricerca sull' antica oasi tedesca di Pinè. In: Studi Trentini 1929, S. 254.
— Il culto di S. Leonardo ed i suoi ex-voto nei XIII Comuni. In: Il Folklore italiano, V, 1930, S. 99—125.

Gerloni, Francesco: La Valle di Pinè. In: Annuario della Società degli Alpinisti tridentini 1881, S. 219 bis 230.

Gerola, Giuseppe: Alcuni documenti sul paese dei Mocheni. Venezia 1929.

Giordani, Giovanni: La colonia tedesca di Alagna-Valsesia e il suo dialetto. Varallo 1927.

Giovanelli, Benedikt Graf: Trento città d'Italia per origine, per lingua e per costumi. Trient 1810.
— Dell'origine dei VII e XIII Comuni. Trient 1826.

Giovanni da Schio: Dei Cimbri primi e secondi. Venezia 1863.

Girardi, Slaviero (gebürtig aus Rotz in den Sieben Gemeinden, Arzt) hinterließ eine handgeschriebene Grammatik des Zimbrischen, Anfang 1800, die Agostino dal Pozzo besaß.

Gnesotti, C.: Memorie per servire alla storia delle Giudicarie. Trento 1786.

Gorfer, Aldo: La Valle dei Mocheni. Vallagarina 1971 (2. Auflage 1972).
— Das Mochenital (deutsche Übersetzung), Vallagarina 1972 (mit zahlreichen Farb- und Schwarzweißbildern).
— Le valli del Trentino. Trento 1959.

Grabmayr, Karl v.: Südtirol — Land und Leute vom Brenner bis zur Salurner Klause (Sammelband). Berlin 1919.

Grammatica, Gustavo A.: Escursioni nella valle del Fersina. In: Il Raccoglitore. Rovereto 1886. S. 94.

Grassi, Corrado: Strategia e analisi regionale in toponomastica. Firenze 1965.

Gribaudi, Pietro: Sull'influenza germanica nella toponomastica italiana. In: Bollettino della Società Geografica Italiana, 36. Jg., 39. Bd., Roma 1902.

Gstirner: Die Julischen Alpen. In: Ztschr. d. DÖAV, 1905, S. 362.

Günther, Adolf: Soziologie des Grenzvolkes, erläutert an den Alpenvölkern. In: Jahrbuch f. Soziologie, III. Band. Karlsruhe 1927.

H

Heigl, Maria: Cimbrisch-Baierische Siedlungen am Südhang der Alpen (Schriftenreihe des Cimbern-Kuratoriums, München, Bd. I.), München 1975

Hèraud, Guy: La Diaspora Germanique en Haute-Italie. In: „Europa ethnica". Wien 1962.

Heuberger, Richard: Vom alpinen Osträtien zur Grafschaft Tirol. Die raumpolitische Entwicklung einer mittelalterlichen deutschen Grenzlandschaft. Schlern-Schriften, Bd. 29, Innsbruck 1935.

Heuberger, Richard: Rätien im Altertum und Frühmittelalter. Schlern-Schriften. Bd. 20, Innsbruck 1932.

Hirsch, Ernst: Walser im Hochtale des Cervo. In: Orbis, Bulletin international de Documentation linguistique, Tome XV, Nr. 2, 1966. Ravenstraat 46, Lauvain (Belgique).

Hlawitschka, Eduard: Franken, Alemannen, Bayern und Burgunder in Oberitalien (in der Zeit von 774 bis 962 — Zum Verständnis der fränkischen Königsherrschaft in Italien), Freiburg i. Br. 1960 (siehe S. 23).

Hofmann, Herbert: Wörterverzeichnis der Fersentaler Mundart (von Florutz und Gereut-Eichleit). Der Verfasser hat insgesamt 1945 Wörter aufgezeichnet. Manuskript.

Hoffingott, Johann: Ein Ausflug ins Mochenital, In: Österr. Touristenzeitung 1899, S. 65—68.

Hormayr, Josef v.: Geschichte von Tirol. Innsbruck 1806.
— Kritisch-diplomat. Beiträge zur Geschichte Tirols im Mittelalter. 2 Bde.

Hornung, Maria: Wörterbuch der deutschen Sprachinsel von Pladen/Sappada in Karnien (Österr. Akademie der Wissenschaften). Wien 1972, 525 S.
— Herausgeberin des unveränderten Nachdruckes von Josef Bacher: „Die deutsche Sprachinsel Lusern" mit einem umfassenden Vorwort, Wien 1976
— Herausgeberin der Dissertation (1925) des Wiener Univ.-Prof. E. Kranzmayer: Laut- und Flexionslehre der dt. zimbrischen Mundart". Wien 1981 (295 S.)
— Halghe Gasang. Alte Kirchengesänge aus den deutschen Sprachinseln der Sieben Gemeinden in Oberitalien. In: Jb. des österr. Volksliedwerkes. Wien 1961, 10. Bd., S. 84 bis 93

Hotzenköcherle, R.: Umlautphänomene am Südrand der Germania. In.: Festgabe für Theodor Frings. Berlin 1956.

Huber, Karl: Drohte dem Tessin Gefahr? Der ital. Imperialismus gegen die Schweiz (1912—1943). Aarau 1954.

Hugelmann, K. G.: Das Nationalitätenrecht des alten Österreich. Wien 1934.

Huter, Franz: Trient, Reich oder Tirol. Aus einem entscheidenden Jahrhundert der Bozner Stadtgeschichte. In: Tiroler Heimat, 11. Bd., 1947.
— Wege der politischen Raumbildung im mittleren Alpenstück. In: Die Alpen in der europäischen Geschichte des Mittelalters. Konstanz 1965, S. 245—259.
— Kloster Innichen und die Besiedlung Tirols. In: Stifte und Klöster. Entwicklung und Bedeutung im Kulturleben Südtirols. Jahrbuch des Südt. Kulturinstitutes, Bd. 2, S. 11—32. Bozen 1962.
— Südtirol. Eine Frage des europäischen Gewissens. Sammelwerk. München 1965.
— Historische Städtebilder aus Alt-Tirol. Innsbruck-Wien-München 1967.
— Tiroler Urkundenbuch. Innsbruck 1937.

I

Ilg, Karl: Die Walser in Vorarlberg, Bd. 1. Dornbirn 1949.

Jäger, Albert: Geschichte der landständischen Verfassung Tirols, 2. Bde. Innsbruck 1881—1882 (mit umfangreichem Quellen- und Urkundenmaterial).
— Über die staatsrechtlichen Beziehungen des Fürstenthums Trient zu der gefürsteten Grafschaft Tirol. In: Tiroler Bothe 1861, Nr. 81, 83.

Jud, Jakob: die Verteilung der Ortsnamen auf „-engo" in Oberitalien. (Donum Natalicium Carolo Jauberg Messori Indefesso Sexagenario — Romanica Helvetica 4, 1937, S. 162—192.)

K

Kende, O.: Tirol. Geographische und geschichtliche Grundzüge und Probleme. In: Zeitschr. f. Politik, Bd. 9. Berlin 1916.

Kink, Rudolf: Codex Wangianus. Wien 1852.

Klebel, Ernst: Kärnten und die Grafen von Tirol. Schlern-Schriften, 207. Bd. Innsbruck 1959.

Klein, Karl Kurt: Die Anfänge des deutschen Schrifttums — Vorkarlisches Schrifttum im deutschen Südostraum. München 1954.
— Tirol und die Anfänge des deutschen Schrifttums. In: Schlern-Schriften. Bd. 104. Innsbruck 1953 (S. 95 bis 114).
— Hochsprache und Mundart in den deutschen Sprachinseln. In: ZMaF, XXIV, 1956, S. 193—229

Koegl, Josef: La sovranità dei vescovi di Trento e di Bressanone. Trient 1964.

Kohl, J. G.: Reisebericht über deutsche Sprachgebiete im Veronesischen und Vizentinischen. In: „Augsburger Allgemeine Zeitung" 1847, Oktober.

Krahe, Hans: Die Sprache der Illyrer. 2. Teil. Wiesbaden 1964.

— Vorgeschichtliche Sprachbeziehungen von den baltischen Ostseeländern bis zu den Gebieten um den Nordteil der Adria, Abh. Ak. Mainz 1957.

Kramer, Hans: Die Italiener unter Österreich-Ungarn. Wien 1954.

Kranzmayer, Eberhard († 1975): Laut- und Flexionslehre der deutschen zimbrischen Mundart (Diss. 1925) — mit einem Vorwort herausgegeben von Maria Hornung, Wien 1981

— Historische Lautgeographie des gesamtbairischen Dialektraumes, Wien 1956

Kreis, Hans: Die Walser — ein Stück Siedlungsgeschichte der Zentralalpen. Bern 1958 (neuester Stand der Forschungen).

Krones, F.: Die deutsche Besiedlung der östlichen Alpenländer (Forschungen zur deutschen Landes- und Volkskunde, 3, 1889).

Kühebacher, Egon: Deutsche Sprachzeugen im Etsch-, Brenta- und Piavegebiet. In: Südostdeutsche Semesterblätter, 11. u. 13. Heft. München 1964.

— Tirolischer Sprachatlas. Hrsg. Karl Kurt Klein und Ludwig Erich Schmitt. 3 Bde. Innsbruck-Marburg 1965—1971.

— Die geschichtliche Entwicklung der deutsch-italienischen Sprachgrenze. In: Der Schlern 46 (1972), S. 33—52.

— Zur Struktur des Tiroler Sprachraumes in vorgermanischer Zeit. In: Festschrift für Karl Finsterwalder. Innsbruck 1972, S. 94 ff.

— Mundartforschung und Mundartpflege in Tirol. In: Der Schlern 37 (1963) S. 54 ff.

— Zur Entwicklung von germ. eu im Bairischen. In: Zeitschrift für Mundartforschung 31 (1964), S. 233.

— Ladinisches Sprachgut in den Tiroler Mundarten. In: Ladinien, Land und Volk in den Dolomiten. Bozen 1963/64, S. 224 bis 244.

Kuk, W.: Es gibt kein Trentino. Historische Studie. Wien 1960.

L

Ladurner, J. L.: Wie die Trientner sich einmal (1444 u. 1473) als Tiroler erklärt haben. In: V. u. Sch. Ztg. 1863, Nr. 73.

Largaiolli, F.: Bibliografia del Trentino (1475—1903), 2. Aufl. Trento 1904.

Leck, Hans: Deutsche Sprachinseln in Welschtirol. Landschaftliche und geschichtliche Schilderungen. Stuttgart 1884.

Leonardi, P.: I castellieri della Venezia Tridentina. In: Archivio preist. Leventina, VI., 1954.

Lessiak, Prim. u. Pfalz, A.: Deutsche Mundarten, Bd. V, S. 59. In: Sitz.-Ber. d. Wiener Akad. d. Wiss. phil.-histor. Kl., 187. Bd., I. Abhdlg. 1918.

L., O.: Elenco di lettere, autografi ecc. di G. B. Garzetti. Regesto di documenti riferentisi ai comuni di Pinèe Civezzano. In: Archivio trentino 1898, S. 119.

Liver, Peter: Mittelalterliches Kolonistenrecht u. freie Walser in Graubünden. In: Kultur- und staatswissenschaftliche Schriften der Eidgen. Techn. Hochschule, Bd. 36, Zürich 1943.

Löwe, Heinz: Die Herkunft der Bajuwaren. In: Zeitschr. f. bayerische Landesgeschichte, 15. Bd. München 1949.

Lorenzi, E.: Dizionario toponomastico tridentino. Roma 1936.

— Toponomastica Mochena. Trento 1930.

Lorenzoni, Giovanni: Relazione del I Congresso degli studenti trentini a Pergine. In: Annuario degli Studenti tridentini. Trient 1895.

Lorgna, A.: Memorie dei 13 Comuni. (Manuskript in der Biblioteca civica di Verona.)

Loschi Antonio (Gelehrter aus Padua) lebte um 1400 und nennt sich selbst einen „Cimbro" und schreibt, daß in der Vorzeit die „Zimbern" (d. h. die Deutschen) sich „von der Etsch bis zum Adriatischen Meer" erstreckt haben (zitiert bei Josef Bacher).

M

Maccà, G.: Storia dei 7 Comuni e delle ville annesse. Caldogno 1816.

Maffei. Scipione. über das Zimbrische in „Verona illustrata", I. Bd., 1739.

Malfatti, Bartolomeo: Saggio di Toponomastica Trentina con un discorso preliminare sulle colonie tedesche del Pergine. Rovereto 1888.
— Degli idiomi parlati nel Trentino e dei dialetti odierni. Estratto del Giornale di Filologia romana, Nr. 2. Livorno 1878.
— Aus den Bergen an der deutschen Sprachgrenze in Südtirol. Stuttgart 1880.

Martello-Martalar, Umberto († 1982): Dizionario della lingua Cimbra dei Sette Comuni Vicentini. Vicenza 1976 (Der Verfasser stammt aus Mitteballe, einer Fraktion von Roana in den VII Gemeinden, er lebte viele Jahre in Australien. Hugo Resch, Leiter des Bayerischen Zimbernkuratoriums, schreibt in der Einführung: „Dieses ‚Wörterbuch von Mezzaselva' zeugt von dem noch heute großen Wortreichtum einer uralten bairisch-langobardischen Sprache am Südrand der Alpen".)

Menzano, F. Di: Annali di Friuli, volumi 7. Udine 1858—79.
— Compendio di storia friulana. Udine 1876.
— Cenni storici sui confini del Friuli e la sua nazionalità. Udine 1894.

Marchesi, V.: Il dominio veneto nel Friuli. Udine 1894.
— Le relazioni del luogotenente della Patria del Friuli al senato veneziano. Udine 1893.

Marchetti, Livio: Il Trentino nel Risorgimento, 2 Bde. Milano, Roma, Napoli 1913.

Mariani, M.: Trento con il sacro concilio. Trient 1673.

Marinelli, Giovanni: Guida della Carnia. Udine 1899.

Maroni: Cenni di Caldonazzo. Padua 1836.

Mayer, Reinhold: Zur Phonetik des Cimbro. In: Linguistische Berichte — Forschung, Information, Diskussion, 11, 1971, S. 48—54.

Mayer, Theodor: Die Alpen als Staatsgrenze und Völkerbrücke im europäischen Mittelalter. In: Die Alpen in der europäischen Geschichte des Mittelalters. Konstanz 1965.

Mayr, Joachim: Zur Zimbernfrage. In: „Deutsche Erde", 11. Jg., Gotha 1912, S. 213 f.

Mayr, Michael: Der italienische Irredentismus. Innsbruck 1916.
— Welschtirol in seiner geschichtlichen Entwicklung. In: Zeitschr. des DÖAV. 38. Bd. München 1907.

Mercante, Pietro: Getze un sei taucias Gareida. Legnago 1936.

Merkh, R.: Es war einmal. Innsbruck 1913. Herrschaft Persen, Das Suganertal, Persener Musterrolle.
— Deutsche Ortsnamen in Friaul. Ein Beitrag zur Kenntnis des Landes. Wien 1916.
— Altes Deutschtum in Südtirol. Innsbruck 1913.

Merkl, Adolf: Die Legende vom österreichischen Völkerkerker. In: Der Donauraum, 1956, H. 1.

Messineo, A.: Il problema delle minoranze nazionali. Roma 1946.

Mirtes Hans: Die Aussiedlung der Deutsch-Fersentaler nach Böhmen im Jahre 1942 und deren Rückkehr in die Heimat im Jahre 1945. In: Reimmichls Volkskalender (Südt. Ausgabe) 1982, S. 79—88).

Montanus (= E. v. Pflugl): Die nationale Entwicklung Tirols in den letzten Jahrzehnten. Innsbruck 1919.

Montebello, Giuseppe Andrea: Notizie storiche, topografiche e religiose della Valsugana e di Primiero. Rovereto 1793.

Morandini, G.: La distribuzione della popolazione sparsa nella Venezia Tridentina. Firenze 1941.

Morelli, G. di Schönfeld: Istoria della contea di Gorizia, 2. ediz. Gorizia 1855
— Gorizia nel Medioevo. In: Miscellanea di Studi storici, Studi Goriziani, Neuausgabe. Gorizia 1956. (Morelli war ein Gelehrter aus Friaul; er nennt das Deutsche in Görz „questa antica nostra favella", d. h. „diese unsere alte Sprache".)

Mortarotti, Renzo: I Walser nella Val d' Ossola. Le colonie tedesco-vallesane di Macugnaga, Formazza, Agaro, Salecchio, Ornavasso e Migiandone (392 Seiten, 50 Fotos), Domodossola 1979.

Müller, P. Iso: Der Gotthardraum in der Frühzeit (7. bis 13. Jh.) In: Schweiz. Zeitschrift f. Geschichte. Zürich 1957, S. 458.

N

Nalli, Giuseppe: Epitome di nozioni storiche-economiche dei Sette Comuni vicentini, Vicenza 1895 — anastatischer Nachdruck, Bologna 1975
— Nuovi ragguagli sull' origine del popolo dei Sette Comuni, Padova 1882.

Neumann: Aus den Sette Comuni. In: Abhandlungen der k. k. Gelehrten Gesellschaft. Wien 1871.

Nibler, Fr.: Eine Maifahrt in das deutsche Fersental. In: Mitteilungen des DÖAV 1888, S. 89—92.

Nice, B.: Il territorio di Monfalcone. Firenze 1950.

Nicoletti, M.: Leggi e costumi dei furlani sotto 18 patriarchi di Aquileia. Pradamano 1950.
Nicolussi, Matthäus: Jugenderinnerungen und Sprachprobe aus Lusern. In: „Der Tiroler", 1921.
Nohara, Friedrich S.: Livigno im Livinental — eine Siedlung der freien Walser? In: „Basler Nachrichten", 23. Mai 1964, Nr. 214.
Nordera, Carlo (Lehrer in Ljetzan): Herausgeber der Monatsschrift „Ljetzan-Giazza" (erscheint seit April 1968).

O

Oberziner, Giovanni: I Cimbri in Italia. In: Archivio Trentino 1889.
— I Cimbri nella valle dell'Adige. Roma 1900.

P

Panizzon, Luigi Ettore: Processo di formazione del complesso etnico dell'Alta Italia. In: Collana di monografie alpine, serie IV, Nr. 3. Milano 1940.
Paschini, P.: Il Friuli e la caduta della civiltà romana. Udine 1910.
— Le vicende politiche e religiose del territorio friulano da Costantino a Carlo Magno (sec. IV—VIII). Cividale 1912.
— Le Vicende politiche e religiose del Friuli nei secoli IX e X. In: Nuovo Archivio Veneto, Bd. XX—XXI, 1911.
Patigler, Josef: Beschwerdeschriften der Deutschen zu Trient und der Gemeinden im Stadtbezirk wider die italienischen Consuln. In: Ferd. Ztschr. 28. Bd., III. Folge, Jbk. 1884, S. 53—104.
Paul, Ewald: Im Zimbernlande. München 1911.
Peez, Alessandro: Monografia sui 7 Comuni. In: Politica commerciale Austriaca. Wien 1894.
Pellegrini, G. B.: Panorama di storia e linguistica giuliano-carnica. I. — Il periodo preromano. In: Studi goriziani, 29. 1961.
Penck, A.: Die österreichische Alpengrenze. Stuttgart 1916.
Perini, A.: Statistica del Trentino, 2 Bände, 1851—1852, zu Trient in Perinis eigenem Verlage heftweise erschienen. Perini bemerkt u. a., wer den Dialekt der Bewohner des Nons- und Sulzberges richtig zu Papier bringen will, muß die franz. Orthographie kennen; denn in Aussprache und Wortsatz hätten sie gar viel mit den Franzosen gemein. Er läßt es aber unentschieden, ob dies von einer fränkischen (soll wohl heißen gallischen) Invasion oder von der rätoromanischen Urbevölkerung herrührt (II. 158).
— Almanacco Trentino. Trient 1843.
Perkmann, R.: Land und Leute von Südtirol mit besonderer Rücksicht auf deren Beziehungen zu Italien und Deutschland. Wien 1862.
Perthanis (Missionär aus Meran): Bericht über Pergine und Fersental, 1687.
Pezzo, Marco (Abt aus Grietz in Valdiporro in den XIII Gemeinden, † 1794): Memorie illustrate intorno alle cognizioni dei Cimbri Veronesi, Verona 1757 — Das Werk wurde von *Ernst Klinge* ins Deutsche übersetzt und erschien in „Büsching's Magazin für die neuste Historie und Geographie", Hamburg 1771, Bd. VI, 51—100
— Nuovissimi illustrati Monumenti de' Cimbri sui Monti Veronesi, Vicentini e di Trento. Verona 1785.
Pfaundler, Richard: Die deutsch-italienische Sprachgrenze in Tirol. In: Deutsche Erde. Gotha 1908 und Ergänzungen im Jg. 1912 und in „Petermanns Mitt.", Jg. 1915.
— Die Ergebnisse der Volkszählung vom 31. Dez. 1910 an der deutsch-italienischen Sprachgrenze im Etschtal. In: Deutsche Erde, XII., Gotha 1915, S. 148.
Pilati, S.: I principi Tridentini ed i conti del Tirolo ecc. Riva 1899.
Pincio, G. P.: Annali, overo Croniche di Trento (traduzione dall'originale latino a Mantova nel 1546). Trento 1648.
Pizzorusso, Alessandro: Le minoranze nel diritto pubblico interno. Con un' appendice sulla condizione giuridica della minoranza tirolese nell'ordinamento italiano, 2 Bde. Milano 1967.
Pock, D.: Deutsche Sprachinseln in Wälschtirol. Die „Huter" und die „Mogeni". In: Der Tourist, Wien 1885, Nr. 156.
Popelka, Fritz: Die Streitfrage über die Herkunft der Baiern. In: Zschr. d. hist. Vereins f. Steiermark, 26. Bd. Graz 1952.
Prielmayer, M. v.: Deutsche Sprachinseln. In: Zschr. d. DÖAV, Bd. 26, 1896.

R

Rampold, Josef: Ein Streifzug durch das Fersental. In: AV-Jahrbuch 1969, S. 123—129.

— Von Südtirol zum Gardasee (Wanderführer). Innsbruck 1968 (darin eine Runde von Palai zum Spitzsee mit Abstieg nach St. Felix, genaue Beschreibung mit Skizze).

Rapp, Ludwig: Freimaurer in Tirol. Innsbruck 1867.

Reich, Desiderio: Sul confine linguistico nel secolo XVI a Pressano, Avisio, S. Michele, Mezzocorona. In: Atti della I. R. Accademia di scienze, lettere ed arti degli Agiati di Rovereto, Serie III, Vol. XII, Fasc. II. Rovereto 1906, S. 109—176.

Reishauer, F.: Italienische Siedlungsweise im Gebiet der Ostalpen. In: Zeitschr. d. DÖAV, 1904, Bd. 35.

Renzini, Giulio: Problemi dell'Impero: L'italianità sulle Alpi. Milano 1937.

Resch, Hugo (Leiter des Bayerischen Zimbernkuratoriums): Die Entstehung von Badia Calavena — Die Besiedlung des Illasitales — Die Besiedlung der XIII Gemeinden von Bayern aus in der Mitte des XI. Jh.s. In: Zschr. „Terra Cimbra", Nr. 43, 1980.

Reut-Nicolussi, Eduard: Tirol unterm Beil. München 1928.

— Das altösterreichische Nationalitätenrecht in Welschtirol. Innsbruck 1931.

Riedl, Franz H.: Deutsche Sprachinseln südlich Salurn und Plöckenpaß. Sonderdruck: Der Donauraum. Zschr. des Forschungsinstitutes für den Donauraum. 2. Heft, 1959.

Rizzi, Enrico: Walser — gli uomini della montagna — die Besiedler des Gebirges (zweisprachiger Bildband in Großformat, 158 Seiten), Valstrona (Novara) 1981.

Rizzoli, Giuseppe: Il Trentino nella sua condizione politica dei secoli XVIII e XIX. Feltre 1903.

— Popolazioni e costituzioni antiche di Valsugana, Primiero, Fiemme, Fassa, Cadore, Ampezzo e i Sette Comuni Vicentini. Feltre 1906.

Roegner, Otto: Vergessene deutsche Sprachinseln in den Westalpen. In: Zschr. des Deutschen Alpenvereins, Bd. 69. München-Wien 1938.

Rohmeder, Wilhelm: Das Deutschtum in Südtirol. München 1932.

— Das Fersental in Südtirol. Freiburg 1901. 47 S., 1 Karte.

— Orts- und Flurnamen des Fersentales. In: Deutsche Arbeit 1905, S. 212.

— Die deutschen Ortsnamen und Wortschatz der deutschen Fersentaler in Südtirol. In: Deutsche Erde 1905, S. 171 ff.

Romanin, S.: Storia documentata di Venezia, IV Bde. Venedig 1855.

Rosa, Gabriele: I XIII Comuni veronesi e i Sette Comuni vicentini. Milano 1871.

S

Sabatini, V. F.: Riflessi linguistici della dominazione longobarda nell'Italia mediana e meridionale. Firenze 1964.

Samassa, Paul: Der Völkerstreit im Habsburgerstaat. Leipzig 1910.

Sartori, Antonio Domenico: Storia della federazione dei Sette Comuni Vicentini. Vicenza 1956.

Schatz, Josef: Wörterbuch der Tiroler Mundarten. Schlern-Schriften 119—120. 1956.

Schiber Adolf: Das Deutschtum südlich der Alpen. In: Zschr. d. DÖAV 1902 und 1903.

Schiffrer, C.: Sguardo storico sui rapporti fra italiani e slavi nella Venezia Giulia, Triest 1946.

Schindele, Stefan: Reste deutschen Volkstums südlich der Alpen. In: Vereinsschrift der Görresgesellschaft. Köln 1904. Heft 3.

Schmeller, J. Andreas: Cimbrisches Wörterbuch mit einer Einleitung von Josef Bergmann. In: Sitz.-Ber. d. Wiener Akad. d. Wiss., phil.-hist. Kl., 15. Bd., Wien 1855.

— Über die sogen. Cimbern der VII u. XIII Comunen auf den Venedischen Alpen und ihre Sprache. In: Abhdlg. d. Münchner Akad., phil.-hist. Kl., München 1838, 2. Bd., 3. Abt., S. 703 ff.

Schneider, Elmar: Zur Geschichte der südbairischen Sprachinseln der „Sieben Gemeinden" auf der Hochfläche von Asiago. Südostdeutsches Archiv, Bd. 3, 1968.

Schneider, F.: Entstehung von Burg und Landgemeinde in Italien. Berlin 1924.

Schneller, Christian: Tirolische Namensforschung. Innsbruck 1890.

— Südtirolische Landschaften. I. Nons- u. Sulzberg, Civezzano und Pinè, Pergine, Valsugana. Innsbruck 1899.

— Studi sopra i dialetti volgari del Tirolo italiano. Rovereto 1865.

— Deutsche und Romanen in Südtirol und Venetien. 1877. Über Tovazzi in: Zschr. Ferdinandeum, Bd. 39, S. 400.

— Südtirol nach seinen geographischen, ethnographischen und geschichtlich-politischen Verhältnissen. In: Österr. Revue 1867, Heft I—III.
— Beiträge zur Ortsnamenskunde Tirols. Innsbruck 1893—1896.
— Ein Ausflug nach Lavarone und in die Sieben Vicentinischen Gemeinden. In: Tiroler Stimmen 1916, Nr. 115, S. 1 ff.
— Die wälschtirolische Frage (Separatabdruck aus dem „Tiroler Bothen"), Innsbruck 1866.

Schott, Albert: Die deutschen Kolonien in Piemont. Stuttgart 1842.
— Die Deutschen am Monte Rosa, 1840.

Schurr, Friedrich: Die Alpenromanen. In: Die Alpen in der europäischen Geschichte des Mittelalters. Konstanz 1965.

Schwartz, Gerhard: Die Besetzung der Bistümer Reichsitaliens unter den sächsischen und salischen Kaisern. Leipzig 1913.

Schweizer, Bruno beteiligte sich als geschulter Germanist maßgebend an der Mundartforschung seiner oberbayerischen Heimat (er stammt aus Dießen am Ammersee), kam Ende 1940 zur sogenannten „Kulturkommission" nach Bozen mit dem Auftrag, die Mundarten des Umsiedlungsgebietes aufzunehmen und zu einem Tiroler Sprachatlas zu verarbeiten. Dieser Aufgabe unterzog er sich mit Leidenschaft und dehnte dabei seine Forschungen auch auf die zimbrischen Sieben und Dreizehn Gemeinden Oberitaliens aus. Seine Sprachaufnahmen sind heute im Besitz des „Deutschen Sprachatlasinstitutes" in Marburg an der Lahn. Vgl. Nachruf von Hans Fink im Schlern 1960, S. 53: Dr. Bruno Schweizer, dem unermüdlichen Zimbernforscher zum Gedenken — In seinen Werken vertritt er den Standpunkt, daß die Zimbern nicht erst im Mittelalter zu Rodungsarbeiten eingewanderte Bayern sind, sondern direkte Nachkommen der Langobarden. Dr. Schweizers Verdienste um die Sprachwissenschaft Südtirols und der deutschen Sprachinseln Oberitaliens sind einmalig und bleibend. Seine Hauptwerke:
— Neues aus den 7 und 13 Gemeinden. In: Südostdeutsche Forschungen, 1937, 2. Bd., S. 396.
— Zimbrische Sprachreste — Texte aus Giazza (Dreizehn Gemeinden ob Verona), Halle 1939.
— Tautsch. Puoch tse lirnan reidan un scraiban iz Gareida on Ljetzan. Bozen 1942.
— Die Herkunft der Zimbern. In: Zschr. „Taucias Gareida" Nr. 14, 1974, S. 5—12, Nr. 15, S. 5—23 (deutsche und italienische Übersetzung).

Scovazzi Marco (1923—1971), Ordentlicher Professor für Germanistik an der Universität Mailand. Er wurde nicht müde, sich in Wort und Schrift für die Erhaltung des Zimbrischen einzusetzen. Dabei unterstrich er dessen Bedeutung in wissenschaftlicher und menschlicher Hinsicht und forderte dazu auf, zu erhalten und zu retten, was vom alten Kulturgut der Dreizehn Gemeinden noch übriggeblieben ist. In enger Zusammenarbeit mit einem Freundeskreis bemühte er sich, in der seit Jänner 1970 erscheinenden Dreimonatsschrift „Vita di Ljetzan-Giazza" (seit Jänner 1971 erscheint sie unter dem Titel „Vita di Giazza e di Roana") das sprachliche Erbe des „tautschas Gareida" aufzuwerten.

Sebesta, G.: La valle dei giganti (Novellen über das Fersental). Padova 1959.
— Trasformazione cronologica della casa di Palù. Trento 1967.
— Serrature e chiavi in legno (im Fersental), Trento 1967.
— Tre storie per un prete. Rovereto 1970 (3. Auflage).
— La teleferica. Rovereto 1970.
— Miniere e minatori della valle del Fersina. Trento 1965.
— Il racconto popolare nell'alta valle del Fersina. Trento 1970.
— De Kate (Eine Untersuchung über den deutschen Fersentaler Dialekt; in Zusammenarbeit mit Pfarrer Jakob Hoffer-Zöhrn im Jahre 1969 veröffentlicht).

Seifert, Alwin: Baiern oder Langobarden in den Dreizehn und den Sieben Gemeinden. In: Schönere Heimat — Erbe u. Gegenwart, Jg. 60, 1971, I. Vierteljahr, Heft 1, S. 17—23.
— Langobardisches und gotisches Hausgut in den Südalpen. In: Der Schlern. Jg. 36, 1962, S. 303—305, mit 12 Abb.

Sell, Manfred: Die neutralen Alpen. Stuttgart 1965.

Sestan, E.: Venezia Giulia. Lineamenti di storia etnica e culturale. Roma 1947.

Sieger, R.: Die geographischen Grundlagen der österr.-ungarischen Monarchie und ihrer Außenpolitik. In: Geogr. Zschr. XXI. Jg., Leipzig und Berlin 1915.

Sironi, Giulio: La stirpe e la nazionalità del Tirolo — La Rezia. Milano 1918.

Sondermayer-Rosenheim, G.: Auf einer Alm bei den „Cimbern". In: Der Ahnbauer — Mitteilungen für Alm-, Berg- u. Grünlandbauern u. über Forstrechte. Jg. 23, 1. Januar 1971, S. 7—11 (Monti Lessini = eine Ableitung von „de perghen 'un Sin" = Die Berge der Sennhütten.)

Sperges: Tirolische Bergwerksgeschichte. Wien 1765.

Srbik, Robert: Bergbau in Tirol und Vorarlberg in Vergangenheit und Gegenwart. Innsbruck 1929.

Staffler, Johann Jakob: Tirol und Vorarlberg (3 Bde.), statistisch und topographisch mit geschichtlichen Bemerkungen. Innsbruck 1839—44.

Stefenelli, A. Il Trentino dal 1848 al 1900. In: Almanacco Strenna del Trentino per l'anno 1901—1902. Trento 1899—1901.

Steiger, A.: Deutsches Ortsnamenbüchlein für die Westschweiz, das Tessin und Graubünden. Basel 1953. (Im Anhang auch italienische und französische Nachbarschaft berücksichtigt.)

Steinberg v. Regensburg: Die Reise durch Tirol. Regensburg 1806.

Steinhauser, Walter: Die deutsche Sprache in Südtirol. In: Zeitschr. f. Deutschkunde, 1926, Heft 7.
— Die Ortsnamen als Zeugen für das Alter deutscher Herrschaft und Siedlung in Südtirol. In: Schriften des Inst. f. Statistik der Minderheitsvölker, herausgegeben von Winkler, 5. Heft. Wien 1925.

Steub, Ludwig: Zur rhätischen Ethnologie. Stuttgart 1854.
— Die deutschen Ansiedlungen in Wälschtirol und im venedischen Gebirge. In: Herbsttage in Tirol. München 1867 und in: Allgem. Zeitung, Beilage vom 22. Juni ff., 27. Juli ff. und 10. Oktober 1844.

Stocker, Anton: Eine deutsche Sprache in den Lessinischen Alpen. Heidelberg 1893.

Stolz, Otto: Die Ausbreitung des Deutschtums in Südtirol. 5 Bände. München 1927 ff.
— Geschichte der Gerichte Deutschtirols. In: Archiv f. österr. Geschichte, 102. Bd., I. Hälfte. Wien 1912.
— Politisch-historische Landesbeschreibung von Tirol. Erster Teil: Nordtirol, in: Archiv f. österr. Geschichte, 107. Bd. Wien 1925/26.
— Politisch-historische Landesbeschreibung von Tirol. II. Teil: Südtirol, Schlern-Schriften, Bd. 40, Innsbruck 1937—39.
— Geschichte des Landes Tirol, 1. Bd. Innsbruck 1955. Quellen und Literatur, Land und Volk in geschichtlicher Betrachtung, allgemeine und politische Geschichte in zeitlicher Folge (bis zur Gegenwart).
— Der deutsche Raum in den Alpen u. seine Geschichte. In: Zschr. d. DÖAV, 1933, S. 6 ff.

Sulzer, G. G.: Über den Ursprung und die Natur der romanischen Dialekte in Tirol. Trient 1855.
— Dei dialetti comunemente chiamati romanici messi a confronto coi dialetti consimili esistenti nel Tirolo. Dissertazione esposta e corredata d'un triplice vocabolario Sanscritto, Celtico ed Osco, d'un poliglotto dell'orazione dominicale in cento lingue e d'un quadro sinottico d'alfabeti coordinati a secondo del Latino. Trento 1862.

T

Tappeiner, Franz: Studien zur Anthropologie Tirols und der Sette Comuni. Innsbruck 1883 und 1886.

Tartarotti, G.: Memorie antiche di Rovereto. Venezia 1754.

Tessitori, T.: L'autonomia friulana. Concetto e motivi. Udine 1945.

Teßmann, Friedrich: Die Langobarden in Südtirol, Studien zur Geschichte Südtirols. Schlern 1950, S. 368, 431; 1951, S. 5, S. 61, S. 130, S. 270, S. 351, S. 410, S. 474; 1952, S. 29, S. 116, S. 196, S. 361.
— Zur baierisch-langobardischen Landnahme in Südtirol. Schlern 1956, S. 356.

Thien, Günther, Bladen und Zahre. In: Südtirol in Wort und Bild, 1963, Heft 2, S. 17.
— Südlich von Südtirol liegt das Fersental. (Mit einer ausführlichen Merktafel.) In: Südtirol in Wort und Bild, 1964, Heft 1, S. 17.
— Lusern — Erinnerung und Gegenwart. In: Südtirol in Wort und Bild, 1965, Heft 1, S.15.

Ticini, Francesco de' (Monsignore von Pergine): Dissertazione intorno alle popolazioni alpine del Tirolo meridionale e dello Stato Veneto, scritta e stampata a spese del Comune di Pergine nel 1860.

Tielsch, Hans (aus Waidhofen/Ybbs, einer der größten Förderer der deutschen Sprachinseln in Oberitalien in den letzten 20 Jahren, auf dessen Anregung am 6. Juni 1975 in Wien der Verein „Terra Cymbria — Freunde der Zimbern" gegründet wurde — gest. 1982):
Herausgeber des „Kleinen Katechismus" in zimbrisch der Sieben Gemeinden (bisherige Ausgaben aus den Jahren 1602 und 1812/13) und erstmals auch in zimbrisch der Dreizehn Gemeinden sowie in italienisch und hochdeutsch. Horn 1977.

Tiroler Bothe: Über das Verhältnis des Fürstentums Trient zu Tirol, 1861, Nr. 71, 82.
— Ein Schmerzensschrei der Trientner im 15. Jahrhundert (Wunsch der Trientner, „nicht vom Heiligen Römischen Reich, dem Hause Österreich und der Tiroler Landschaft" getrennt zu werden), 1861, Nr. 122.

Tolomei, Ettore: La Serenissima verso i Termini Sacri. In: Archivio per l' Alto Adige, Bd. XXVIII, S. 167 ff. Darin sucht der Verfasser ein jahrhundertelanges Streben der Republik Venedig nach dem Brenner glaubhaft zu machen.

Tomaschek, J. A.: Die ältesten Statuten der Stadt und des Bisthums Trient in deutscher Sprache. In: Archiv f. Kunde österr. Geschichtsquellen. 26. Bd., S. 67 ff.
— Über die ältere Rechtsentwicklung der Stadt und des Bistums Trient. In: Sitzungsberichte der kais. Akad. zu Wien, Bd. 33, S. 341—372.

Tomasini, Giulio: Rezension der Broschüre von Bernhard Wurzer und Fr. H. Riedl „Die deutschen Sprachinseln im Trentino und in Oberitalien. In.: Studi Trentini di scienze storiche. Trient 1958, Jg. 38, S. 168—174.

Tomazzon, L. Dal Ri'-V.: Storia del Trentino. Rovereto 1951.

Tovazzi, Joh.: Parrocchiale Tridentinum. Hs. Biblioteca civica in Trient. Cod. 150 und 182.

U

Ulmann, Heinrich: Kaiser Maximilian I., Auf urkundlicher Grundlage dargestellt, 2 Bde. Stuttgart 1884, Neuausgabe Verlag H. Geyer, Wien 1967.

Ungerer, Hubert: Laurein am Nonsberg. Etschlandbücher Bd. 6 (Veröffentlichungen des Landesverbandes für Heimatpflege in Südtirol). Bozen 1968.

V

Veiter, Theodor: Die Italiener in der österreichisch-ungarischen Monarchie (Eine volkspolitische und nationalitätenrechtliche Studie). Wien 1965.
— Die volkspolitische Lage im Kanaltal. In: Ostdeutsche Wissenschaft, Bd. VIII. S. 437—469. München 1961.

Veronese, Mariano Silvio: Memorie illustrate intorno alla cognizione dei Cimbri veronesi ed altri. — Dissertazione. In Verona 1757 per Agostino Carattoni stampator del Seminario vescovile (39 Seiten).
— Dieses Werk zeigte der Pfarrer von Ljetzan, Domenico Cagole, dem bayerischen Sprachforscher J. A. Schmeller, als derselbe am 10. Oktober 1833 Ljetzan besuchte.

Verus (Pseudonym): Südtirols Verwälschung. In: Der Alpenfreund. Gera 1870, 1. Bd., S. 358 ff.

Vescoli, B.: Orts- und Flurnamen in Lusern. In: Der Schlern, 3. Jg., 1922, S. 274—275.

Vetters, Hermann: Die Kontinuität von der Antike zum Mittelalter im Ostalpenraum. In: Die Alpen in der europäischen Geschichte des Mittelalters. Konstanz 1965.

Vinassa, de Regny Paolo: Confine orografico. Milano 1942.

Voltelini, Hans: Das welsche Südtirol. Erläuterungen zum Histor. Atlas der Österr. Alpenländer, I. Abt., 3. Teil, 2. Heft. Wien 1918.
— Immunität, grund- und leibherrliche Gerichtsbarkeit in Südtirol. In: Archiv für österr. Geschichte, 94. Bd. Wien 1907.

W

Waldburger, Paul: Die Walser am Monte Rosa. Sonderdruck aus dem Alemannischen Jahrbuch 1958. Lahr/Schwarzwald.

Waldstein-Wartenberg, Berthold: Geschichte der Grafen von Arco im Mittelalter. In: Schlern-Schriften 259. Bd., Innsbruck-München 1971.

Wanka Edler v. Rodlow: Der Verkehr über den Paß von Pontebba-Pontafel und den Predil im Altertum und Mittelalter. In: Prager Studien a. d. Gebiete der Geschichtswiss. III., 1898, S. 17 ff.

Wartburg, W. v.: Die Ausgliederung der romanischen Sprachräume. Bern 1950.
— Die Entstehung der romanischen Völker. Halle 1939.

Waschnitius, Viktor: Ein Däne sucht die Zimbrer. In: „Dolomiten", 11. 1. 1961.

Weber, Beda: Das Land Tirol. Mit einem Anhang: Vorarlberg. Ein Handbuch für Reisende. 3 Bde. Innsbruck 1838.

Weiß, R.: Alpiner Mensch und alpines Leben in der Krise der Gegenwart. In: Die Alpen, Zeitschr. d. Schweizer Alpenclubs. Bern 1957, S. 209—224.

Widter, Joh. Georg (k. k. Postdirektor in Vicenza) legte eine reiche Sammlung von zimbrischen Personennamen an, die von Attlmayr verwertet wurde.

Wiesflecker, W.: Die politische Entwicklung der Grafschaft Görz und ihr Anfall an Österreich. In: MIÖG, Bd. 56, 1948, S. 329 ff.
— Meinhard II. Tirol und seine Nachbarländer am Ende des 13. Jh.s. Innsbruck 1955.

Wildauer, Tobias: Denkbuch der Feier der 500. Vereinigung Tirols mit Österreich. Innsbruck 1864.

Winkler, E.: Kulturlandschaft an schweizerischen Sprachgrenzen. Zürich 1946.

Winkler, O.: Zur Kenntnis der mittelalterlichen Walsersiedlungen in hochgelegenen Alpentälern. In: Geographica Helvetica. Bern 1955, S. 1—12.

Wintgens, Hugo: Der völkerrechtliche Schutz der nationalen, sprachlichen und religiösen Minderheiten. Stuttgart 1930.

Wodischka, A.: Die Fersina und ihre Verbauung. In: Mitteilungen des DÖAV, 1886, S. 286—287.

Wörz: Zur Geschichte der deutschen Südgränze. In: „Tiroler Bothe" 1860, Nr. 110.

— Des Erzhauses Österreich vorzüglichste landeshoheitlichen Rechte auf das Fürstentum Trient vor dem 4. Februar 1803. In: „Tiroler Bothe" 1860, Nr. 114 bis 116, 118.

— Zur Frage über die staatsrechtlichen Verhältnisse zwischen Trient und Tirol. In: „Tiroler Bothe" 1861, Nr. 87.

Wolfram, Richard: Brauchtum und Volksglaube in obersten Fersental (Palai, Florutz). In: Beiträge zur Volkskunde Tirols. Festschrift zu Ehren Hermann Wopfners. Schlern-Schriften, Bd. 53. Innsbruck 1948, S. 299—326.

Wopfner, Hermann: Die Reise des Venantius Fortunatus durch die Ostalpen. In: Schlern-Schriften, Bd. 9.

— Deutsche Siedlungsarbeit in Südtirol. Innsbruck 1926.§

— Bergbauernbuch. Von Arbeit und Leben des Tiroler Bergbauern in Vergangenheit und Gegenwart. Innsbruck, Wien, München 1954.

Wurzer, Bernhard: Die deutschen Sprachinseln im Trentino und in Oberitalien. Bozen 1959, und in: Reimmichls Volkskalender. Bozen 1958.

Z

Zieger, Antonio: Ricerche e documenti sulle origini di Fierozzo nella valle della Fersina. Trento 1931 (u. a. hat er in Auszügen der knapp 100 Urkunden über die Verleihung von Höfen an Bauern im Fersental durch die Herren von Schenna aus den Jahren 1324 bis 1348 publiziert).

Zingerle, Anton: Die deutschen Colonien im Fersinatal. In: Almanach Herbstblumen. Innsbruck 1870.

— Die deutschen Gemeinden im Fersinatal. In: Der Alpenfreund. Gera 1870, I. Bd., S. 209.

— Das Fersental. In: „Wiener Abendpost" 1877, Nr. 209, und „Bote für Tirol und Vorarlberg" 1877, Nr. 247/8.

Zingerle, Ignaz V.: Lusernisches Wörterbuch. Innsbruck 1869.

Zinsli, Paul: Walser Volkstum. Bern 1968.

Zoller, Fr. C.: Geschichte und Denkwürdigkeiten der Stadt Innsbruck. Innsbruck 1816.

Zösmair, Josef: Notizen aus einem Münchner Kodex des 13. Jh.s. In: „Innsbrucker Nachrichten", 11. 12. 1919.

Zotti, Raffaele: Storia della valle Lagarina. Trento 1862.

Zwiedeneck von Südenhorst, Hans v.: Die Ostalpen in den Franzosenkriegen. In: Zschr. des DÖAV 1897, 1898, 1899 u. 1901.

DEUTSCHE SPRACHINSELN ALS SCHAUPLÄTZE DES ERSTEN WELTKRIEGES

Da ein Großteil der deutschen Sprachinseln in Friaul, im Trentino und auf der Hochebene von Asiago die Sieben Gemeinden im direkten Frontgebiet oder in nächster Nähe davon lagen, sei auf das vierbändige Werk in Taschenbuchformat von Walther Schaumann hingewiesen, das einen wertvollen Begleiter für all jene Sprachinselfreunde bildet, die in diesen Gebieten Wanderungen machen und dabei die geschichtlichen Ereignisse des Ersten Weltkrieges kennenlernen möchten. In diesem reich illustrierten Führer findet der Leser nicht nur genaue Angaben über einzelne Routen und zahlreiche Tourenvorschläge, sondern auch sonstige nützliche Informationen.

Walther Schaumann: FÜHRER ZU DEN SCHAUPLÄTZEN DES GEBIRGS-KRIEGES (1915—1918), 4 Bände, Cortina d'Ampezzo, 1973—1978.

Bd.1 — Schauplätze des Dolomitenkrieges zwischen Sextner Dolomiten und Marmolatagruppe

Bd.2 — Schauplätze des Gebirgskrieges Pellegrinopaß-Pasubio (Fleimstaler Alpen, Valsugana, Hochfläche der Sieben Gemeinden, Grappa)

Bd.3 a — Schauplätze des Gebirgskrieges in den westlichen Alpen (von Sexten bis zum Plöckenpaß)

Bd.3 b — Schauplätze des Gebirgskrieges in den östlichen Karnischen Alpen (Kanaltal - westliche Julische Alpen)

Bilder- und Kartenskizzennachweis

Klemm Otto, Kolbermoor, Kartenskizzen 14, 38, 41, 48, 73, 76, 111, 118, 196, 203, 210, 216, 224

Kühebacher Egon, Bozen, Kartenskizzen 130, 131, 132, 134, 151

Oetinger Tita von, Saas Fee (Wallis), Photos 190, 191, 192

Tappeiner Jakob, Meran, Werbephotos 100, 101, 102, 103, 104, 185, 186, 187, 188, 189

Thien Günther, Innsbruck, Photos 97, 98, 99

Die Übersichtskarte vor dem letzten Vorsatzblatt wurde der Zeitschrift des DuÖAV: Adolf Schiber, „Das Deutschtum südlich der Alpen" (1902 und 1903), entnommen.

INHALTSÜBERSICHT

	Seite
ZUM GELEIT	5
VORWORT ZUR 3. AUFLAGE	8
VORWORT ZUR 4. AUFLAGE	9
VORWORT ZUR 5. AUFLAGE	10
EINFÜHRUNG	11

I. EINSTIGE AUSDEHNUNG DES DEUTSCHTUMS
IM TRENTINO ... 14
Aus der Besiedlungsgeschichte des Alpenraums ... 16
Die germanischen Einwanderungswellen ... 17
Landnahme durch Langobarden und Bajuwaren ... 18
Der langobardisch-bayrische Kulturkreis als Wiege des Deutschtums ... 20
Einstige Bevölkerungsverhältnisse im südlichen Etschgebiet ... 22
Bedeutung der Stadt Trient im frühen Mittelalter ... 23
Die deutsche Vergangenheit der Stadt Trient ... 25
Trient als Konzilsstadt ... 26
Der Raum südlich von Trient ... 28
Ala — Bollwerk zum Schutz der Berner Klause ... 30
Rovereto ... 30
Arco und Riva ... 33
Vallarsa und Terragnolo ... 34
Romanische Adelsgeschlechter in Welschtirol ... 35

II. STREIFZUG DURCH DIE HEUTIGEN DEUTSCHEN
RESTGEBIETE IM TRENTINO ... 37
Die deutschen Randgemeinden Altrei und Truden ... 37
Die „Deutschgegend" am Nonsberg ... 40
Franz Xaver Mitterer — der Vater der deutschen Schutzarbeit ... 42
Das obere Valsugana (Suganer Tal) ... 44
Der Marktflecken Pergine (Persen) ... 44
Die Burg Persen ... 45

DIE DEUTSCHEN GEMEINDEN IM FERSENTAL ... 46
„Mocheni" und „Canoppi" ... 48
Aus grauer Vorzeit ... 48
Lebensweise ... 49
Aus der Besiedlungsgeschichte des Fersentales ... 50
Schilderung aus dem Jahre 1687 ... 52
„Wie ein verwitterter deutscher Stein..." ... 53
Eichleit – Roveda ... 54
Gereut – Frassilongo ... 55

Urkundliches von Gereut und Eichleit	57
Die Namen der Bauleute und Höfe im Urbar von 1406	58
Florutz – Fierozzo	58
Urkundliches von Florutz	60
Palai – Palù – die hinterste Talgemeinde	63
Urkundliches von Palai	65
Die Option der Fersentaler	66
Vignola – Walzburg und Falesina – Falisen	66
DAS SCHULWESEN IM FERSENTAL	67
Großvater, Sohn und Enkel auf der gleichen Schulbank	67
Jakob Toller – Lebensbild eines Fersentalers	69
DIE HOCHEBENE VON LAVARONE - LAFRAUN UND FOLGARIA - VIELGEREUT	71
Die deutsche Gemeinde Lusern (Luserna)	77
Die Luserner in den Freiheitskriegen	79
Der Kampf der Luserner um ihr Deutschtum	80
Lusern im Ersten Weltkrieg	82
Vor und nach der Optionszeit	83
DIE HEUTIGE LAGE DER FERSENTALER UND LUSERNER .	85
Degasperi — „Schutzherr" der sprachlichen Minderheiten im Trentino	86
Denkwürdige Ereignisse aus jüngster Zeit	86

III.	IM LANDE DER ZIMBERN	89
	Die ältesten Nachrichten	91
	Aus ersten deutschen Forschungsberichten	92
	GELEHRTENSTREIT ÜBER DIE HERKUNFT DER ZIMBERN	
	A) Zuwanderung im 12. und 13. Jahrhundert aus Bayern?	93
	B) Verfechter der Langobardentheorie	96
	Gotisch-langobardische Bauweise bei den Zimbern	106
	C) „Wir sind die letzten Goten"	107
	DIE SIEBEN GEMEINDEN AUF DER HOCHEBENE VON ASIAGO (SLEGHE)	109
	Besuch Beda Webers in den Sieben Gemeinden	115
	DIE DREIZEHN GEMEINDEN IN DEN LESSINISCHEN ALPEN	117
	LJETZAN – GIAZZA	120
	Der „bucklige Pfarrer" von Ljetzan	122
	Ljetzan wird eigene Pfarrei	123
	Zur Rettung des Zimbrischen	125
	DEUTSCHE ORTSNAMEN IM TRENTINO UND ZIMBERNLAND	
	IN GRAPHISCHER DARSTELLUNG	129
	Zimbrische Dialekte und Sprachproben	137
	„Die Blüte der germanischen Sprache"	145

IV.	DER RÜCKGANG DER DEUTSCHEN SPRACHE UND	
	DESSEN URSACHEN	149
	„Freiwilliger" Rückzug des Deutschtums?	150
	Vordringen der Republik Venedig nach Welschtirol	154
	Haltung Venedigs zu den neuen Untertanen	156
	Tolomei über die Eroberungspolitik Venedigs	160
	Folgen der venezianischen Kriege	161
	Die Zeit der Reformation	162
	„Überflut des romanischen Elements"	163
	Massenzuwanderung zur Zeit Napoleons	165
	Deutsche Familiennamen in Welschtirol	166
	Entstehung des Irredentismus	166
	Die Bezeichnung „Trentino"	168
	Die Taktik der Nationalisten	168
	Erste deutsche Warnrufe	169
	„Germanisierungsbefehl" Kaiser Franz Josephs?	172
	Erste österreichische Schutzmaßnahmen	173
	Zweierlei Maß	177
	Grabsteinpolitik 1877, 1910	180
	Das Märchen vom Pangermanismus	180
V.	VERKLUNGENES DEUTSCHES WORT IN FRIAUL	183
	Die Ampezzaner sind Ladiner	194
	Deutsche Ortsnamen in Friaul	197
	Die deutschen Sprachreste in den Ostalpen	201
	Bladen – Sappada im obersten Piavetal	201
	Aus der Besiedlungsgeschichte	203
	Die Zahre – Sauris – einsames Bergdorf in den Karnischen Alpen	207
	Aus der Dorfgeschichte	209
	Tischlwang – Timau – am Plöckenpaß	212
	An der Dreiländerecke im Kanaltal	213
	Die „Thermopylen" von Malborghet	215
	Aus der wechselvollen Geschichte der letzten 50 Jahre	217
	Die Umsiedlungsaktion von 1939	218
	Die Enteignungen im Kanaltal	219
	Denkwürdige Ereignisse aus jüngster Zeit	220
	Sprachprobe aus der Sprachinsel Zahre	222
VI.	DIE DEUTSCHEN SIEDLUNGEN IM	
	MONTE-ROSA-GEBIET	223
	Herkunft und Wanderzüge der Walser	227
	Das Lystal (im Aostatal)	231
	Gressoney – Greschoney	231
	Val d'Ayas	234
	Das Val Sesia (Prov. Vercelli)	235
	Alagna-Land	236
	Anzasca- und Formazzatal (Prov. Novara)	238
	Macugnaga – Makannah	238

	Auch die Walser sind vom Untergang bedroht	240
	Die kulturelle Lage	241
	Sprachprobe der Walsermundart	243
VII.	SCHUTZ DER VÖLKISCHEN MINDERHEITEN IN ITALIEN.	244
	Intervention des Abg. Gex im Parlament.	246
	Die Alpenbevölkerung und Europa	248
	„Unblutiger Völkermord".	251
VIII.	WEGWEISUNG UND PRAKTISCHE WINKE	253
	Zu den deutschen Sprachinseln im Trentino, zu den Sieben und Dreizehn Gemeinden.	253
	Der deutsche Sprachkeil in den Ostalpen	254
	Walser-Siedlungen im Monte-Rosa-Gebiet	255
SCHRIFTENVERZEICHNIS.		256
	Bilder- und Kartenskizzennachweis	271